たべもの語源辞典

新訂版

清水桂一［編］

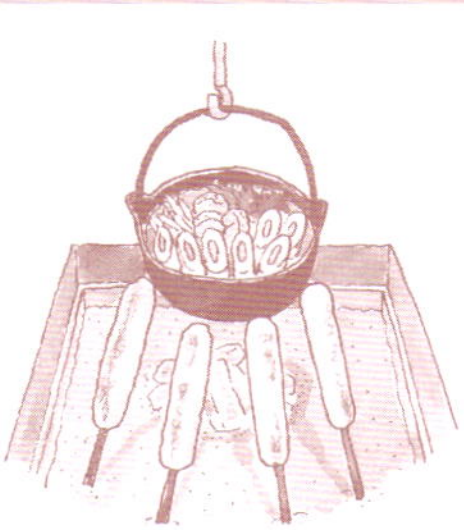

東京堂出版

まえがき

たべものの語源には、若いころから関心を持っていた。たしか昭和一〇年ころの『食物講座』に「料理品名考」を少し書いた。これが、この本のスタートになっているといってもよい。その後、日本料理研究会の『会報』に、料理品名考をぽつぽつと、思いつくままに執筆した。もちろん、これが、みんなこの本にまとめられた。

だから、この本をつくるまでに、私は、実に長い年月をかけている。

最後の取りまとめには、この一年半ばかりを打ち込んだ。

完成して、ほっとした。

たべものの語源には、いくつかの説がある。学者流に考えれば、そのいくつかの説を、列記して、読者にその選択をまかせるといったものが、もっとも無難なものであろう。しかし、それでは、読者のために不親切だと思った。

そこで、この本では、この語源はこれである、と一つを取りあげている。努めてこの書き方にしたが、なかには、二、三の説があって、私にも、どれかを決定できないものもあった。その場合は、不本意ながら並記することになった。

この語源はこれであるといった書き方をしたかったという私の熱意を是非ともおくみとりいただきたい。

語源の本は、二、三あるが、たべものだけの語源をまとめたものは、今までになかったと思う。その点、「たべものの語源」の基本的なものになると思う。

料理関係者が、今後大いに、たべものの語源について語ってほしいと思う。とにかく、語源研究は、このところ関心を持たれて、一種の流行的傾向があるといえる。こんな折に、この本の出版されることは実に嬉しい。

多くの方々の誠意によって、この本の生まれたことを、実に有難いと喜んでおります。

昭和五十四年十二月十五日

清水桂一

新訂版にあたって

昨今、日本食ブームとあってか、食べたり作ったりするだけでなく、日本食に関する蘊蓄がテレビや雑誌、書籍に溢れています。そして話題は料理名から始まり、その味のみならず、素材、料理法、歴史、健康への影響等々、尽きることがありません。飽食の時代といわれる今日ですが、食の知識を追い求める知識欲もこれまでになく旺盛の様相です。

昭和五五年に刊行された旧版の清水桂一先生編による『たべもの語源辞典』は、そんな時代を先読みしたかのように、ことば好きの読者や料理関係者、全国の図書館などに迎えられ、三十年にわたって版を重ねてまいりました。その後、たべものの語源に関するものも数点刊行されましたが、それらと比べてもその解説は大変ユニークで、時代・地域によって異なる代表的な語源説を紹介し、調理法、旬の時期、薬効、各地の名物料理や逸話などにも触れたうえで、著者の語源・由来説を詳述するというスタイルで書かれています。

また、漢名や日本各地の呼び方など、さまざまな歴史上の別名をたどることもでき、類書にはない特色で、語源のみならず総合的な知識を得られるように書かれており、歴史書からその初出を探索された清水先生の博識にはただただ恐れ入るばかりです。

しかしながら、初版刊行以来三十数年という時が流れ、さすがに内容的にも地域名や国名、統計数字など、見直しが必要とされるところが散見されるようになってまいりました。

そこで今般、それらを修正するとともに、現代に合わせた見直しと書きなおしで再編集し、『たべもの語源辞典　新訂版』として再登場させていただくことといたしました。

項目は歴史資料にしか現れぬようなものはカットし、現代でも耳にする、もしくは現代につながると思われるものを再録、解説文も他項目とのバランスを考え、読みやすくなるよう適宜修正させていただきました。

味覚談議に、味覚探求のともにご利用いただければ幸甚です。

名著をお残しくださった旧版編者清水桂一先生と、改訂版刊行に快くご賛同くださった継承者今井三千子さんに心よりお礼申し上げます。また、本書の収録図版はピッコリーノの北野智子、そわひかりさんにお世話になり、小社刊行書籍の岡田哲先生編『たべもの起源事典』、粟屋充先生著『魚・肴ものしり辞典』、草川俊先生著『野菜・山菜博物事典』、影印『守貞漫稿』などよりも採録させていただきました。記して御礼を申し上げます。

二〇一二年八月　東京堂出版編集部

新訂版編集・今泉弘勝

凡　例

一、本書は「たべもの」の名称について語源・由来を明らかにし、加えて調理法、旬《しゅん》の時季、逸話などにもふれ、総合的な知識を得られるようにした。

一、項目としては、鳥・獣・魚貝類、穀・野菜・果実・藻・茸類、加工食品・菓子・酒・調味料、調理法、料理名、用語・用具などを収めた。

一、項目は五十音順に配列し、動・植物など料理の材料となるものは、原則として、カタカナ表記とし、他は、ひらがな表記とした。

一、見出しの下に【　】で付した漢字には、代表的なものを掲げた。

一、記述は、常用漢字・現代かな使いによることを原則としたが、個有名詞や特別な用語、通用として一般的なものについては、この限りではない。

分類目次

鳥・獣・魚貝類

アオヤギ〔青柳〕……三
アユ〔鮎〕……九
アンコウ〔鮟鱇〕……一二
イカナゴ〔鮊子〕……一三
イシモチ〔石首魚〕……一四
イワシ〔鰯〕……二〇
ウジマル〔宇治丸〕……二二
ウニ〔雲丹〕……二四
オコゼ〔虎魚〕……二七
カキ〔牡蛎〕……三一
かずのこ〔数の子〕……三三
カタダブナ〔堅田鮒〕……三三
カツオ〔鰹〕……三四
カニ〔蟹〕……三五
カモ〔鴨〕……三七
カレイ〔鰈〕……三九
クジラ〔鯨〕……五一
クラゲ〔海月〕……五四
コイ〔鯉〕……六〇
コチ〔鯒〕……六六
コノシロ〔鰶〕……六七
ゴリ〔石伏魚〕……七〇
サケ〔鮭〕……七六
サザエ〔栄螺〕……七七
サバ〔鯖〕……七九
サメ〔鮫〕……八〇
サヨリ〔針魚〕……八〇
サワラ〔鰆〕……八一
サンマ〔秋刀魚〕……八二
シジミ〔蜆〕……八六
シャコ〔蝦蛄〕……九〇
シラウオ〔白魚〕……九六
スズキ〔鱸〕……一〇五
スッポン〔鼈〕……一〇五
タイ〔鯛〕……一一六
タイラギ〔玉珧〕……一一八
タコ〔蛸〕……一二一
タチウオ〔太刀魚〕……一二三
タナゴ〔鱮〕……一二五
タニシ〔田螺〕……一二六
たまご〔卵〕……一二七
タラ〔鱈〕……一二八
ツグミ〔鶫〕……一四〇
トコブシ〔常節〕……一五四
ドジョウ〔泥鰌〕……一五五
トビウオ〔飛魚〕……一五七
トリガイ〔鳥貝〕……一五九
ナマコ〔海鼠〕……一六六
ナマズ〔鯰〕……一六七
ニシン〔鰊〕……一七二
ニワトリ〔鶏〕……一七四
バイ〔海蠃〕……一八一
ハゼ〔沙魚〕……一八五
ハタ〔羽太〕……一八六
ハタハタ〔鰰〕……一八六
ハマグリ〔蛤〕……一九二
ハマチ〔魬〕……一九三
ハモ〔鱧〕……一九四
ハララゴ〔鮞〕……一九五

穀・野菜・果実・藻・茸類

ワサビ〔山葵〕……二八八
ワラビ〔蕨〕……二八八

加工食品・菓子・酒・調味料

あかふくもち〔赤福餅〕……三
あさづけ〔浅漬〕……五
あちゃらづけ〔——漬〕……六
あべかわもち〔安倍川餅〕……七
あまざけ〔甘酒〕……七
あまちゃ〔甘茶〕……八
あめ〔飴〕……九
あられざけ〔霰酒〕……一一
あるへいとう〔有平糖〕……一一
いくよもち〔幾世餅〕……一四
ういろう〔外郎〕……二一
うどん〔饂飩〕……二三
おこし〔興米〕……二六
おぼろ……二九
かがみもち〔鏡餅〕……三〇
かきもち〔欠餅〕……三一
かくや〔覚弥・覚也・隔夜〕……三二
かしわもち〔柏餅〕……三三
かずのこ〔数の子〕……三三
かちぐり〔搗栗〕……三四
かのこもち〔鹿の子餅〕……三五
かまぼこ〔蒲鉾〕……三七
からし〔芥子〕……三八
からすみ〔唐墨〕……三八
かんてん〔寒天〕……三九
がんもどき〔雁擬〕……三九
きなこ〔黄粉〕……四二
きびだんご〔吉備団子〕……四三
ぎゅうひ〔求肥〕……四三
きんぎょくとう〔金玉糖〕……四六
きんざんじみそ〔金山寺味噌〕……四七
きんつば〔金鍔〕……四七
くさもち〔草餅〕……五一
くずきり〔葛切〕……五二
げんじまめ〔源氏豆〕……五九
こうがし〔後菓子〕……六一
こうじ〔麴〕……六一
こうのもの〔香物〕……六二
こうやどうふ〔高野豆腐〕……六二
ごかぼう〔五家宝〕……六二
このわた〔海鼠腸〕……六八
ごへいもち〔五平餅〕……六八
コンニャク〔蒟蒻〕……七一
こんぺいとう〔金平糖〕……七三
さくらもち〔桜餅〕……七四
さけ〔酒〕……七五
さしさば〔刺鯖〕……七七
さつまあげ〔薩摩揚〕……七九
しお〔塩〕……八三
しおから〔塩辛〕……八四
しぐれに〔時雨煮〕……八五
しゅとう〔酒盗〕……九一
しょうゆ〔醬油〕……九四
しらすぼし〔白子干〕……九七
しらたき〔白滝〕……九七
しるこ〔汁粉〕……九八
しろざけ〔白酒〕……九八
しんこ〔糝粉〕……九九
しんじょ〔糝薯〕……一〇〇
す〔酢〕……一〇〇
すじこ〔筋子〕……一〇四
すはま〔州浜〕……一〇六
するめ〔鯣〕……一〇七
せんべい〔煎餅〕……一一〇
せんまいづけ〔千枚漬〕……一一二
そうめん〔素麵〕……一一三

そば〔蕎麦〕……一一四
だいふくもち〔大福餅〕……一一八
たくあんづけ〔沢庵漬〕……一一九
たたみいわし〔畳鰯〕……一二二
だてまき〔伊達巻〕……一二五
たまり〔溜〕……一二八
だんご〔団子〕……一三〇
ちくわ〔竹輪〕……一三二
ちまき〔粽〕……一三三
ちゃ〔茶〕……一三四
ちんぴ〔陳皮〕……一三七
つくだに〔佃煮〕……一三八
つけもの〔漬物〕……一四〇
つとどうふ〔苞豆腐〕……一四一
つばきもち〔椿餅〕……一四二
つみいれ〔摘入〕……一四三
てっかみそ〔鉄火味噌〕……一四五
てらなっとう〔寺納豆〕……一四六
てんしん〔點心〕……一四八
でんぶ〔田麩〕……一四九
とうふ〔豆腐〕……一五二
どうみょうじ〔道明寺〕……一五三
ところてん〔心太〕……一五五
とそ〔屠蘇〕……一五六
どぶろく〔濁醪〕……一五七
どらやき〔銅羅焼〕……一五八
とりのこもち〔鳥子餅〕……一五九
なっとう〔納豆〕……一六四
なまりぶし〔生節〕……一六八
ならづけ〔奈良漬〕……一六九
ぬかみそづけ〔糠味噌漬〕……一七七
はぎのもち〔萩餅〕……一八二
はくせつこう〔白雪糕〕……一八四
はちみつ〔蜂蜜〕……一八七
ハッカ〔薄荷〕……一八七
はながつお〔花鰹〕……一九一
はぶたえもち〔羽二重餅〕……一九一
はんぺん〔半片〕……一九五
ひがし〔干菓子〕……一九七
ひきがし〔引菓子〕……一九八
ひしお〔醤〕……一九九
ひしもち〔菱餅〕……二〇〇
ひりゅうず〔飛龍頭〕……二〇四
ふ〔麩〕……二〇六
ふきまめ〔富貴豆〕……二〇九
ふくじんづけ〔福神漬〕……二一一
ぶどうしゅ〔葡萄酒〕……二一六
べったらづけ〔――漬〕……二二五
ぼうだら〔棒鱈〕……二二八
まつかぜ〔松風〕……二四六
まんじゅう〔饅頭〕……二五〇
みじんこ〔微塵粉〕……二五四
みずがし〔水菓子〕……二五四
みそ〔味噌〕……二五五
みたらしだんご〔御手洗団子〕……二五七
みりん〔味醂〕……二六〇
もち〔餅〕……二六六
もなか〔最中〕……二六七
ゆば〔湯葉〕……二七四
ようかん〔羊羹〕……二七七
らくがん〔落雁〕……二七九

調理法

あさじやき〔浅路焼〕……四
あらい〔洗鱠〕……一〇
いけづくり〔生作〕……一四
いしやき〔石焼〕……一五
いそべに〔磯部煮〕……一五
いたやき〔板焼〕……一六
いとこに〔従兄弟煮〕……一七
おぐら〔小倉〕……二六

料理名

きんとん〔金団〕……………四八
きんぴらごぼう〔金平牛蒡〕…四九
くうやどうふ〔空也豆腐〕…五〇
ぐそくに〔具足煮〕…………五三
くちとり〔口取〕……………五三
けぬきずし〔毛抜鮨〕………五九
けんちん〔巻繊〕……………五九
こうえつに〔光悦煮〕………六一
こうやどうふ〔高野豆腐〕…六二
こくしょう〔濃醤〕…………六三
こけらずし〔柿鮨〕…………六三
ごさいに〔五斎煮〕…………六四
ごじる〔呉汁〕………………六六
ごへいもち〔五平餅〕………六八
ごまめ〔鱓〕…………………七〇
こわいい〔強飯〕……………七一
さい〔菜〕……………………七三
さいきょうやき〔西京焼〕…七三
さしさば〔刺鯖〕……………七七
ざぜんまめ〔坐禅豆〕………七八
さしみ〔刺身〕………………七八
しぎやき〔鴫焼〕……………八四
しぐれに〔時雨煮〕…………八五
しっぽく〔卓袱〕……………八七
じぶに〔熟鳧煮〕……………八八
しゃかどうふ〔釈迦豆腐〕…九〇
しゅんかん〔笋羹〕…………九一
しょうじんりょうり〔精進料理〕…九三
しょっつる〔塩汁〕…………九六
しる〔汁〕……………………九七
しんじょ〔糝薯〕……………一〇〇
すいとん〔水団〕……………一〇三
すし〔鮨・鮓〕………………一〇四
すっぽんに〔鼈煮〕…………一〇六
せとめし〔瀬戸飯〕…………一〇七
せんばに〔船場煮〕…………一〇九
せんびきめし〔千疋飯〕……一〇九
ぞうすい〔雑炊〕……………一一二
ぞうに〔雑煮〕………………一一三
そうめん〔素麺〕……………一一三
そば〔蕎麦〕…………………一一四
そばがき〔蕎麦掻〕…………一一四
そばきり〔蕎麦切〕…………一一四
たきがわどうふ〔滝川豆腐〕…一一九
たつたあげ〔龍田揚〕………一二三
たぬきじる〔狸汁〕…………一二六
だるまかくし〔達磨隠〕……一三〇
ちくしぐり〔竹紙栗〕………一三一
ちくぜんに〔筑前煮〕………一三一
ちゃせんなす〔茶筅茄子〕…一三五
ちゃめし〔茶飯〕……………一三五
ちゃわんむし〔茶碗蒸〕……一三六
つるべずし〔釣瓶鮨〕………一四四
ていかに〔定家煮〕…………一四四
てっぽうやき〔鉄砲焼〕……一四五
でんがく〔田楽〕……………一四七
てんぷら〔天麩羅〕…………一五〇
でんぽうやき〔伝法焼〕……一五一
とろろじる〔薯蕷汁〕………一六〇
どんぶり〔丼〕………………一六〇
ななくさがゆ〔七種粥〕……一六五
なます〔膾〕…………………一六七
なんぜんじあげ〔南禅寺揚〕…一六九
なんばんに〔南蛮煮〕………一七〇
にこごり〔煮凝〕……………一七一
にしめ〔煮染〕………………一七一
にはちそば〔二八蕎麦〕……一七三
ぬた〔沼田〕…………………一七八
のっぺい〔濃餅〕……………一七九
はかたやき〔博多焼〕………一八二
ひず〔氷頭〕…………………二〇一
ひやしる〔冷汁〕……………二〇二

ほうちょう〔庖丁〕……………二二九
ひりゅうず〔飛龍頭〕…………二〇四
ふかがわめし〔深川飯〕………二〇七
ふちゃりょうり〔普茶料理〕…二一三
ふろふきだいこん〔風呂吹大根〕…二二一
ほうしょやき〔奉書焼〕………二二七
ほうろくむし〔焙烙蒸〕………二三二
めし〔飯〕………………………二六三
ゆうあんやき〔祐庵焼〕………二七二
りきゅうに〔利休煮〕…………二八三

用語・用具

おしき〔折敷〕…………………二七
こしき〔甑〕……………………六四
じゅうづめ〔重詰〕……………九〇
すいくち〔吸口〕………………一〇二
つま〔妻〕………………………一四二
てんしん〔點心〕………………一四八
どんぶり〔丼〕…………………一六〇
なんばん〔南蛮〕………………一七〇
はっすん〔八寸〕………………一八八
ひきがし〔引菓子〕……………一九八
ひきもの〔引物〕………………一九八
べんとう〔弁当〕………………二二六

たべもの語源辞典

新訂版

清水桂一◆編

あ

アオヤギ【青柳】

和名ではバカガイ・ミナトガイともいい、地方により、ウバガイともよばれる二枚貝。殻から出してむき身になったものをアオヤギとよんでいる。さかな屋ではほとんどアオヤギ（むき身）として売っており、殻つきは、一般にはほとんど売られていない。料理に使うのは舌（足）の部分が多く、他の部分は、砂が多いのであまり用いない。すしだねや、さっと湯がいて霜ふりにし、酢のもの・椀だねなどにするとおいしい。また、「あられ」とよばれて売られているアオヤギの小粒の貝柱は、吸いもの・酢のものに使われる。東京湾・伊勢湾・瀬戸内海で多くとれ、おいしいのは冬期。店頭で求めるとき指で押すと身がそり返るくらいのものが新鮮である。砂をたくさん含んでいるので、調理するにはよく洗い落とすこと。色の赤いものが雌、白っぽいものが雄である。バカガイともよばれるのは、水からあげるとすぐ朱色の足を出すが、これを馬鹿が舌を出しているのに見立てて、この名がつけられた。この貝をアオヤギというのは、千葉県の青柳で昔たくさんとれたことからである。また、この貝の足の形がヤナギの葉に似ているのでアオヤギ（青柳）と名づけたともいわれる。アオヤギという名は東京付近では通用しているが、その他の地方では、肉も貝も、バカガイと同じ名でよんでいる所が多い。

あかふくもち【赤福餅】

小さなあんころ餅の一種。宝永四年（一七〇七）刊行の小説『美景蒔絵松』にその名があり、『宇治昔話』にも、もてはやされているから、少なくとも宝永年間（一七〇四−一一）以前に創製されたものであろう。赤とは赤心（まごころ）、福は幸福、つまり赤福とは、明るく清い心をもって、人々が幸福を求めるといった意味でつけられた名前である。伊勢神宮に参拝する精神を表わしたもので、神宮みやげとされた。伊勢音頭を歌いながらお伊勢参りをしたころから伊勢の名物となっていた。初めは塩餡《あん》であったと

思われるが、江戸後期には砂糖餡になった。現在の赤福餅は、上部に二つの指形をつけてある。日持ちがよいのが特色だが、普通の餅以上に多量の砂糖を加えている。上にかけた餡は和三盆（上等の砂糖）を使った小豆餡で香りが高く柔らかで、くどくない。柔和で上品な和菓子である。

あさじやき【浅路焼】

アサジとは、丈が低いチガヤとか、まばらに生えているチガヤのことである。料理に、「あさじ」と出てくるときは、まばらに生えているチガヤの意味をもっている。「浅茅《あさじ》」という名の料理は、小麦粉に水と醤油を合わせてこねる。それにわらび穂を切って衣にしてまぶしつけてから油で揚げ、その上に唐きび粉をふりかけて出す。この料理を「あさじ」とよんだのは、唐きび粉が、まばらについているということからである。「あさじ飴」は求肥《ぎゅうひ》の粉気をぬれ布巾でふきとって、白胡麻の煎ったのを一面につけたもの。これも、白胡麻がまばらについているので「あさじ」という名がついた。「あさじ鯛」は、塩をした鯛の身を好みに切って蒸してから、油煎りしたおからを上にまぶした料理。供するときに粉山椒をふる。これも、おからをまぶしつけることからよばれたものである。「あさじ田楽」という豆腐料理は、豆腐をうす醤油のつけ焼にして、梅びしおを塗ってから、煎ったケシを一面にかける。このケシをかけた様が、まばらについていて、まばらに生えているチガヤの風情になる。総じて浅路焼の浅路は、浅茅のあて字である。料理では、献立を書くときの全体的な感じで、浅路・浅茅・朝地・麻地などの字を用いている。浅路焼という料理は、キスなどの軽い味の魚を、うす塩をしておいてから味醂醤油に漬け、取り出してよく汁をふきとって、身と身を合わせて串にさし、煎った白胡麻をふりかけて焼く。これは、白胡麻がまばらについているから「あさじ焼」なのである。ふりかけるものは、何でも良いが、一面にまばらに何かがついて焼かれているものを浅路焼という。

アサツキ【浅葱】

漢名では糸葱とも書く。アサは浅いことと考えて、他の葱《ねぎ》とくらべ、臭気が浅いから、また、葱より葉の色が浅い緑であるから、また、根にラッキョウに似た小さい鱗茎ができるが、これが浅いところにできるからともいう。根深《ねぶか》とよばれる種類の葱に対して根が浅いから浅葱といった。また、葱・ニンニク・ノビルなどを総称して蒜《ひる》とよぶが、このヒルを昼と考えて、こちらは朝としゃれて朝つきとよんだものであるとの説がある。また、アサは、やせとあい通じるものであるから、痩せたキ（葱）、「あさつき」だともいう。また、朝鮮語で島蒜と書いてアサツキとよむから、それは朝鮮語であるともいい、諸説がある。ネギは、古名ではキである。それで女房ことばでは葱のことを一文字（ひともじ）とよび、ニラを二文字（ふたもじ）とよぶ。根が深いというので根深（ネブカ）ともよんだ。ワケギ（分葱）とよばれるものがあるが、これはネギの変種である。浅葱を胡葱とも書き、千本分葱《せんぼんわけぎ》ともよぶ。千本を「ちもと」とよんで、アサツキのことを思わせることもある。「アサヅキ」ともよび、「センブキ」ともいう。麦葱と書いてアサツキとよませてもいる。ふぐ（河豚）料理のとき、細かく刻んで出してぽん酢に加えるのは、この浅葱である。浅葱と書いて、アサツキとよむ他に、「アサギ」ともよむ。薄いネギの葉の色という意味であるが、緑がかった薄い藍色、うすあおである。アサツキとよんだのは、浅葱《あさぎ》色のように、葱の色に関心をもって、葉の緑よりも色が浅いということで、浅《あさ》つ葱《き》だというのである。

あさづけ【浅漬】

漬物は保存用のものであるが、それを浅く漬けるとは、短期間漬けるといった意味があり、また、その漬物をよぶ。また、近世、大根漬の一種で、生干しの大根を甘塩であっさりと漬けたもの。女房ことばで「あさあさ」、京阪では「あっさり」、東京では「べったら」といった。陰暦一〇月一九日のえびす講の宵宮《よいみや》にべったら市が、日本橋旅籠町・人形町・小伝馬町・通油町にかけてたった。もとは、翌日のえびす講の仕度に必要な土製・木製の恵比寿大黒・打出の小槌・かけ鯛・切山椒などを売った市であるが、いつのころからか安くてうまいといわれる浅漬大根を売る店がふえた。粕がべったりついており、このべったら漬をむき出しでぶらさげて人ごみの中を「べったらべったら」と叫んで通るのが冬の風物詩だった。大根のおいしくなるのは冬であるから、陰暦一〇月一九日ころには、べったら漬もおいしかったが、明治以降、陽暦で催すので、本来のうまさは味わえない。べったら市で売られる浅漬をべったら漬とよぶようになった。江戸時代、浅漬は大根を塩に糀《こうじ》を混ぜて漬け、五〇日ばかりで出して用いた。

あずきがゆ【小豆粥】

小豆を煮て、白米に混ぜて炊いた粥。餅を加えて祝食にする。炊き方は小豆一合（一三五グラム）をかぶるくらいの水でよく煮、柔らかくして、その汁に水五合（〇・九リットル）を加え、白米一合（一四四グラム）を混ぜ合わせ、塩小匙一杯を加えて白粥のようにする。粥の煮えたつ少し前に、水餅を一〇切ほど拍子木・小角など好みに切って加え、煮たてて蒸らす。東京地方では昔から、粥を盛った上に白砂糖をふりかけて食べる風があった。小豆粥は一月一五日の上元の祝に食べたので、「十五日粥」ともいい、小正月《こしょうがつ》を祝って神に供え、人も祝って食べた。望《もち》の日（満月の日、陰暦一五日）の節供なので「望粥《もちがゆ》」ともいう。この行事は、『公事根源』によると、宇多天皇の寛平年中（八八九―九八）から始まるとある。一年中の邪気を払うものとして食べ、さらくがゆ・もちがゆともいう。粥に小豆を加えたのは、赤は陽の色で、小豆の粥は、この赤い色を食べて、冬の陰気を陽徳で消させるという意がある。正月一五日に小豆粥をつくって天狗を祀り、これを食べれば疫病にかからないという中国の俗信からきたものである。漢名では紅調粥という。

あちゃらづけ【あちゃら漬】

大根などの野菜を甘酢に赤唐辛子《とうがらし》を加えたものにつける方法である。ペルシア語の漬け物の意のアチャルからともいわれる。インドネシア料理で、アチャルという生の野菜を甘酢漬けにして赤唐辛子を入れたもので、これが日本に渡ってきたともいわれる。

あつめじる【集汁】

天正一〇年（一五八二）の安土献立に、「あつめ汁　いりこ、くしあわび、ふ、しいたけ、大まめ、あまのり」とあるから、この時代にはすでにあつめ汁が大いに行なわれていたと思われる。大根・牛蒡・里芋・豆腐・筍・串鮑・干ふぐ・いりこ・つみいれ（摘入）などといろいろのものを集めて汁とするので、この名ができた。羹汁《あつものじる》が、あつめ汁になったのではないかとの説もあるが、品々を集めた汁を名としたのである。あつめ汁は五月五日の節供料理として残り、五月に用いられるというので五月汁ともいった。現在も鹿児島に残っていて、鯛・大根・牛蒡・椎茸・油揚げなどを味噌汁にして粉山椒をふりこんで食べる。

あべかわもち【安倍川餅】

静岡県西部を流れる安倍川付近で江戸時代に東海道を上り下りする旅人に供した掛茶屋の名物。評判になったのは、天明年間（一七八一〜八九）からで、当時珍しかった白砂糖を用いたからである。紀元四〇〇年ころの安倍王の墓があり、静岡はもと「安倍の市」といわれた。俗説では、慶安年間（一六四八〜五二）、東海道府中（静岡）、堤添川越町の弥勒院《みろくいん》の仏弟子の一人が、師僧の勘当をうけて還俗し、名を源右衛門と改め、川原で茶を出し餅を売り始めたのが起こりであるという。また別説では、慶長年間（一五九六〜一六一五）、徳川家康が井川笹山金山を御用金山として採掘させたころ、家康が巡検に赴いたとき、餅をつくって献上した者があり、家康は大いに喜び、その餅の名を尋ねると、「金の粉が安倍川に流れますのをすくい上げまぶしてつくるので、金なこ餅と申します」と答えた。家康が気に入って「安倍川餅」の名を貰ったという。十返舎一九の『東海道中膝栗毛』にも「ここは名にあふあべ川餅の名物にて両側の茶屋いずれも綺麗に花やかなり」とあって、茶屋女が名物餅を「あがりゃアレ」と旅人によびかけたから旅人の話題となった、とある。搗きたての餅を臼の中で小さくちぎり、砂糖蜜を塗り、砂糖を等分に加えてつくったきな粉に少量の塩を加える。まぶして皿に盛り、その上から白砂糖をふりかけて出した。後に、みやげものに小豆の漉《こ》し餡《あん》でくるんだものができ、黒と黄の二色の安倍川餅になった。安倍川の名物だから安倍川餅という名ができたが、焼いた餅を湯にひたして、砂糖の入ったきな粉をまぶしたもののよび名ともなり、単に「あべかわ」ともよぶ。

あまざけ【甘酒】

醴とも書く。白米を柔らかい粥《かゆ》のように炊き、少しさめたときに麹《こうじ》を加えて混ぜ合わせ、醸《かも》して甘くした飲み物。甘いので甘酒という。麹を加え醸してつくるのでアルコール（酒精分）は少ないが酒とよばれる。また酒粕をとかして甘味をつけたものも甘酒ともいう。醸して一夜を経て甘酒とするので一夜酒《ひとよざけ》ともいう。木花開耶姫《このはなさくやひめ》が醸した天甜酒《あめのたむけざけ》は今の甘酒であろうという。また、応神天

甘酒売り　『守貞漫稿』1853年

皇の一九年一〇月一日に吉野宮に行幸されたとき、国栖《くず》の人が醴酒《こざけ》を献じたとあるが、これが甘酒であろうという。古くから濃酒《こざけ》・醴酒《こざけ》・口酒《こざけ》というように「こざけ」という語があるが、酒をつくるのに口で米を噛んだことが察せられる。醴酒が行商されるようになったのは室町時代からで、京坂ではもっぱら夏の夜だけ売ったが、江戸では初め冬のものとされ、やがて夏も売るようになり、後には四季をとおして売られた。甘酒という名称が現われるのは慶長年間（一五九六–一六一五）の書物である。江戸中期天明（一七八一–八九）のころ、江戸横山町などで「三国一」とか「白雪醴」という名をつけて甘酒が売られたのは、木花開耶姫が富士浅間社の祭神だからである。神社仏閣の境内、縁日祭礼の盛り場などで販売されるようになったのは、天保（一八三〇–四四）のころからで、浅草本願寺門前の甘酒店は最も名高かった。

あまちゃ【甘茶】

アーウマシがつまってアマ（甘）シという言葉となったものといわれ、甘茶とは「うまい茶」である。このうまい茶をつくる植物は、いくつかある。平安時代に早春その幹から液をとって煮つめて甘味料をつくったのは、アマズラとかアマズルというブドウ科のツル性の植物で、甘い液の出るツルがその名となった。またナツヅタとかツタとも称した。ツタは、ツタウ（伝）という意からツタとなった。アマヅラ（甘葛）は、春若芽の出る前にそのツルを取って煎じ詰めて用いた（甘葛煎）。ユキノシタ科の植物にコアマチャという落葉低木があり、ヤマアジサイによく似ている。これをアマチャといい、その葉を乾かすと甘くなるので、甘茶をつくった。漢名で土常山《どじょうざん》と称するのが、これであり、アマチャの木という。虎耳草《こじそう》の葉から甘茶をつくると書いたものがあるが、虎耳草はユキノシタの漢名である。コアマチャが虎耳草科なので虎耳草としたのであろう。また、ウリ科の多年草に、アマチャヅルがあり、この葉も甘い。ツルアマチャとかアマカズラともいう。夏から秋にかけて新芽をとって蒸してからよく揉み、青汁をとり除いてから乾燥させる。黄褐色で甘味が強く香りが良いので、飲料とした。甘茶を上方語で「甘茶茶」という。また甘茶を甘茶水《みず》ともいった。古くから灌仏会《かんぶつえ》に用いる飲み物とされている。奈良期にはすでに行なわれ、仁明天皇承和七年（八四〇）には宮中の年中行事になったが、一般に灌仏会に甘茶を用いるようになったのは江戸時代である。

あめ【飴】

台には「よろこぶ」という意味があり、食べて人々がよろこぶものが、飴である。日本で発明された甘味料としては、もっとも古いもので、アマイのアマがアメになった。『日本書紀』には神武天皇が水なくして飴をつくる、とあり、水無飴であるといわれる。糖も「あめ」とよませた。飴を「たがね」とよませたのは、米飴（たがね）すなわち「こめもやし」で飴をつくったからである。昔は米芽を用いたが後世には麦芽を用いてつくった。平安時代には西の京の市に飴市があった。この時代は米のもやしでドロドロの飴をつくった。鎌倉時代には地黄煎《じおうせん》という飴があった。穀芽の粉末に薬草でもある地黄の汁を合わせて飴にしたものが起こりで、京稲荷前で製したものを、江戸では下り飴といった。職人尽の絵に地黄煎（あまいせんねん）とある。貞享・元禄（一六八四—一七〇四）のころには「あまい」とも「せんねん」（千年）ともよんだ。細長い飴袋に「千歳飴」と書く名称の起こりはこれによる。

飴細工売り　『守貞漫稿』1853年

糯米《もちごめ》をよく煮て、麦麹《むぎこうじ》の粉と冷湯とを合わせて甘酒のようにして濾過して練ったものを水飴または湿《しる》飴と称した。これをさらに練って固くしたものが堅飴で、膠《くろ》飴と称した。さらに練ると白色に変じ、それが白飴である。元和元年（一六一五）大坂の浪人平野甚左衛門重政が水飴を創製し、伏見に伝わり、後、重政は江戸に出て浅草寺でつくった。それが千歳飴である。

アユ【鮎】

「アユ」は、アエ（饗）の転かという説がある。アユという魚は、饗応・馳走だということからこの名ができたともいう。確かにアユは、うまい魚である。しかし、御馳走ではあっても、アユだけをとくに御馳走とよぶのは、どうかと思われる。また、アは小、ユは白の意だという説もあるが、小さく白い魚がアユだというのも、アユを表わす名称としてはほめられない。あえて食べてよき魚という意味で、アユとしたというのも、饗の転に近い説で、かえって良くない。その他、愛魚がアユとなるとか二、三の説があるが、一番良いと思われるのは、「あゆる」がアユになったという説である。「あゆる」という動詞は、九州各地の方言で今も生きており、「落ちる」

という意である。アユが秋になると川上から下流に落ちてくる。この特性をとらえて「あゆる」という意でアユと命名した。秋の落ちアユの姿は、元気な若アユのときの姿とくらべて、うらぶれた姿が人々の心を打ったものであろう。俳人は「さびあゆ」などとよんだが、その肌にやや赤色が見えるアユは、産卵を終え海に下るので、下《くだ》りアユともよぶ。落アユ・錆《さび》アユ・下りアユとさまざまな名称があるのは、この魚の秋の姿が、印象強いものであったからであろう。また、鮎という字は、日本だけがアユという意味に使っており、中国ではナマズのことである。日本では漢字の鮎をアユと決めてしまったので、鯰《なまず》という国字を作ったのである。鮎をアユとしたのは、神功皇后が三韓征伐のとき、肥前松浦《まつら》の玉島の里でアユを釣って戦勝を卜せられたという伝説から、「占《うらな》った魚」というので「鮎」をアユとよむようになった。体長一〇センチ以下の若アユは動物質の餌を食べる（このころ毛針で釣れる）が、このころのアユは独特の風味がない。上流から中流に棲んで水底の珪藻《けいそう》や水苔《みずごけ》を食べ始めると特有の香気がつき、これを香魚とよぶ。また、この魚は、春生じ夏長じ秋衰え冬死すというので、年魚とも名づけた。「その生存すること年を出でざるより年魚という」とあるが、稀には越年するアユもあって、これを「とまりアユ」という。春先河口の水ぬるむころ、群れをなして遡る小アユは柳の葉のように軽やかなので、俗に「柳っ葉」とか「のぼりアユ」といわれる。若アユから「子持アユ」になって、秋肌にやや赤い色が見えるのを「さびアユ」、産卵を終え海に下るのを「落アユ」とか「下りアユ」という。アユの旬《しゅん》は土用に入って二〇日間で、それ以前のアユを若アユとよんでいる。

あらい【洗膾】

「洗いなます」のこと。ナマスはナマシシ、シシは肉。これを現在は「洗い」とよんでいる。タイ・コイ・スズキなどの生きている身を、そぎ切りにして冷水を注いで（二分間くらい）肉を縮ませ氷塊を添えて供する。洗鱸《あらいすずき》・洗鯉《あらいこい》などという。だいたい、夏の料理として喜ばれ

る。洗鱸は、古酒に醤油・鰹節・塩などを加えて煮詰めた煎酒《いりざけ》と称する酒を添える。これをつけてあらいを食べる。洗鯉には、酢味噌を添える。材料は、タイ・スズキ・コイなどの他には、フッコ・クロダイ・コチ・ボラ・エビが良い。つまには、青ジソの葉をきざんだもの、穂ジソなどを添え、わさび醤油で食べる。淡水魚には、酢味噌か芥子酢味噌が良い。あらいは、歯ざわりの良さを楽しむもので、料理方法からつけられた名称である。

あられざけ【霰酒】

奈良名物の混成酒である。寛永年間（一六二四―四四）奈良猿沢池畔の酒造家浅田某が、池の水に霰が落ちて浮動するのを見て思いつき、それを真似てつくった酒に霰酒という名をつけ、明正天皇に献じたというのが起こりだという。小さく砕いたかき餅を焼酎につけては引きあげて乾かし、これを繰り返して霰をつくり、味醂に入れて密封熟成させたものという。別の説は、酒の中に糯米の糀《こうじ》を浮かべたもの。のし餅をつくってから、細かく刻んで焼酎につけ、乾燥することを何回か繰り返し、霰をつくり、酒に加える。これは江戸時代の初め慶長年間（一五九六―一六一五）に奈良の町医者糸屋宗仙が猿沢の池に霰の浮動するのを見て製造したのが起こりだという。

あるへいとう【有平糖】

「あるへいる」とか「あるへる」また「ありへい」ともいった。ポルトガル語のアルフェロアの訛ったもので、砂糖という意味である。天文一八年（一五四九）に鹿児島に上陸したポルトガル人の一人で、キリスト教の宣教師フランシスコ・ザヴィエルが、いろいろな品物を持って来た。その中にカステイラ、ボウル、カルメイル、そして「あるへいとう」があった。寛永一五年（一六三八）の『日《ひ》野《の》資勝《すけかつ》卿《きょう》記《き》』に「あるへいとう」があるから、鹿児島に上陸した「あるへいとう」は、七、八〇年すると京都で食べられていたわけである。さらに六〇年ほどたった元禄一三年（一七〇〇）には、日光輪王寺門跡弁法親王が招待の御返礼に柳沢吉保に「あるへいとう」を贈っている。元禄時代には、「あるへいとう」は珍しいものであった。現在、長崎あたりに「あるへいとう」の細工物があ

り、三月三日の菱餅や花など、五月五日のちまき、タケノコ・蓮・アワビ・フナ・タイなどを「あるへいとう」でこしらえる。彩色して美しいものである。元禄から三〇年くらいたつと一般の人々が「あるへいとう」を楽しんでいた。「まづいもの好きなをかしい公方さまあるへい捨てて松風にする」という狂歌があるが、八代吉宗将軍が質素倹約令を出したときである。松風は表にケシなどふった菓子、裏にふってないので「浦淋し」は松にあたる風の昔の意である。この時代「あるへい」は、うまいものとして一般に親しまれていたことがわかる。吉宗は一七一六年から一七四五年に将軍職にあった。難字と称せられるよみのむずかしい字がいくつもあるが、その中に「窩絲糖《あるへいとう》」がある。あるへい細工をするときは、風の通らない暖かい所で行なう。板の下には火鉢を置き、板を暖め、板上には胡麻油を塗って仕事をした。外人宣教師たちは、有平糖のような砂糖の塊といってよい菓子を日本人に与えて喜ばせていたことが察せられる。

あんかけどうふ【餡掛豆腐】

かつおぶしのだしを煮たてて味醂《みりん》と醤油を加え、味かげんしたものに水どきした葛《くず》を杓子《しやくし》でだし汁をかきまわしながらときこむ。豆腐は、沸騰した湯の中に入れてゆで、網杓子ですくいあげて、椀に入れ、あんをかけて、上におろしたワサビをそえて出す。この豆腐を昔は、餡豆腐とよび、湯煮した豆腐の上に葛だまりをかけて、ケシ・粉山椒・クルミの実を上置きにした。また、モヤシ・椎茸・キクラゲ・揚げ麩《ふ》などを取合わせて、辛子をといて添えて出したりもした。江戸時代には夜、茶飯と葛かけ豆腐（あんかけ豆腐）を売っていた。現在の餡掛豆腐は、おろしユズまたはおろし生姜を薬味として豆腐の上にのせている。豆腐のまん中をさじですくいとって、その中に生卵を落としこみ、蒸して半熟程度にして「葛あん」をかけた「玉蒸豆腐」は、石川県の郷土料理である。

アンコウ【鮟鱇】

アンコ・アンゴ・アンゴウ・アゴなどともいう。鮟も鱇も国字で、アンコウのために作った字である。この魚は、全長一メートルにも達するものがあるが、動作はにぶく、頭上の触手状の長いトゲを動かして、小さい魚が餌かと思って近寄ってくると、パクッと大きな口をあけて海水とともに小魚を飲み込むという。実に太平無事な生き方をしている。そこで、この魚の名を安康《あんこう》という。

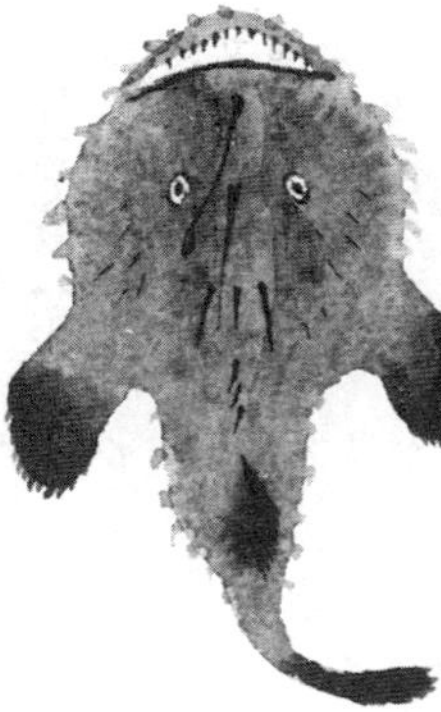

後にアンコとつめてよぶようになる。「アンコウの餌待《えまち》」とは口をあけて、ぼんやりしている様の譬えである。また、「アンコウの吊切《つるしぎり》」というアンコウ特有の切り方がある。アンコウは、ぐにゃぐにゃしてまな板の上に置いては切りにくいので、口を上にして吊るし、口から水を入れて安定させて、料理するのである。このようなよび方には、かならずアンコウというもとの名前が用いられる。

い

いいずし【飯鮨】

飯《いい》はご飯で、ご飯の鮨を飯鮨という。古い時代、鮨は、自然に酸味《すみ》をもたせた魚ばかりのものであった。その後早ずしとか一夜《いちや》ずしといって飯《めし》を使ってすしをつくるようになったが、これは醗酵作用のために飯を利用したもので、食べるのはやはり魚ばかりであった。つまり飯は捨ててしまった。近江の鮒ずしとか北海道のニシンずしなどである。のち、飯《いい》も食べるすしができ、現在はこの飯鮨が盛んに行なわれるようになった。「いいずし」を「いずし」ともよぶ。広島県の瀬戸内の島々で行なわれる柴ずし、金沢の蕪ずし、飛騨の根ずし、山形（酒田）の粥ずし、秋田のはたはたずし、北海道のニシンずしなど、いずれも飯鮨である。昔、西本願寺から四月、藤の花が咲くと飯鮨を禁裏《きんり》に献じた。飯鮨にはかならず紫の藤花を添えた。飯鮨を製するのは六条の人で、飯鮨は六条の名物となった。

イカナゴ【鮊子】

イカナゴ科の海魚。漢名は、玉筋魚。コウナゴ・カマスジャコ・メロウドともよぶ。田宮仲宣の『東牖子《とうゆうし》』に「京摂の俗、春の頃カマスゴと云う物を喰う。山陽、四国辺の海浜より出るものなり。海浜の漁人は、いかなごといへり」とある。カマスの子に似ているからカマスゴというのだが、カマスと区別がつきにくいというので如何児《いかなご》といったとか、如何なる名の子かという意だとか、この魚は大きくなってどんなもの（如何なる物）になるだろうかということで、「如何成子」と名づけたとかいう。いずれにしても、実にしゃれた名前である。

いくよもち【幾世餅】

江戸時代の中期ころから始まった江戸両国の名物餅のこと。短冊形に切った餅を焼いて、まわりに餡《あん》をつける。幾世餅といわれたのは、元禄一七年（一七〇四）に小松屋喜兵衛というものが初めて製したとき、吉原町河岸見世の遊女幾世を妻にむかえて商ったからである。繁昌して名物となり幾世餅と称した。

いけづくり【生作】

鯉の料理に、もっぱら生作が行なわれた。鯉の腹を切って、内臓を取り出し、下の身はそのままにして中骨の上の身だけを皮を傷つけぬようにしてとる。それを洗いにするか、または細作りにして、鯉の中骨の上に並べ、上の皮をかぶせて、さながら生きている鯉のように見せて客に供する法である。客の前に置くとき、目に醤油か酢の一滴を落とすと、はねて、生きていることがわかる。出雲松江の自慢料理でもある。鯉の生作を客席に出すと、客前で鯉の頭部を庖丁のみで叩き、鯉がはねると皮の下に盛り込んだ肉がばらばらになる。それをお客に盛り分ける。一つの芸として見せたのである。また、新鮮な魚の刺身をとくに活きがよいと自慢するために「生作」と称した場合もある。「いけづくり」とよぶべきだが、往々にして「いきづくり」という。「粋きづくり」という語とまぎらわしいのでこれを避けるため、「生作」は「いけづくり」とよむのが良い。生栗《いけぐり》・生鯉《いけごい》・生簀《いけす》・生花《いけばな》などは、いずれも生かしておくという「いける」の意である。「づくり」とは、魚肉などを切る動作をいった。生きているように魚を切ったものが「生作」である。

イシモチ【石首魚】

石首魚は漢名。石魚・石頭魚・黄花魚・江魚・黒頭魚・春来魚・梅魚などとも書く。ニベ科の海魚。全長三〇センチくらい。体は銀白色で、えらぶたの上の黒い斑紋がある。ニベはこの斑紋が薄い。うろこが、はげやすい。頭部にある耳石《じせき》が石に似ているのでこの名がある。東京・新潟・富山・鳥羽でイシモチ、茨城ではハダカイシモチ、静岡でシログチ、関西ではクチまたグチ、高知でシラブ、和歌山でカマジャコ、熊本でシラクチまたはシラグチ、長崎でキングチ・アカグチ・キグチなどとよぶ。「石もちといえども軽い肴なり」という川柳があるが、お惣菜《そうざい》の魚として家庭で大いに用いられる。四月から六月が味の良い時で、煮付け・塩焼きが主で、上等のカマボコの原料になったり、干物にもする。ニベより味が落ちるといわれた。東北地方以南に多く、初夏から一〇月千葉県銚子・相州平塚などの海浜でよく釣れるので親しみのある魚である。釣りあげるとグッグッと音を出すが、浮袋を振動させて発音するのである。『三才図会』に「竹筒を水底に近づけて、その声を聞いて網をおろして取る」とある。内湾の砂泥の海底に定着して遠くへ移動しない。二～四〇メートルの深さの所にいるが、春から夏にかけて浅海に押しよせて産卵する。産卵期は五～八月で、イシモチの卵巣はうまい。ところが、その魚は子なしという迷信があって「石首魚、女に食わすな」ともいわれた。石首魚の料理法には、酒徒の喜ぶ塩煎《しおいり》・塩引《しおびき》（うす塩をしてから酢をくぐらせる。胡瓜もみ・防風などを付合わせる）・塩焼のほか骨切りして葱を鍋にしき、酒・醤油・砂糖少々を入れて煮る南蛮煮などがある。

いしやき【石焼】
火でたべものを焼くときは、火力が不安定であるから、焦《こ》げるどころか燃えてしまうことも起こりがちである。そこで、火力で石を焼き、この熱くなった石にたべものをのせて焼く料理法が早くから考えられた。原始的な料理法であり、また、野外での調理法としては即席的な良い方法である。佐渡のアユの石焼、奥秩父をはじめ渓流地方でのヤマメの石焼などがあり、各地の名物料理として行なわれる。

いそべに【磯部煮】
白魚やエビ・イカなどを塩・酒・醤油でうす味に煮て、水ときした葛《くず》をときこみ、ドロリとさせ、火からおろして、もみのりをかけたもの。群馬県の磯部鉱泉など各地の磯部という地名から磯部煮ができたとは考えられない。磯辺（磯のほとり）の「いそべ」である。磯でとれたものを使った料理に「いそべ」という名がつき、海苔を使った料理によく用いられる。磯焼というのは、餅菓子の一種の名、いそだたみ（磯畳）という菓子のことである。蛤磯焼という料理は、蛤磯辺焼と同じである。

いたやき【板焼】

鳥肉などを味醂《みりん》醤油・煮出しなどでつくった汁につけてから板の上にのせて焼くので、この名がある。板は杉板を使うところから杉焼ともいい、杉の木の香りを移した料理である。杉箱の底に酒でといた味噌を敷き、魚・鳥・貝類・野菜類を入れ、ふたをして金網の上で焼くものと、杉板の上にのせて焼くものとがある。杉板で焼くときは、板の裏に塩を厚く塗りつけて、板が焦《こ》げないようにする。杉板が片木《へぎ》のとき、片木焼《へぎやき》・折焼《へぎやき》ともいう。杉焼は室町時代に始まるが、杉箱を用いたものは江戸前期に始まる。杉板を使うのを丁寧に杉板焼ともいい、これは江戸時代に多く用いられた名称である。板焼豆腐は、うすい杉の板にふき味噌をべったりと塗って、その上に豆腐を切ってのせ、またその上に味噌を塗り、同じ形の杉板を上にのせて強火で焼く。板焼味噌は、羽子板形の板の表に横菱にのこぎり目を入れて、その上に胡麻味噌をつけて、炉の灰に立ててあぶる。日光山あたりで常用する焼味噌である。杉板焼には、フッコ・タイ・ヒラメ・サケなどのすり身におろし芋を加えて板につけ、蒸してからかまぼこのように焼くものもあった。

イチジク【無花果】

中国と日本のイチジクは、イラン・アフガニスタン種がシルクロードを通って伝来したとの説がある。小アジア原産のものが江戸時代寛永年間（一六二四―四四）に渡ってきたとの説が古くからあった。六月ころ小果を生ずるが、この内面に無数の花がある。しかしこの花がわからなかったので、古来花がなくて実を結ぶものというので無花果の名でよび、七月ころ熟するものを花イチジクとよんだりする。九月から一〇月に成熟したものを食べる。雌雄花と雄花の区別があるが、日本のイチジクは全部雌花ばかりで雄花はない。ペルシア語の名を中国で映日（インジー）と音訳（あて字）して下に果をつけて、映日果とも書く。映日果が日本でインジークォから訛って、イチジクとなったという。木饅頭ともよんだ。熟しても白緑色のものを白イチジクという。また、トウガキ（唐柿）ともいうが、中国からきた柿という意味である。

いちやずし【一夜鮨】

寛永二〇年（一六四三）ころに一夜鮨が行なわれていた。「あゆの鮓《すし》をつと（苞）に入れて、たき火であぶる。重しを強くかける。又は柱に巻きつけてしめておく。一夜でなれずしになる」と『料理物語』にあるが、これを少し丁寧に説明すると、「アユを洗って飯を常の塩加減よりからくして炊き、アユの腹に入れ、草苞に包んで、庭に火を炊き、苞とともにあぶり、その上をこもで二、三回巻き炊き捨てた火のもとにおいて、重しを強くかける。また柱に強く巻きつける。一夜でアユのなれずしになる。塩魚はなれずしにできない」ということである。蕪村に「夢さめてあはやとひらく一夜鮓」「一夜鮓なれて主の遺恨哉」の句がある。つくり始めてから一日くらいで食べるすしのことで、「はやすし」とか「なまなり」ともよぶ。一夜鮨のつくり方も次第に変わって、材料にタイ・キス・アワビ・サザエ・イカ・ショウガ・ギンナンなどを使った。魚は沖鱠ほどにヒラリと大きく切って、二時間ほど酢につけておく。引きあげて水気がなくなるまで乾かし、飯をきれいにこしらえて、一段一段にならべ、おしをよくして、二、三日ほどたったら出す。こしらえた翌日でも食べることができる。一夜鮨という名称は、昔の鮨は、魚類を塩に漬けて久しく貯えておき、自然に酸味の出てくるのを待った中国流の鮨であったから、一夜ででき、実に早くできる鮨の意味からつけられた。

いとこに【従兄弟煮】

従弟煮とも書く。小豆または豆と野菜の寄せ煮料理である。秋田県鹿角地方では、大根をさいの目にして小豆とともに煮たみそ汁のことをいう。新潟県には、大根・人参・芋に小豆などを混ぜて煮たものがある。その他全国に広く行なわれ、正月・事八日《ことようか》・盆・祭礼・収穫祭などに食べた。これは神に供えたたべものを集めて煮ることに始まったもので、雑煮と同じ風習によるものである。従兄弟汁《いとこじる》ともいい、小豆・牛蒡・芋・大根・豆腐・焼栗・クワイと順々に入れて煮込み、中味噌で味をつけたものである。『料理物語』の煮物の部に料理法が出ているが、順々に煮るということを「追い追い煮る」とあって、オイ（甥）オイ（甥）と通じるのでイトコだという説、また、野菜ばかりを煮ることから、近親関係のイトコどうしだとしゃれたものだという説もある。また、従弟似《いとこに》ということばがあるので、同じ発音の従弟煮《いとこ》を考えついたのであるという説もあるが、少し考えすぎのようである。

いなりずし【稲荷鮨】

天保四年（一八三三）一一代将軍家斉のとき諸国に飢饉が起こった。それから同七年、八年と飢饉があった。このころ名古屋で油揚げの中に鮨飯を詰める稲荷鮨が考えられた。弘化二年（一八四五）版の『稽古三味線』に「十軒店のしのだずし稲荷さんの呼声《よびごえ》」とある。この「呼声」というのは、「天清浄地《てんしょうじょうち》しゃうじゃう六根清浄、はらひ玉へきよめたまへ、一本が十六文へイ〱〱ありがたひ、半ぶんが八文へイ〱〱ありがたひ〱一と切が四もんサア〱あがれ〱うまふて大きい〱〱稲荷さま〱〱」と町々を振売りしたもの。天保の飢饉のときから始まって大流行をした。十軒店というのは江戸本石町二丁目で、この角に店を張った稲荷屋治郎右衛門は大繁昌だった。「いなりずしうまいと人を釣狐、わなに掛たる仕出し商人」という狂歌でわかるように各所に稲荷鮨を売る商人がいた。天秤で屋台をかつぎ、狐の面を描いた旗をたて、小さい屋台の屋根の下に提灯を三つ並べてぶらさげ、それに「稲、荷、鮨」と一字ずつ書いてある。俎の上に庖丁と長い稲荷鮨を置いて切って売った。角行燈《かくあんどん》には「稲荷大明神さま」と書き、夜になると辻に立って「お稲荷さん」とよんだ。稲荷鮨は、山葵《わさび》醤油をつけて食べた。稲荷様はたべものいっさいを司る倉稲魂命《うかのみたまのみこと》を祀ったもので、大宜都比売神《おおけつひめのかみ》・保食神《うけもちのかみ》・豊受毘売神《とようけひめのかみ》も同神だといわれる。それがイナリとなったのは、『神代記』に「保食神腹中に稲生れり」とあるので、イネナリ（稲生り）がイナリとつまった。またイネカリ（稲刈）が転訛したともいう。あるいは稲をになった化人からとった名とか、イナニ（稲荷）が転じたともいう。伊奈利山に祀ったのでイナリと称するともいわれる。イナリ神とキツネは大宜都比売のケツを「御尻《みけつ》」と称した。昔から女性の尻は繁殖のしるしであった。この「みけつ」を「三狐」と書いたり、大宜都比売に「大狐姫」の漢字をあてたりする。それでキツネは稲荷神のお使い様とされた。大阪和泉市葛の葉町の信太森《しのだのもり》葛葉神社にはキツネを助けて、キツネが美女に化け夫婦暮らしをするが、三年後に「恋しくば尋ね来て見よいづみなる信太の森のうらみ葛《くず》の葉」の一首を残して消えるという伝説があるから、「しのだ」はきつねの棲家《すみか》、油揚げはキツネの好物ということで、この鮨を信田《しのだ》鮨ともいう。稲荷鮨といい信田鮨とよぶのも、いずれも油揚げを用いた鮨であるからで、油揚げは稲荷神の使いとされるキツネの好物といわれ、稲荷神社の供物にされたことからこの名がついた。

いまでがわどうふ【今出川豆腐】

豆腐料理の有名なものである。命名のいわれが『伝演味玄集』（九代将軍家重のころ。延享二年〔一七四五〕服部時亮の跋あり。著者は江戸の人、諸星吮潮斎）に書いてある。昔、菊亭前大納言が関東に御下向なされたとき御馳走が何日も続いた。そのうちにこの豆腐料理をこしらえて勧めた。大変喜ばれ、たびたび所望された。そしてこれは何という料理かとお尋ねになると、ただ、豆腐の煮ものですと答えたところ、名がないのは残念だ、今出川とでもいったらよかろうと笑われたので、そう名づけたという。今出川家の菊亭殿が関東に下向されたのは、享保（一七一六―三六）のころか、その以前であろう。この料理は関東でつくられたので、京都の今出川とは直接には何の関係もなく、今出川産の豆腐を使用したからこの名ができたのでもない。料理法は、豆腐を一切盛に切って、両方から面をとって、串二本を用い、こげないように焼く。この焼いた豆腐を湯水で洗ってはならない。洗えば水をふくんで良くない。初めからその心得で灰などのつかぬように注意して焼く。つぎに松前昆布を洗って、引きさき、鍋の底に敷いて、この焼いた豆腐を幾重にも平たくならべ、酒をたくさん入れ、上に松前昆布を蓋のようにおおい、内蓋をして、また本蓋をする。炭火にかけて、静かによく煮る。酒の気もぬけ、膳部を出そうというときに、醤油をさして味加減をする。盛って出す時も蓋をした昆布は取らずに、昆布の下から盛って出す。下に敷いた昆布を細かに引きさいて入れるのは、昆布をそのまま入れて煮あげると、そのとき吹きあがってつゆがこぼれてしまうからである。酒は充分にたくさん入れたほうがよい。かつおぶしのだしは少し入れ、酒に混ぜてもよい。だしを多く入れてはいけない。上置きはわさびばかりである。現在は、わさびの他に漉粉玉子・漉粉イモ・かんぴょう・枝豆・海苔の類、または、しんじょ・とろろ・きざみくるみ・けし・すりしょうが・おろし大根などを用いるが、どれも良くない。今出川豆腐ならば、わさび以外の取合わせはいらない。同じころのつくり方で、別法がある。豆腐大きさ二寸（六センチ）四方、厚さ三、四分（〇・九～一・二センチ）に切って、面をとって、焼き、かつおぶし一節、酒一升（一・八リットル）、醤油を杓子に三杯入れ、昆布を鍋底に敷いて、炭火で（二時間くらい）煮て、味加減をする。

イワシ【鰯】

鰮とも書く。イワシは死にやすい魚だからヨワシ（弱）ということで、訛ってイワシになった。また「いやし」の転ともいわれる。弱《いわ》けな（魚）、からともいう。童という字も、「いわけなし」とよむ。「なし」は強めの語である。幼ない者は心が弱く驚きやすいということから、この魚が童児のようだとみて、イワシと名づけられたという説もある。イワシを女房ことばで「むらさき」という。鮎（この字を藍と考えて）にまさるから「紫」だという説はおかしいとして、イワシの鱗をとったのがすこし紫色に見えるからだという説がある。また、塩をしたイワシの色が紫黒だからともいう。紫式部が夫の宣孝の留守にイワシを焼いて食べていたら、夫が帰ってきた。そんな卑しいものを食べて、と叱ると、「日のもとにはやらせ給ふいはし水まいらぬ人はあらじとぞ思ふ」と歌で抗議した伝説がある。紫式部が好きなイワシだから紫といったというのは、まったくのこじつけである。千葉県銚子などでイワシが集まってくると海面が紫色になる。これを「いろが見える」といったそうだが、そこからイワシを「むらさき」というようになったとも説明される。ところがイワシが来るとき海波はやや赤くなると『和漢三才図会』にはある。また、後水尾天皇の正月元日の朝の膳に、白い土器《かわらけ》に鰯を入れて、その上に同じ土器をかぶせて供した。これを「きぬかつぎ」といったとある。隠して供したのは、イワシは下々《しもじも》の者の用いるものだからだという。このイワシは、ゴマメ（五万米）で、カタクチイワシの素干し（生のまま風干し）である。「ごまめ」を「田作《たづく》り」ともいう。田をつくるときの祝肴に用いたからである。干鰯《ほしか》というイワシの乾燥したものを肥料にするから「田作り」というとの説明は良くない。正月のたべものとして「田作り」は取りあげられるものである。正月に肥料を食べるというのはお

イワシ漁　『日本山海名物図会』1754 年

かしいのではないか。後水尾天皇が肥料を召し上がられたというので、正月の祝肴にするという説明もおかしい。天皇が御衰微のとき、頭つき一尾という儀式に際して、最も安いイワシを一尾用いられたという故事から正月の祝肴として用い、農夫もまた田植の祝肴として用いたから「田作り」ともよんだのである。イワシを茹でてから干したものを煮干《にぼ》しという。

インゲンマメ【隠元豆】

江戸時代初期の承応三年（一六五四）明国の僧隠元が日本に持ってきたといわれる豆だが、隠元禅師が中国から帰化するとき持ってきた豆は、どれであったかよくわからない。京都地方で隠元豆とよんでいるものは、フジマメである。牧野富太郎博士は、フジマメが「隠元豆」だと力説した。ところが、フジマメは、九三〇年代の『和名鈔』にアヂマメとして名が出ており、平安初期にすでに日本に中国から渡ってきている。だが、隠元禅師は、すでに日本にあったフジマメを持ってきたのかも知れない。しかし、フジマメが隠元によって初めて日本に渡ったというのは間違いである。フジマメは、熱帯アジアからアフリカ原産の豆で、エジプトの土語でラブラブという豆である。フジマメを千石豆ともいうが、収穫が多いのでその名がついた。また、味豆ともいうが、これは味が良いからである。漢名は藊豆である。一般に隠元豆とよんでいる豆の原産地はインド・ギリシア地方あるいは南米ペルー地方である。漢名は雲豆・花雲豆、いんぎんともいい、菜豆とも書く。明治時代に日本に輸入されたトウロク豆とよぶ品種である。これはゴガツササゲともいう。ササゲというのは、捧げるという意で、豆果が上を向くものにつけられた名である。ゴガツササゲの漢名は、竜爪豆・雲藊豆である。

う

ういろう【外郎】

本来は外郎餅という。略して外郎。米の粉と黒砂糖を使用した蒸しようかんの一種である。外郎薬《ういろうぐすり》の透頂香《とうちんこう》と同じような色と形をしていたので、この名となる。応安年間（一三六八―七五　足利義満時代）に元の人陳宗敬《ちんそうけい》が日本に帰化して透頂香を子孫に伝えた。宗敬は元朝の遺臣で順宗に仕えて礼部員外郎だった。この官名をとって、この薬を「外郎」とよんだ。また一説に、大覚禅師（鎌倉、建長寺の始祖）が宋から来朝したとき、この薬を伝えたとも、大覚禅師に随行して宋から来た官人が京都に止まって、この薬を売り始め、宋音で外郎の「外」を「ウイ」と発音したのに始まるともいう。これが菓子の名になったのは、昔、「たん切り」という餅菓子があって、この「外郎」というたん切りの妙薬と色も形も似ていたからである。また、鎌倉時代（南北朝時代ともいう）に帰化した元の人、陳延祐が伝えた薬を陳外郎と称した。延祐の子宗奇は、京都から小田原に移ったが、江戸時代に至って「外郎」が、小田原宿の名物薬となった。名古屋で「小倉ういろ」を売る餅文という店は、万治二年（一六五九）の創業という。文献に現われた古いものは、天和二年（一六八二）八月来朝した朝鮮信使饗応の献立の中に「外郎餅」がある。山口の銘菓にも外郎があり、名古屋・広島・糸崎・小郡などにも同種のものがある。

小田原のういろう
『東海道名所図会』1797年

ウジマル【宇治丸】

ウナギのことである。宇治川（京都府）でとれるウナギは名物であったから、宇治とよんで、宇治川産を表わした。丸というのはマロ（麿）で、宇治麻呂は人の名になる。宇治川のウナギがすぐれているので、人間扱いをしてよんだのである。名刀を何々丸といったり、船の名を何々丸とするのと同じ考えである。ウナギの鮨《すし》とか、蒲焼《かばやき》など、調理したものも宇治丸とよんだ。昔の本に「宇治丸とはうなぎずしなり」とも書いてある。また「宇治丸はかばやきのこと」ともある。昔の蒲焼は、ウナギの口から尾まで竹串を縦に通して丸焼にしたものだが、古来ウナギを名物とした山城の宇治では、この丸焼だったから「宇治丸」といえばウナギの丸焼のことになるともいう。すなわち、ウナギの丸蒲焼だということもある。

ウップルイノリ【十六島海苔】

むずかしいよみ方の食品の一つで、岩ノリの一種である。島根県の十六島《うっぷるい》は、十六権現が人間の姿をかりて現われるとされていた地で、水底に良い海藻がある。三瓶《さんべ》山《さん》（島根県大田市）に雪が降って、この浦に影が映るころに、この海藻をとる。水底のノリをとって、露を打ちふるい打ちふるい、岩上に日に干しておくから、「うちふるいのり」というところを、だみ声で「うっぷるい」といった。十六善神島のノリと文字に書いては長たらしいので、善神を略し俗言の「うっぷるい」というのをそのまま文字によみならわしたものと考えられる。このノリは、ひや汁・あぶり肴・菓子に用いる。雲州楯縫郡十六島の沿岸岩石について生ずる紫菜（あまのり）で、その色は深く、形は甚だ細長く、髪のようである。一名カモジノリともいう。

ウド【独活】

風が吹いてないときでもひとりで動く植物だということから、独揺草《どくようそう》とも名づけられていた。独は、ひとりという意味があり、活は、よく動くという意味がある。サンズイに舌という字は、水が勢いよく流れるということから動くことを表わしたもので、「ウド」が、風もないのにひとりで動くということから「独活」という字があてられた。俗語に動くことを、ウドウドといい、ウゴク（動）からウドになった。ツチタラともよばれるが、これは地中の芽をとって食用にする、土に埋もれているとき、タラの木の若芽のように食べられるというので「土タラ」とよんだのである。ウヅ（埋）が転じてウドになったともいう。また、ウド（埋所）に埋まっているところからだとか、ウはウツボ、トは土だとか、ウはウバラ（イバラ）のウで、トはトゲの意であるといった説もあるが、面白くない。

うどん【饂飩】

奈良朝時代に渡来した唐菓子の一つに「混沌《こんとん》」というものがある。「混沌」は物事のけじめがつかないさまをいうが、小麦粉の皮に餡《あん》（肉や糖蜜など）を包んで煮たもの（丸いワンタンのようなもの）で、丸めた団子はくるくるして端がないことから「こんとん」とよばれた。たべものなので食扁に改めて「餛飩」と書いた。熱いたべものなので「温飩」と書くようにもなり、これが、また食扁に変わって、「饂飩」になった。丸い形のものだったので、それを切って細くしたとき、切麦《きりむぎ》（切麵とも書く）というよび名も生まれた。もちろん、つくり方も今日の「うどん」になっている。熱したものを「あつむぎ」、冷やしたのを「ひやむぎ」とよんだ。オントン（温飩）がウントン（饂飩）になって、室町時代に、ウドンというよび名が使われ始めた。しかし、江戸時代になっても、ウンドンというよび名がウドンとともに用いられていた。コントンからウドンになる変化は、以上のようで良いと思うが、小麦粉の皮に餡を包んだワンタンのようなものと、そば状の「うどん」とは、全く別種のたべものなので、渡来したとき、初めからこの二つは別々のものとして入ってきたのではないかと考える。だが、餡を包んだ形のものが消えて「うどん」だけ行なわれてきたのは面白い。「うどんに胡椒」といわれて、古くは、食べるとき胡椒の粉、または梅干がかならず添えられてあった。

江戸時代の饂飩・蕎麦売り
『守貞漫稿』1853年

ウニ【雲丹】

棘皮《きょくひ》動物。海胆・海栗とも書く。胆は膽の俗字である。食用にするところは、生殖巣で、雌雄がある。『風土記』には、棘甲蠃とか甲蠃と書いてあるが、これを棘蠃《きょくら》という。ウニまたはガセ（ガゼ）という。蠃という字は螺と同じで、螺はニシという貝である。棘は、いばら、トゲのあるものを意味する。だから、トゲのある貝の仲間と思ってこの字をあてたのである。海栗（ウニ）というのは、まさに姿そのものを見てつけた名称で、海の中にあるいが栗そっくりである。海胆の胆は、きもである。生殖巣で繁殖し、それを食用とするのだが、昔の人は、その部分を胆と考えたのであろう。海胆の食べるところ（生殖巣）を雲丹とか海丹とか書いている。雲には、あつまるものという意味があり、丹は「あか」で、国訓で「に」とよむとき、赤土のことである。要するに赤い色のもの。ウニは縄文弥生時代の遺跡からも発見されている。その文字が、その形状によってつくられたように、ウニというよび名もまた、その形や色によって生まれた。海栗とか海丹が形や色からつくられた文字で、海のものを表わすウと、赤い色を表わす二で、ウニとなった。海胆の胆は丹と同じよみで、海丹（かいたん）とよむときは海胆に通じている。雲丹も、あつまった赤いものという状態からきた名称であり、海に生きているウニでなく食べる生殖巣を指してウニとよぶとき、多く「雲丹」が用いられるようになった。

うのはな【卯花】

豆腐をつくるときの絞りカスで、「おから」のことをいう。卯の花は、ウツギの花のことで、この花が色が白くておからに似ているところからの名である。おからのカラ（空）をきらって、ウ（得）の花としたという説もあるが、これは良くない。ウは「憂」に掛けたりすることが多い。おからは、雪花菓（きらず）ともよばれる。切らずに料理するからである。卯花の「卯」は、うさぎ年の卯だから、ウサギを飼うときおからを用いることから「卯の花」といったというのは、ひねくりすぎているようである。雪花菓というのも、雪の白いことで、雪花は白い花、卯の花も白い花である。白い卯の花をおから（白い色が似ている）と見立てたのが正しい。

ウメ【梅】

中国原産で、バラ科サクラ属の落葉小高木である。『万葉集』に「むつきたち春の来たらばかくしこそ烏梅《うめ》を折りつつ楽ぬしきをへめ」とあり、ウメとよんでいる。後にムメと発音するようになるが、ウメが正しい。烏梅は中国の古名だが、烏はカラスで黒いことを意味する。薬用として干した梅は黒かった。燻製の梅である。諸々の木の花にさきがけて雪中に花開くというので梅を「花の兄」といい、兄花《あにばな》ともいう。また中国で、哀帝（武帝ともいう）が本を読むと梅の花が開き、読むのをやめると花が閉じたというので「好文木」ともいわれた。また木母ともいう。梅は木扁に毎だが、木母なら栂、トガと読む。トガの木

江戸時代の梅干し作り　『広益国産考』1842 年

を関東でツガともいう。梅の木は奈良朝以前に朝鮮を経て中国から日本に渡ってきたもので、烏梅をウメとよんだものである。もともと、未熟な実を塩漬けにして干し、薬用としていたが、これが江戸時代にシソの葉で赤く着色し、梅干として広く食用にされるようになった。

お

おぐら【小倉】

つぶし小豆を使った菓子や料理につけられる名称。煮汁に小豆を加えて煮る方法で、小豆を洗って柔らかく茹で、木杓子で半つぶしくらいにして砂糖と醤油を加えて煮る。小豆餡《あん》を小倉餡とよび、小倉餡でつくった汁粉が小倉汁粉である。この小倉は、藤原忠平の歌「小倉山峯のもみちば心あらば今ひとたびのみゆきまたなん」にちなんで、粒餡を紅葉に縁のある鹿の子模様に見立て、また「今ひとたびのみゆき待つ」と美味をたたえたものという。漉餡《こしあん》に皮を切らないように蜜煮にした大納言小豆を混ぜたものである。小倉餡から小倉は小豆と決まってしまったので、小豆を使ったとき小倉と名づけるようになった。たとえば、小倉羹（小倉餡のようにつくった中に煮た寒天を混ぜ、粒の小豆を入れて固める）・小倉玉子（まんじゅうを玉子のようにつくって煮小豆を詰める）・小倉田楽（油揚の一方を切って煮小豆を詰めて付焼きにする）のように、みな小豆が加えられている。

おこし【興米】

米や麦を煎ってふくらませることを「おこす」といい、餅米を煎ってから水飴でこねて固めたもの、これを「おこし」とよんだ。その原形は中国から伝来した唐菓子「粔籹《きょじょ》」（おこしごめ）といわれる。米を焼き、さらに煎って、ふくらませたものが、平安朝時代にすでにあり、大嘗祭にも用いられている。江戸で、おこしを売り始めたのは、美濃国地知《ちち》の知行所に五〇石を領していた徳之山五兵衛が江戸に出て始めたのが最初だという。

〈雷おこし〉享保年間（一七一六—三六）、浅草寺の雷門が再建されたとき、雷門にちなんで名づけられ、本法寺門前に店を出して（後、寺町に移る）売り始め、名物となる。おこしの中央に雷さまのへそに擬して黒豆をつけるのが定式であった。諸国におこしがあるが、大阪の「粟おこし」は、硬いのを優良品としたので「岩おこし」といわれた。江戸時代有名であった「石原おこし」は、美濃笠松の名物おこしを真似たもので、笠松出身者が本所石原にある領主徳山氏の屋敷付近で売り出したので、この名がある。

〈入船おこし〉天保年間（一八三〇—四四）、江戸の品川に大鯨が漂着した。そのときの記念に売り出されたのが始まりである。

〈京おこし〉京都の銘菓で、寛文五年（一六六五）に不明《あけず》でつくった。

〈御所おこし〉江戸時代、浅草御蔵前西側の玉屋伊織藤原光信が創製して売り出したもので、天明年間（一七八一—八九）には、最も盛んであった。

〈半兵衛おこし〉福島県須賀川の銘菓。弘化四年（一八四七）に半兵衛が餡で固めた普通のおこしをつくって売り出した。

オコゼ【虎魚】

鰧とも書く。カサゴ科のオコゼ類の総称である。一般にはオニオコゼを食用とするが、これを略してオコゼとよんでいる。沿岸魚で昔からよく見かけた魚である。やや深い所に棲むものは体色が赤色あるいは黄色のものがある。背鰭《せびれ》の棘に刺されると激痛を感ずる。よく獲れるが、よく刺され、見るからに恐ろしい姿の魚である。だから、おろかな者、馬鹿者に与えてしまえといったことから、オコ（痴）セ（施）と名づけたという。オコは烏滸とか尾籠とも書き、おろかなこと、おろかな者をいう。オコゼのセは施、すなわち物を施すことである。セがゼと濁音になった。

おしき【折敷】

茶事懐石などに用いる白木製の角盆。足をつけたのを「足付」とか「足打」とよんだ。三方《さんぼう》の下の台がないもので、片木でつくった。これを「おしき」といったのは、大古、たべものを供するとき、木の枝葉を折って、これを敷いて、その上にたべものをのせたが、食品を盛る盤として用いる最初のものが、折り敷いた枝葉であったことから、折敷とよぶようになった。器具としての折敷の種類は『古事類苑』に詳しい。

おだまきむし【小田巻蒸】 苧環蒸とも書く。単に「おだまき」ともよぶ。茶碗蒸の地にうどんが入ったうどん料理の一種。苧環《おだまき》は、つむいだ麻糸を中が空洞になるように丸く巻いたもので、茶碗の中のうどんが、おだまきの形に似ているところからこの名がある。なぜか静御前の「しずのおだまきくりかえし」という歌の文句が浮かんでくる。情緒のある日本料理らしい名称である。

おでん 田楽《でんがく》のこと。御所ことばで略して「おでん」といった。御所で使われたことばが上流社会に通じたもので、それが民間に広がった。田楽とは豆腐に限っていわれたので、「おでん」とは豆腐に決まっていた。豆腐を長方形に切って、竹の串をさして炉端に立てて焼き、唐辛子味噌をつけて食べた。初めは、つける味噌は唐辛子味噌に決まっていた。これが「おでん」であり、田楽である。田楽という名前の起こりは、この炉端に立てて焼く形が田楽法師の高足の曲という技術の姿態によく似ているので、単に豆腐の焼いたものを田楽とよぶようになった、ともいう。時代は、足利の末、永禄（一五五八―七〇）ころと考えられる。元亀・天正（一五七〇―九二）のころには、明らかに流行していた。有名な『利休百会』（天正一五年（一五八七））の献立の中に、豆腐の料理をあげて、「とうふくずに、とうふのうば（ゆばのこと）、とうふのでんがく」とある。天明（一七八一―八九）のころになると、田楽もいろいろと変わったものができてくる。『豆腐百珍』に載ったものだけでも、「木の芽田楽、ふたたびでんがく、きじやきでんがく、葛田楽、うにでんがく、浅ぢでんがく、まゆでんがく、みの田楽、たまごでんがく、あこぎ田楽、つぶて田楽」があり、続編『豆腐百珍』には、「目川でんがく、今宮のすな田楽、衛士田楽、青みそ田楽、みたらし田楽、あづま田楽、なんばん田楽、小野田楽、煮取でんがく、女郎花田楽、小倉田楽、しののめ田楽、出世田楽、太平でんがく」とある。豆腐田楽が、このように流行して、さまざまのものができるようになると、野菜を材料にした田楽も現われてくる。野菜田楽は『料理綱目調味抄』に、種類をあげて、「大根・かぶ・牛蒡・山のいも・芋・栗・かしゅう・蓮根・くわい・瓜・唐茄子・冬瓜・

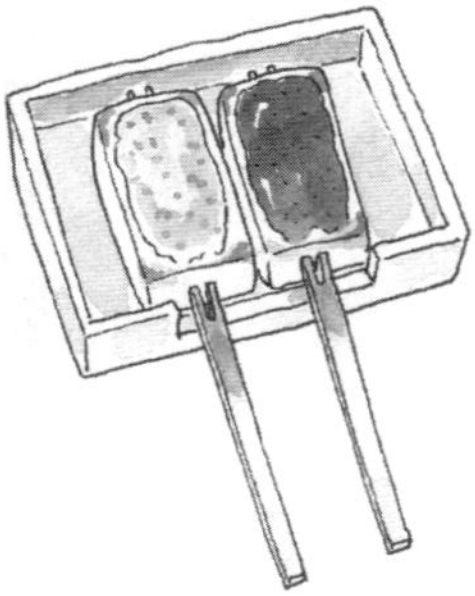

松茸・ししたけの各みそ田楽」が載っている。豆腐が田楽のもとであるということは、大坂の出版である『素人庖丁』に享和・文化・文政（一八〇一―三〇）のものとして、精進料理の部で、野菜田楽を多くのせ、豆腐の形に切れるものは、豆腐のように見せて焼いて味噌をつけたものが多い、とある。野菜の田楽と前後して、魚類の田楽も現われた。これを略して魚田《ぎょでん》といった。魚田の種類は、『料理綱目調味抄』に「ゑひ、うなぎ、はぜ、小ぶな、あわび、あかがひ、はまぐり、たいらぎ、かき、えび」とあって、各みそ付焼・醤油付焼とある。もちろん、タイやヒラメのような上魚も田楽に使用している。切り方のできるものは、四角とか長方形に切って焼いたもので、味噌を使っている。こんにゃくの田楽の起源は、元禄（一六八八―一七〇四）ころと思われる。宝暦一〇年（一七六〇）版の『献立筌』という本に「こんにゃくの田楽」が現われる。こんにゃくの田楽は、もと豆腐の田楽のように、串に刺して、茹でて、味噌を塗って使ったのである。後に文化・文政・天保（一八〇四―四四）ころの江戸では、串刺にしたこんにゃくを味をつけて煮込むようになってきた。これが、煮込みおでんである。明治三〇年（一八九七）ころの煮込みおでんは、こんにゃくを主として、八ツ頭・とろの芋・ちくわぶ・かまぼこのすじなどである。

おぼろ　おぼろという語には、ぼんやり曇るとか、ほのかに見えるという意味がある。料理で「おぼろ」といえば、タイ・エビ・スズキ・ヒラメなどの肉をすりつぶして、味醂・塩を少し加えて煮つめ、ボロボロにほぐして食紅で色をつけたものをいう。鮨や五目飯の上置きにする。おぼろ豆腐は、豆腐を湯煮にして葛餡をかけた料理。下の豆腐が、葛餡を透しておぼろ気に見えるからこの名がある。また、豆腐のにがりを加えてまだ固まらないものを器に盛って固めたものを、おぼろ豆腐とよんでいる。おぼろ昆布は、乾した昆布を薄く削ったものである。清汁《すましじる》の中に入れたときの感じから、この名があるのだろう。おぼろ饅頭は、表皮をむいた饅頭で、中味の餡がおぼろ気に見えるので、この名がある。略して「おぼろ」とよぶ。おぼろ蒸は、茶碗蒸の一つである。淡味の清汁に蛤のむき身とか貝柱や牡蛎《かき》などを加え、茶碗に入れて蒸してから、卵を割りこみ、ミツバなどを加え、さらに蒸したもの。具がおぼろに見えるとか、汁の感じがおぼろだというので、この名がついたのだろう。

おらんだに【阿蘭陀煮】

タイを丸のまま油で揚げてから酒だけで長く煮ると、骨まで食べられるようになる。あとで醤油で味つけする。これがおらんだ煮である。おらんだ飛竜頭《ひりょうず》とか、おらんだ味噌・おらんだ餅というものの共通している点は、胡麻油とか、かやの油などを用いて揚げる、炒めることである。また、おらんだ卵は、浅葱《あさつき》を使っていることから、この名がつく。おらんだ漬は辛子を使っているので、この名がつき、おらんだ飴となると普通の飴と少し違った製法という意味で、この名がつく。洋風のめずらしい調理法を用いたものに西洋諸国の代名詞として「おらんだ」の名がつけられた。

か

かいせきりょうり【会席料理】

略して会席という。元来、茶会の会席で用いる料理のことで、懐石《かいせき》料理とか茶料理と称された。その後、多くの料理店でこしらえる上等の料理のことになる。明治になると料理屋は、「会席御料理」の看板を出すようになった。『嬉遊笑覧《きゆうしょうらん》』に喜多村信節は、薬研堀《やげんぼり》の川口忠七鳴竹が「会席料理」を始めたと書いている。文化七年（一八一〇）八十九翁の撰する『飛鳥川』続に「料理茶屋にて会席仕立の始は安永の末」とある。『守貞漫稿《もりさだまんこう》』には、天保（一八三〇―四四）初めころから会席料理が流布する、とある。会席とは、初め、集まって俳諧をつくる席で、俳席ともいうべきものであった。俳句を作り読み、そして最後に酒を飲んだ。これを会席と称した。やがて俳句の席とか会合を料理茶屋で行なうようになり、会席料理が始まったのである。

かがみもち【鏡餅】

丸く平たい鏡のようにして神に供える餅。吉礼にも用いる。東国で「そなえ」また「ふくでん」、越後・信濃では「ふくで」という。その他、そなえもち・お鏡もち・かがみ・かがみのもちい・かがみもちい・ぐそくもち・おそなえ・すわりもち・もちいかがみなど各地には様々のよび名がある。足利時代正月に、武家では男子には具足（鎧）に、女子には鏡箱に、大小二個の餅を丸く平たくつくってこれを重ねて供えた。その形が鏡に似ているので鏡餅といった。鏡餅は割って祝うが、それを鏡開《かがみびらき》といった。武士は斬《きる》という言葉を忌み、刃を入れずに引掻くので、これをかき餅とよんだ。鏡餅の上置きとして、ダイダイ・コンブ・クシガキなどを載せ、関西では櫛形に切った豆腐を載せた。鏡餅の起源は明確ではないが、一説には、神宝の一つである八咫《やた》の御鏡をはじめとして、鏡は日本人が最も尊重するものであり、神社をはじめ民間でも昔は正月とか五節句に鏡を神代《かみしろ》として祀った。この神代の鏡に二つ重ねの餅を供えたので鏡餅とよぶようになった。餅はモチ（望）で満ち足りるという意がある。別名福生菓《ふくせいか》という。鏡餅飾を神棚・具足・床間・鏡箱と信仰するところや愛好する具に供えることが流行したのは江戸時代である。

カキ【牡蛎】

イタボガキ科の二枚貝。イタボガキは雌雄同体である。同一の貝に雌の時代と雄の時代が交互に現われる。カキという字を牡蛎と、牡《おす》の字をつけてしまったのは、ある時季のカキを調べたとき牡ばかりだったからであろう。旬は一二月から一月ころで、四月以降は中毒の例が多い。カキを食べ始めた歴史は古く、ローマ人が二〇〇〇年以上も昔から養殖を始めたと伝えられる。カキの名は、石から掻《か》き落としてとるからとか、また殻を掻き砕いてとることからといわれるが、カキの貝殻が欠けることからと、その身を掻き出して食べることから「かき」としたものである。日本の文献では『古事記』の允恭《いんぎょう》天皇のくだりに衣通姫《そとおりひめ》が天皇に献じた歌「夏草の相偃《あいね》の浜の蛎貝《かきがい》に足蹈《あしふま》すな明して通れ」とあるのを初めとする。『延喜式』には「伊勢より蛎および磯蛎を進む」とあるから古代からカキを食べていたことがわかる。

かきもち【掻餅・欠餅】

かき餅には、二種ある。一つは掻餅で、もう一つは欠餅である。さらに掻餅には牡丹餅とそばがきの二種がある。欠餅とは、昔、武士の鎧などに供えた鏡餅を食べるとき、庖丁で切ることを嫌い鏡餅を引き欠いた。これを欠き餅といった。今は片餅（へぎもち）のことも、かきもちとよんでいる。へぎもちというのは、鏡餅を刃物でへぎ切りにしたものである。近世になって、ナマコ形に餅をつくって、それを小口から薄く切って干したものも、かきもちとよんだ。掻餅は「かきもち」とも「かいもち」

ともいう。『徒然草』に、最明寺入道が足利左馬入道のところで馳走になる献立に、三献にかい餅がある。『守貞漫稿《もりさだまんこう》』に、かい餅《もちひ》は牡丹餅だとある。掻練の餅というわけで、おはぎ、すなわち、ぼたもちのことだという。最近の解釈では、三献にかい餅とあるのは、そばがきのことであるという説が強い。民間伝承に、南駒ヶ岳山麓の村では、蕎麦粉で製した「かき餅」「かい餅」「けえ餅」などとよぶ蕎麦餅をつくり、とくに一月一三日の夜は、このけえ餅を食べる習慣があり、「かんがえ餅」とよんでいる。寒に入って食べるかい餅という意だろう。小栗百万の『屠竜工随筆《とりょうこうずいひつ》』（安永七年（一七七八））に、萩のことを「ぼた」というから、「ぼたもち」とは「はぎもち」ということだ、とある。萩餅は、おはぎで、ぼたもちである。蕎麦餅は、そば掻餅というわけで、かきもちは、そばかきだといわれる。餅をかいて食べたから、かきもち（欠餅）、そばをかいてそばがきにした餅だから、そばかきもち、略してかきもちである。ぼたもちは、よく搗かぬ餅である。つまり、かき練った餅だから、かきもちといった。

かくや【覚弥・覚也・隔夜】

いろいろな漬物の古漬を水で洗って塩出しをしてから、細かく刻んで醤油をかけたものを「かくや」とよぶ。生姜のみじん切りを混ぜるとか、酒をかけるとか、工夫される。作者不詳の『寛元見聞記』（明治二四年（一八九一）刊）に八百善《やおぜん》で、香の物で茶漬を食べるところがあるが、そこに瓜茄子の粕漬を切混ぜにしたものを「かくや」とよんでいる。「かくや」の由来には諸説がある。徳川家康の料理人岩下覚弥が始めたからであるとか、江戸時代に岩下覚弥という者が初めてこの漬物をつくって家康に献じたのに始まるとかの説がある。また、沢庵和尚の弟子覚也が初めてつくったという説、高野山の隔夜堂（一人の僧が一夜おきに守る）を守る歯の悪い老僧のために隔夜料といって香物を坊から刻んで渡したのでこの名があるともいい、字も隔夜《かくや》と書いたという説もある。いずれの説ももっともらしく一つにしぼるのは無理である。

カシウ【何首烏】

長寿健康のたべものとして騒がれた。何首烏という植物は、ツルドクダミである。その葉がドクダミに似ているのでこの名がある。タデ科の植物。何首烏というのは、昔、中国で何公《か》がこれを服用したところが、白髪が黒くなった。首は「かしら」という意で、烏は、カラスという字で「くろし」という意である。すなわち「何（か）の首（かしら）烏（くろ）し」というので、この名ができた。

かしわもち【柏餅】

五月五日端午の節供に、カシワの葉に、上新粉と葛粉（片栗粉）を混ぜてつくったしんこ餅に餡をはさみ、編笠のように二つ折にしたものを包んだ餅菓子。カシワの葉のかわりに、サルトリイバラ（山帰来）の葉を用いたりする。カシワの葉を用いたのは、新芽が出なければ古い葉が落ちないものなので、家系が絶えないという縁起からである。男児の節句にも使われる。たべものをカシワの葉で包むということは、大昔からある。古代に飯を盛るのに木の葉を縫い合わせたものの上にのせた。それを「かしは」とよぶ。すなわち「炊ぎ葉」（かしぎは）である。たべものを盛る葉には、ツバキ・サクラ・カキ・タチバナ・ササなどがあるが代表的なものがカシワであった。カシワの葉に糯米（昔は糯米を飯としていた）を入れて蒸したのは、古代のたべものの姿を現わしている。現在の柏餅ができたのは、徳川九代将軍家重、一〇代家治のころ、宝暦年間（一七五一—六四）と思われ、五月の節句に柏餅を食べるようになったのは、江戸時代に入ってからのことである。柏餅は餡の他には味噌の入ったものもあって、味噌入りのものは、包む柏葉の表のほうが外になっていた。普通の柏餅の葉は、裏が外になっている。昔、田舎に行くと、農家では砂糖を用いず塩餡の柏餅をつくっていた。

かずのこ【数の子】

鰊鯑とも書く。青魚子と書いても、カズノコとよむ。鰊《にしん》（鯡）の子である。鰊の古語「かど」「かどの子」が訛って「数の子」といわれた。鰊の卵巣には五〜一〇万もの卵がある。だから数の多い子の意味にもとって、多産を喜んだ昔は、縁起がよいとして正月料理の祝肴となった。塩漬けにしたものを塩数の子、乾燥したものを干し数の子という。ニシンは、春告魚とも書く。

カタダブナ【堅田鮒】

源五郎鮒のことをいい、琵琶湖堅田の付近でとれるからこの名がある。源五郎鮒は形が平らで、小鯛のようである。大きいものは三〇センチほどになる。これを源五郎というのは、一説に昔、近江の国に生まれた源五郎という者が、水をくぐることの達人で、まるで小鮒のようだったので、人があだなをつけて「小鮒の源五郎」といったから湖のフナも源五郎鮒というようになったという。また、堅田鮒は淀鯉とならんだ名物で、六角の家臣（佐々木）錦織源五郎というものが初めて網してとったので、名づけたともいわれる。あるいはフナは夏に入って味が良くなるので、夏頃鮒《げごろぶな》といった。それを源五郎鮒と書いたという説もある。

かちぐり【搗栗】

小さいクリを日干しにして臼で搗《つ》き、殻と渋皮を取り除いたもの。搗を古くは「かつ」「かち」とよんだので、搗栗と書いてカチグリとよんでいる。栗の名称は、その実の皮の色が隍色《くり》をしているからクリという。隍は黒の色の転じたものである。かちぐりは、かた栗の転であるという説もある。かちぐりは、その音が「勝栗」に通じるので、武士は出陣に際して、勝栗・熨斗《のし》・昆布の三つを肴にして首途《かどで》を祝った。火力を用いて栗を乾燥することを農民に教えたのは、甲斐の武田信玄だともいう。信玄は勝栗を糧食の一部に加え、また凱旋の際の菓子とした。これが勝利の縁起をかつぐ武家の間に広まって、勝栗は戦陣の祝宴に欠かせぬものとなったともいわれる。

カツオ【鰹】

堅魚また松魚とも書く。頭部がやや烏帽子《えぼし》に似ているので「えぼし魚」ともいう。磐鹿六雁命《いわかむつかりのみこと》の故事に頑魚《かたうお》が出てくる。この「かたうお」の通音が堅魚となる。かたうおの「かた」は「かたくな」の「かた」で、頑の意である。この魚は、干すと固くなるので「かたうお」とよんだ。古代は生では食べず、干して固めて食べた。かたうおの略語が「かつお」である。堅魚の二字だったものを鰹の一字とした。『万葉集』の歌に「水の江の浦島か子か鰹つり、鯛つりかねて」とあるから、万葉時代には鯛と同じように用いられたと思われる。縄文石器時代に捕食されたので、貝塚からもカツオが発見される。天平時代の木簡にも堅魚の字が見られ、太古

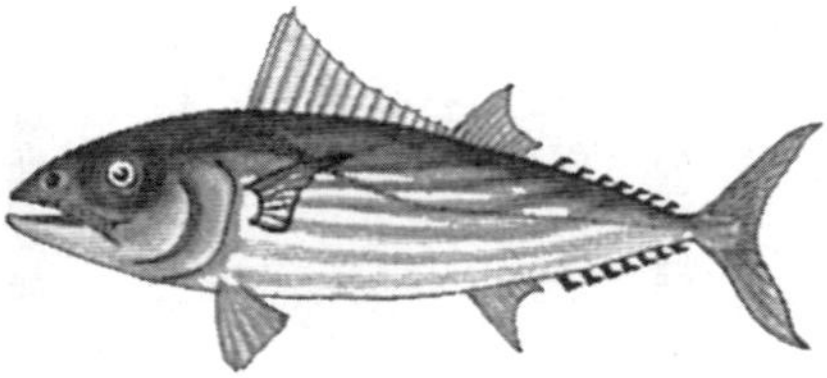

から食べられていた魚である。堅くして食べた魚なのでカタウオとよび、それがカツオになった。

カニ【蟹】

カニのカは殻のこと、「ニ」は、丹で「あか」である。殻が赤いからカニというとか、煮ると殻が赤くなるからだとか、背中が赤いからカニだともいう。面白いのは、カニは甲丹と考える説である。また、甲が堅くてよく逃げることからカタニゲ（堅逃）と考え、略してカニとなるという説もある。カニのニは丹（あか）であるというのは間違いない。カはカニが赤いという特徴をとらえたとき、どこが赤いかといえば、甲羅である。要するに、「カ」は、皮か甲か背中かと論じられているが、とにかくその甲羅を指したものである。カニは甲赤（カニ）の説に賛成する。

かのこもち【鹿の子餅】

現在、鹿の子餅とよばれるものは、餅・求肥《ぎゅうひ》・羊羹のうちいずれかを賽形《さいがた》に切ったものを中心にして、小豆餡で丸く包み、そのまわりに柔らかく煮た金時小豆を粒のまま鹿の子のように付ける。小豆粒の代わりにインゲン豆を付けたものを「いんげん鹿の子」といい、栗を茹でて甘く煮つけたのを「栗鹿の子」という。宝暦（一七五一〜六四）ころの歌舞伎俳優の道化方の名人として知られていた嵐音八という役者が人形町東側中程に恵比須屋という菓子屋を開店して売り始め、江戸名物となった。文政年間（一八一八〜三〇）の川柳に「鹿の子餅釈迦の天窓《あたま》の後向き」というのがある。つまり、鹿の子餅が仏像の頭の後向きのようにぶつぶつがあるという意である。富山県高岡市の名物にも鹿の子餅がある。この餅は、白色の羽二重餅で、大きさは五センチ角で高さ二センチくらい。下部にあたる餅の中にはウズラ豆の蜜漬が散らし込まれて、鹿の背の斑紋《はんもん》を模しているので「鹿の子餅」の名がある。鹿の子餅という名称は、シカの子供時代にその背にある斑紋に似ているところからいうのである。

江戸時代の蒲焼売り
『守貞漫稿』1853 年

かばやき【蒲焼】

焼いた色が紅黒くて、カバノキの皮に似ているから樺焼であるとか、ウナギを焼いたとき、その香りが実に早く匂うので香疾焼《かばや》といわれたとあるが、いずれも間違いである。ウナギの蒲焼は、昔、ウナギの口から尾まで竹串をさし通して塩焼にした。この形が、蒲《がま》の穂に似ているので、蒲焼といったものの転訛である。

カブラ【蕪】

蕪菁・葑・蕦・蕘・蘴・蕵・菘、いずれもカブラである。カブ・ウキナ・カブナ・カブラナともいう。古名では、クキタチ・スズナ・アオナ（蔓菁）ともいった。諸葛《しょかつ》孔明が長陣になると兵士に蕪畑をつくらせ大いに食べたというので、諸葛菜ともよばれる。現在、中華料理では、大頭菜（タトウツァイ）とよぶ。カブとは、頭（あたま・かしら）のことである。木のかぶというように丸くふくらんだところをカブとよぶ、カブの根が球形となっているので、カブとよばれ、カブラのラは助辞である。宮中の女房ことばでオカブといったことから、カブラを一般にカブとよぶようになった。

カボチャ【南瓜】

長崎では天正（一五七三―九二）ころからボウブラ（カボチャの外国名）をつくり始めた。その種は、もと回紇（ウイグル）から渡ってきた。薩摩には元和年間（一六一五―二四）にカンボジア（東埔寨）からボウブラというウリが渡来し、寛永年間（一六二四―四四）に世に広まった。京都に種を植えたのは延宝・天和（一六七三―八四）ころである。江戸では享保年間（一七一六―三六）までは南瓜《なんきん》（一名カボチャ）を売っていない。まれに人の庭園に花実を賞して植えた者があったが、種子を長崎あたりから持ってきたものである。常に見なれぬものだから毒物だろうと食べる人がなかったという。元文（一七三六―四一）の初めころから多く植えられるようになり、夏から秋にかけてのたべものになった。天明六年（一七八六）に午年の水とよばれる洪水があった。この洪水の後、江戸足立郡栗原村の農夫某がカボチャの古種を見出して蒔いてみた。この味がカボチャより良く、唐茄子《とうなす》とよんで広まり、寛政（一七八九―一八〇一）にはカボチャは遂に絶えてしまった。唐茄子という名称は天明ころから始まる。カボチャは初めカボチャ瓜《うり》といった。カンボジア国の瓜という意である。後、瓜を省いてカボチャとよんだ。曲亭馬琴は、箱根から西には唐茄子はない、みなカボチャである、カボチャは味が薄くまずい、と書いている。現在は、カボチャと唐茄子は一つのものである。

かまぼこ【蒲鉾】

古くは蒲穂子と書かれている。蒲《がま》の穂に似ているから、この名がついた。室町時代には、竹の串に多くナマズの肉を摺って塗りつけてつくった。竹の串のまわりにつけたものを、現在は竹輪とよんでいるが、この形が「かまぼこ」の原形である。間もなく板に魚肉を厚く塗りつけた小板かまぼこができた。竹串にさした本来のかまぼこ（竹輪かまぼこ）が消えて板付かまぼこのみ残った。そして「竹輪かまぼこ」の姿は、「竹輪」という別の製品として残った。ただし竹の串を抜いて売られる。

カモ【鴨】

鳬という字もある。中国では鴨はアヒルのことで、カモは野鴨と書く。アヒルは家鴨とも書く。鶩もカモとよむ、と江戸時代の本にあるが、ブまたボクというこの字はアヒル・マガモの変種のことである。カモは、ウカブの略で、浮かぶ鳥ということから「かも」になったとの説がある。また、カモはカムと通じて頭群の義、また、波をカウブルということからカモになったともいう。また、波でなくて頭の青いところが藻を被っているようだからカモとよんだともいい、水上で足をかきもがくところからカキモグリを略してカモといったとの説もあり、この鳥の群《むれ》をなしての鳴声からカモといったともいう。また、霊鳥だから神鳥ということからカモとよぶともいう。しかし、この鳥が集まってがわがわとかまぐ（啼きさわぐこと）ことから名づけられたというのが良い。カモの「カ」はかまぐことで、モはムで群《むれ》をなしていることから添えられた。

かゆ【粥】

しるかゆ（汁粥）と、かたかゆ（堅粥）とがあり、堅粥が今日の飯である。昔の飯は蒸籠《せいろう》で米を蒸してつくった。粥は米を鍋で炊いたもので、食湯（かゆ）といった。炊飯の道具が、土器だった古代は、飯は蒸してつくった。陶器が用いられるようになった平安朝になって米を煮るようになるが、これを粥といい、今日の粥は、湯《ゆ》とよばれた。鉄製の釜鍋ができた室町時代以降は、堅粥を飯といい、汁粥を粥というようになる。カユは、ケユ（食湯）か、コユ（濃湯）などからカユと変わったという説がある。また、加湯ともいう。炊湯（かしゆ）であるとか、炊き湯・かしぐ湯ともいう。堅粥が姫飯とよばれ、それが飯といわれて、汁粥が粥となり、飯と粥になる。粥は湯《ゆ》のことだが、飯が「いい」「めし」とよばれ、この飯を炊く水の量を多くして炊いたものが粥である。水を多く加えた意味と「炊いた」つまり「かしいた」という意味と両方を含んで、湯《ゆ》に「か」音を添えて「かゆ」とよんだのは、「いい」とか「めし」に対するよび方として、「ゆ」よりも「かゆ」のほうが良かったからである。もともとカユはユだけで通用したものであった。

からし【芥子】

単に芥とも書く。カラシナの実を粉末にしたもの。辛《からし》は、舌を刺すように感ずる味をいう。『正倉院文書』にあるから奈良朝時代にすでに芥子の粉末が使われていた。罌粟（けし）が渡来すると芥子がケシの意味に用いられたので、カラシかケシか判断に苦しむことが多い。江戸時代の料理書に「芥子」とあるのは、ほとんどケシのことである。それで、辛子（からし）という字を用いるようになった。辛子酢・辛子味噌・辛子和えなど室町時代ころから盛んになる。辛子漬といったものは江戸時代になって工夫されたようである。納豆を食べるとき辛子を用いたりするが、「ときがらし」とか「水がらし」といった名称が現われるのは江戸末期になってからである。芥子菜は葉が油菜に似て小さく、のこぎり歯が細かく、しわが多く辛味のある菜である。この菜は、汁の実・味噌和え・塩漬などに使う。この菜の種子を一種の臼で搗いて粉末としたものが芥子（辛子）である。黄色で、きわめてからい味があり、鼻をつく。芥子の粉末を湯でといて泥状にしたものを芥子泥《からしでい》という。「カラシ」という名称は、「からし」という形容詞の終止形の名詞化したものである。

からすみ【唐墨】

鱲、また鱲子と書く。ボラの卵巣を塩乾蔵したもの。唐墨とよばれたのは、長崎県野母《のも》崎樺島地方の伝承によると、天正一六年（一五八八）豊臣秀吉が肥前の名護屋《なごや》にいたとき、長崎代官鍋島飛騨守信正が野母のからすみを長崎の名産品として献上した。秀吉がその名を尋ねたので、形が唐の墨に似ているので「唐墨」と答えたのに始まるという。越前のウニ、尾張のコノワタ、それに肥前野母のカラスミを天下三珍と称した。濃褐色で光沢があって斑点のないのが優良品。小口から薄く切って酒の肴にする。ボラの魚卵を第一とするが、サワラの子でつくったりタイ・メナダの子でもつくる。そこで、「皮ながら干しなす身」ということをつめて「からすみ」といったという説もある。

カレイ【鰈】

比目魚・扁魚・王餘魚とも書く。古名は、カラエイである。この魚は扁《ひらた》く薄くて、頭が小さい。身の右の一面が黒く左の一面は白く、白いほうを地にすりつけて泳ぐ。カレイは、もとカタワレ魚といったという説では、この魚は一方が色がわりして白く、目も一方についているので、かたわれのようで、このタワを略してカレとい

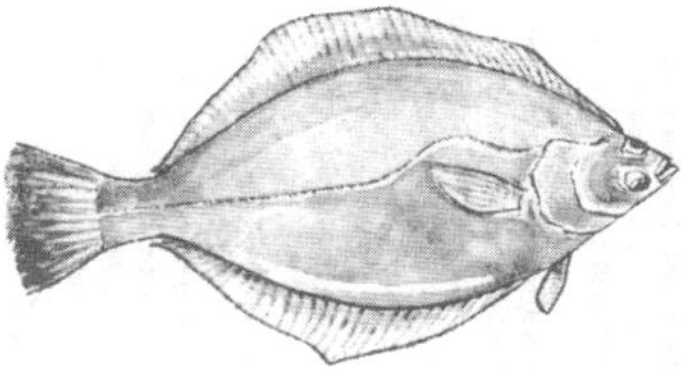

マガレイ

い、カレイのイは、イオ（魚）であるというが、これは賛成できない。古名のカラエイがカレエイになり、エが略されてカレイとなった。この魚をカラエイとよんだのは、エイという魚に似ているが、小さくてエイよりは涸れているからである。カラはカレテル、涸れる、しめり気の乾くことといった意味がある。唐鱏とカラに唐の字をあてるのは間違いである。舶来とか新とかいう意味のとき唐がつけられる。カラエイのカラには、そういう意はない。

かんてん【寒天】

テングサを原料としてつくったもの。昔はテングサを心太草（こころぶとぐさ）とよんだ。ココロブトが、ココロテンになるのだが、「太」を「天」と書き違えたか見違えたかであろう。そしてココロテンが訛ってトコロテンになる。だから「心太」と書いて、「ところてん」とよんでいる。ココロテイの転かともいう。ところてんを寒晒《かんざら》しにしてつくったものが、寒天である。寒ざらしのところてんの寒と天とをとって、カンテンとよんだ。寒天とは、テングサの四角なものというのがなまって、カクテンがカンテンとなった、という説は間違いである。テングサは四角なものと決まっていない。寒晒心太という名称は、寒のときに晒《さら》したものが品質最高ということから、寒晒《かんざらし》という語をつけるのである。

がんもどき【雁擬】

豆腐をくずして中に細く切った野菜・麻の実などを入れて油で揚げたもの。京阪地方では飛龍頭《ひりょうず》という。「が

んも」ともよぶ。がんもどきは、雁の肉に似たものという意である。もどきは「ようなもの」という意だから、雁もどきは、雁の肉に似たものというが、あまり似てはいない。昔のがんもどきは、麩を油で揚げたものであったり、または、こんにゃくを小口切りにして塩で洗い、もみさらして葛粉をまぶして油で揚げたものであった。関西で飛龍頭といったのは、ポルトガル語からきた名称である。日本人が、「ひりうず」とか「ひろうず」とよんだ料理を飛龍頭とあて字したのは、その形からであったろう。水でこねた小麦粉に豆腐や野菜を加えて油で揚げたとき、かたまりから角《つの》のようにいくつか衣が飛び出して、それが龍の頭のように思えたのであろう。ポルトガル語の音だけのあて字とは思えない。外国料理を輸入するときの日本人の料理名の付け方は、実に見事である。

き

ぎおんどうふ【祇園豆腐】

田楽豆腐の一つである。豆腐の両面を少し焼き、味噌たれで煮て、上に麩粉《ふこ》を点じたもの。二〇〇年前の献立に祇園豆腐に道明寺糒《ほしいい》をふりかけて江戸料理で使っていた、とある。京都の祇園社（今の八坂神社）の鳥居前にある二軒茶屋で売り出したところから祇園豆腐と名づけられた。名物豆腐料理である。

キク【菊】

花を食べることは古くから行なわれていたが、一般に最も多く食べられるのは黄菊である。だが『万葉集』には菊が出てこない。奈良朝末期か平安朝になって中国から華麗な菊花が渡来した。黄菊が唐から渡ってきたのは仁明天皇の承和年間（八三四―四八）だといわれてもいる。日本にあったのは、カワラヨモギとかカワラオハギというものであった。菊の歌の元祖は平安朝の初め、桓武天皇の延暦一六年（七九七）冬一〇月の条に「コノコロノシグレノアメニキクノハナチリソミヌベキアタラソノカヲ」という御製がある。キクという名は、菊の花が中国から日本に渡ってきたとき、「菊」の字音として伝わったのだろうという説がある。『和名類聚鈔』はククチという地名を菊池と記し、古くは菊の字をククと読んだ。菊の花がくくったような形をしているのでクク（菊）といった。ククがキクに転訛したのである。菊は、神代から日本にあったが、いやしげな貧弱な花であったから歌にもあまりよまれなかったのである。

キクラゲ【木耳】

木海月とも書く。干したクラゲに似ているところからこの名がある。一名ミミタケともいう。木耳と書いたのは、形が人の耳に似ているからである。中国語でムウアル（木耳。木に生ずる耳）といい、中国料理によく用いられる。学名では「ユダの耳」という意味の語がついている。キリストを売ったユダがキクラゲの生えるニワトコの木につり下げられたところからこの名があり、西洋では食用にしない。日本人は海に囲まれた国だから海にいるクラゲを考えた。中国では昔から金持ちが賓客をもてなすのにシロキクラゲの料理を出した。シロキクラゲは黄金と比較されるくらい高価であった。乾燥すると色が黒くなるので黒キクラゲともいわれた。味は淡いが、噛むと音がして、干したクラゲ（水母）を食べるようである。

きじやき【雉子焼】

足利時代天文年間（一五三二―五五）に編した『犬筑波《つくば》集』という山崎宗鑑の連歌本に、精進の汁に混じって不精進の雉やきがあったが、よくよく見たら豆腐だったという作がある。寛永二〇年（一六四三）の『料理物語』に、きじやきは、豆腐を小さく切って塩をつけて焼いたものだとある。この時代「きじやき」といえば、豆腐の料理に決まっていたようである。「雉子焼」とは、雉子焼豆腐の略であった。しかし他に鮪・鰹などの魚の切身を醤油でつけやきにしたものも、きじやきといった。料理名には「きじやきでんがく」などとあり、豆腐に串をさして狐色に焼

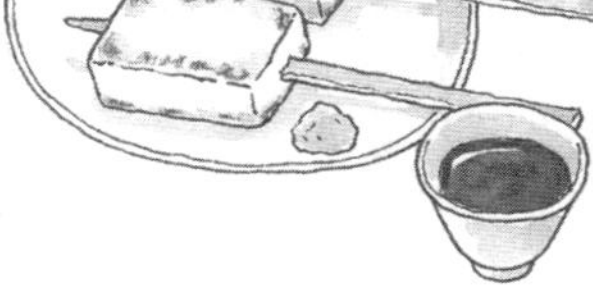

いて猪口に煮返しの醤油に摺柚子を添えて出した。ただの豆腐のきじやきは、塩をつけて焼いたところに熱い酒をかけて食べた。本物の雉も醤油をつけて焼けば、上がりは白くはない。狐色になった雉子焼もあるわけで、きじやき豆腐にも、薄醤油をつけて焼いたものもあった。足利時代から徳川初期にかけて、雉は最高の御馳走であったから、雉子焼という名称が現われたのである。

ぎせいどうふ【擬製豆腐】

精進料理の一種である。豆腐をゆでてからくずして、水を切ってから味つけし、細かく切ったニンジンやキクラゲなどと卵を加えて、蒸しあげるか焼鍋で焼いたもの。一度こわしてしまった豆腐を、もとの豆腐のように似せてつくったものが擬製豆腐である。もとの豆腐のようであるが、遙かにおいしい豆腐になる。

きなこ【黄粉】

大豆を煎ってから臼で碾《ひ》いて粉にして篩《ふるい》分けたもの。『和名類聚鈔』巻一六に「大豆麸　まめつき」とある。「きな粉」をマメツキとよんだのである。ツキとあるから豆を臼で搗いて粉にしたものであろう。大豆麸《きなこ》と書いた。粉にすると豆の色によって青豆粉・黄豆粉となる。豆粉のつくり方は「青大豆をざっと炒って、三分の一ほど皮切れるほど、喰ってみて生ぐさけのなくなる時をよしとして粉にする」とある。「きな粉」というよび名は、女房ことばから出たもので、室町時代に始まったものと考えられる。『厨事類記』や『大草家料理書』には「大豆の粉」はあるが、「きな粉」は出てこない。きな粉というよび方が一般になるのは、はるか後であろう。徳川時代初期の『醒睡笑』にも大豆の粉は出てくるがきな粉はない。一般化してくるのは元禄（一六八八―一七〇四）ころからである。黄粉《きなこ》の名は、大豆を煎《い》って粉にしたとき、その色が黄色なのでよばれた。明治の本には豆粉をキナコとよませたものもある。青豆を用いたものを青粉とよんだ。キナコをまぶした餅が黄粉餅《きなこもち》で、これを安倍川餅といった（→安倍川餅）。

キノコ【茸】

蕈・菌茸とも書く。キノコは木に生えるところから木の子という。古名はキノタケ（木茸）である。菌類はカビの仲間である。キノコを～タケというが、タケリ（牡陰）の略で、男性のシンボルに似ているからといい、略してタケとなった。キノコ中毒は、毎年後を絶たないが、なぜか常に男より女のほうが多いという。タケは、丈《たけ》長く直立する意かというが感心しない。また、香りの猛《たけ》き意かというが、これも面白くない。

きびだんご【吉備団子】

備前岡山のキビでつくった団子菓子で、嘉永・安政(一八四八―六〇)ころから現われる。岡山藩の茶人家老伊木三猿斎が勧めて、四道将軍のひとりである吉備津彦命を祀る吉備津神社の境内の茶店に吉備団子を売らせた。これは求肥《ぎゅうひ》にきびの粉を混ぜた菓子であった。安政六年(一八五九)に江戸浅草で「日本一きび団子、昔屋桃太郎」と看板を出して、黍《きび》団子を売り出した者があった。黍団子は、もちきびの粉に米の粉を混ぜ、水でこねて蒸した菓子である。キビは中国では最も古い穀物の一つであり、日本へも早く朝鮮半島を経て伝来した。

きゃらぶき【伽羅蕗】

フキの皮をむいて生醤油に粉唐辛子少々を加えて佃煮のように辛く煮たもの。伽羅牛蒡《ごぼう》もあった。醤油の色がつき、濃い茶色である伽羅色になるのでこの名がある。カラのカの音を延ばしてキャというとの説もあるが、キャラは梵語の黒の意である。キャラ色、すなわち黒っぽい色になった醤油煮の珍しいよび方である。

ぎゅうひ【求肥】

中国で牛脾と書いて、祭祀に用いられていたものが、日本に渡って、牛のなめし革のように柔らかいところから牛皮と書かれた。『御湯殿の上の日記』に「うしまいる」とあるのは牛皮飴を奉ったことだと『類聚名物考』にある。また、院の聞召しで「牛皮飴」を奉ったところ字を書きかえろとの命あって「求肥飴」としたともある。飴は脾腹を肥やすという意味から求肥とした。牛脾餹・牛皮糖・牛皮飴とも書く。昔は黒砂糖や赤砂糖を用いたので色が汚ならしく牛皮とよばれ、御所ことばでは「うし」とも書かれた。餅のように柔らかくて弾力性があるので、求肥餅ともいう。寛永年間(一六二四―四四)に上使(幕府から武臣を禁廷に上す)出雲の太守松平越中守直政が京都で求肥飴を召されて、江戸に帰られてか

らこの菓子を尋ねさせたが、そのころは江戸に求肥をつくる者がなかった。そこで京都から中島浄雲という京菓子司を呼んで求肥をつくらせた。この子孫が神田鍛治町で丸屋播磨の店名で継承したので、求肥屋と称した。牛皮を求肥と書きかえたのは上杉家で、軍用食糧品として保存がきくので用いたが求肥と命名したともいう。江戸時代の初期には葛粉《くずこ》・蕨粉《わらびこ》・玉砂糖の三味を糯米《もちごめ》粉に入れて火にかけて煉り、さらに水飴を混ぜて煉って冷ましてから菱形に切った。餅米を主材料にしたので求肥餅とよばれたが、次第に餅より飴に発達して文化・文政（一八〇四―三〇）のころにはその技術も最高となり、加工品もできた。餡を求肥で包んだものは、羽二重餅といった。

キュウリ【胡瓜】

古名をカラウリ（韓瓜・熟瓜）またソバウリ（稜瓜）という。原産地は東インド・ヒマラヤの山麓である。紀元前二〇〇〇年ころに東京《とんきん》（インドシナ半島の北東部、ソンコイ川流域の地方）から中国に伝えられたもので、張騫《ちょうけん》が西域から持ち帰ったものというので、「胡《えびす》の瓜《うり》」と考えて、胡瓜と書いたが、中国の南北朝時代、後趙初代の王、石勒《せきろく》（二七三―三三二）が胡人の出であったことから、胡瓜の名を忌み「黄瓜」と改称したという。日本には朝鮮から顕宗天皇の御代に渡来したが、天平時代の文書に黄瓜の文字が見られる。漢名は、胡瓜・刺瓜・王瓜・黄瓜を異名とする。江戸時代に胡瓜の初物を川に流し河伯《かっぱ》に供する慣わしが始まり、胡瓜をカッパとよぶようになった。一種の香気があったから気瓜との義でキウリとよんだとの説がある。また、木瓜《きうり》の義であるとか（木瓜はボケ、古くはモケという）、臭気があるから漢で臭をキというのでキウリとなったとの説もあるが、いずれも感心できない。ルイス・フロイスの『日欧文化比較』（天正一三年（一五八五）に「われわれの間ではすべての果物は熟したものを食べ、胡瓜だけは未熟のものを食べる。日本人はすべての果物を未熟のまま食べ、胡瓜だけはすっかり黄色になった熟したものを食べる」とあるが、昔は胡瓜は完熟させて文字通り黄瓜として食べたようである。熟瓜と書いてカラウリとよませるのもその食べごろを示していると思われる。徳川光圀の『桃源遺筆』によると「黄瓜をば一名胡瓜といふ、又癩瓜といふ、この瓜はなはだけがれ多く、食して仏神へ参詣すべからず、又毒多くて能少し、いずれにしても植べからず、食るべからず」とある。また「京都祇園の氏子は胡瓜を食べることを嫌った。祇園祭の行列も、畑に胡瓜の花が咲いている手前までを氏子の境界とみなした。これは胡瓜の切り口が祇園さまの御紋に似ているからというのであるが、この紋は、織田信長が京都に入ったときの幟印の紋であるから愚かなことである」と寺島良安の『和漢三才図会』に書かれている。江戸でも徳川家の三ツ葉葵が胡瓜の切り口に似ているというので旗本直参連中は権現様の印紋を食べては罰が当たると胡瓜を断った。また、胡瓜の切り口は桔梗の紋にも似ているので、光秀の紋が桔梗なので三日天下ということから胡瓜が嫌われた。貝原益軒も『菜譜』に「胡瓜是瓜類の下品也味よからず且小毒あり性あしし只ほし瓜とすへし」と書いている。このように胡瓜は嫌われていたもののようであるが、近年になって胃腸を整えるとか、肌を美しくする、また熱があるとき効き目がある、利尿作用があって腎臓に良いということから青い胡瓜が食べられるようになった。黄瓜は見なくなったので、中国伝来の胡瓜《こうり》をキウリ・キュウリとよぶようになったというような説も現われた。しかし、日本人は、黄色くなった黄瓜を食べ、それを名とし、逆に渡来した瓜ということで胡瓜と称するようになったものである。韓瓜《からうり》の字は朝鮮から渡ったことを示したもので稜瓜《そばうり》とはナマコのような外皮にイボのあることからの名である。長野県南佐久地方では胡瓜をミズウリとよんだ。群馬県勢多郡赤城村では花の残っているくらいの胡瓜の小さい物をベボーとよんでいた。フランスの胡瓜は、化け物のように大きいといわれるが、日本でも広島以西には大キュウリが多く、三〇センチにもなる。熊本の「八人枕」はもっと大きい。大阪郊外毛馬《けま》を中心に栽培される長キュウリは四〇センチ以上になる。

きりたんぽ【切短穂】

秋田県の名物。古くは県北だけのものだった。江戸時代に南部藩主が花輪地方を巡視されることになって、地元では饗応に何を出そうかと相談したところが、木こりや猟師たちの弁当にもっていく焼めしがよかろうということになった。それで「わっぱ」（弁当）の飯をこねて棒の先につけて焚き火で焼いてみた。これが思いのほかおいしい。お喜びになった藩主が「これなるたべものは何という」と聞かれたとき、当意即妙に出た答えが「きりたんぽ」であった。鹿角《かづの》の人々の山ごもりするときのタンポは長さ五〇センチくらいの棒に、こってりと飯を盛りつけた大形のきりたんぽである。北秋田で秋田杉の木こりたちが弁当に持って行く飯でつくったものは、冷飯を半殺しのボタもち風に搗《つ》いて細竹に巻きつけて炭火でコンガリと焼くもので、ご飯の焼竹輪といったものであった。これはもともと冷飯の利用法として工夫されたものであり、いずれもたんぽつきの稽古槍に似ているものを適当に切ったものであるから「きりたんぽ」といった。県北の大館あたりが本場だといわれ、同地方で飼育される比内鶏《ひないどり》という軍鶏《しゃも》に似た日本種鶏(一名コエヨシ)で美声で肉のうまいのを鍋に仕立てていっしょに食べた。県南では、新米に味噌をつけて焼くたんぽ焼きをつくった。新米でつくるきりたんぽは、ウルチ九にモチゴメ一ほど混ぜて、炊き上げたものをすぐ擂鉢に移して、スリコギで練る。半分搗き上げたものを竹の棒に竹輪のように巻きつけて、これを炉の火であぶる。こんがり焼いたきりたんぽは竹からはずして、切るか手で折って食べる。

キンカン【金柑】

古名は、ヒメタチバナである。漢名は金橘《きんきつ》という。夏に小さい白花を開いて、良い香りがする。果実は冬になって熟すと黄金色になる。ミカンの仲間であって金色の実をたくさんつけるから金柑と称した。中国から古く渡来したのはマルミキンカンで、江戸時代にナガミキンカンが入ってきた。皮に芳香があって、実は酸味を帯びるが、果皮は甘いので皮とともに生食する。また糖蜜などで煮て食べる。

きんぎょくとう【金玉糖】

寒天に砂糖を加えて煮つめて固め、ざらめ糖をまぶした菓子。ざらめ糖をまぶさないものを金玉羹といった。金玉とは、金と玉で、転じて財宝のことにもなる。金や玉でできているようなものは、たいへん珍重される。金と玉のような珍しいものという名称である。ざらめをつけたものを金玉糖とよんだ。

きんざんじみそ【金山寺味噌】

紀伊国の金山寺の名物で、なめ味噌の一種である。大豆を煎ってあらびきして大麦といっしょに蒸して麹《こうじ》とし、茄子や白瓜の細切りと塩を加えて漬け込んだもの。もと中国の杭州にある径山寺《きんざんじ》でつくった製法が日本に伝わってきたといわれる。これも檀家へ配りものにしたので有名になった。

きんちゃくじる【巾着汁】

山芋の皮をむいてすりおろして葛粉を少し混ぜ、切った半紙に包んで熱湯を入れたものを味噌汁の実にした汁である。紙に包んだときに巾着のような形になるのでこの名がある。巾着豆腐というのは、茄子の中身をくりぬいて巾着の袋のようにして豆腐をつめて煮たもの。巾着麩《ぶ》というのは麩を巾着茄子のようにつくって、その中に好みの物を詰めて味つけするもの。柚子の実をくりとってその中に好みのものを詰めたものを巾着柚《ゆ》というように、何かの中身をくりぬいて、巾着袋のようにして好みのものを詰めた料理名に「巾着」という名称が用いられる。

きんつば【金鍔】

金鍔焼の略である。徳川五代将軍綱吉の天和・貞享年間（一六八一―八八）にうるち米粉の皮で赤小豆の餡を包んで焼いたものが京都に現われた。これが銀鍔《ぎんつば》であるが、後の「金鍔」の元祖である。元禄を経て享保年間（一七一六―三六）に江戸に移ると同時に銀よりも金だということになり、その皮も米粉から小麦粉に変わった。文化・文政（一八〇四―三〇）期が金鍔の全盛時代で、吉原遊郭の遊女たちは年期を増しても金鍔が食べたいというような歌もはやった。文化年間の末ごろから浅草馬道《うまみち》に「おかめのきんつば」という店から「みめより」という四角なきんつばが売り出された。「人はみめよりも心」という俚謡から思いついた名前で、外見よりも中身の良さということで人気を博した。このころ、日本橋の魚河岸（旧地）付近の屋台店で金つば焼を売っていたのが、今の栄太楼の元祖であるといわれる。文化九年（一八一二）刊の式亭三馬の『浮世風呂』などに、銅羅焼《どらやき》と金鍔焼のことが出てくるが、この二つがよく似ていたことがわかる。もちろん、どら焼は、金鼓（ゴング）に似ているから

鉦焼《どらやき》といわれたものである。だが、このどら焼が時代がたつにつれて形が小さくなったものが金鍔であるという説もあり、金鍔焼が現われるのは安永・天明（一七七二―八九）のころであろうという。天明七年（一七八七）刊の『七十五日』には、「金つばやき久松丁花沢屋近江」の店が載っている。金鍔の名は、刀の鍔に大きさが似ていたところからこの名が生まれた。江戸時代、名代の金つば屋は、麹町三丁目谷米屋と吉原土手にもあった。奈良県の三輪山から発掘された唐菓子の模型に「つば」というのがあるが、これは刀の鍔である。刀の鍔の形の菓子をつくるというヒントは、唐菓子からかということも考えられる。

きんとん【金団】

金飩とも書く。古くは橘飩と書く。三〇〇年以上昔のきんとんは、粟をふかして砂糖を包んでつくった。粟の色が黄色なので、金団または金飩と名づけた。橘飩は卓《しっ》袱《ぽく》料理の語といわれる。これは小麦粉を黄色く着色したものを丸めて、茹でたものであった。近世の発明であるきんとんは、ナガイモなどを煮てすり、砂糖を加え、クチナシで着色して、これに栗、クワイなどの煮たものを混ぜたもの。金は金色つまり黄色で、飩はむしもちのこと、また、麺類の一種でもある。金団の団は円に同じで丸いもののこと。また、あつまり、かたまりをいう。ナガイモなどを煮て黄色に染めてつぶしたものがかたまった団子状のものを金団といった。きんとんは京飩の転訛で唐音であるともいう。「きんとう」ともいった。昔は京では一種の餅のことで、江戸ではあん餅のことだった。金団餅という茶菓子で二五〇余年前のことである。だいたいクチナシで色をつけるので、金団ということがわかる。きんとんは初め中国から渡ってきた唐菓子の「餛《こん》飩《とん》」からその名が起こったといわれる。日本菓子になって「金飩《こんとん》」とよび、江戸末期には巾飩《きんとん》と変わった。文化・文政（一八〇四―三〇）ころから餡そぼろをつけるようになる。

ギンナン【銀杏】

イチョウの実である。秋になると球形の実がなる。これを数日間土の中に埋めておくと、外皮が破れて、白果があらわれる。食べるときは、外のかたい殻を割って、渋皮をとってから火を通して用いる。蛋白質に富んでいるが、また強力な蛋白分解酵素があるので、腫物や皮膚病などに生のままつぶしてその汁液を塗ると効果がある。虫歯の痛みが止まり、毎朝これを食べると食欲増進し、強精の効果もあるという。その他鎮咳、祛痰にも効くというので漢方に用いられる。ギンナンという名は、銀杏（ぎんきょう）の宋音である「ギンアン」が「ギンナン」となったという。イチョウの葉の形は鴨の掌に似ているので、中国で鴨脚とよばれた。中国音はヤ（鴨）チイヤオ（脚）である。このヤチイヤオが日本に伝わって「イチョウ」と訛ったのである。その形が山杏に似て核の色が白いので、白果とよんだ。イチョウの樹名を公孫樹と称するが、これは、この樹が、実がなるまでに二〇年から四〇年もかかるので、公が木を植えても、実が食べられるのは孫の代だという意である。中国では、結婚式の花嫁・花婿に、氷砂糖で煮た銀杏を食べさせるようである。銀杏が地上に落ちて種子が芽を出す発芽率は、一〇〇％であり、また、その枝を地にさしてもよくつく、生命力の強い植物である。樹齢も一〇〇〇年以上に及ぶことがあるという。チチノキともよばれるが、この木は、雌雄異株であって、ギンナンができるのは雌株のほうである。雄の樹には、太い下枝から乳のようなものがたれさがって地面につくと根を出す。この乳状のものがたれさがるので、チチノキといったのであろう。

きんぴらごぼう【金平牛蒡】

牛蒡を細く切って油でいためて煮たものの名称。「きんぴら」ともいう。煮上がりに刻み唐辛子を振り込む。ニンジンも混ぜ入れることがある。意地悪く荒々しい婆を金平婆《きんぴらばば》というが、金平（きんぴら）とは強きもののたとえにいう。坂田金時《さかたのきんとき》の子に金平《きんぴら》という強い者がいて頼義の四天王の一人であった。金平浄瑠璃で知られたので、この名をとって、牛蒡の固く辛いことを表わした。江戸時代に元気な娘のことを「きんひら」といった。また、金平糖《こんぺいとう》というのも実はきんひら糖といったものである。娘の気の強いとか、金平糖の砂糖の甘味が強いといったように、「強い」ことを金平（きんひら）と称した。金平牛蒡も「強い」といった感じのする料理である。強精作用があると考えられたところから名づけられたのである。

く

くうやどうふ【空也豆腐】

茶碗蒸の茶碗に、豆腐を入れておき、卵を割る。だしは、豆腐に水気があるから、茶碗蒸の割合よりも少なめにして（玉子と同量のだし）、味をつけてよくかきまわし、茶碗に入れて蒸す。蒸したら、その上に、貝柱か、海老のそぼろ、または鳥のそぼろをかけて、その上に葛餡をかけてふたをして出す。これが空也豆腐という料理である。茶碗蒸かと思って食べると中から豆腐が出てくる。玉子料理であって豆腐料理であるところが、半僧半俗の念仏踊になぞらえられ、空也念仏の空也という名を借りてつけたものであろう。空也上人が考えたとかつくった料理だからというのは間違いである。また、空也念仏の僧侶がつくり始めた豆腐だといった解釈も間違っている。空也という人は、平安時代中期の人で、皇統から出た人だともいわれるが、上人が父母のことを語った記録はない。郷里もわからない。出家して自ら「こうや」と名のった。坐禅修行をしてから、陸奥・出羽を巡化した。仏像とお経を背負って、ほらを吹いて妙法を説いて歩いた。後半生は京都で乞食し、布施を得れば貧民病者に施して、市聖《いちひじり》とよばれた。ふだんは口につねに南無阿弥陀仏の名号を唱えて間髪を入れぬさまなので、あみだのひじりともよばれた。天禄三年（九七二）九月一一日に寂す。年七〇歳。その後三〇〇年たって日蓮が書いたものの中に「をどりはねて念仏をば申し」とある。この時代には「踊り念仏」とか「念仏踊」というものが民間に行なわれていた。それを始めた開祖が空也のようにいわれるが、空也伝には、踊って念仏を行なったことはまったくない。また、鉢叩き念仏の祖のようにもいわれ、ほら貝を吹いて仏の道を説いたとあるが、鉢を叩いたという話もなく、だから鉢叩き念仏の開祖というのもおかしい。日蓮の時代にすでに空也のことは、わからなくなっていたのである。その大切な教えとか行状さえわからぬ人物がこしらえた料理が伝わったということはあるはずがない。何もわからぬ人だから、その名を借りて空也踊・空也餅・空也最中のように、空也の名がつけられるのである。空也豆腐も、空也上人とはまったく関係はない。

くさもち【草餅】

母子草とかヨモギ（艾）またタカナなどの葉を入れてついた餅を草餅という。『三代実録』の嘉祥二年（八四九）三月三日の条に母子草を婦女がとって「蒸しつきて糕《もち》とする」とある。これが史書に見えた始まりである。中国では鼠麹草《ははこぐさ》を用いていた。日本でも昔は鼠麹草を用いたが、室町中期ごろから艾《もぐさ》を用いるようになった。ヨモギとよんで現在に及んでいる。ハハコグサも俗にモチヨモギと称して餅に搗《つ》き混ぜることもある。ははこぐさは和名母子草に通じたので女子の祝いに用いられたが、一方に臼と杵を陰陽と考える伝説もあって、母と子を同じ臼に搗くことを忌む思想も起こったので、いつとなく母子草を用いることがすたれ、ヨモギをとって餅に混ぜるようになった。母子草もヨモギも、ともに薬草である。昔、周の幽王が身持放埒のため群臣愁苦していたとき、たまたま三月上巳曲水の宴に草餅を献上するものがあった。王がその味を賞美して宗廟に献ぜしめた結果、国大いに治まって太平になったという。後にこれにならって祖霊にすすめるようになったのが起源である。製法に二通りあり、一つは蒸した糯米《もちごめ》とヨモギとを搗き混ぜてつくる。雛の節句の菱餅はこれである。もう一つは、白米粉をこねて蒸籠で蒸し、別に茹でて細かく刻んだヨモギを混ぜて臼で搗く。あんころ餅などはこの法による。江戸では一般に「草餅」といったが、京坂では「よもぎ餅」といった。

クジラ【鯨】

『常陸風土記』に「久慈《くじ》と名づく」という項がある。久慈郡のことだが、小丘がクジラの体に似ているからとあるので、クジラをクジともよんだといわれる。古くは勇魚《いさな》ともいった。『万葉集』にはイサナの歌が一二首ほどある。勇ましくたけき魚というところからイサナとよんだ。魚のことをナと

紀州の鯨捕り　『日本永代蔵』1688 年

いった。その形が鰌《どじょう》に似ているというので漢名では海鰌と書いた。また海鰍・番車魚とあるのもクジラのことである。また雄を鯨、雌を鯢と書いて区別した。古くはクジラが魚であると思われていたので魚扁になっているが、地球上に生活している動物の中で最大のものがクジラである。体長三〇メートル、体重一〇〇トンのものもいた。一夫一婦の愛妻家であるといい、雌の胎内で受精してから普通一年、マッコウクジラは一六ヵ月で生まれる。赤ん坊はナガスクジラは約六メートル、シロナガスクジラでは七メートルもある。乳をのんで育つ期間が約半年、それで体長一五〜二〇メートルになる。ひと月に一メートル身長がのびるわけで、一日に三〜四センチずつ成長する。一昼夜に平均一〇〇キロずつ重くなるわけである。三年目には一人前になって生殖を始める。シロナガスクジラは、雌の腹の上に雄が腹を合わせておおいかぶさるという交尾をする。また雄と雌とのクジラが海中で直立して向かい合い、頭を水面上に出し、ヒレをバタバタさせて交尾するという説もあるが、とにかく子は一匹ずつ産み、産んだ子に乳をのませる。鯨の乳は純白色で、牛乳よりはるかに濃度が高いから、赤ん坊がのみそこなった乳が海中に流れると一面に白くにごる。クジラという名前の語源は、クシシラ（大獣）の約という説がある。クは大を意味する古韓語で、シシは、肉・獣のこと、ラは接尾語であるという。また奇（クシ）、普通でない、すぐれている珍しい、と鯨を見て驚いて叫んだことから名づけられたという説、捕えても簡単におとなしくならない、コジルことからとの説、浮き上がってきて舟を穿《うが》つからクジラ（穿輩）という説、ハクヒロ（百尋）もあるということでそれが転じてクジラとなるとの説、口が大きいから口広（クチビロ）、転じてクジラとなる説、クジラを食べたとき、皮と肉の黒と白とのあざやかさに驚いた者たちが、黒白（クロシラ）とよんだことから、クロシラといった。それがつまってクジラになったという説、捕鯨するとき、勇ましい魚だと感じたことから名づけたイサナという説など諸説ある。蕪村の句に、「菜の花やいさなも寄らず海暮れぬ」というのがあり、「弥陀仏や鯨なる浦に立玉ふ」ともよんでいる。語源はともかく、このように、イサナとクジラは、同じように通用していた。

くずきり【葛切】

葛を粉にして、きぬ篩《ふるい》でふるってから煮えたぎった熱い湯でこね、蕎麦切のように打つ。夏は冷やして食べる。これが、古い料理本にある葛切のこしらえ方である。つぎの時代の本には、葛粉一升に白砂糖半斤（三〇〇グラム）を入れ、熱湯でこねてから、めん棒でのばし、蕎麦のように打って、煮え湯に入れて出す。つけ汁は、蕎麦つゆより甘いものにし、味醂、砂糖を使うとある。別の本には、葛粉一升を熱湯一合五勺（〇・二七リットル）でこねて、蕎麦のようにのばして打切り、茹でてから水に入れて晒す、とある。京都に行くと四条通り祇園町に一八〇年の伝統のある葛切の有名店がある。上葛をトコロ天のように仕立てて、黒蜜で食べるのが、この店の葛切である。東京でも葛切りをしるこ屋と蕎麦屋で出しているが、軒数は少ない。葛切という名称は、葛を餻《むしもち》にしてから麺のように切るので、葛切というのである。

ぐそくに【具足煮】

伊勢海老とか車海老の、かたい殻のあるものを、その甲羅のまま筒切りにしたり、縦二つに割り、煮たり、焼いたりした料理の名称である。武士がよろいかぶとをつけている、つまり具足をつけたということから出た名前で、海老の殻を具足とみたてたのことである。

くちとり【口取】

くちとりざかな（口取肴）の略である。もとは、饗膳料理の最初に座つき吸物といっしょに出すかちぐり・のしあわび、こんぶの類を盛ったものを口取物といった。後には、きんとん・蒲鉾、その他魚肉や鳥肉などを甘く煮て盛合わせたものを口取というようになる。この口取という名称は、現在も正月料理に残っている。また、口取菓子は、茶会で、客が座についたとき、器に盛って出す菓子のことをいう。宴会料理では、口取が最初に運ばれたが、きんとん・紅白蒲鉾・鯛塩焼・杏の砂糖煮、鶏肉と野菜のうま煮、姿海老などの美しいものであった。これでお膳をにぎやかにしたが、客は、これには箸をつけない。これらは折箱に入れられて土産になった。この口取肴が別の料理に変化し、口取代わりをつめたものが、「口代わり」とか「口替」という料理となる。そもそも、口取という名称は、盛られた料理を小口から（端から）取ったので、小口取肴、それを略して「口取」としたものである。

クチナシ【梔子】

漢名は卮子《しし》で、卮は酒を入れる器である。果実の形が巵に似ているところから巵子あるいは梔（シ）という。クチナシは、実が熟しても開かないので口無しと名づけられたという。また一説にこの実に細かい種子がたくさんあり、果実の梨に似ている、しかもこの実には自然にさけないくちばし状のがくがあり、これをクチとよんだという。クチのあるナシなので、クチナシといわれた。また、くちにがしの義だとも、きなす（黄為）がクチナシに転じたなど、諸説がある。巵子《しし》とよばれるように、この木は、果実が注目されている。果実を煎じて薬用にすると、解熱と血止めの効果がある。また、食品を黄色に染めるのにも用いる。クリ・シイ・ザクロ・ツバキなど、からがあってその内に種子を包むものは、熟すると、かならず口を開くものであるが、このクチナシだけが、熟しても口を開かない。熟しても口がないのは実に珍しいのでクチナシと称したという説をとりたい。

クラゲ【海月】

クラゲには眼がないと思った昔の人がクラゲのそばに蝦《えび》がいて、人が来てとろうとすると、エビが水中に入り、クラゲもついて沈んでしまう。そう考えて、「水母《くらげ》、蝦を目とす」とか「水母、蝦目《かもく》を借る」といった。クラゲは、海の中に月があるようだということで海月と書いた。また、海鏡、石鏡、海蛇もクラゲのことだが、これが転じて海折《かいせつ》とも書く。凝月とも書くが、これはクラゲを煮ると固まるところからである。水母もクラゲとよむが、そのわけがわからない。クラゲの語源は、たよりなく海中にのらりくらりして、クルクルとかクラクラしている様子をクラゲといったのである。回転することをクラクラというが、このクラである。薄暗い海中でクラゲの様子を見たたとえが、くらがりにいる化け物のようだともいうところから「くらばけ」とよばれ、転じてクラゲになったというのは、作り話じみていて、おかしい。クラゲには目がないから「暗《くら》ぐれ」、クラゲになったというのも良くない。また、その形からクルゲ（輪笥）の転という説、クリアゲ（繰上）だとか、フラコ（振魚）だとか、イクラカイキケ（幾何生毛）だというむずかしい説もあるが、いずれも感心しない。

クリ【栗】

ブナ科の落葉喬木。雌雄同株。梅雨中に、長さ一〇〜二〇センチの黄白色の雄花穂をつけ、その基部に二〜三個の雌花がつく。石器時代の縄文遺跡からも出土しており、九〇〇〇年前から日本にクリがあった。奈良朝時代の並木はハシバミかクリだった。諺に「栗一つに瘡《かさ》八十」とあり、腫物にクリは毒だといわれた。実を種《う》えるとき大きいほうを上にし、尖ったほうを下にしてさかさまに植えろ、と貝原益軒が書いている。また老樹になると実が大きくなるという。山奥にクリを種えさせたのは武田信玄で、信州松代はそのために飢饉の難を逃れることができたという。山中自然生の小さい栗の実を柴栗《しばぐり》、また笹栗《ささぐり》・山栗・ヌカグリ・モミジグリなどといい、漢名は、茅栗《ぼうりつ》である。ササグリのササは小さいという意である。一年に三度実を結ぶ栗を三度栗《みたびぐり》といい、『本朝食鑑』に「上野州、下野州に山栗有り。極めて小にして一年三度栗を収む、故に号す。その味佳ならずとせず。この類の山栗諸州に在り、亦極めて小也。これ古への杬《さき》栗か」とある。柴栗というのは柴柯《しばのえだ》に実《みのる》からの名で漢名を柯栗という。日本の在来栗は、小さい柴栗と中位の土用栗と大きい丹波栗の三種である。丹波栗を料理グリ、またテウチグリという。握って手の中がいっぱいになる手内栗の義である。この在来種の他にヨーロッパ種やアメリカ種のクリがあるが、味も形も在来種に劣る。だいたい北に上がるほど味が良く南に下るほど外形の見事な割に味は劣る。クリは、肝臓や心臓に良いといわれる。クリの語源は、果皮の色が黒いので梵語の黒という意クリからであるとの説、また、カツ（搗）ラシの転訛との意とか、また、クロミ（黒実）のロミが縮約されてクリになったとかいう。また、樹実を意味するクラと通じるからとの説、果実のさまからコリ（凝）の義であるとか、落ちた実が地にあるさまが石のようであるところから、石を意味する古語クリの転義であるとかいう。また実の圓《くり》なる義だとか、三稜草をミクリと訓ずるように、その果実に稜角があるからクリというとの諸説がある。僧契沖の説に「くりは涅なり。その色をもて名づく」とある。涅《くり》は水中の黒き土である。涅はくらき色を染める物である。その色は栗の皮に似ている。これを、滝沢馬琴が『燕石雑志』に「物の名」で書いている。深津正著『植物和名語源新考』によるとクリは朝鮮語の kul にもとづくといい、実は kul-bam というとある。日本でこの植物はクリノキとかヤム（蝦夷）とよんだ。朝鮮語がそのままクリの語源になったというのも無理だが、その音は近いといえる。要するにクリの名は、果皮の黒っぽいという特色からできたものと考えられる。

クルミ【胡桃】

クルミは日本の各地の貝塚から発見され、古くから食用とされたことがわかる。クルミには、オニグルミ、ヒメグルミ、ノグルミなどの名が天平時代から用いられており、『延喜式』にもその名がみえる。オニグルミという名は、核面のなめらかなヒメグルミにくらべて、凹凸がひどいことからであるが、ヒメ（姫）は、やさしいとかやわらかいということからつけられた。ノグルミは野グルミで、まったくちがう種類の木であるが、樹がクルミに似ており野山に生える。他にサワグルミというのもある。これは沢グルミで、溪流のわきに生えるからである。カワグルミとかフジクルミともよぶが、実は食用にならない。フジクルミというのは、果穂が藤の花穂のように下垂するからである。また、テウチグルミとよばれるものは、クルミの中で最も大きくその殻が柔らかく、手で割ることができるのでその名がある。食用として最も多く用いられ栽植されている。さらに、輸入種にカシグルミがある。クルミの食用となる部分は、果実の中にある仁である。仁は生でも食べるし、干したものも用いる。クルミの核は、一日ほど水につけておいてから、水気をぬぐい去って、火であぶるとすぐ割れ、仁はたやすくとれる。クルミをしぼった油は食用とするほか、種々の皮膚病にも利用され、また木器具の艶《つや》だしにも用いられる。葉と樹皮もタンニンを含むので、古くから染料に使われていた、樹皮や果実の煎汁は茶褐色に、果実を黒焼にしたものは鼠色の染料になった。クルミの漢名には、核桃《かくとう》・羌桃《きょうとう》・万歳子《ばんざいし》・播羅師《はんらし》などがある。クルミは、漢の張騫《ちょうけん》が西域に使いしたとき持ち帰り、中国に伝わったという。胡から持ってきた桃というので胡桃とよぶという。実果の形が桃に似ていたので胡桃とした。クルミの語源説をあげるとクルミのクルは呉（クレ）で、ミは実であり、呉国から来た果なので、クルミとなったという説、また黒実、クロミがクルミとなったという説、『箋注倭名類聚鈔』には圓実であるとしている。また殻の堅いところから、コルミ（凝子）がクルミとなるという説、殻の中に屈曲して実があるからクルミ（屈実）であるという説、その他、コモリミ（籠実）であるとか、殻が実を包んでいるからクルム（包）がクルミになったとか、カラクルミミがつまったとか、ころころとコルクところからだとか、カルミの転だとか、語源説は実にたくさんある。『古語拾遺』には、呉桃（クルミ）とあり、『延喜式』には呉桃子（クルミ）とある。太古から食用としていたもので、仁を食べることは実に早く知られていた。クルミの果実を見たとき、その食べられるところが大切なことを感じたであろう。そして、その核を堅くでこぼこしているものとよんだ、クルミ（屈実）説をとりたい。

クワイ【慈姑】

中国原産で平安朝初期に日本に渡来した。塊茎が白色のものと、青色のものとあるが、青色のほうが味が良い。訛ってクワエともいう。クワイはオモダカ科の多年生草木で、クロクワイと区別してシロクワイともよばれる。このクワイは、『本草』に、「腎経に入り旧水を去り、新水を養ひ小便を利す」とあって、大いに強精の効があるとされる。青森県亀ヶ岡の泥炭層から三つの壺にいっぱいつまったクロクワイが発見された。縄文式土器文化時代の人たちもすでに食用としたことがわかる。クワイの語源は、その葉の形からクイワレイ（噛破藺・食別藺）だという説と、クリワカレイ（栗分率）だという説がある。クワイグリの略というのは、ワイは物の若きをいい、味が若いクリに似ているところから、クワイグリがクワイになったとの説である。水生であるところから、カワイモ（河芋）の転訛であるという説、クアイ（顆藍）の義という説といろいろ説がある。クワイは、根が黒くて丸く、葉が藺《いぐさ》に似ているところから、クワイ（黒丸藺）とよんだという説をとりたい。一つの根に毎年一二子を生じ慈母が諸子に乳を与えるようであるというところから慈姑と書いてクワイとした。慈姑の姑は母のことである。慈姑の別名を「地栗」ともいう。

け

ケシ【芥子】

罌粟とも書く。ギリシアと西南アジアの原産で日本には足利時代にインドから津軽地方に伝来したらしいという。天保年間（一八三〇—四四）にはすでに関西にも広がり、津軽から全国に広まったため、初め「津軽」とよばれた。四弁花で白、紫、紅などの花を開き、果実は球形で黄褐色に熟する。白色のケシの実が青緑色のときに傷をつけて浸出する乳液をとって乾かしたものがアヘン（阿片）である。薬用にし、モルヒネを製する。実の中の種子は食用にし、ケシ油をつくる。この球形の実を罌粟坊主という。罌という字は、オウまたはエイとよみ、かめ（瓶）とか、い（缶）という意味がある。実が瓶のような形をしていてその中に粟粒《あわ》のような種子が入っているというので、罌粟と書いてケシとよませた。ケシの種子は小さいので、小さいもののたとえに使われ、「けしつぶのよう」などと用いられる。「ひらけ白し」ということは、花がひらけば花は白いという意だが、この上方を略して、ひらけのケと白しのシで、ケシとしたともいう。ケシの花は、つぼみのときには青い皮があって、ひらいて青い皮が落ちると初めて白くなる。他の花は、つぼみのときから白いものであるが、ケシは違っている。罌子と書いてもケシとよんだ。芭蕉の句に「罌子咲《けしさい》て情に見ゆる宿なれや」というのがある。罌子粟とも書いた。朱嚢子とか米嚢花とあるのはケシの漢名である。鴉片花《あへんか》と書いたのは、ケシからアヘンがとれるからであろう。他に漢名は、嚢子・象穀・御米花などがある。仲秋の名月の十五夜に扇の要の穴を通して、ケシを蒔くと変種ができるとか、花が立派に咲くとか昔からいわれた。ケシの若葉は食用にし、茎が二〇センチくらいのころとって浸し物にする。茎葉が大きくなると阿片汁液を含むから有毒である。六月の中旬開花するが、アヘンは落花後一〇日以内に搾収する。種子をとるには落花して二〇日後に苅取って、これを屋根裏などに吊して二〇日間ほど乾燥する。ケシは肺病を治し、腸を温め、風邪によく、熱をさます。また、下痢を止め、痔にも良

い。さらに遺精を治す効もあるが多く食べると毒になるといわれる。漢方では、果皮を罌粟殻《おうぞくこく》といって、鎮咳・鎮痛・下痢止めに用いた。昔、ケシの花の絵を描いた屏風を便所に立てたので、屏風にケシの花の描いてあるものを座敷に立てるのはいけないという。また、雪隠（便所）の絵を描くとき、ケシの花を描くのが画工の伝であった。これは、ケシは、「結する」すなわち、便が固くなる、下痢が治る、ということからであった。

けぬきずし【毛抜鮨】

江戸竃《かまど》河岸（日本橋浪花町）に笹巻鮨といって握り鮨を一つずつ笹の葉で巻いて売る店があり、その名を毛抜鮨といった。江戸時代、日本橋南伝馬町二丁目富士屋利八が売った鮨で、毛抜鮨とよんだのは、よく食うという洒落だが、これは、毛抜の歯のかみ合わせをいったもの、よく喰う毛抜でないと、その用をなさない。

げんじまめ【源氏豆】

豆菓子で、煎り大豆に砂糖のころもをかけ、紅色と白色とにしたもので源平豆ともいう。棹物《さおもの》（赤小豆を羊羹にするとき、寒天を加えて船形の函に流しこんで凝結させたものを、細長く切ったので棹物とよんだ）で赤を白で重ねて渦に巻いたものを源氏巻という。白色のものをころもとし、白色を主にして紅を飾りとしたようなものを、源氏と名づけた。紅白の餅を源氏餅といい、源平餅ともいう。源氏豆腐というのは、豆腐を味噌で味つけしたものだが、豆腐の白とみその赤を源平の旗に見立てたものである。江戸、長谷川町に「源氏茶漬」という茶漬屋があり、二丁町の芝居客で繁昌した。この源氏茶漬というのは、普通の白いご飯をいったものである。「飯までも白きは源氏茶漬なり」と川柳にある。また「奢らずに源氏茶漬で安芝居」ともあるから、源氏茶漬は、安いのが特色であった。源氏は白というので、白いご飯の茶漬を、源氏茶漬とよんだのはなかなか風流である。源氏と名がついたものは、白ならばよいわけであるが、源氏といったとき、すぐ平氏も考え、その赤旗というわけで、赤い色を取合わせることもした。白と赤との組合わせで、源平ともつけられることも多かった。

けんちん【巻繊】

捲繊・捲煎・巻煎とも書く。チンは唐音である。禅僧が中国から伝えた普茶《ふちゃ》料理の一つで、ケンチェンまたはケンチャンともよばれた。繊は唐音でチンだが、煎はチェンであるから、この字の違いによって、ケンチンとかケンチェンとよばれたものであろう。これらが訛ってケンチンとなった。巻も捲も、巻いたものを表わすので、湯葉とか油揚で巻いている。繊は、千切りで細くするとか細かくしたものを示している。日本に伝えられた「けんちん」には、黒大豆のもやしをごま油で炒めて湯葉で巻いたもの、大根・牛蒡・人参・椎茸などを千切りにして、油で炒めてくずした豆腐を加え、味つけしたものを油揚で巻いて油で揚げたもの、また、鯛・エビ、鶏肉などを玉子焼で巻いたものなどがある。本来が中国料理なので必ず油を用いている。

こ

コイ【鯉】

原産地はアジアの温帯とヨーロッパの一部。日本列島には石器時代の貝塚から鯉の骨が発見されている。景行天皇が美濃国冰宮《こおりのみや》で鯉を池に浮かべて御覧になったという記録があり、この時代は食用とするよりも観賞用とした。そこで変種をつくったものが緋鯉《ひごい》（赤系統の色のコイ）である。中国では魚の王とされたので、漢名では、魚王《ぎょおう》・李本《りほん》・健魚《けんぎょ》・稚龍《ちりょう》・世美公《せいびこう》などとよび、頭より尾に至るまで一条の鱗《うろこ》が三六枚だということで、六六魚《ろくろくぎょ》とか六六鱗《ろくろくりん》ともよばれる。三六町を一里とするから魚偏に里と書いて鯉であるという説があるが、これは間違いである。鯉という字は、中国でできた文字で、日本でつくったものではない。里はさと、むらであるが、この里に近い川にいる魚ということで鯉という字はつくられたのであろう。語源としては、鯉は川魚の王であるから小位（こい）であり、鯛は海の魚の最上のもので大位（たい）であるといった説もあるが、鯉は古くコヒであり鯛はタヒであるから、位（い）ではおかしい。またの説に、鯉は鯉の姿形を鯛と比較して小平《こひら》だからコヒラとよび、それがコヒとラを略したという説もある。コヒゲ（小髭）であるという説は鯉の立派なひげを考えたもので、ゲが略されてコヒとなったのだという。また、コヒとは乞という意であるとか、鯉の味が良いために、人が恋いしたうものであるからコヒとなったとか、鯉の雌雄がおたがいに恋して離れないので恋（コヒ）を名としたとか、コミ（甲美）、鯉の背の美しさからだとかいう。また、鯉の身が肥えているからコエ（肥）であるとか、鯉の味が他の魚よりまさっているからコエ（越）であるとか、滋味という義のコアヂ、またはコトハリの転訛だとか、淡水魚の意で、クヒノウオとよんだものがコヒとなったなどともいい、語源説は多い。鯉が出世魚とされ重んじられたのは、中国の「鯉の滝のぼり」とか「六々変じて九々鱗となる」という登龍門の意を表わすからである。九々鱗とは龍の鱗が八一あるとの伝説に基づく。中国の黄河は崑崙《こんろん》に発して積石山を経て龍門に至るが、ここは奔流すこぶる急で、春三月諸魚が登ろうとしてみな斃死するが、鯉だけが登ることができて龍になるというのである。鯉は祝魚として用いられたが、結婚の祝儀に限って鯉を用いてはいけない。それは、鯉の腹部にある第五の鰭《ひれ》を「ことどめのひれ」とよぶので、子を産まずに止めるのは不吉というわけである。懐妊したとき着帯の祝にも忌むことになっている。中国料理では、魚と書いただけで、鯉に通ずるくらい鯉は魚類の代表的なものになっている。

こうえつに【光悦煮】

豆腐一丁の布目をとって田楽の形より厚く短冊に切ってから塩をふって狐色に焼き、鍋に酒を二合入れて、酒気がなくなるくらい沸かした中に、焼いた豆腐を入れて煮た料理で、光悦豆腐《こうえつどうふ》ともいう。安土桃山から江戸時代初期に活躍した本阿弥光悦（一五五八―一六三七）が好んだというのでこの名がついたといわれる。

こうがし【後菓子】

本膳料理などで、濃茶のつぎに出す薄茶のときにすすめる菓子のこと。昔は、後菓子というとカキ・ブドウ・ナシといったものであった。近世になると、干菓子（有平糖・うち物類・煎餅・氷かけ類等）ばかりを取合わせて出すのが後菓子となった。前の茶菓子に濃茶をすすめ、この後菓子に、薄茶をすすめるわけである。そこで、濃茶菓子・薄茶菓子ともいう。つまり濃茶に生菓子、薄茶には干菓子を使う。

こうじ【麹】

糀とも書く。白米をこしき（甑）で蒸し、むろ（土室）に入れて、かび（黴花）を繁殖させたもの。白麴・黄麴の二種がある。黄麴は俗にくろこうじ、また赤こうじともいう。麴は、キクジン（麴塵）の転訛だとか、コウバシキチリ（香塵）の意であるとか、カムシの転じたものといわれる。麴は、古言かむたち（醸立）の略で、カムタチがカムチとよばれ、それがコウジとなったのである。古代は穀類を口中に入れて噛んでつくった。琉球に米を噛んで酒をつくる法が残っていたそうだが、口の中で噛んでつくったものであるから、カムダチである。応神天皇のころ朝鮮から須々許理《すずこり》という者が渡来して、酒造法を伝えて、麴カビを繁殖させることを伝えた。カビを利用したから、麴は、カビタチだとも考えられた。現在の麴は、麴菌によってつくるから、カビタチと称してもよいと考えられる。

こうのもの【香物】

漬け物のこと。においのたかいものということで香物とよぶ。奈良期時代に漬物が始まる。香《か》は気甘(きあま)、あましは、あーうましの意である。香物は、うまいにおいをもったたべものの意。大根・瓜などを味噌の中につけて味噌の香気をうつしたので香物という説があるが、味噌だけでなく、塩・味噌・酒粕などに漬けた蔬菜で、においのあるものを香物という。

こうやどうふ【高野豆腐】

紀伊国高野山でつくる凍豆腐を高野豆腐とよぶのだが、現在では、高野山でないところでつくった凍豆腐でも、高野豆腐というようになってしまった。だから、高野豆腐とは凍豆腐の別名であるといってよい。こおりどうふを氷豆腐とか凍豆腐と書く。豆腐をゆで、寒気にさらして凍らせてから、日干しにしたものが、本来の凍豆腐であるが、現在は科学的なつくり方をする。「こごりどうふ」とも、「しみどうふ」ともいうが、甲州や信州でしみ豆腐といい始めたようだ。栄養的には、肉に負けないほどすばらしい優良な食品である。

ごかぼう【五家宝】

五荷棒・五嘉宝とも書く。ほしいい（糒）に飴を加えて柔らかく丸く長い棒にして、一五～一八センチくらいの長さに切って、きなこをまぶしてつくった駄菓子である。享保年間（一七一六～三六）に上州（群馬）邑楽《おうら》郡五箇村の人が初めてこれをつくり、五箇棒とよんだのが起こりである。その後中絶していたのを文化（一八〇四～一八）のころ、武州埼玉郡の鳥海亀吉が再興して不動岡五箇棒と名づけ、また天保（一八三〇―四四）のころ大里郡玉井村の清水庄治郎が製したのを江戸の吉原へ売込んだのが、吉原棒と称して珍重されたという。今は埼玉県熊谷産のものがよく知られている。

こくしょう【濃醤】

濃焦・滋醤・黒炒・殻焦・濃焼・濃漿などとも書く。こくしょう汁の略である。この汁は、白味噌と赤味噌を合味噌にする。精進仕立てのときは、焼麩・焼豆腐・ニンジン・山のイモ・クワイ・カブ・茸類・キクラゲ・竹の子・ゴボウ・蓮根・割山椒などを取合わせてつくる。花アワビ・花イカ・赤貝・蛤・ウナギは焼いてから、鯉・鮒・鯛なども用いる。濃醤汁には、豆腐一丁をしぼって、白味噌、赤味噌をすり混ぜた中に加えて、漉《こ》して濃いめにつくったものもある。有名なものは、「鯉こく」で、これは鯉の濃醤仕立てのことである。濃醤は、コキシル（濃汁）の音便が転じたものか、またコクニタルシル（濃煮汁）の中略かとの説がある。濃醤とすると、醤は「ひしほ」で、味噌などを表わすから、濃い味噌の汁ならば、濃醤がよい。こくしょうを、液体に重きをおいて、濃い汁と考えるならば、濃漿《こくしょう》と書いたほうがよいようだが漿という字は物のなかみの液汁のことであるから、こくしょう汁は、濃醤のほうがよい。濃醤は、濃い味噌汁という意味で、醤とよんだのである。

こけらずし【柿鮨】

鱗鮨・鱗鮓とも書く。魚肉を薄く切って鮨飯の上にはりつけた鮨である。タイ・ボラ・スズキ・ブリの類はおろしみを短冊形につくり、小さいタイ・キス・アユなどの類は片身おろしにし、魚めしも常のように酢塩かげんして、桶に飯を敷き、上に魚をすきまもなくならべておしをかけたもの。こけらは、正しくは、杮《はい》という字で、柿とも書く（カキとは別字）。こけらは、材木を薄くけずりはいだ板のことで、コケはコケヅリ（木削）の下略、ラは添えた辞という説、また、コギレ（木切）の転訛という説、またコケは細小の義でラは助辞であるとの説、コケラ（魚鱗）に似ているからこけらというとの説、また、コヘラ（木片）の義という説もある。また、コケは苔で、ラはハラフ（払）の義、あるいは

コは木でケラは削ラヌの意、コは木でケラは虫のケラに似ているからいうとか、さらに木の葉が風に散る音のケラケラからつけられたとの説と、語源は実にいろいろあるが、こけらずしというのは、その出来上がりの形からつけられた名称であろう。薄く切った魚貝肉などを飯の上にならべた姿が、こけら葺《ぶき》に似ていたからである。こけら葺とは、こけら板で屋根をふくこと、あるいはその屋根のことをいうので、こけら葺の屋根のように見える鮨だから「こけらずし」といったのである。

ごさいに【五斎煮】

五菜煮とも書く。『料理物語』には、サワラを白焼にしてからだしたまりで煮たものだとある。また、サワラに一塩してから酒に醤油を少し加えて煮たものだともある。古いつくり方では、どんな魚でも、水煮にして出すときに、酒と醤油であんばいして、さっと煮て出すのが五斎煮である。かるい魚は、だしを使って煮る。だしを使うときは生魚よりも一塩したものを用いたほうがよい。また、鯖《さば》・鰤《ぶり》・鰆《さわら》などの青背の魚を軽く塩味で煮たものを五斎煮ともよぶ。近来は、大根を刻んで出汁《だしじる》で煮たところに魚を入れ、酒と醤油で味つけして、生姜のしぼり汁を落とした料理を五斎煮といっている。料理としては実に簡単なもので、おかず煮である。料理屋料理ではない。そこで五斎煮といった名称よりも、御菜煮と書くほうが良いように思える。ただ、料理屋が献立に書くときは、五斎煮のほうがよい。ごさい煮は、御菜煮と書くのが正しく、おかず煮といった意味から名づけられたものであろう。五斎煮としたのは、お客料理としたときに、いかにも御馳走らしく字づらから立派な料理と思わせるために五斎煮としたのである。

こしき【甑】

飯を蒸して炊く道具である。古いものは瓦製だから「甑」と瓦を書く。形は丸くて底に細い孔がある。甑の進化したものが蒸籠《せいろう》である。「こそき」ともいう。土製の甑の他に木製のものもあったから橧《こしき》という字も用いた。古墳時代の遺物の土器には竈《かまど》と釜と甑の一揃いになったものが発見されている。弥生時代の土器にも、鉢の形のものに底にいくつか孔のあいた「こしき」が

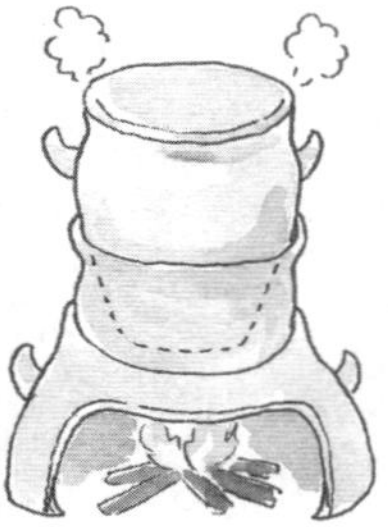

ある。コシキという語はカシグ（炊）ということから出た語だといわれる。また、炊籠（カシキコ）からコシキになったとか、また、古代の「こしき」は木の葉を敷いたり覆ったりしたので、木敷《こしき》という意だとの説もあるが、これは良くない。また、カシキ（粿器）の意という説、さらに、ものを蒸すとき、火気を中にへだてて上へ越すところから、コシキ（越気）の意だとか、面白いのは、出産のときのまじないや合図に用いたことから、コシキ（児敷）の意という説もある。甑は、炊器《かしきき》が、コシキとなったのであろう。

コショウ【胡椒】

インド南部の海岸地方を原産とするつる性の木の実である。形は丸く青桐の実よりも小さく、蒸すと色黒くしわを帯びる。皮の中に固い核があって、内に辛く香気ある白い仁《じん》をもち、この仁を粒のまま用いるのを粒胡椒といい、粉末にしたのを粉胡椒という。黒胡椒というのは、まだ熟しきらない実をとって乾かして、外皮の黒いのをつけたまま粉末にしたもので、白胡椒は熟した実の外皮を取り去って内皮を種子といっしょに砕いたものである。胡椒は正倉院文書に出てくるので、奈良朝初期には渡来していたと思う。日本料理には胡椒はあまり用いられておらず、山椒の実を胡椒とよんだりした。たとえば、胡椒寒汁《こしょうひやしる》という料理は山椒ひや汁のことであった。胡椒は漢名であるが、これをそのまま日本よみしたのである。胡麻・胡瓜・クルミ、そして胡椒と、胡のつく名称があるが、中国では古代から西北方の異民族を胡とよんだので、この方面から伝来した物には胡の字をつけた。椒は、ハジカミである。ひりひりと刺激すること、その結果、感覚がしびれることをハジカムといった。ハジカミというものは、胡椒ばかりでなく、山椒・唐辛子・生姜・ワサビ・芥子などみんなひとまとめにされていた。それで、西国や仙台では胡椒が唐辛子の異名にもなっていた。胡椒は、胡から来たハジカミ、胡のハジカミということで、中国の漢名胡椒が、そのまま日本よみになったものである。

ごじる【呉汁】

大豆を水につけて柔らかくなったら、すり鉢に入れてかきまわすと豆の表皮がむけるから水を加えて浮いた皮を流す。皮がなくなったら、さらによくすりつぶし、裏漉しにかけて、鍋に入れ、煮出汁を加えてのばす。具には蓮のごく若い葉をつまみ、塩ゆでにしたものを椀に盛っておく。ほうれん草でもよい。鍋の大豆汁に味噌を加えて汁をつくって椀に盛る。ごじるを「呉汁」と書くのは、ゴという音のあて字である。だから醐汁（ごじる）というあて字も用いられた。要するにゴという意味は、豆汁とか豆油と書かれる大豆を水にひたしてすりつぶした汁のことである。ゴを入れた味噌汁ということになる。呉汁は、中国（呉の国）の汁という意味ではない。豉汁と書いて「ごじる」とよませようとした人もあるが、豉を「ご」とよませるのは無理である。豉は味噌や納豆などの類をいうので、大豆に塩を混ぜてつくった食品の総称である。また、胡汁と書いて「ごじる」とよませようとした人もあるが、これも面白くない。胡の国（西域）からきた汁とは考えられない。郷土的な料理で、一説には、神奈川県厚木地方の農家で、大豆打ちをしたときにこぼれた豆が雨に降られてふくれているのを利用したのが起こりといわれるが、ここが元祖ともちょっと信じられない。

コチ【鯒】

海底の砂の中にもぐって背びれだけ出している。こんなところから、鮲とも書く。敵に会って飛びはねて逃げるところから鯒（国字）と書いた。「踊」（おどり）という字から「鯒」をつくったのである。また、コチの姿形が海底のぞうりに似ているというので、ぞうりの意味の魬をコチとよんだ。また、頭が大きく身が平たくて尾が細く、牛の尾のようなので、牛尾魚と書いてコチとよませた。その形が笏（コツ。束帯を着用したとき右手に持つ木または象牙の板のこと。日本で「しゃく」という）に似ているからコチになったという説もある。また、「許都魚」また「乞魚」また「鮀魚」からコチとなったという説もある。コチウオを略してコツオといい、コチになったともいう。以上のように昔から諸説があるが、コチの肉はしまって堅いからフグに似ている。このコチの肉を食べてみ

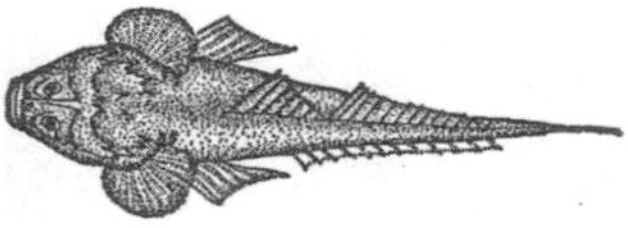

た人が、この魚は「こちこちした魚だ」と感じたことから「こち」という名ができたと考えたい。古来「コチの頬身《ほおみ》」といって、扁平な頭の両頬にある丸い肉が最高の珍味である。昔、食通の大名が一度にコチを数十尾食べるので驚かれたが、コチの頬肉だけを食べて他の肉には箸をつけなかったからだという話もある。

コノシロ【鰶】

魚に祭でコノシロという字にしたのは、昔は初午《はつうま》の稲荷祭にこの魚を供えたからだという。この魚の若魚を関東では、コハダ（小鰭）といい、関西では、ツナシとよぶ。二歳になると、コノシロと称し、初秋のころがうまいといわれる。コノシロは小骨が多いが、コハダの鮨《すし》のうまさは別格のものである。また、子供が生まれたとき、その胞衣《えな》と一緒にコノシロを地中に埋めると、その子は丈夫に育つといい、その子は生涯コノシロを食べてはいけないといわれる。こんなことからコノシロ（子の代）という名がついたという説は、むしろ、子の代といわれたからこんなことが言われるようになったので、逆のような気がする。また、コノシロとは「甲が白い」つまり甲白ということだというのも面白くない。この魚を焼くと人の死臭がするということから「子の代」にしたという説もある。武士は「この城」に通じるところから、この魚を食べないが、コハダの鮨となると喜んで食べた。また、武士が切腹の際にこの魚を供するので、切腹魚というので嫌った。ところが、太田道灌は二四歳のとき家督を継いで、翌年武運長久の祈願に江の島の弁財天に参詣した。その帰路海上で、道灌の船に鰶が飛び込んでくると「これは九城（このしろ）我が手に入る」という目出度い吉兆であるといい、九城を築くことを決心した。その一つが江戸城であるといわれる。この魚は、小さいときはシンコとよばれ、それがコハダになり、ツナシになり、コノシロとなる。大きくなると名が変わるところから「出世魚」で縁起が良い魚ともいわれている。コノシロという字は、鰶の他に、鰤・鱃・鱅とも書く。制魚（セイギョ）・鰦魚（サギョ）・鱅鰤（ショウセイ）と書いてもコノシロのことである。江鰶魚（コウサイギョ）はコハダのことである。コノシロは、血をよくおさめるというので「このしろ酒」という血の道の薬の酒があるという。

このわた【海鼠腸】

海鼠（ナマコ）の異称が「こ」であり、ナマコの腸をコのワタという。ナマコを串に刺して乾燥した製品を串海鼠（クシコ）とよんだ。また、火力で乾燥したナマコを煎海鼠（イリコ）とよび、海参とも書く。一般にナマコの乾燥品を干海鼠（ホシコ）という。ナマコは古代から愛用された珍味で、とくに金華山でとれたナマコを金海鼠（キンコ）と称した。ナマコの卵巣を海鼠子（コノコ）とよび、また紅梅腸とも称した。ナマコの黄色の腸を抜き取って海水でよく洗ってから塩を混ぜて容器に入れて密封してつくった塩辛がコノワタで、寒中につくったもの、腸の長いのが優良品である。愛知県知多半島が本場である。『本朝食鑑』に、タワラゴ（俵子）ともいうとある。ナマコの異称である。

ごへいもち【五平餅】

飯を、すりこぎでつぶして、小さくむすび、二つずつ団子のように竹串に刺し、あぶって、好みの味噌を塗って再びあぶって供する。長野県伊那地方の名物。伊那谷の南部飯田地方に古くから伝えられた郷土食で、新穀の感謝と豊作の祈りをこめてつくられたものである。土地の宮大工の棟梁で五平という人が、毎日の弁当に、きまって握り飯に味噌を塗り、たき火にあぶって、おいしそうに食べていたのが五平餅の始まりだという説や、屋根ふき職人の五平が、板の切れっぱしにご飯を塗りかため、さらにその上に味噌をつけて焼いて食べていたところから、こうよばれるようになったという説もある。また、南信地方および美濃山間部の郷土食で、日本武尊が東征のとき幣束の形にして神に供したのを里人に頒《わか》ち与えたのが起源であるともいう。それで御幣餅《ごへいもち》と書き、また、音が通ずるので五平餅とも書いたといい、尊の従者五平が焼いたのが始まりだともいう。串に物を挟み、または刺して神を祀るのは日本の古い風習であるところから、御幣餅とよんだものであろう。美濃地方で狗賓餅《ぐひんもち》と称して天狗に供えるのも五平餅と同じものである。一種の焼飯であって、秋田のキリタンポなどと同じようなものである。山小屋でこの餅の焼きたてを山の神に供えるとされ、その形が神さまの御幣のようであるから御幣餅ともよぶともいわれた。御幣の形のようだというので、ごへい餅とよんだものを、五平とあて字で書き、五平という人がつくり始めたといったような伝説を考え出したものであろう。

ゴボウ【牛蒡】

ゴボウを食べるのは世界で日本人だけである。ヨーロッパでは民間薬として利尿などに用いられる。しかし新石器時代にはヨーロッパでもつくられた。中国では宋代（一〇世紀中葉―一三世紀末）までは食用にされていたが、現今は、その種子を漢方薬としている。ゴボウは、牛蒡という漢名を音読みにしたものである。正月に牛蒡を用いるのは、その根が地中深く入るということから、その家の基が地の底までも固からんことを願うという意味であろう。また、牛蒡は悪血を去り膿《うみ》を出す効果があるから、これを正月に用いるものだともいわれる。平安朝時代には、牛蒡のことを「きたきす」とか「うまふぶき」（馬蕗の意）とよんでいた。牛蒡の実を、悪実といい、大力子とも称した。婦人の血の道をめぐらし、経水の滞りを治し、産婦の乳の出をよくするといわれた。「船の船頭衆と金ぴら牛蒡は色の黒いのが味が良い」といわれたように、黒い食べものとしても喜ばれた。黒豆・黒胡麻というように、黒いものが健康によいと考えられた。

ゴマ【胡麻】

原産地はアフリカといわれ、中国経由で日本に渡ってきた。天平古文書にはウゴマとある。中国の漢の時代に大探検家の張騫《ちょうけん》が大宛《だいえん》（中央アジア地方、西域の国）から持ち帰ったものである。中国では西域を「胡」とよんでいたから、麻に似たこの植物の名を胡の麻として胡麻と称したとの説が有力。胡という字は烏のことで、黒いところからつけられた名であるとの説もあるが、ゴマは黒ばかりではないから、面白くない。その実には、白・黒・茶の三種がある。白は最も脂肪が多く、茶は香気が強いが産量が少ない、黒は脂肪が少ないが成分としては色々の無機質（灰分）を含み、健康食としては最も良い。古名のウゴマは、烏胡麻だというが、またゴマの音を訛ってウゴマといったとの説もある。コミアサ（小実麻）がゴマになったとの説もあるが良くない。黒胡麻を毎日食べていると長生若返りに効果があると宋の詩人蘇軾《そしょく》（東坡と号す）が、説いている。胡麻を常に食べていると運動神経もよく働くので、スポーツ選手などには欠かせぬものであり、女性は安産に良く、美容にも忘れられない。ただ、胡麻の皮は非常に堅く消化しにくいので、よくすりつぶした胡麻を食べるのが良い。

ごまめ【鱓】

伍真米とか、乾鯷鱓とか、鱓と書く。カタクチイワシを真水で洗って、そのまま日に干したものである。健全（まめ）ということを連想して祝いの式に用いる。京都御所では年始の肴として用いた。朝廷で、儀式にゴマメを用いたのは、昔、天皇が貧乏になられて、頭つき一尾と献立にあっても魚を求められない時代に、頭つきの魚で一番安いゴマメ一匹を皿にのせて飾ったという故事より、お目出度い儀式に用いられる魚となったという。正月に一般の人々がゴマメを祝肴として用いるのも、そこから来ている。「ごまめ」「たつくり」「ことのばら」ともよばれるが、イワシの最小のものは「めたづくり」といい、また「しらす」という。少し大きいのを「たづくり」と称する。田の肥料となるので「田作」というとの説があるが、農夫が田植のときには、最も多くこれを御馳走とし、田植の祝肴として用いるので田作と名づけたものである。これより小さいものを塩をつけずに干したしろぼしを「ごまめ」といい、また「ひしこ」ともいう。「ひしこ」は「ほしこ」（干小鰯）の「ほ」と「ひ」は通音なので、「ほしこ」が「ひしこ」になった。「ひしこ鰯」というのは、イワシの生魚の名称であるが、ほしこにするイワシというので名づけられた。それで、ひしこイワシを略して、ひしことよぶ場合は、生魚のことになる。干したものは「ごまめ」という。「ごまめ」は、こまむれ（細小群）のむれをちぢめてめといったのである。

ゴリ【石伏魚】

イシブシともいい、鮴とか石伏と書く。いずれも、水中にいるとき岩に体をつけて休んでいる習性からできた字である。二〜一〇センチくらいの魚で、金沢は古くからゴリ料理を名物とした。京都加茂川のゴリ汁も秋に賞味される。金沢市内を流れる浅野川や犀川のゴリは、ダボハゼに似たグロテスクな容貌だが、淡白な風味は金沢人の好むところであり、犀川のゴリより浅野川のほうが味が良いとされている。汁もの・飴煮・佃煮の材料となる。夏、川水に両手を入れて「白ごり黒ごり石の間から引連れだってござれの来んか来んかごり」と繰り返し歌うと必ず手の中に入ってくるという。ゴリゴリと声を発して鳴くのでこの名があるといい、また、ゴゴと啼くのでゴといい、ゴリのリは添えた辞であるという。川中の砂石を鋤・鍬などで浅瀬に押しよせると、この砂石について多くのゴリをとることができる。俗に「ごりおし」

という言葉はこのことだという。ゴリ料理は寒いときのもので、水がぬるむころにはゴリの味が落ち、骨が硬くなる。石川県鹿島地方でガマとかカマギッチョー、奈良でクロッコとよぶが、伏見で川オコゼ、伊予でクチナハトンコ、嵯峨でマル、近江でムコ、越前でアラレ魚、その他でカラカゴ・イカリイオ・牛ヌスビト・カクフッ・カコフツ・カゴボチャ・石クラヒ・石モチなどのよび名があるが、マゴリでないものもあると思う。マゴリは腹部が白いのでウラジロともよばれる。河北潟に産するウキゴリは、琵琶湖のイサザに似てハゼの稚魚も混じった小形のものである。イモゴリは東京でダボハゼ、関西でドンコツとかドホウズとよぶ大形のもので、オウバゴリともよぶ。カジカをゴリとよんでいる所もある。

こわいい【強飯】

強飯は古代の日本人の常食である。上古は、粳《うるち》米または糯米《もちごめ》・麦・粟などの穀類を蒸したものを強飯《こわいい》といった。強飯に対して弱《ひめ》飯または姫飯《ひめいい》があり、釜で穀類を煮るようになって粥といった。蒸した飯は粘りがなく、硬かったので、強飯とよばれた。飯を炊いて常食とするようになると、上古に祖先が飯を蒸して食べたということをしのんで、しかも糯米を食べていたことも考えて強飯（おこわ）をふかし、これを祝儀に用いた。アズキを加えて赤飯《せきはん》にしたのは、上古の米は、赤米《あかごめ》であったからである。赤飯も強飯の一種であると考えるのが正しい。後世、強飯《こわめし》は、糯米を蒸籠《せいろう》で蒸したもので、祝い事のときには赤小豆を加え、またそれで色つけした赤飯をつくるようになった。粳米のあずきめしは赤のめし（赤の御飯）といった。

コンニャク【菎蒻】

漢名は蒟蒻という文字で、この字音コニャクが転化してコンニャクになった。古名は、こにゃく、または、くじゃくである。コンニャクは豆腐の白さと対比されて、その色黒く、はださへいやしき、といわれているように、その色から褐腐（カップ）また喝腐（カップ）と書かれた。関東の人々は、豆腐のように白いものを良しとする傾向があって、コンニャクも色の白いものを好むようである。細く切った糸コンニャクを白たき（瀧）とよぶのも、白ということにあこがれているからではないだろうか。関西では「坊主とこんにゃくは田舎が良し」といって黒いコンニャクが味が良いとしていた。コンニャクは、インドシナ原産のサトイモ科の植物で、中国から日本に渡来したのは奈良時代である。鎌倉時代の僧侶はコンニャクを味つけして煮たものを糟雞《そうけい》と称して食べていた。山河豚《ふぐ》の刺身とか、こんさしといって、コンニャクを刺身にして食べた。コンニャクの田楽が現われるのは元禄（一六八八―一七〇四）ころである。屋台の煮売物として愛好されたので、現今のおでんの先祖といってよかろう。コンニャクの球茎をコンニャク玉といい、蒟蒻芋・鬼芋・麻芋・磨芋《みがきいも》とも称する。食用に供される主要成分は多糖体の一種マンナンで、このコンニャクマンナンは吸水性が大きく、水につけると著しく膨潤し同時に弾力性と糊性を生ずる。コップ一杯のコンニャク精粉から市販品大のコンニャクが約四〇個とれる。芭蕉はコンニャクが好物だったといわれる。弘化三年（一八四六）に嗜蒻陳人著『蒟蒻百珍』（著者不詳）という本が刊行されているが、江戸時代には、コンニャクの料理は実に多く行なわれていた。

コンブ【昆布】

『続日本紀』の元正天皇霊亀元年（七一五）に蝦夷須賀《すがの》君古麻比留《こまひる》らが先祖よりこのかた昆布を貢献したということが書いてあり、昆布を食べていたのは実に古いことがわかる。この時代は、ヒロメ（広布）とよんだ。この広布を音読みにした「こうぶ」からコンブとなったという説がある。またの名をエビスメと称した。エビスは蝦夷地のことで、すなわち蝦夷に産する海藻というわけである。メ（布）というのは、海藻類が布のように広幅であるところからいわれた。アラメ（荒布）・ワカメ（若布）というように、海草にはメという名がついた。ヒロメという名も幅が広いところから称せられた。また、アイヌ語でこの海藻をコムブ（kombu）といったので、これを音訳して昆布と

松前昆布作り　『日本山海名物図会』1754 年

したともいう。コンブというようになったのは、平安朝のころからである。中国ではワカメのことを昆布といったが、室町時代になって漢語が流行したとき「昆布」という字をコンブと漢語風に音読した。この海藻は中国の『呉普本草』に、「綸布（カンポ）一名昆布」とあるので、これを用いるようになった。綸は、リンまたカンとよみ、糸である。青色のひもという意味もある。このカンポが訛って昆布（コンポ）となったという説をとりたい。

こんぺいとう【金平糖】

金米糖・金餅糖・渾平糖とも書く。また、糖花もコンペイトウである。ポルトガル語の砂糖菓子コンフェイトス（複数）から転訛したといわれる。室町時代から安土桃山時代にかけてポルトガル人によって伝来した南蛮菓子の一種である。コンヘイとかコンヘイトウ、またはコンペイトウともいわれた。金平糖《きんぴらとう》ともいわれたのは当時、源頼義の四天王の息子で坂田金平という、名の売れた勇士がいたことから、砂糖の甘味が強いというので金平糖といったともいうが、外来菓子であるからコンフェイトスという名に近い日本文字をあてて名としたのが起こりであろう。金平と書いたことから金平説が現われたわけである。

さ

さい【菜】

菜はナともよみ、酒飯に添えるものの総称である。魚鳥・草木、食べるものは、みんな菜であって、ナという。酒を飲むときのたべものは酒の菜（サケのナ）、すなわちサカナである。昔、おめぐり・あわせものともいった。平日の菜（さい）を京坂では「飯《ばん》ざい」といい、江戸では「惣《そう》ざい」といった。菜には、野菜という意味もある。また、飯に添えて食べるものを菜という。おかずとか、そえもの、ともいい、副食物のことである。

さいきょうやき【西京焼】

白味噌を酒でといた中に魚類などの切身を一日ほど漬けてから焼いて出す。この料理を西京焼といった。京都の白味噌、西京味噌に漬けた魚の料理であるところから、この西京をその名とした。たべものとして、サツマイモの皮をむいて薄く切ったものに塩をふり、胡麻をつけて蒸し焼きにしたものがあるが、これも西京焼とよんでいる。

さくらもち【桜餅】

餅菓子の一種だが、関東と関西の二種類がある。その一つは、白玉粉と小麦粉を主材料にし、とろ火で小判型か細長く焼き、丸めた餡《あん》を包んで塩漬の桜の葉で包む。紅皮には白餡を包み、白皮には並餡を包む。その二の関西の餅菓子は一名を「道明寺《どうみょうじ》桜餅」という。紅で着色した道明寺糒《ほしいい》を蒸し、丸めた餡を包み、塩漬の桜の葉で上下を包んだものである。東京隅田川の東岸、向島長命寺の桜餅は、江戸時代からの名物となっている。この長命寺は、天台宗で遍照院といい、常泉寺と称したが、寛永（一六二四―四四）の末、三代将軍家光が鷹狩に来て、急に腹痛を起こし、この寺に休息した。家来が寺の井戸水を一杯汲んで来た。これを家光がのむと腹痛がなおった。この井戸に「長命水」と名づけて帰城した。それから寺の名を長命寺というようになった。さて元禄四年（一六九一）に下総（千葉県銚子）からこの寺の門番になった山本新六という者が、享保年間（一七一六―三六）八代将軍吉宗が隅田川の堤に桜を植えて遊覧地となると、この桜の葉を利用して桜餅をこしらえて売り始めた。桜の葉を塩漬にしておき、桜餅といって柏餅のように粳米で製したが、やがて葛粉でつくった。江戸時代には、夜桜見物の土産として桜餅を買って帰った。『浪華百事談』という本に「天保の頃までは、〔桜餅を〕浪花に於て製せる家なく、北堀江高台橋の東の方浜の家に、土佐屋何某と云える菓子司ありて、その家に製したるが始めなり。衆人めづらしとて求むること多し。もつともその製佳品にて、冬春はかたくりの粉の水にてときし物を薄くやき、中に白小豆の餡を入れて包み、その上を桜の葉にて挾み、夏秋には吉野葛にて」とある。塩漬の桜の葉でもちいいを包んだので、桜餅と称したのである。

ザクロ【石榴】

柘榴とも書く。一重咲の紅花をつけて実を結ぶものを実石榴《みざくろ》といい、重弁で実を結ばないものを花柘榴《はなざくろ》という。白い花をつけるものを白榴《はくりゅう》、黄色の花をつけるものを黄榴《こうりゅう》という。ザクロは東南欧からヒマラヤ山まで自生している。中国へは二世紀の漢代に西域の安石国（サマルカンド）から張騫《ちょうけん》が持ち込んだ。それで安石榴《あんせきりゅう》とも書く。榴とは実が瘤に似たからという。ザクロは種子が多いので、繁殖と豊富の印とされた。トルコでは、新婚のとき新婦がザクロを地面に投げて割って飛び散った種子の数で、その夫婦間に生まれる子の数を占った。古代ローマでは婚姻と財富の女神ジュノの好物とした。ザクロの実は花托の発達したもので、果皮が厚くて果肉を形成せず、内部に六子室があって薄い隔壁で区画される。多数の種子がその隔壁に沿って配列されている。外種皮は多汁で、甘酸い風味がある。鬼子母神は仏説で訶梨帝《かりてい》母《も》とよばれ、もと異教徒で多勢の子がありながら常に人の子を取って食べた。人々の訴えをきいたお釈迦さまがその不在中に末の子を取って隠したところ、帰ってきて驚き悲しんだ。そこで釈迦が説法をして、ザクロの実を与えたという。そこから、ザクロは人間の味がすると俗言されるようになった。江戸時代、鏡をみがくにはザクロの酢をつけた。それで、江戸時代の銭湯の脱衣場から浴槽への出入口を石榴口《ざくろぐち》とよんだ。ここを出入りするには、かがむ。「かがみいる（屈入）」を「かがみいる（鏡要）」にかけてつけたしゃれた名前であった。ザクロの名は、石榴《せきりゅう》とも書くが、原産地のチグリス川とペルシア湾の東方に、それに並行してザグロス山脈が走っており、この地方がザクロの原産地で、そこから持ち帰った実なので、その山脈の名の発音に近い字で石榴《ざくろ》と音訳したのだといわれる。

さけ【酒】

古くはクシといい、クシをつめてキとよんだ。クシとは、奇し、不可思議なる水の義である。神に供える酒を御酒（ミキ）といい、白酒はシロキ、黒酒はクロキと称した。酒を飲むと、笑み栄え楽しむから、そのサカエがサケとなったともいう。また、サカミヅ（栄水）の水が略されてサカとなり、やがてサケとなったという説などあるが、感心しない。酒の異名はたくさんあるが、ササは、女の呼び名である。中国で酒の異名を竹葉というが、竹葉から笹（ささ）となり酒となったなどのこじつけもある。ササは三三で、酒をまた「くこん」ともいうのは、三三九度飲むのを祝いの定法とするからである。それで、酒を三三とも九献ともいう。また、三輪（ミワ）ともいう。ミワはもとは酒の異名ではなく、酒をつくる瓶・酒がめの古言である。醸（つく）った酒がめのまま神前に供えた。それで容器の名が転じて神に奉る酒をミワというようになった。「汁食」（しるけ）からサケとなったとの説もある。酒は、「さくる」で、風寒邪気をさくるものである。ミキの御（み）は賞することばで、キはいきである。人を酔わせてはいきおい出づるものである。酒という字のもとは酉で、これは酒徳利の形である。酒をつくることをカモス（醸す）というが、カモスはカムから変わった語で、コメ・アワ・ヒエなどを蒸してから女たちが口にふくんでから器に吐き出して蓋を置いておくと醗酵して酒になった。酒は主に神饌とする目的でつくるからサケ（栄饌）であるとか、また、サケ（早饌）の義であるとか、スミキ（澄酒）の義だとかいう。三献を和訓してサケといったものだとか、サラリと気持が良くなるところから、サラリ気がサケとなったという説もあるが、いずれも面白くない。酒の名は、不可思議なる水の義「奇し（クシ）」からクシをつめてキとよび、キの一音ではよびにくいので、接頭語のサをつけて、サキ・サカからサケとなったものである。

摂津伊丹の酒造り　『日本山海名産図会』1799 年

サケ【鮭】

鮭は「フグ」とよむのが本来であり、サケの本字は「鮏」で、ナマグサ（生臭）の意であるという。鮭は俗字であるというが、室町時代すでに鮭をサケとよんでいる。サケを「アキアジ」ともよぶが、これはアイヌ語のアキアチップの転である。秋の魚であるところから、秋味の意でそう称したのであろう。サケはアイヌ語のシャケンベ＝サク・イベ（夏の・たべもの）の訛ったものだとの説がある。また、肉が裂けやすい魚だからサケというとの説、肉の色が赤いということから酒に酔ったようであるからサカケがサケになったとか、肉の色のアケ（朱）の転でサケになったとの説もある。

サザエ【栄螺】

栄螺《えいら》ともよみ、サザエのことである。俗にサザイともいう。サダエ・サタベ・サザイガイなどの名もある。拳螺とも書き、サザエとよませるが、こぶしの形をした螺（巻貝）というわけで、このほうがわかりやすい。栄螺をサザエとよむのは、栄を「さかえ」とよむので、この目出度い字を螺にそえて字面《じづら》を良くする目的と、「さかえ」がサザエに近い音なので、組合わせてサザエとよませるようにしたのであろう。栄螺をサザエとよませるのは無理をしているわけである。サザエの角は、波の荒い所のものにできて、波の静かな所のものにはできない。葝螺（しら）というのもサザエのことである。ウズラガイ（鶉貝）とか、ウツセガイ（虚貝）もサザエのことである。サザエは、ササエ（小家）だとか、小さなエ（柄）を多くつけた貝=小小柄がサザエになったとか、サザレ（礫）の転かといった諸説がある。ササは小さいことで、サザエは、古くはウ・エの合わさった音で、もとはササウエで、ウは座ること、海底に小さく座っているという意からサザエとなった。貝類の中でカキはその殻がかけることから名がついたが、サザエは角を出してじっと座っているところからサザエと名づけたのである。サザウエのエは江で、入り江・湾などにサザエがいたからである。

ササゲ【豇】

マメ科の一年草。角豆、また大角豆とも書き、ササギともいう。十六豇豆・十八豇豆・二十六豇豆とも書き、ハタササゲともいう。関西ではササゲは十八豇豆を煎って「ササゲの年ごろ」といえば十八歳のことで、ササゲを俗に十八ともいった。ササゲを一名白角豆ともいうが、その色が牙・角のようであるから角《つの》とよばれたという。九州・上州・信州・総州などで、フロウ（不老）ともいう。関西で十八ササゲといい、関東では十六ササギという。ササゲの莢の若く柔らかいものを細かく刻んで飯に加えて炊いたものを江戸で「うずらめし」といった。あぶって味噌あえ、ケシ・クルミを加えてしろあえにもした。飯に加えて炊いて、奈良茶とし、莢の若い白ササゲは塩漬とする。ササゲという名は、莢をさしあげてみの る豆の形から捧げるという意味である。

さしさば【刺鯖】

差鯖・指鯖とも書く。生鯖を背開きにして塩干しにする。エラとエラを刺してつらねて二枚重ねたものを一刺とした乾物である。背開きの二匹の塩鯖に串を刺したということから刺鯖という名ができた。また、鯖の背を切り開いて塩漬にしたものを二つ重ね、竹に挟んだものもあったようだ。瀬多章甫（明治二七年〔一八九四〕没）の『思ひの儘の記』によると刺鯖は、「中元の御祝儀に限り用ひらる」という。江戸時代、七月一五日に両親の寿を祝う式をしたが、このとき蓮の葉に包んで刺鯖を膳にのせる風習があった。また、七月六日に諸大名が将軍家に刺鯖を贈る習慣があった。この慣習は、のちに鯖代として金銀を献上するように変化していった。これが今日のお中元の起源といわれる。刺鯖は小口から薄く切って手塩皿にのせ、たで酢か生姜酢か花がつおをふりかけて酒の肴に出した。刺鯖は、珍重されたもので、「むしり物」の第一であるといわれ、吸物・船場煮・釈迦煮・酒びて・糀漬などに用いた。

ざぜんまめ【坐禅豆】

坐禅をするとき僧が、この豆を食べると小便が止まるといって食べたところからこの名がある。黒大豆を醤油と黒砂糖で煮たもので、天明（一七八一－八九）ころには、煮豆屋が坐禅豆という名前で黒豆を煮て売り、大流行をしたらしく、当時の洒落本にも出てくる。坐禅納豆というのも出てくるが、これは浜納豆の類だろうといわれる。

さしみ【刺身】

指身・指味・差味・刺躬また魚軒とも書く。生魚の肉を細かく切ったものを古くは鱠《なます》とよんでいた。魚肉を切ったものであるが、切るという言葉を忌み、切身とよばず打身《うちみ》とよび、室町時代に魚肉の打身ということばが現われる。また、切ることを刺すと称するところから、刺身ともよんだのが刺身の起こりであるとの説もある。昔からある鱠《なます》にその魚の鰭を刺したものを「さしみなます」とよび始めたが、これが略されて刺身となったともいう。儀式料理では、刺身が正しいよび方である。室町時代に醤油が発明され、刺身醤油ができたとき、刺身料理が完成したといえる。刺身の語源は、魚肉を切って、その鰭を一種の飾りのように身に刺したことから起こったものである。他に、刺身の意のタチミの転であるとか、サシミ（左進）の義であるとかの説があるが、いずれも良くない。関西では魚を切ることを「つくる」といったので、つくり身《み》といい、「おつくり」を関東の刺身と同じ意味に用いた。

さつまあげ【薩摩揚】

江戸で薩摩揚といって家庭のおかずとしておいしいものの一つとして喜ばれていた。上方では「天ぷら」とよぶが、宮崎あたりでも、天ぷらそばというと、そばの上に薩摩揚ののったものが出る。鹿児島では、これを「つけ揚」といった。薩摩揚は、琉球料理の「チキアーギ」がもとであるという説がある。また、島津斉彬が紀州はんぺんや蒲鉾の製法からヒントを得て考案したという説もある。薩摩揚は、すりつぶした魚肉に塩・砂糖・粉などを加え、短冊形とか小判型にして油で揚げたものである。鹿児島ではつけ揚だが、江戸では薩摩のつけ揚とよび、それを薩摩揚というようになった。

サツマイモ【薩摩芋】

甘藷である。薩摩では琉球から渡ってきたので琉球芋とよび、琉球では唐土（中国）から渡ってきたので唐芋といった。享保二〇年（一七三五）青木昆陽が『蕃藷考』を著わして普及に努め、広く栽培されるようになった。島いもともいった。寛政（一七八九―一八〇一）のころ江戸に「八里半」（栗―九里―に近い味）の行燈《あんどん》をかけた焼芋屋が現われると、それに負けじと「十三里」（九里より―四里―うまい）と行燈を出したという。山東京伝（一七六一―一八一六）のころ、すでに女性の好物は「薩摩芋に唐茄子」といった。江戸時代、島津侯のことをからかってサツマイモとよんだ。このイモは薩摩から伝来したということでこの名がついた。

サトイモ【里芋】

芋といえば、里芋のことである。古くは家《いえ》つ芋《いも》とよんだ。イエツイモは、畑で栽培する芋という意味で、山芋は山にある芋というわけである。イモは、ハタケイモ・タイモなどと、そのつくる所によって名づけたりした。サトイモは里、つまり村につくる芋という意味である。京都では小芋（子芋）とよび、大坂と江戸で里芋という。塊茎を芋頭《いもがしら》といって、その周囲に多数の小芋がつく。葉柄は「ずいき」とよび、食用にする。サトイモを青芋とも書く。「つるのこいも」「はすいも」ともよぶ。

サバ【鯖】

古くは、アオサバ（青鯖）とよんだ。青魚・青花魚とも書く。サバという魚名の語源には、多くの説がある。

一説には、サバは小歯であるという。サはささやかの意で小さいこと、この魚の歯は他の魚にくらべて小さいからだという。また、サバは狭歯であるという説、または、セバキの略という説、またサハ（多）ということから、多く集まる魚だからサバという説もある。また、周防国佐婆《さば》郡の名産だからこの名があるという説があるが、愚説である。もっとおかしな説は、盂蘭盆《うらぼん》に蓮葉で包む魚であり、葉をくさくするところから、サはクサシの上下略で、ハは葉だという珍説もある。その名称が魚体の特色からつけられると考えるならば、歯が小さい魚だからサバであるとの説が良い。サバは、江戸時代に七夕祭の宵、すなわち七月六日に御三家をはじめ諸大名から七日七夕の祝いとして将軍家にサバを（刺鯖にして）献上したものである。後に、本物のサバではなく鯖代として金銀を献上することになった。これが今日お中元と称して進物をする起源となったのである。御中元とは鯖代のことであるといえる。

サメ【鮫】

ネズミザメ科と、ドチザメ科のサメを食用にする。関西では一般にフカとよんでいる。関東では、とくにサメの大きいのをフカという。「ふかのひれ」というのは、ヨシキリザメの鰭《ひれ》を乾燥したものである。鱶《ふか》という種類の魚はなく、鮫類を総称してよぶ。アイヌ語で、サメまたはシャメとよんだ。これが日本のサメの語源になった。サメは狭目とか細目であるという説もあるが、サメは目が小さいということが、第一の特徴とは考えられない。また、サメのサは接頭語で、メは、ミが転じたもの、魚介の肉を「み」というが、食用になる魚だったからこの名ができたというのも無理がある。食用になる魚はサメばかりではない。サメの第一の特徴は、サメ肌で、サメ肌のサムミ（寒体）がサメになったという説も感心しない。サメは、日本列島に先住したアイヌ人のよんだ名からサメと称したものである。

サヨリ【針魚】

細魚・竹魚・鱵・針嘴魚などと書く。古くは「よろづ」または「はりを（針魚）」という。越前でサイヨリ、薩摩で長イワシなどの名がある。サヨリのサは、サワ（多）で、ヨリは寄、多く寄ってくる魚だからサヨリと名づけたという。

古く「よろづ」とよんでいるのは、よろしいという意で、サヨリのヨリとは、「よし」と同じ、「よろづ」のよろしと同意語であり、サヨリとは、よろし魚である。サは直、まっすぐという意にもとれる。よろし魚、よろしき魚とは、まっすぐでよろしき魚というわけである。サヨリの名は、まっすぐなよろしき魚という意からできたものである。

サワラ【鰆】

馬鮫魚とも書く。幼魚をサゴチ（上方ではサゴシ）という。そのこ（鮞）は、からすみ（唐墨）にする。全国に分布しているが、瀬戸内海のものが量も多く、味も外洋のものより美味である。内海で四、五月の鯛網が終わるとすぐサワラ漁が始まる。サワラは産卵のために集まってくるのである。だから春の魚で、鰆と書く。ところが駿河湾から北方の海ではサワラは秋によくとれ、西伊豆地方では秋の魚とする。冬から春、花だよりを聞くころまでのものを寒サワラと称し、身がしまっていておいしい。サワラは、魚体は大きいけれどその腹は小さく狭い。それでサハラ（狭腹）とよび、転じてサワラとなった。その幼魚をサゴシというのは、この魚の腰が狭いからである。サゴチと関東でいうのもサゴシ（狭腰）の転である。

サンショウ【山椒】

山枡また蜀椒とも書く。古名はハジカミで、ハジカミラの略だといわれる。ハジははぜるの意で、カミラはニラの古名である。果実の皮がはぜ、また味が辛くてニラの味に似ているところからきた名であるとの説である。また、椒《はじかみ》は歯甓《はじかみ》の義で、この葉や実を噛むと歯がうずき痛むからであるというが、歯がうずく辛さのものは他にもあるので、この説は良くない。漢方で蜀椒《しょくしょう》とよぶ。健胃・整腸・回虫駆除薬に用いる。料理で「木の芽」というのは、山椒の若芽である。雌雄異株で、雄は花山椒といい花のみである。四月初めころ緑色の粟粒のような小花が群らがって咲く。雌を実山椒といって、実のみである。山椒の実は小球形で初めは青く、秋になると熟して紅色となり、はぜて光沢のある黒色の小子を出す。香気と辛味がある。夏末だ熟さぬ実を青山椒とよぶ。後に中国から生姜《しょうが》が渡来すると、これを呉《くれ》はじかみとよんだ。やがて人々が生姜を常用してこれを「はじかみ」といい、このものの専名となって、山椒は「結実椒《なるはじかみ》」

とよばれた。山椒は原始時代から日本列島にあった。記・紀の歌にも椒《はじかみ》の名が出てくる。まぶたに物もらいができたとき、宵に山椒の実を丸のまま五粒飲んで眠ると翌朝出来物が治っている、といわれた。このように早くから薬用にもなった。もと但馬国朝倉村の産なのでこの名がある。普通の山椒より葉が大きく、木には棘がない。果実の大きさは普通の山椒の三倍もある。辛味が強く香気が高い。これは朝鮮から但馬に渡ってきた。サンショウは、山に多くあるはじかみ（椒）ということで山椒と書き、それを音読みにしたものである。したがって山椒は漢名ではない。

サンマ【秋刀魚】

三馬とも書かれた。江戸では安永（一七七二―八一）ころになると「安くて長きはさんまなり」という壁書があるくらい流行してきた。下々《しもじも》の者が食べたのだが、寛政（一七八九―一八〇一）になると中流階層以上にも好む者が出てきて、「サンマがでるとアンマが引込む」といわれるほど健康に良いたべものとされるようになる。京都ではサヨリとよんだ。秋、産卵のために千葉県や相模灘の沿岸に来る。太平洋岸では千葉県以北が主な漁場である。江戸時代、エビスコサンマといってエビス講（陰暦一〇月二〇日）に神棚に供えたが、現在の一一月二五日ころで、そのころ房総近海に来たサンマは最もおいしかった。サンマの名は、体が狭長であるところからサマナ（狭真魚）の音便である、という説もある。サンマのサンは、たくさんという意で、マは、まとまるとか、うまいという意である。秋の味覚の代表とされる魚であるから、うまさたくさん、とほめたのであろう。サンマを秋刀魚と書いたのは、秋の月夜にサンマをとったとき、魚体が刀のように美しく見えたということである。

し

シイタケ【椎茸】

香菰・香菌とも書く。シイ・ナラ・クヌギ・クリ・シデ・カシなどの濶葉樹のやや腐りかかったものに寄生する茸である。発生する時季によって秋子・春子・夏子・

冬子という。血圧を下げるアミノ酸を含み、ビタミンB12・D2などが豊富である。有効成分は最高二〇〇度の熱に耐え、煮ても揚げても破壊されない。また、他の材料のビタミンB類も、椎茸といっしょに料理すれば、こわれない。冬菇《どんこ》とよぶ、冬の寒い間に一ヵ月近くかかって徐々に成長するものは、質が良く肉の厚い重いものになる。秋子は乾《ほ》し椎茸に良い。乾し椎茸は香りがすぐれている。鎌倉時代初期に中国へ日本の椎茸が輸出され、中国では「香蕈」といった。「しいたけ」の名は、椎の木に多く発生するキノコということからつけられた。

シオ【塩】

神代に塩土《しおつち》の翁《おきな》が海水から塩をとることを人々に教えたといわれる。日本列島原住の日本人は海水から塩をとることを発見した。神社に塩釜という名があったり、国文学に藻塩草《もしおぐさ》とか藻塩焼く煙ということが出たり、舞踊に潮汲《しおくみ》の舞があったりすることによって日本の製塩法がわかる。海水からとった塩は、空気中の水分を吸ってすぐ溶けてしまう。そこで塩を保存する工夫をした。たべものと塩を合わせることである。穀類（米・麦・豆）と塩を混ぜ合わせたとき味噌や醤油ができた。肉類（魚肉など）と塩を合わせ、塩辛とか、なれ鮨《ずし》ができてきた。野菜類と塩を混ぜ合わせると、塩漬・漬物になった。日本人は、塩による保存（塩蔵法）を考えることによって料理が生まれたのである。世界最古の文明国といわれるエジプト第一王朝（紀元前三〇〇〇～五〇〇〇年）のころ塩は貯蔵よりも防腐ということに用いられた。死体を強い塩水の中に七〇日間つけ込んでから薬液にひたしてミイラにした。それでミイラという言葉は「塩づけ」という意味だといわれた。岩塩のある所では、塩の保存はわけないことで、心配されなかったが、海水から塩をつくった日本列島では、ニガリを含む塩の潮解性に苦しめられたから、防腐よりも貯蔵に智恵を働かせるようになった。それが、日本人の食生活に最も大きな影響を与えた。昔、ローマでは塩を自由に手に入れることができなかったから、

伊豆の潮汲み女　『和国百女』1695年

塩を月給として支払った。サラリー（月給）の語源はソルト（塩）であるといわれる。シホの語源は白穂（シラホ）がつまってシホとなったという。白穂は「波の花」と同じ意で潮汐から生み出した白い穂と見たのである。ウシホ（潮）のウを略してシホというのだとするのはウとはオ（大）の転訛で、オオシホがオシホ、ウシホとなり、ウが略されてシホになったとする。この説が良い。

しおから【塩辛】

魚介肉とか腸などを打叩いて塩漬けにして醗酵させたもの。奈良朝時代に醢（ししびしお）とよばれたものが、塩辛である。これは肉に塩を混ぜて汁気を少なく製するから肉干塩《ししびしお》というわけである。「ししびしお」（醢）は肉《にく》醤《しょう》のことであるから、肉醤を「ししびしお」とよんでいる。それで魚醤と書いて「しおから」とよんだ。この醤《ひしお》は、久しく塩に漬けたものということで、「ひ」は隔てるという意だというが、干塩（ほししお）の義で、塩に物を加えて汁気少なく製するから干塩（ひしお）といったのである。鮎の腸を塩蔵したものをウルカといい、シブウルカ・ニガウルカ、鮎の子ばかりを塩蔵したものをコウルカといった。ナマコの腸の塩蔵をコノワタといい、カマス（梭魚）の腸の塩蔵をシュトウというと『重修本草綱目啓蒙』にあるが、現在、酒盗《しゅとう》はカツオの腸を用いた塩辛のことである。カツオの塩辛で酒を飲むと酒量が倍加するということから酒盗と名づけられた。塩の貯蔵法から塩辛は考えついたものであり、原始時代から行なわれていた方法である。『今昔物語』巻二八「越前守為盛、付けたり六衛府の官人《つかさびと》のものがたり」の章に「鯵の塩辛、鯛の醤などの、もろもろに塩辛き物どもを盛りたり」などとあり、平安朝に塩辛があったことがわかる。北海道・東北・北越などでサケの背腸《せわた》をメフンとよんで塩辛にして珍重するが、メフンはもとアイヌ語である。越中（富山県）特産の塩辛にイカの墨を加えて黒くつくった黒作《くろづくり》があり、木曽路にはツグミの内臓を塩辛にしたツグミウルカがある。塩辛の起こりは「ししびしお」である。ししは肉、びしおは醤、醤は干塩である。それで「しおから」を「塩干」と書く人もある。

しぎやき【鴫焼】

ナス（茄子）の皮をむいて約一センチくらいの厚さに輪切りにし、胡麻油で揚げて串にさして焼き、山椒味噌を塗ったもの。また醤油付焼にしても良い。油で揚げないで、油を塗って焼いても良い。切り方も、ナスをたてに二つ割りにする法がある。形が、このほうがよいという人もある。若くて柔らかなナスなら皮つきのまま金串にさして切り口にさっと胡麻油を塗って炭火でこがさないように両面から焼いて、練味噌を切り口に塗り、ちょっとあぶる程度にして串を抜いて、器に盛って粉山椒をふりかけて熱いうちに供する。『日本料理法大全』では、ナスを輪切りにして、油でさっと揚げ、串にさして焼いてかわかし、山椒味噌をつけるか、醤油付焼にする。油で揚げずに油を塗って、生から焼いてもよいとある。『日本料理法大成』には、ナスを茹でて適当に切って、串にさし、山椒味噌をつけて焼くとあり、この料理方法は三百余年前（三代将軍家光）ころからのつくり方である。しぎやきという料理は、実に古く、それ以前のつくり方もいろいろある。喜多村信節の『瓦礫雑考』には、茄子の鴫焼というものは、鴫壺焼ということから転じたのであろう、という。『武家調味故実』（天文四年（一五三五））に「しぎつぼのこと、つけなすびの中をくりぬいて、しぎの身をつくっていれる。柿の葉をふたにして、わらのすべでしばる。石なべに酒を入れて煎る。折びつに耳かわらけにいためた塩をおいて供する」とある。しぎやきの起こりは、鴫壺焼だが、これはナスをくりぬいて壺をつくって、本物のシギの身を入れた。冬は柚子を使って壺にした。つぎに、鴫壺焼というのは、生ナスの上に板で鴫の頭の形をつくって置いた。もと、本物のシギを食べたという名残りである。寛永二〇年（一六四三、家光時代）の『料理物語』には「鴫やき茄子《なすび》をゆでよきころにきり串にさし山椒みそ付てやくなり」とある。慶長（一五九六—一六一五）ころから今のしぎやきの形になった。『寛永発句帳』の徳元の句に「鴫やきやなすびなれどもとり肴」とある。しぎやきを茄子田楽《なすびでんがく》ともよんだ。ナスのかわりに柚子を壺にして、壺焼にしたが、これが柚釜という料理に発展し、「しぎやき」という名称がナスの料理としてのこった。

しぐれに【時雨煮】
蛤《はまぐり》のむき身に生姜《しょうが》を加え、佃煮《つくだに》にしたもの。三重県桑名・四日市地方の名物時雨蛤が有名になって、時雨煮が世に知られた。現在は蛤ばかりでなく、生姜を入れた佃煮を「時雨煮」といっている。時雨《しぐれ》とは、主として

晩秋から初冬にかけて降ったりやんだりする雨、曇りがちの空模様をいう。通り雨の「過ぐる」が語源とも、しぐれは「し」と「くれ」に分けて、「くれ」は「暗し」と解釈し、「し」を「しばし」とか、「し」は風のことだと説いたりする。蛤の佃煮を食べていると蛤の味が醤油辛さのうちに通り過ぎていく。この時雨煮は、簡単にのみこめるものではないから、降ったりやんだりする時雨のように口中で味の変化、過程を楽しめる。これが時雨煮とした理由と考えられる。時雨饅頭は、小豆のこし餡をそぼろにして蒸した時雨羹で餡を包んだものである。そぼろからしぐれを思わせるからである。時雨餅というものも、小豆餡・みじん粉・砂糖を混ぜ合わせてそぼろにして蒸しあげる。そぼろにしたところがしぐれと名づける理由であろう。これは岸和田の名物で、明和二年(一七六五)に藩主からその名を賜わったといわれる。時雨は「しぐれの色」と称して、時雨で色づいた草木の色を取上げることもある。だから、時雨煮とは、しぐれの色に煮上げたものと考える人もある。蛤とか牡蠣《かき》とか、時雨煮にするとき醤油で煮染《にしめ》るとか、生姜を加えて佃煮にするとか、どんなものを煮ても味を濃くして口に入れたとき味が変わっていく、通りすぎていく味を感ずるこの味つけが時雨煮の本領なのである。

シジミ【蜆】

ヤマトシジミ(河口の塩水の入る砂中に生息)・マシジミ(河川・湖沼に生息)が多い。古歌に琵琶湖堅田のシジミが出るが、今は同じ琵琶湖でも瀬田に多く、瀬田蜆は膳所に近いのでゼゼ貝の名がある。貝は小さいが身(肉)が大きく、貝殻がベッコウ色をしているのでベニシジミともいわれる。長野県諏訪湖にはシジミはいなかったが、天保年間(一八三〇-四四)宮坂某が甲州から種貝を移殖した。ここのシジミは身が大きくうまい。台湾産のオオシジミはハマグリほどの大きさがある。夏、土用シジミは腹薬とよばれ、暑さ負けの体に効き、冬の寒シジミがうまいといわれた。シジミを煮るとき糯米を四、五粒入れると、殻からの身離れが良い。糯米のないときは餅を入れてもよい。シジミの名は、

しじみ売り　『誹風種瓢』1844年

貝殻の表面に横しわが多数あって、それが縮んでいるように見えるので縮貝とした。チヂムを古語でシジムといい、シジムがシジミとなった。煮ると実が縮むからシジミだという説は、貝の身は丸くなるのであり、縮むという感じは少ないから、これは良くない。また、繁群《ししむ》れているところからだとか、ササミ（少々身）の転だという説もあるが、面白くない。また、シジミのシは、清水の意で、ミは棲みつくとか、おるという意であるから、清水におる貝というところからシジミとなったという説もあるが、シジミが清水に棲むという感じはもてないから、これも良くない。

シソ【紫蘇】

ヒマラヤ・中国が原産で、古名はノラエ（野荏）という。エゴメ（荏）の近縁で匂いが強い。青ジソは葉の両面が青い。緑葉があって白い花が咲く。葉茎が紅紫色のものを赤ジソという。葉の表面だけが紫色で葉背の青いものを片面ジソという。赤ジソは夏から秋にかけて淡紫色の小形の唇形花をたくさんつける。葉は梅漬に用いられ、果実は塩漬にして食用となる。青ジソは野菜として「大葉」とよばれ、葉や花を刺身のツマや天プラなどにする。葉がちぢれてしわのあるものをチリメン（縮緬）ジソとよぶ。青ジソの葉のちぢれたものは青チリメンジソとかチリメン青ジソという。漢名が蘇または紫蘇なので、その音をそのままとり入れ、ノラエというよび名がシソに代わった。

しっぽく【卓袱】

「卓」の字をシツとよむのは、広東《かんとん》か東京《とんきん》の方言かといわれる。卓《シツ》・袱《ポク》、いずれも唐音である。卓袱の「卓」は初めは四角い卓だったが、後には円卓になった。袱は周囲にたらす布帛を指した。日本人は、各自が一人前の膳に向かって食事をしていたから、卓を囲んで食事をする風習に強い印象を受けたと思われる。「しっぽくだい」とか「しっぽこだい」とよび、この食卓を用いて出す長崎料理のことを「しっぽく」といった。享保

（一七一六―三六）年中に長崎から上京して京都祇園の下河原に佐野屋嘉兵衛という者が長崎料理を始めた。これが食卓（しゅっぽく）料理店の初めである。このとき、大椀一二の食卓（しっぽく）をひろめた。大椀は大平《おおひら》なので、蕎麦切を大平に盛って、上にかまぼこ・きのこ・野菜などをのせたものを「しっぽく」とよぶようになった。江戸にしっぽくが伝わったのは、宝暦・明和（一七五一―七二）のころで、浮世小路の百川茂左衛門が京都に模してはじめた。卓料理を俗に長崎料理という。長崎料理は、日本料理を基調として、中国・オランダ・スペインなど外国料理をとり入れた和漢洋の折衷料理であった。中国料理と江戸前料理が混ざり合って発展した、長崎に伝わる独特の料理で、その名称が、卓を多くの人が囲むという特異さと、卓に布があるという珍しさの二つが最も大きい驚きだったところから「卓袱」となったのである。

じぶに【熟鳧煮】

ツグミを用いた金沢地方の郷土料理。ツグミは秋になるとシベリアから渡ってくる。主な捕獲地は南加賀の丘陵地帯である。このツグミをとる霞網《かすみあみ》は加賀藩で考えられて発達した。今は霞網による捕獲が禁止されているのでカモなどの鳥肉を使ってつくる。鳧（フ）はカモのことで、じぶ煮は、鴨の皮を煎り、だしたまりを加減して入れ、ジブジブといわせ、その身を入れて煮た料理である。ガンまたはカモの正肉を醤油で少し辛めに蒸し、焼麩千切り・ささがき牛蒡か山芋を少し入れて煎る。要するに醤油仕立てで、カモに限らず、焼麩・牛蒡・茸類を加えて煮たものを準麩《じゅんぶ》といった。ジブのことである。ジブの別法としては、煎鳥のようにして塩をつよく塩梅して、煮汁少なく仕かけ、ジブジブと煎りつけるようにして出すものなどがある。滋浮《じぶ》豆腐は、豆腐をジブジブと煮たものである。じぶ煮は、秀吉の兵糧奉行岡野治部右衛門が朝鮮から伝えた陣中料理だとも、石田三成（治部少輔）が考案した料理だともいい、治部煮と書いたりする。また、この料理法はキリシタンが伝えたものだともいう。しかし、じぶ煮の名称は、料理法から考えて、ジブジブと音をさせて煮ることから命名されたという説をとりたい。

シメジ【占地】

湿地とも書く。原野湿地に生ずるので湿地蕈《しめじきのこ》とも名づけた。「匂い松茸、味シメジ」といわれる。千本シメジ・

カブラシメジ・ヌノビキなどの異名があるように種類が多く、灰白色のシロシメジ、黄色いキシメジ（キンタケ・ウコンシメジ）、黒ずんだシモフリシメジなどがある。九月中旬から一〇月中旬にマツタケが出て、つぎにシメジが現われる。植物学ではシメジといえばホンシメジのことで、通俗的にシメジと総括的によんでいる。ホンシメジはとった翌日になると味が落ちる。傘は初めから開いている。ホンシメジは菊の花が咲くころ、松の混じったミズナラやナラの雑木林に五、六本ずつかたまって列をなし、毎年同じ場所に生える。シメジの名は、コナラなどの根元に群生し、地面を占領するところから「占地」というとする説、茅の多く生えた地にあるところから、シメジタケ（標茅茸）となるという説、シジムレイデタケ（繁群出茸）の義からという説などがあるが、湿った所から出る茸ということで、シメイズ（湿出）が転訛してシメジになったのである。

ジャガイモ【じゃが芋】

バレイショ（馬鈴薯）ともいう。ジャガタライモ・ゴショイモ（五升薯）・ジャバイモ・オランダイモ・ハッショウイモ（八升薯）・エゾイモ・南京薯・弘法薯・甲州薯・二度薯・三度薯・またカピタンイモともいわれる。原産地は南アメリカで、チリ・ペルーの高原地帯で栽培されていたものを一六世紀末にスペイン人が本国に持ち帰ったとも、イギリスのサー・ウォーター・ローレーがヨーロッパに移したともいわれる。ヨーロッパでは主としてドイツ人が食用にし始めた。日本へ伝来したのは慶長三年（一五九八）ジャワ（インドネシア）の港ジャガタラからオダンダ人が長崎に持ってきたので、ジャガタライモの名がつき、ジャガイモとなった。北海道へは文化年間（一八〇四―一八）に南部藩から移植された。明治七年（一八七四）開拓使によってアメリカの優良種イモが輸入され栽培がすすんだ。道産ジャガイモの雄「男爵イモ」は、明治四〇年（一九〇七）ころ、函館ドックの社長で農場主だった川田竜吉男爵が、アイルランド産の原種アイリッシュコブラーを輸入し、改良して広めたことから命名された。ジャガイモの漢名は陽芋または洋芋で、馬鈴薯をあてることがあるが、これはまったく別の植物である、と牧野富太郎博士が指摘している。徳川時代の学者小野蘭山が支那の『松溪県志』にある「馬鈴薯」と形の似ているものを思い違いをしたもので、中国の「馬鈴薯」はまったく別物である。馬鈴薯という文字から考えると、この芋は、馬の首のまわりにつける数箇の鈴に似たような姿で土中にできる。そこでこの漢字があてられたものである。

しゃかどうふ【釈迦豆腐】

豆腐を中賽に切って、ザルに入れてふりまわす。つまり豆腐の角をとってしまうので、頭のように丸くなる。この丸い豆腐に葛《くず》粉を米粒くらいの大きさに砕いてつける。卵白をといて豆腐にまぶしつけてから、くっつけ、それを油で揚げたものである。釈迦がつくった豆腐だときめつけたくなるが、この釈迦豆腐は名のつけ方が違っている。お釈迦様の頭が、でこぼこしている。豆腐に葛のかたまりをつけて、でこぼこさせたところが、お釈迦様の頭に似ているというわけで、実にユーモラスな命名なのである。

シャコ【蝦蛄】

エビに似て五対の足がある甲殻類の節足動物で、北海道以南の浅海の砂泥地に穴を掘って棲む。脂肪や蛋白質を比較的多く含んでいる。酢でしめるとうまみを増す。水揚げ後すぐ茹でて出荷されるのは、死ぬと腐敗が早いからである。シャコの卵巣のかたまりを茹でたものは実

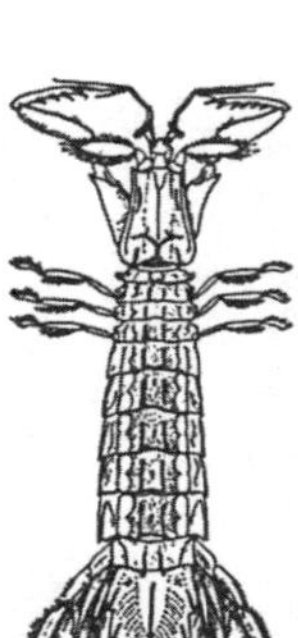

に美味。シャコの旬《しゅん》は夏というが、六、七月ころ産卵するので、産卵後のシャコはよろしくない。汚染にも強いので汚れた海でも最後まで生きのこれるといわれる。これを食べるのは日本人とイタリア人だけだという。「しゃこで鯛釣る」という「えびたい」と同じ意味の言葉がある。江戸時代には、シャクナギとかシャクナゲとよばれていた。豊後・周防ではシャク、四国・九州でジャクワエビ、肥前でシャッパ、伊勢でシャクウ、出雲でオニエビ、讃岐でボロシャクなどとよばれた。シャコを古くシャクナゲとよんだのは、ゆでると紫褐色になるが、これがシャクナゲの花の美しい色に似ているからである。シャクナゲは石南花と書くが、石花（しゃくか）ともいう。このシャクカが訛ってシャコになったのである。

じゅうづめ【重詰】

酒肴（お酒をのむときの肴物）を鉢肴とよんだのは「鉢」という器にさかなを盛って出したからである。酒肴に、鉢肴と並んで「重肴」という名称がまず現われる。これ

は、「重」に盛った肴ということであろう。やがて、「重箱肴」という名称が出てくる。そして、「重詰」とよばれるようになる。重詰は、時節の見舞に贈ったり、花見遊山に携えたりした。重詰にする料理の品数は、三種、五種、七種、九種などの奇数とした。その味つけ、また切り方などは同一でないのが良いとされた。詰めるときは全部詰め終わったら薄板で軽く押しつけて、空間をそれぞれの品で補う。なま魚は、しっかりと押しつけて詰めないで、魚と魚との間を、なま海苔・おごなどでへだてて、ならべ詰めにするといった決まりが自然にできていた。重箱という道具に詰めるので「重詰」とよばれた。重詰のたぐいで賀客饗応の用に供したものに「喰積《くいつみ》」がある。これは食うべきものを集めて積み飾ったということからできた名である。喰積と唱えられていたものが、重箱に詰めるようになって重詰というものが生まれたのである。重詰を二重、三重と積み重ねるので、それを「組重《くみじゅう》」といった。

しゅとう【酒盗】

カツオの塩辛《しおから》のことである。鰹節をつくるとき内蔵を取り除くが、この胃・腸・幽門垂・肝臓などを切り開いて水洗いして適当な大きさに切って食塩を加え、毎日かき混ぜると一週間ほどでできる。これを肴にして酒を飲むと酒がすすむというところから塩辛の異称として「酒盗」の名が生まれた。土佐一二代の藩主山内豊資が土佐清水でカツオの内臓の塩辛を食べて、そのうまさを賞で、酒がいくらでも飲めるところから「酒盗」という名を与えたと書いた本がある。しかし、この山内豊資が活動したのは徳川一一代将軍家斉のころだと思うが、酒盗は、『和漢三才図会』の堅魚のところに出てくる。しかも「阿波から出るもの名を得たり」と書いている。六代家宣将軍のころで、土佐の殿様が名づけたというのは間違いである。

しゅんかん【笋羹】

黄檗《おうばく》宗の禅林寺の黄檗料理で、普茶料理の一つ。笋と筍とは同じ意味で、タケノコのことである。擬製豆腐・粟麩・椎茸・クワイ・飛龍頭《ひりゅうず》・サクラモチとイチゴの盛合わせで、甘いもの、辛いもの、果物といった面白い取合わせである。中国から帰化した隠元を開祖とする黄檗宗の料理に「しゅんかん」が残っていることから、この名称は、中国から来たと考えられる。黄檗宗の経典は、中国南方語でよまれるものである。筍は、中国南方語でスン、干はカン、筍干はスンカンで、日本語のシュンカンとよく似ている。「しゅんかん」は干した筍のことであり、干は乾で、筍干とも筍乾とも書いた。羹（カン）は中国料理では材料を細く千切りにし、油炒めしてスープで煮込んで味をつけてから、かたくり粉でどろりとさせたもので、甘い味をつけるものが多い。干し筍の料理が、だいたい羹という料理法であるから、いつのまにか筍干が筍羹となった。そして、材料も筍ばかりでなく、違ったものも用いるようになったのである。

シュンギク【春菊】

南ヨーロッパ・地中海沿岸の原産。日本には戦国時代に中国から渡来したもので、初め関西地方で用いられた。京・大坂では、高麗菊《こうらいぎく》または菊菜《きくな》とよばれる。春、花を開き、菊に似ているから春 菊《しゅんぎく》と名づけられた。一年中発芽成長するので、無尽草《むじんそう》の名もある。「ふだんぎく」とか「はるぎく」ともいう。また六月菊《ろくがつぎく》ともよばれる。欧米では観賞用とされ、食用にするのは日本と中国である。関東では「しゅんぎく」とよんでいるが、肥後では「きくなでしこ」とか「ふだ草」という。美濃では「さつまぎく」といい、讃岐では「りゅうきゅうぎく」、阿波では「おらんだぎく」という。

ジュンサイ【蓴菜】

スイレン科の多年生水草で、池や沼・湖などに生える。食用になるのは、巻葉になっている新しい葉で、水中にあるときが良く、水面に浮かぶようになると堅くて食べられない。『古事記』や『万葉集』に出ているほど古くから食べられており、古名はヌナワといった。牧野富太郎博士は、ヌナワは沼なわの意味で、沼に生え、葉柄があたかも縄のようであるからとしている。『関祕録』（著者・刊行年代、不詳）には、蓴菜は、ねぬ縄といい、根をとるといくらも縄のようなものが出るから、とある。蓴菜ということばが、ぬらりくらりしている意にも用いられるように、ぬるぬるしているのが特徴である。ぬるぬるした縄、ヌルナワがヌナワとなったのである。蓴（ヌナウ）を音読みしたものがジュンである。ジュンサイは、菜をつけて、ヌナワを音読みした。

ショウガ【生姜】

生薑とも書く。熱帯アジア原産で、日本へは古く渡来した。漢名が薑《きょう》、訓でハジカミとよむ。ハジカミとは山椒の古名、生姜の異名でもある。ショウガもハジカミの一つではあるが、ハジカミがショウガではない。ハジカミの中でショウガは、その部分が土の中にあることを示した名がツチハジカミであり、穴をあけてとるところからアナハジカミともいい、その部分がかたまりになっているのでクレノハジカミとも称した。クレノハジカミを生姜または生薑と書き、ショウガと称したのである。薑はハジカミまたはショウガである。乾薑（ほしはじかみ）が『和名鈔』にある。これは一名定薑ともよばれるもので、これに対して生薑と書いてクレノハジカミの名とした。薑は、キョウとよむが、姜もキョウまたはコウとよむ。それで画数の少ない姜を用いて生姜(ショウキョウ)とした。生姜はショウコウともよまれる。これがショウガとなった。ショウガは、その形が蘘荷（めうが）に似ているので、これを女香（めか）とよんだのに対し、生薑を兄香（せか）と称した。これがセウガと訛ったのは、女香（めか）が「めうが」と訛ったのと同じである。いずれも音便の崩れたものであるとの説もあった。蘘はジョウで、蘘荷（ジョウカ）がメウガと変化した。茗荷とも書くが、蘘荷の俗用である。茗はちゃ（茶）であり、荷（カ）ははす（蓮）である。蘘荷（ジョウカ）がミョウガとなり、生姜（ショウコウ）がショウガと変化したのである。

ショウゴインカブラ【聖護院蕪】

京都市左京区聖護院町付近に産する蕪菁《かぶ》のこと。今から二〇〇年ほど前に近江国志賀郡尾場長産の「近江蕪」の種子を京都に持ち帰って播種すると、地味が適していたのと栽培の工夫によって、扁平白色で径三～四〇センチにも達して質の柔らかい甘美なカブができた。聖護院という地名をつけて聖護院蕪と命名された。風味に富む蕪であることと、京都名産の「千枚漬」にこれを用いて製したので、その名がひろく知られた。近江からカブの原種を持ち帰ったのは享和年間（一八〇一―〇四）で、聖護院村の百姓伊勢屋利八であるという伝もある。

しょうじんりょうり【精進料理】

野菜・海藻・穀類だけを材料として魚介・肉類をいっさい用いない料理である。精進は仏教用語で、梵語virya（ビーリヤ）の意訳で、漢音では、毘梨耶と書かれる。「精勤《しょうごん》」とも訳された。その主意は、精神修養である。身をきよめ、心をつつしんで仏事に進んで怠らないことである。その実行方法として、美食を戒めて粗食する。日本に伝わると、精進を倭訓でイモヒとよんだ。また、ショウジともいった。俗に潔斎することを精進といった。その精進には、身の精進と心の精進との二つがある。身精進は小精進で、心精進が大精進であるという。精進とは、もとは美食をしないことであったが、仏教の説によって魚肉を食わないこととなった。日本曹洞禅の開祖である道元が越前の永平寺を開くと、精進料理をひろめた。この日本的な精進料理の他に、中国的な精進料理がひろまったのは、山城の宇治にある万福寺の黄檗《おうばく》禅が用いる普茶《ふちゃ》料理である。この寺は代々中国からの帰化僧が山主となったので中国風の料理が興ったのである。普茶料理は一口で、長崎料理の精進料理である、と説明される。江戸の住人は、精進入《しょうじんいり》という精進の生活に入る、つまり身をきよめ、物忌《ものい》みの期間に入る、この精進入の前に精進固《がた》めと称して魚肉をたっぷりと食べた。そして精進明けとか精進落ち、また精進上げといって、精進日が終わるとまた魚類などを大いに食べた。親が死んだりすると、すぐ魚を求めて家中で精進固めをやって、五〇日の忌となると二五日目にまた魚を食べる、これを中落《なかおち》といった。そして五一日目に魚を食べるのを精進落ちといった。精進肴屋《さかなや》という麦でつくったどじょうとか、焼豆腐で竹輪や蒲鉾をつくったものとか、牛蒡《ごぼう》でつくった蒲焼といった料理を売る店もあった。形だけでも魚類を食べてみたいという願いが庶民に強かったことがわかる。精進物で魚の形をつくって珍重したことが『平戸記』の寛元三年（一二四五）二月二六日にあり、鎌倉時代にすでに行なわれていたことがわかる。京都では、天皇が御精進という日を毎月八日・一四日・一五日・二三日・二九日・晦日と、合わせて六斎日もとり、その他、先帝の忌日にはもちろん精進をした。

しょうゆ【醤油】

大豆・小麦などを原料とした日本を代表する調味料。

日本料理は醤油の発明によって完成された。醤はシシビシオである。シシは肉、だから肉の塩漬のことである。ヒシオのヒは隔つる義で、醸して久しくおくと塩と隔つので、その名とする説、また、浸塩《ひたししお》の意との説もある。またミソともよむ。漿(コンツ)

江戸時代の醤油・塩売り
『守貞漫稿』1853 年

と同じである。醤油は、醤からしみ出し、しぼり出した油ということである。俗に醤油を「いろ」（色）といい、下地《したじ》という。女房ことばで「おむら」「むらさき」「おしたぢ」などという。醤油の成語が初めて見出されるのは慶長二年（一五九七）の『易林本節用集』である。日本では、塩を海水からとったので、塩がすぐ溶けてしまう。そこで塩の保存法として食料品と塩を合わせた。草醤（漬物になる）・魚醤（肉醤、塩辛になる）、そして穀醤（味噌になる）があり、奈良朝に中国から唐醤《からびしお》が入り朝鮮から高麗醤《こまびしお》が入ってくる。味噌ができると、その汁を「たれみそ」と称して用いた。「たまりみそ」とも「うすたれ」ともいった。醤油の現われる前は、たれみそが用いられた。後堀河天皇の安貞二年（一二二八）に紀伊国由良、興国寺の開山になった覚心（法燈国師）が宋（中国）から径山寺《きんざんじ》味噌の製法を日本に伝えた。そして諸国行脚の途中、和歌山県の湯浅の水が良いので、ここで味噌をつくり、その槽底に沈殿した液がたべものを煮るのに適していることを発見した。後、工夫して文暦元年（一二三四）に醤油を発明したと伝えられる。川中島の合戦のころ武田方に関東の野田からたまり醤油が納められたというが、永禄年間（一五五八―七〇）のことである。天正一五年（一五八七）に播州竜野で醤油をつくり始めた。これが今のヒガシマル醤油である。淡口醤油と称する色のうすい醤油で煮物に色がつかないので関西料理に愛好された。江戸では「下り醤油」と称して関西から船で運んでくる醤油を用いていたが、やがて関東の野田、銚子の醤油を用いるようになった。

ショウロ【松露】

担子菌類ショウロ科のキノコ。一種特有の松の香りを有している。扁球形か不規則な塊状で直径一～五センチ。外皮は白色で地中にあるときは白いが、空気にさらすと淡黄褐色になる。内部は白いが、暗褐色に変わる。晩春四～五月ころ日当たりの良い海辺の松林中に生ずる。粘気が少しあるので、ネバリ松露とか米《こめ》松露といい、やや成長したものは淡黄褐色になるので粟松露とか麦松露という。山林中に生ずるもので最初から灰褐色で芳香のないものもあり、これを麦松露ともいうが、食用にはしない。松露という名は、松の樹液が凝結してできたところからこの名がついた。

しょっつる【塩汁】

「しょっちる」ともいう（秋田鹿角）。しょっつるは、ヒシオジルからの転訛かともいわれる。最初に使われたのは鎌倉時代で、角醬の調味料である。室町時代にダイズから醬油ができると、これにおされて東北の一部に残ったが、昭和になって、この風味が都会人の好奇心をそそり、最近では秋田県の代表的な郷土料理となった。塩魚汁とも書くように、塩と魚（ハタハタが代表的だが、イワシ・シラウオ・アミなどいろいろな魚を使う）を桶に交互に重ねて仕込み、これに重しをかけ一年以上たつと、魚自体のもっている酵素で魚が分解される。さらに年を経たものを煮て砂の層で漉して液を澄ませたものである。製法は秘伝とされ、昔は親から子供にだけ伝えられたものだという。イワシ醬油とかハタハタ醬油といわれ、讃岐（香川県）のいかなご醬油も、この仲間である。タイで、魚醬にネギを添えて食べるが、これもしょっつるの一種である。塩汁か醬汁が転訛して「しょっつる」となった。

シラウオ【白魚】

白い色をしているから白魚（シラウオ）とよばれた。魚河岸でシラウオといって売っている魚は、シラウオ科の魚で、死ぬと白色不透明になる。北海道から九州にかけて棲息しており、名産地は、東京湾・岡山県・三重県・伊勢湾・有明湾などである。二月ころの産卵期になると、大川（隅田川）の下流の塩水の混じるところにのぼってきて産卵するが、この時期に漁獲する。だから、東京地方では、二月から四月ころが、シラウオの旬《しゅん》である。シラスとよばれる小さいシラウオには、イワシ類の幼魚が混じっている。シラウオの雌には、鱗《うろこ》がなく雄は下面に一列の大鱗がある。シラウオは、シラオ・シレヨ・シロヨ・フ（島根県）・トノサマウオ・ヘキギョ・シロウオドロメなどの異名がある。白魚をシロウオとよむと（新宮・御船地方では、シラウオをシロウオとよんでいる）ハゼ科の魚になる。シロウオも、田辺・志摩・広島ではシラウオとよばれるそうだから、まぎらわしい。ハゼ科のシロウオは、あぶらびれが体の中央の下面にない。シラウオは、体の中央の下に、鰭《ひれ》があり、腹が少しふくらんでいる。それに対してシロウオは、大きさが同じようである。生きているときは、シラウオよりシロウオのほうが美味だが、シロウオは死んだら味が落ちてしまう。シロウオは、シラウオほど大きくならず、半分くらいである。江戸・東京湾にシラウオがいるようになったのは、徳川家康が三河湾から移したからだといわれる。佃島《つくだじま》にはシラウオをとる舟があった。漁民は、家康に感謝するということで、毎年春になるとシラウオを将軍に献上したという。中国にいる白魚は日本のシラウオとは似ても似つかない種類の魚で、スズキに似た淡水魚である。

しらすぼし【白子干】

シラスを塩ゆでして干したもの。シラスとはカタクチイワシ・マイワシ・イカナゴ、まれにはアユやシラウオなどの稚魚の総称である。白子干とは、雑魚《ざこ》の稚魚を塩ゆでして干したものともなる。完全に乾燥したものではないが、塩分が強いので比較的長期の保存がきく。シラスは生のときは無色透明であるが、ゆでると白っぽくなる。小さい白い魚の子ということから白子と書き、シラスとよんだものである。白子といっただけで、白子干の略である場合もあり、チリメンジャコ、カエリジャコなどともよばれる。

しらたき【白滝】

糸コンニャクよりもさらに細くつくったコンニャクである。コンニャク粉と水をこね合わせたものを、金属の円筒に入れ、石灰水中に細く押し出して凝固させる。関東人は、コンニャクも白いものを好んだ。細くつくったコンニャクの白いことを喜んで、その製法が、滝を思わせるところがあることと、これを手にしてつりさげたとき白滝（白い布をかけたように流れ落ちる滝）のようだということからこの名称となった。

しる【汁】

食事のとき御飯とともに出る「つゆもの」のことをいう。吸物というのは酒とともに出るもののことである。シルのシは水気のあることを表わす語。「しとしとにぬれる」とか「したしたにぬれる」といったことから考えてもシが水に関係していることがわかる。小便をシトといったり、女陰をシトというが、女陰は湿っているからで、シが水を意味することがはっきりする。シルとは水のことだとか、シメル（湿）ということが略されてシルになったとか、あるいは湿ることをシルということから汁になったなどといわれる。

しるこ【汁粉】

しるこは、古くは、汁の実の意味で、コは実であった。「芋の子もくふやしるこのもち月夜」とは満月（十五夜）の夜に芋の子を汁の実（しるこ）として食べたという意で、『寛永発句帳』にある名月の句。このように寛永（一六二四―四四）ころに「しるこ」は「汁の実」のことだった。一条兼良の『尺素往来』に「新年の善哉《ぜんざい》は修正の祝着」とあるが、年の初めに餅を祝うことはよろこび（仏語で善哉）であった。善哉餅といって、小豆を煮て餅を入れた食べ方が考えられ、関西で「ぜんざい」という名称が登場してくる。関西の「ぜんざい」が、東京で「汁粉」とよばれ、こしあんでつくったものを御膳汁粉、粒あんのものを田舎汁粉、こしあんに砂糖で煮つめたアズキを加えたものを小倉汁粉とよぶ。関西では、こしあんでつくったものを汁粉といい、粒あんのものを「ぜんざい」という。ぜんざい餅を見たとき、どろりと汁が濃いのでしるこ餅とよんだ。

シロウリ【白瓜】

原産はインド・東南アジアといわれ、古くから野菜として広く栽培された。弥生式時代の遺跡から、ウリの種子が出土している。シロウリは、黄瓜（胡瓜と書く。実が熟したときの色にちなんだ名）に対して、実が熟しても白味がちであるからその名ができた。漢名を越瓜と書く。越は今の広東広西地方のことである。古名はツノウリ（本草和名）。源順の『和名類聚鈔』（承平年間〔九三一―三八〕、平安初期の本）に初めて白瓜の名がみえる。緑のやや濃いものを青瓜《あおうり》、たて縞のあるものを縞瓜《しまうり》（広島、福岡の産）とよんでいる。京都を中心に産する桂瓜《かつらうり》は、西京越瓜・京都越瓜ともいい、長さ四〇センチにもなる。京で浅瓜《あさうり》また漬瓜《つけうり》ともいった。これが奈良漬用に喜ばれる。大阪付近に産する黒門越瓜は晩生の淡黄緑色の厚肉の大形である。東京付近では緑白の早生種と蒼白の晩生種（大形で大越瓜とよばれ奈良漬用に良い）がある。マクワウリとよばれる瓜は、白瓜にごく近縁のもので、美濃国真桑村の産が上等であったから真桑瓜の名がついた。明治時代以後スイカが流行したが、その以前は夏の果物の王座を占めたのが真桑瓜である。

しろざけ【白酒】

精白した糯米《もちごめ》を味醂《みりん》に浸《つ》けておいて、ひき臼でひいてつくった酒。甘味が強く、色が白いので白酒と称した。

江戸時代の白酒売り
『守貞漫稿』1853 年

明和・安永（一七六四―八一）のころまでは、二月二〇日ころから三月一、二日ころまで、白酒売りが江戸の街を売り歩いた。白酒売りが来ると雛祭が近づいたと女の子は喜んでいた。桃の節句に白酒を用いるのは、古《いにしえ》、桃には白い花がなくてみな桃色であったから、これに白酒を配して、赤と白とにして、日と月を祀るという意を表わすという説などが伝えられた。上代の白酒（しろき）また酵《しらかす》というのは近世の白酒とは違い、徳川時代に入ってできた。白酒の元祖は鎌倉河岸の豊島屋の初代十右衛門である。後陽成天皇の慶長年間（一五九六―一六一五）のある日、彼が自宅でうたたねをしていると、可愛らしい紙雛が枕元に現われて、親切に白酒の製法を教えてくれた。そのとおりにつくると素晴らしい甘い白酒ができたという。初めは物見遊山などに用いられていたが、三代将軍家光のころは桃の節句の前後四日間に豊島屋で二五〇〇～二六〇〇石の白酒が売れたという。近代の白酒は、糯米の糀《こうじ》を普通の酒に混ぜて醗酵させ、石臼ですりつぶしたもので、関東では山川白酒といい淡泊でざらつくが、関西では東白酒といい、濃くてこまやかなものが喜ばれている。『江戸総鹿子新増大全』（寛政四年（一七九二）に「本所表町、金や長左衛門博多練酒　山川白酒無類名物」とある。この家の祖が諸国を遍歴して筑紫で練酒の製法を覚えてきたという。この博多練酒というのは、その色やなめらかなところが練絹《ねりぎぬ》のようなので練酒と称した。江戸浅草では「富士の白酒」というのも有名で、歌舞伎「助六所縁江戸桜《すけろくゆかりのえどざくら》」で、廓の花見のときの白酒売りのせりふに「富士の白酒といっぱい」というところがある。

しんこ【糝粉】

精白した粳《うるち》米を乾燥してひいた粉のこと。糝粉餅にしたものも「しんこ」とよばれる。江戸時代、文化（一八〇四―一八）ころに糝粉に色をつけたりして鳥獣草木の形につくって四角な薄い杉板の上にのせた糝粉細工がはやって子供の玩具になった。子供たちはおもちゃとしたがほとんど食べなかった。真餻（しんこ）と書いて「米を粉にしてねりて蒸して又搗《つ》きたる餅をいふ」と『俚言集覧』にある。また『瓦礫雑考』には「他物の混ざらない米の粉の意で、シンコ（真粉）の義か」とあるが、糝という字は、米粒の意味に用いられるもので、米の粉のことでもある（粳米の粉である）。糝を真と考えるよりも、糝そのものの意をとるほうがよい。後に糝粉餅にしたものが流行して、それを「糝粉」と略してよび、そのほうが粉よりも多く用いられるようになった。餻（コウ）の字を用いたときは、この字が「むしもち」を現わしているから、当然、糝粉餅の意になる。

しんじょ【糝薯】

鳥肉や魚肉のすり身に山の芋をすり入れて鰹節の出汁《だしじる》でのばし、味醂と塩で味つけして湯煮する。魚は、タイ・キス・アマダイ・ヒロメをはじめ、蒲鉾に使う魚を使った。蒸しあげるということを表わして「糝蒸」と書いたものもある。「糝」は、サン・シンとよまれ、こながき（米の粉の羹《あつもの》に混ぜて煮たもの）のことである。また、米粒の俗称でもある。糝薯の糝は、ねばるという意味から用いられている。魚肉をすり鉢ですったところに、薯（山の芋）を加えてさらにすったものは、ねばったものになる。この状態を表わしたのが糝であり、薯（芋）を加えてつくったものであるから、この字が用いられた。糝薯が初めて出るのは元禄時代（一六八八―一七〇四）で、文化・文政（一八〇四―三〇）ころには大いに流行した。糝薯を油で揚げたものは「揚げ糝薯」とよばれた。海老を使ったものは「海老糝薯」といわれて糝薯の上物とされていた。「野田平がげに親玉の海老糝薯」と川柳にある。野田平は蒲鉾屋である。「親玉の海老」とあるのは、役者の団十郎に掛けている。明治・大正時代の日本料理には実に多く用いられ、高級な御馳走には、糝薯がよく現われた。

す

す【酢】

古くから調味料として使われ、『万葉集』にも「醤酢《ひしおす》」として酢が出てくる。酒造技術とともに中国よりもたらされた調味料で、大化の改新（六四五）時には酢をつくる役人ができ、平安時代には米からの製造技術が生まれた。江戸時代には現在も使われる米酢がつくられるようになった。酢・醋・酸が「す」とよまれ、酢酸《さくさん》を含む酸性の液体が酢である。古来、各地で醸造されたが、尾州半田で醸造するものを第一とし、紀州粉川の産が、それ

酢屋　『人倫訓蒙図彙』1690 年

につぐ優良酢であった。古くは「からざけ」（辛酒）とよばれた。酢・醋ともにサク・スク、酸（す）く、酸（す）っぱいという意味を示している。スという音は、清（スガ）という意味からつけられたもので、その味が清酸であることによってスと名づけられた。中国では苦酒《くしゅ》と書かれた。面白いのは酢屋の看板で、小竹を編んだもの、つまり簀《す》を軒先にかけ、酢《す》に通じさせたともいう。古いものでは酢売りの瓶の絵を描いて示した。また、木片を丸くした曲物《まげもの》の輪をぶらさげた。これはこの的《まと》をねらって矢を射ても矢が通り抜けてしまう、つまり素矢（すや）という意を表わして酢屋に通わせたのである。

スイカ【西瓜】

隠元禅師が、豆の他にスイカの種子も伝え、長崎に蒔いたが、とれたとき青臭い汁があり、身が赤くて血肉に似ているといって食べなかったという話がある。また、江戸ではスイカが由比正雪の首だといって食べられなかったという。しかし、隠元禅師は慶安の乱（一六五一）から三年たって日本に帰化したのだから、スイカは隠元が初めて持って来たものではない。『守貞漫稿』には、スイカは初め新羅から琉球に伝わり、薩摩に伝わった。日本に初めて植えたのは寛永四年（一六二七）である、と書かれた。禅僧義堂（一三二五―八八）が「西瓜」という名称をその詩に使っているので、足利義満のころにスイカが渡って、その後絶えたのであろうともいわれた。京都にスイカがひろまったのは、寛文から延宝（一六六一―八一）のころで、江戸（東京）にひろまったのは、万治（一六五八―六一）以後と書かれている。京都と江戸とは、ほとんど時を同じくして食べ始めた。林立路の『立路随筆』は、「西瓜は寛永年中（一六二四―四四）、西洋国より始めて渡る。薩摩に植えたので、さつま種を上品とす」とある。江戸に来たのが慶安のころで、由比正雪の乱の翌年（一六五二）、とある。ところが、飛喜百翁が千利休を招待したとき、スイカに砂糖をかけて出した。利休は、砂糖のかかっていないところを食べて帰って、門人に百翁は人を饗応することを知らない。スイカに砂糖をかけて出したが、スイカにはスイカのうまみがあることを知らないのだと笑った、という話がある（柳沢里恭『雲萍雑志』）。千利休（一五二二―九一）がスイカを食べていたとなると、秀吉時代に西瓜が日本にあったことになる。スイカは、熱帯アフリカを原産地とする。四〇〇〇年以前に古代エジプトで栽培されていたことが壁画で明らかにされるといわれ、ギリシア・ローマには一世紀の初め、ヨーロッパには一六世紀、一五九七年にイギリスに渡来、アメリカへはアメリカ大陸発見後、中国には一一世紀ころに、西戎回紇《せいじゅつかいこつ》（ウイグル）から伝来したといわれ、西方から伝わったことから「西瓜（シイグァ）」とよばれ、それが日本に伝わってサイカとよばれたのがスイカと変化した。中国から日本に渡来したのは天正七年（一五七九）といわれる。

ズイキ【芋茎】

芋苗とも書く。サトイモ類の茎《くき》である。黒みを帯びた赤紫色で、生《なま》または日に干したものを食用にする。芋がらの生のものをズイキという。京では芋の茎をイモジとよび、東国でズイキとよぶ。産後の血清に効があるといわれる。加藤清正が熊本城の畳の芯、床を芋茎で作っておいたのは有名である。籠城のときこの床を喰うためである。その名の由来には、夢窓国師の歌に「いもの葉に置く白露のたまらぬはこれや随喜の涙なるらん」とあるが、この随喜の意から名づけられたという説、食べて感歎するから随喜といったという説、また、すり磨いたような茎だからスリクキ（研茎）の転であるという説、さらに、スイキ（進芋茎）の義だという説など諸説がある。随喜とは仏教用語で、他人のなす善を見て、これにしたがい、喜びの心を生ずること、転じて大喜びをすることである。イモの髄、すなわち中心から出た茎というわけで髄茎をずいきと略していったという説をとりたい。

すいくち【吸口】

吸物に入れる香りのあるもの。一片のユズ、フキノトウ、ウド芽などが用いられる。吸物（酒を飲むとき出すつゆもの）をつくるときは、お椀に具《ぐ》を入れ吸地《すいじ》（汁）を張って、吸口を入れて蓋をする。吸口を略して口ともいい、香頭とも鴨頭《こうとう》ともいった。香頭とは香料のことである。香に鴨という字をあてたのは、吸口として青いユズのへぎ切りを吸物に浮かべる様子が鴨の頭に似ていると考えたからである。鎌倉中期の『古今著聞集』飲食第二八に盃にユズの皮を切って入れることが出ている。鎌倉時代に、酒の盃に青いユズのへぎ切りをちょっと浮かべて飲む酒が、柚子《ゆず》酒とよばれ、はやっていた。李白が酒を讃えた「襄陽歌」に「遙《はるか》に漢水の鴨頭の緑を看れば」とある。これが日本の五山に流行した『古文真宝』前集にのっているから、五山の僧侶が「鴨頭の緑」から、香頭は鴨頭と書くほうが面白いと思ったのだろう。日本で香頭という言葉を使い出したのは室町時代である。『四条流庖丁書』（延徳元年（一四八九））に「ヘギ生姜ヲカウトウニ置クベシ」とあり、夏の時分は、柚を「へぎておくべし」とある。

スイゼンジノリ【水前寺海苔】

カワタケノリ・カワノリ（緑藻のカワノリとは別）ともよぶ。厚紙状に乾燥した製品で、水につけてもどすと一〇倍ほどにもふくらみ、刺身のつま、酢の物などに用いる。熊本市の水前寺公園に、見事な石橋があって、そこに立札があり、水前寺苔《のり》の発生地とある。初めこの付近で見られたのでこの名がついた。藍《らん》藻類の淡水藻類。清流の川底などに生え、丸い単細胞から成り、粘液質により多数集まって塊状をなす。芭蕉に「吸物にまで出来されし水前寺」という句がある。

すいとん【水団】

炊団とも書く。水団子《みずだんご》の意である。小麦粉を水で練って小さくちぎって味噌汁かすまし汁に入れて煮込んだもの。汁団子などともいう。うどん粉のつみいれが汁《しる》団子で、これを気取っていったのがすいとんだと天保（一八三〇—四四）ころの『和合人』という本にある。喜田川守貞の『近世風俗志』の心太売の項に「心太ところてんと訓ず三都も夏月売レ之蓋京坂心太を晒したる水飩と号く。心太一箇一文水飩二文買て後に砂糖をかけ或は醤油をかけ食レ之。京坂は醤油を用ひず、又晒レ之乾きたるを寒天と云、煮レ之を水飩と云、江戸は乾物煮物ともに寒天と云、因曰江戸にては温飩粉を団し味噌汁を以て煮たるを水飩と云、蓋二品ともに非也。本は水を以て粉団て涼し食を水飩と云也。今世冷し白玉と云物水飩に近し」とある。『江戸語大辞典』が水団の項で、「上方は同名異

物」と注意しているのは、京坂では、ところてんを水飩とよんだからである。すいとんは、水団子とか汁団子とよばれたものであるが、団子の「子」を略して水団と書き、「団」を唐宋音で「とん」とよんで、「すいとん」と名づけたものである。「水飩」は精製したところてんのことで、主として京坂地方でいった。

すし【鮨・鮓】

スシのスは酸であり、シは助辞である。すなわち「すし」とは「酸（ス）シ」の意である。古く『延喜式』（九二七）の諸国の貢物の中に多くの「すし」が出てくる。これらは「馴れずし」で魚介類を塩蔵して自然醗酵させたものである。醗酵を早めるために、飯を加えて漬けるようになったのは、慶長（一五九六―一六一五）ころからと伝えられる。飯に酢を加えて漬けるようになったのは江戸時代になってからで、江戸末期に酢飯のほうが主材となって飯鮨《いいずし》とよばれるようになり、散らし鮨や握り鮨が生まれる。スシはスシミ（酢染）の義とか、口に入れるとその味がスッとするところからスウキ味からスシになったとかいい、また、石を錘《おもり》においたから、スはオス（押す）、シは石の義だというような説まである。

江戸時代のすし屋台
歌麿『絵本江戸爵』1786 年

すじこ【筋子】

鮭の卵巣をとり出して塩漬けにしたもの。すずこ、またはすじひきともいう。魚の腹からとり出した卵がきめよく筋のようになっているので、筋子という。スジコが転訛して、スズコとなる。スジヒキとよぶのも、卵が筋のようにつながっているのをヒクといいヒキとなった。魚卵をばらばらにしたものは、はららご（鮞）とよばれ、「いくら」ともいう。甘子《あまこ》というのは、はららごのことである。

スズキ【鱸】

東京では、稚魚をコッパとよび、一年までの二〇センチから二五センチくらいのをセイゴ、二、三年して三〇センチから五〇センチくらいになったものをフッコ、四年以上で六〇センチ以上になったものをスズキとよんでいる。東京湾沿岸では産卵スズキをハラブトという。スズキを松江魚と書くのは、中国地方の呉の松江産のスズキが天下の珍品とされたからで、同名の出雲松江宍道湖のスズキも名高い。夏の河スズキはことに美味。主として海岸近くに棲むが夏季には河にさかのぼり、秋になって海に帰る。これを落スズキという。成長するにつれて名が変わるので出世魚とされる。スズキという名は、勢いよく泳ぐところから、ススキすなわち進む意からだとの説、また、ススとは小さい意だから、口が大きいのにくらべて尾が小さいからだとの説もある。口が凄まじく大きいのでスサマジグチそれがスズキになったとの説、その鱗の色がススケ（煤）たようなのでこれがススキとなったとの説、古名のスヂユキ（筋雪）が転じたとの説もあるが、身が白いことからスズキのススは清《すず》しという意であり、キも、清らかの意である。つまり肉がすずしく清らかだという意でつけられた名称である。古名が筋雪《すぢゆき》であることから考えても、すずしく清らかなことをいったものであろう。

スッポン【鼈】

土鼈とも書く。泥亀とか川亀もスッポンのことである。ガメ・ドウガメ・ドンガメとか、ドヂ・ドチ・トチとか各地でいろいろによばれる。中国では団魚とよばれ、京大坂ではマル（丸）とよんだ。上方のスッポン屋は看板の行燈《あんどん》に輪を書いて丸の印でスッポンを表わした。江戸では俗にフタ（蓋）という。これも丸い形からの異名である。「月とスッポン」というのは、月も丸く、スッポンも丸とよんで丸いものだが、随分異なっているものだとの意で、不釣合のたとえとか、比較にならぬほど相違する物事のたとえに用いられている。元禄時代大坂でスッポン料理があったとき、京にはなく、江戸では下賤のたべものであったが、寛延・宝暦（一七四八―六四）のころ、柳原の長堤に葭簀《よしず》の小屋でスッポンの煮売りが始まり、次第にスッポンは高価なものになっていった。スッポンは冬眠するものだが、泥の中にスッポンがいると、冬そこが凍らないのでスッポンのいることがすぐわかるという。生命力の強い生物だが、自分の小便がかかると死んでしまうという変わった特徴を持つ。だから、遠方からスッポンを送るとき排尿の処置をしないといけない。「すっぽんの名は飛込んだ時に附け」という川柳がある。スッポンが水の中に飛び込んだときスッポンと音がしたので名がついたというわけであるが、これは面白くいったもの。しかし、スッポンの鳴声がスポンスポンと聞こえるので、その名ができたという説もある。亀はポンポンと鼓の音のように鳴くという。「亀の看経《かんきん》」といって、亀の鳴き声は初めは雨だれ拍子で、次第に急になり、俗に責念仏《せめねんぶつ》といわれる。スッポンの鳴声も間遠にスポンスポンと聞こえる。いずれも夜になって聞こえる。別の説では、音をスボンボと聞いたものの転であるとか、ポルトガル語であるとかいわれる。

すっぽんに【鼈煮】

本物のスッポンを煮たものについてもこうよぶが、他の魚を用いてつくるすっぽん煮という煮方もある。ナマズ・アカエイなどを骨付きのまま適宜に切って、ささがき牛蒡《ごぼう》を入れ、酒・味醂・醤油・砂糖でこってりと煮込み、煮上がり前に葱《ねぎ》を加えて煮あげ、器に盛り、粉山《さん》椒《しょう》か生姜のしぼり汁をかける。味がスッポンに似ているからこの煮方をすっぽん煮といった。また、ナマコの料理に「すっぽう」という煮方があった。このすっぽう煮が、いつか「すっぽう」「すっぽん煮」と混同してしまったという説もある。すっぽん煮という煮方も、時代によって変化し、魚類を濃いつゆで煮たものから、魚類をごま油で揚げて、調味料で煮たものになった。スッポンがうまいものといわれるようになると、すっぽん煮とは、おいしい煮物ということになる。すっぽん煮という名称は、このおいしい煮物ということで多く用いられている。

すはま【州浜】

洲浜とも書き、「すわま」ともいう。これは、浜辺の入りこんだ所のことである。菓子にも州浜という名を付した菓子がある。砂糖を水で溶き、これに上しん粉を篩《ふるい》でふり入れて、よく混ぜ、こねて蒸す。蒸したものを搗きあげ着色して、板の上にとり出して両手でころがし円筒形にしてから、鬼すだれで巻いて型をつけ、小口から切る。この横断面が州浜形であるところから州浜という名がつい

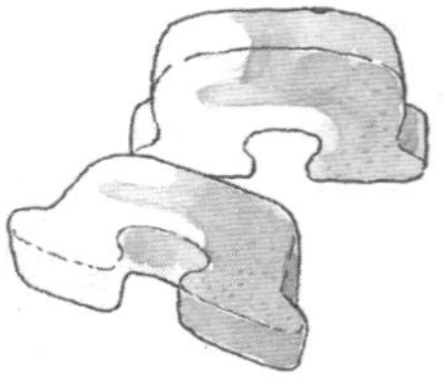

た。州浜は、州と浜との出入屈曲のさまをかたどったもので、飴ときなことを混ぜ、竹の皮で包んで、縦に数条の筋をつけ、包みをといて、輪切りにする。まわりがでこぼこしている形が、すはまである。弘安年間（一二七八―八八）京都の菓子つくり松寿軒が、有職《ゆうそく》の「洲浜台」の形からとって、初めて州浜をつくった。豆の粉に砂糖蜜を練り込んだ棹形の菓子で、日持ちがよく、伊賀、甲賀の忍者が携行食に創案したものだともいう。州浜形というのは海上に浮かぶ島が干潮のとき砂州を三方に現わした姿のことである。

するめ【鯣】
イカをさいて内臓をとり、開いて干した食品を「するめ」という。一番するめ、二番するめという名がある。これは、江戸時代するめが盛んに中国に輸出されたが、そのときつけられた等級が現在も用いられるのである。一番するめはケンサキイカを原料としたもの、五島《ごとう》するめである。二番がスルメイカで北海道が主産地で青森・岩手・新潟でつくられる。するめの大部分がこの二番するめである。「するめ」にするイカで一番数量の多いものが、スルメイカである。そこで、スルメイカのスルメが、するめという製品の名となったという考え方がある。ところが、『和名鈔』に「小蛸魚」をスルメとよんでいる。干したタコを昔はスルメと称したのかも知れない。現在は、干したタコはヒダコである。昔、小さいタコの干したものをスルメとよんだとなると、スルメイカの名から「するめ」という名ができたのではないということになる。スルメの語源はスミムレ（墨群）であろう。スミムレの転じたものがスルメとなる。昔は墨を吐くものの群をスミムレとよんだ（イカ、タコ）。これがスミメ・スルメとされたのが名称の起こりで、「するめ」という製品ができると、今日スルメイカとよばれる種類のイカが最も多くその原料となったので、この製品名がこのイカにつけられスルメイカとよぶようになったのである。

せ

せとめし【瀬戸飯】
瀬戸の染飯《そめいい》ともよばれた。クチナシの実を煎じた汁で炊いた黄色いご飯。牛蒡《ごぼう》をささがきにして茹でたものを混ぜ合わせ、食べるときに、熱いすまし汁をかけて好みの薬味を加える。『東海道名所記』巻三（一六五八）に「瀬戸の染飯は、此所の名物なり」とあり、江戸時代に駿河国瀬戸の名物であったことがわかる。『嬉遊笑覧《きゆうしょうらん》』には「黄飯は瀬戸の染飯是なり」とある。黄飯は、豊後（大分県臼杵地方）の郷土料理にもある。大友宗麟伝来と称したもので、中国風の一種のけんちん（巻繊）料理で、古くは「けんちん」「おうはん」などとよばれた。黄色い飯だから黄飯だが、後には、これにそえる魚菜、つまりカヤクのことを「おうはん」とよんで、飯は間に合わせに白飯でもさしつかえないことになってしまった。しかし、本来の黄飯は、クチナシの実で米を染めたものでないと健康食としても意味がないことになる。クチナシが解毒駆虫の薬効のあることで用い始めたものだからである。

セリ【芹】

異名、根白草・つみまし草・シリバ・エグ・エグナ・カワナグサ。漢名、水芹・水蘄・苦蘄・水芹菜・水菜・水英・芹菜・紫芹・楚葵《そき》。水中に生じるものを水芹、川にあるものを川芹、田に植えたものを田芹、根の賞すべきを根芹、陸に生ずるものを畠芹または野芹、水田にある茎葉ともに赤みを帯びたものを赤芹と称し、茎の白いものを白芹という。白芹は赤芹よりも香味が劣って形も小さい。赤芹（田芹）が香りも良い。春の七草の一つで、正月七草粥《かゆ》に入れて食べると、一年の邪気をはらうといわれた。セリの名は、一つ所に繁ってせり合っているところから、セリ（競）というとの説や、一つ所にセマリ（迫）あって生えているところから、マが略されてセリとなったとの説がある。煮て食べるとセリセリと音がするというのはあまりにもおかしい。河の瀬にあるからという説も感心できない。結局、一つ所に迫（セ）りあって生えるところからセリの名はできたものと考えられる。『日本書紀』巻二六、天智天皇紀、『出雲国風土記』には「稲河《とうが》に芹出づ」とあり、『万葉集』巻二〇には「ますら

●せんびきめし

おと思へるものを大刀佩《たちは》きてかにはの田居《たい》に芹《せり》ぞ摘《つ》みける」とある。日本列島には、実に古くからセリがあって天然の蔬菜として食べられていたことがわかる。

せんばに【船場煮】

せんば汁とかせんばともいう。野菜と塩魚を薄味で汁たっぷりに煮たもので、今日、最も多くつくられるのは、大根と塩鯖《さば》の汁である。江戸時代、せんば・せんばいり・せんばにとよばれ、千羽・千羽煎《いり》・煎葉煮という文字が用いられている。煎り鳥の手軽な料理法で、わけなく千羽でもできるということから、「千羽」という字が用いられた。この料理は、鳥肉にだしにたまり（醤油の前身）を少しさしてつくったものである。煎り鳥に青物を加え「煎葉」という文字が用いられるようになった。「せんばいり」という名前は、煎り鳥と同じ料理法だということを示している。鳥から始まって、タイ・サケ・マスなどの魚を用いるようになる。取合わせには、ダイコン・ニンジン他、各種野菜を用いる。「せんば」に、船場という上方の地名をあてるようになったのは、昔、大坂商人の中心地である問屋街で、使用人の待遇が非常に悪かった。おかずにしても一日一度の菜葉に、あと二度は、一斗塩漬けという塩をかむような塩からいたくあんに、ダイコンの葉をきざんで塩漬けにしたものがあればよいほうであって、たまに魚が出てもイワシ・サバ・アジ・サケなどの塩干しくらいであった。窮すれば通ずというか、これらの粗末な材料を利用して工夫をこらしてつくった料理の中で最もうまいのが船場煮であった。

せんびきめし【千疋飯】

縮緬雑魚《ちりめんざこ》の炊き込みご飯のこと。ちりめんざこというのは、カタクチイワシの雑魚を煮て干したもので、白縮緬のしわのように見えるというところからこうよばれた。ちりめんじゃこ・ちりめんぼしともいう。千疋は、たたみいわしのことで、カタクチイワシの稚魚を生のまま、海苔をすくようにして葭簀《よしず》の上に並べ、天日で干して一枚の網状にしたものである。小さい魚が千疋もいるように見えるということから、千疋とよんだ。たたみいわしを俗に白子《しらす》といい、江戸では白子干《しらすぼ》しともよんだ。千疋飯といえば、たたみいわし飯ということになる。生干しか煮干しかの違いが、たたみいわしとちりめんざこである。ちりめんざこは、一匹ずつにばらばらになったものであるから、飯によく混ぜ合わせることができた。この飯を茶碗に盛って、かけ汁をかけ、おろし大根、ネギの小口切、唐がらしなど好みの加薬を用いて食べる。

せんべい【煎餅】

奈良朝時代に中国から唐菓子の一つとして伝来した煎餅は、小麦粉を薄紙のようにのばして、これを油で揚げたものであった。空海（弘法大師〈七七四―八三五〉）が中国で順宗皇帝に召され、供せられたものに亀甲型の煎餅があったが、これは油で揚げてない淡泊な煎餅であった。空海は帰朝して、山城国葛野郡嵯峨小倉の里の住人和三郎にこの製法を伝えた。和三郎は、これを作り、亀の子煎餅と名づけて嵯峨天皇に献上したところ「嵯峨御菓子御用」を命ぜられた。彼は亀屋和泉藤原政重と号し、諸人にその製法を伝授した。江戸時代に関東では、瓦煎餅・亀甲煎餅・味噌煎餅・小豆煎餅・玉子煎餅・カステラ煎餅と多様化した。関西では、切煎餅・豆煎餅・千筋煎餅・青海煎餅・半月煎餅・小形五色煎餅・胡麻煎餅・短冊煎餅・木の葉煎餅などがつくられた。関東・関西のこれらの煎餅は、小麦粉を用いたもので、瓦煎餅系であるが、もうひとつ糯《もち》米粉や粳《うるち》米粉を用いた煎餅があった。丸輪の塩煎餅系のものである。中国から伝わった煎餅という名称は、漢音センヘイが、センベイとなった。煎はセン、煮るとか煎るという意味がある。餅はヘイ、もちだが、これは小麦粉を練ってつくっただんごという意味もある。中国から日本に伝わり、そのまま日本のたべものの名となったのである。天正年間（一五七三―九二）に千利休の門

煎餅師　『人倫訓蒙図彙』1690 年

人幸兵衛という人が、小麦粉に砂糖を混ぜて焼いた。利休から「千」の字をもらって千《せん》幸兵衛といったが、それがいつか「せんべい」になったという説もあるが、千利休の徳を慕った者のつくり話である。煎餅が一般に普及したのは、徳川一〇代将軍家治の天明年間（一七八一〜八九）からである。

ゼンマイ【薇】

シダ類ゼンマイ科の植物で、狗脊（クセイ）と書いてもゼンマイとよませる。ゼンマイの地下茎が犬の脊骨に似ているというので狗脊と書いたものであるが、江戸時代の俗語・俗諺を集成した『俚言集覧《りげんしゅうらん》』には「狗脊は別物なり」とあって、ゼンマイを狗脊と書くのは誤りだともいう。牧野富太郎博士はゼンマイを「薇」（ビ）と書くのも間違いで、薇はスズメノエンドウ（マメ科）の名である、という。だが、一般には薇はゼンマイとして通用している。ゼンマイは銭巻《ぜにまき》の転訛であるという説がある。すなわち胞子葉が初めはくるりと巻いて丸く昔の銭《ぜに》の大きさに似ているからという。同じようだが、嫩芽が銭の形をして廻転しているからこれを銭舞《ぜにまい》とよび、ゼンマイとなったという説もある。また、ゼンマイは緩やかに巻いたものを少しずつ巻きしめるから漸巻《ぜんまい》であるという説もある。この説はからくりのゼンマイが先にできていて、それに似ているからゼンマイといわれたとの説だが、逆に発条《ぜんまい》は、その形が薇《ぜんまい》の芽に似ているからゼンマイとよばれたのだといって薇のほうが先にあったという説もあるから、漸巻説はあやしくなる。ゼンマイには、細いもの、綿のようなものがあって、それが綿の代用になり織物にされたり、手毬のシンになったりする。ここがゼンマイの特色で、もう一つの特徴は、巻いているということなので、繊巻と書かれた。それがゼンマイと転訛したものであろう。繊巻を繊はセンとよみ、巻は国訓マクで、センマク、これがゼンマイと転じたものである。

せんまいづけ【千枚漬】

紫蘇《しそ》の葉を何枚も多くかさねて塩漬にしたもの。紫蘇の葉であるからたくさん漬けた状態から千枚漬と称した。また昔、宮中で聖護院蕪《しょうごいんかぶら》を薄く切って漬けたものを食され、これが、後の千枚漬のもとになったともいう。宮仕えをしていた大藤藤三郎という人が、お暇をとってから京を思い出してこの漬物を試みた。いろいろ工夫の末、カンナを用いて手ぎわよく薄く切ることを考え、上等の昆布を使い、味醂《みりん》・砂糖を加えてでき上がったものに「千枚漬」という名をつけて売り出したのが、慶応元年（一八六五）である。聖護院蕪の薄切りが四斗樽にたくさん入っていたから千枚漬と命名したものであろう。

せんろっぽ【繊蘿蔔】

蘿蔔は大根の漢名で、せんろっぽとは繊切り大根ということになる。せんろっぽを千六本などと、あて字したので、意味を間違えてしまう人が多い。ただ、センラフク（繊蘿蔔）が、どう訛ってみてもセンロッポには、なるはずがないと考える人もあろう。しかし、繊蘿蔔を北京語で発音すると、センロウプである。中国から日本に帰化していた僧侶に、日本人が大根のせん切りを見せたとき、帰化僧がセンロウプといったところから、大根のせん切りをそうよび始めた。室町時代の『下学集』（一四四四）に、繊蘿蔔は、センロフとふり仮名されている。センラフクとはなっていない。センロフが、何時ごろからセンロッポと変わったか、この変化をたずねてみるのも面白かろう。だが、せんろっぽ人参というのはまったくの間違いである。昭和初期ころまで、東京の主婦は「今朝のおつけのみは、せんろっぽよ」といった会話をしている。せんろっぽは、大根だということを知っていた。

そ

ぞうすい【雑炊】

古くは増水と書き、雑炊（雑吸）はあて字である。雑水ともあて字される。増水は米の粉に水を加えてかき混ぜて煮立てた羹《あつもの》（熱い吸物）であり、これを糝《こながき》といった。びょうたれ（河内・播州）・みそづ（加賀越中あるいは但馬）・にまぜ（越前）・いれめし（伊勢）、東国で、ぞうすい・いれめしといい、女房ことばで、おじやという。「京都で正月七日の朝、若菜の塩こながきを祝って食べるが、これをふくわかしという。大坂・堺辺では、神棚に備えた雑煮、あるいは飯のはつほなどを集めておき、糝《こながき》に加えて食べるが、これを福わかしという。土佐では正月七日雑水に餅を入れたのを福わかしという。江戸で、正月三日上野谷中口の護国院に福わかしがあるが、これを大黒の湯という。男女が群参する」と『物類称呼』に説いてある。女房ことばで、ぞうすいを「おみそう」というのは、みそうづ（醤水）を略したものである。足利将軍家では七草粥にせずに七種の雑炊を用いて「御みそうづ」といった。元来は白粥には味つけをしなかったので、野菜や魚貝類を入れ、醤油や味噌で味つけした粥を雑炊といった。おじやは、じやじやと煮えることからできた女房ことばであるが、江戸では男女ともに使った。増水というのは読んで字のごとく、粥にして水を増すという意である。『下学集』に「増水糝（こながき）也」とあるが、古くは穀類の粉末を熱湯でかいて補食または薬食としたものである。増水と白粥との区別は、増水は塩味を加えたが、白粥は塩味を加えなかったところにある。増水に野菜や魚貝類などを加えるようになり、「雑炊」の字をあてるようになった。

ぞうに【雑煮】

古くは烹雑（ほうぞう）といい、烹は煮るの意で雑はまぜ合わせるの意であった。いろいろの物を煮まぜたところから雑煮とよんだ。元日に雑煮を祝う風習は室町時代にはすでにあったが、江戸時代には元日だけのたべものではなくなっており、町家の雑煮と武家の雑煮とで、それぞれ違っていた。汁のつくり方、中に入れる餅の形、貝の種類などが地方によってさまざまに異なる。

そうめん【素麺】

元来は索麪とか索麺と書いたものである。索麺は漢字の宋音である。索《なわ》のような麺《めん》という意味で、日本では奈良朝のころから文書に索麺（索麪）が用いられた。索はなわ・つなである。素はソまたスで、しろし・もと・つね・もとむ、といった意味の字である。素麺と書けば、白い麺といった意味になるが、ソウメンがウドンとか他の麺にくらべてとくに白い麺であるとは考えられない。それで、索麺が正しいものを、いつか索を素と書き誤ってしまったものか、サクメンがいつかソウメンと訛ったのでソウメンには素（ソ）のほうがよいと考えて素を書き始めたか、いずれにしても、素麺は、索麺からきたものである。ほそもの（細物）とか、ぞろ・ぞろぞろ（女房ことば・小児語）ともいう。ムギナワ（麦縄）は古語である。

ソバ【蕎麦】

タデ科に属する一年生草木で、原産地は中央アジア。古中国から朝鮮を経て奈良期以前に伝えられたという。古名はソバムギ、クロムギ、カラスムギなどという。女房ことばでソバを「あふひ」というのは、ソバの葉が「葵」の葉に似ているからである。ソバという名称は、ソバムギの略である。畑のそばに植えるところからソバといったとか、麦についでうまいから、ソバムギとよんだとかいわれるが、感心しない。ソバの実は、黒い

色で角ばっている。そこから古名をクロムギ・烏ムギなどといい、稜麦《そばむぎ》とも称した。稜（ロウ）は、「かど」とか「すみ」といった意味があり、その実に角《かど》があるのでソバ（稜・角）ムギともよび、ソバとなったのである。蕎麦の二字が当てられるようになったのは、南北朝時代以来とされる。

そばがき【蕎麦掻】

そばかきともいう。熱湯に蕎麦粉を入れて練り、餅状に仕上げたもの。別につくった汁、また、からし醤油などをつけて食す。蕎麦練り・蕎麦《そば》掻餅《がいもち》・そばがゆ・蕎麦の粥などの名もある。太閤秀吉は夜食にそばがきを好んだという。蕎麦粉をかいてつくるという動作が、そのまま名称になったものである。

そばきり【蕎麦切】

江戸時代、蕎麦切屋・蕎麦切売りとは蕎麦屋のことで、現在の蕎麦が蕎麦切とよばれたのである。蕎麦切とは、蕎麦を切る刃物の名称と間違いやすい。切り蕎麦というべきものだが、語呂が悪いので蕎麦切になったのだと考えられる。現在のような蕎麦がつくられるようになった

のは、慶長年間（一五九六―一六一五）といわれる。蕎麦切の発祥地は、森川許六の編集した『風俗文選』宝永三年（一七〇六）にある「蕎麦切ノ頌《しょう》」から信濃の国、本山宿という説と、天野信景《かげ》の『塩尻』巻一三「蕎麦切は甲州よりはじまる。初め天目山へ参詣多かりし時、所民参詣の諸人に食を売るに、米麦の少かりし故、そばをねりてだごとせし、其後うどむを学びて今のそば切とはなりしと信濃人のかたりし」という記述から、甲州から始まるとの説と二つある。蕎麦が歴史に現われるのは、『続日本紀』巻九の元正天皇養老六年（七二二）七月一九日に発せられた備荒儲蓄の詔で、「蕎麦及ビ大小麦ヲ種樹シ」とある。蕎麦粉をこねて団子にして焼餅として食べるとか、やや進んで蕎麦かきとして食べたものである。蕎麦切は、粉を水でこねて麺《めん》棒で薄くのばして、たたみ、小口から細長く切り、ほぐして熱湯の中に入れてゆで、笊ですくって冷水につける。そして水気を切ったものが蕎麦切である。蕎麦粉だけでは切れやすいから小麦粉を混ぜ、山の芋、鶏卵などを加える。蕎麦切の名は、その製法からつけられたものである。

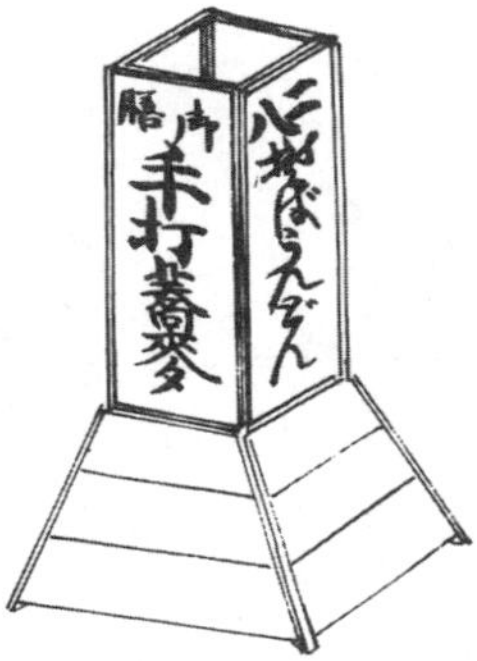

蕎麦屋の行燈　『守貞漫稿』1853 年

そぼろ【素朧】

現在の乱切りを細かくしたようなそぼろ切りという切り方によってつくられたものである。「おぼろ」より粗《あら》めのものをいい、「粗おぼろ」が「おぼろ」に転じたという。そぼろには、魚肉を蒸して細かくくだいて乾燥したものというような意味もある。そぼろ豆腐というときは、豆腐を蒸して細かにくだいたものというわけである。そぼろ汁というのはそぼろとはまったく関係がなく、言い間違いをした名称なのである。そぼろ汁は、大根のせん切りの入ったみそ汁である。これは、そろぼ汁といわれたものが、あやまって、そぼろ汁になったのである。そろぼ汁とは、せんろっぽ汁の言い間違いなのである。そろぼ汁が、さらに言い間違いされたものが、そぼろ汁なのである。

ソラマメ【空豆】

蚕豆とも書くが成熟したサヤの形が蚕の形に似ているからとも、養蚕の時節に成熟するからともいわれる。慶長年間（一五九六―一六一五）に中国から渡来したので、九州では唐豆《とうまめ》とか胡豆とよんだ。空豆というのは、その実が空に向かってつくからである。大小二種あって、太くひろめなものよりも、小粒で丸いものが美味。大和地方で多くつくられるひろめのものは味が良く、大和豆《やまとまめ》ともいう。花が南に向かって開くということで南豆、四国では四月豆、駿河伊豆では五月豆、中国地方で夏豆とかオウマメ・テンジクマメという。相模では冬植えるから冬豆、房総では雪割豆、伊勢で雁豆、また、野良豆ともよばれる。ソラマメは、反豆、実がそった豆というのでこの名ができたという説もあるが面白くない。この豆は、南西アジア・北アフリカの原産で現在は広く世界各地で栽培されている。雷がきらいな豆で実る時節に雷鳴があると不作になってしまうといわれる。古名でイサグサといい、俗にオタフクマメというのは、大きい一粒の豆の姿が、おたふくの顔に似ているところからよばれたもので、オタフクソラマメともいった。

た

タイ【鯛】

万葉時代から上等の魚とされている。神代は、アカメといい、赤女または赤目と書かれた。『延喜式』に「平《たいら》魚《うお》」とあるのは、タイのことである。タイを鯛と書くのは周防の魚という意ではない。中国に鯛という字があったので、それをタイとしてしまったもので、正しくは棘鬣魚《きょくりょうぎょ》である。えびすが釣る魚であるところから、メデタイと考え、略してタイといったという説、あるいは、三韓の方言からきたという説などあるが、平魚と書かれるように、平らな魚、タイラウオが略されてタイとなったのである。

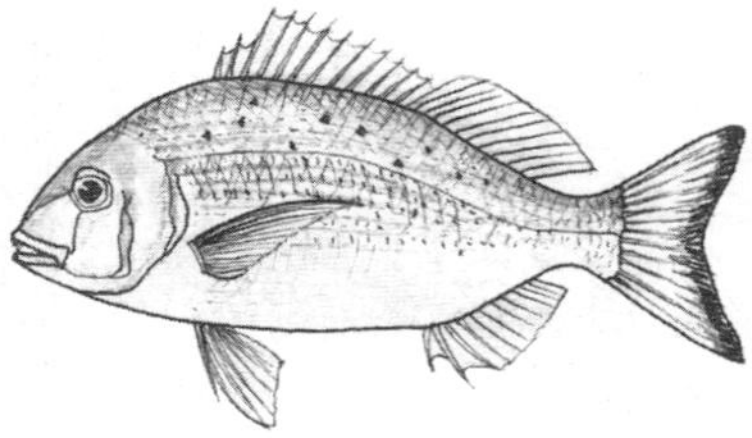

マダイ

ダイコン【大根】

古名はオオネである。正月には鏡草といい、七草ではスズシロ、漢名は蘿蔔（らふく）である。蘿菔とも書く。蘿蔔は中国でロープとよまれた。千切りにした大根を北京語でセンロープといった。それが訛って千六本といわれたのである。中央アジア原産というが、約六〇〇〇年ほど前エジプトにピラミッドが建設されたとき、この仕事にはげむ人々に大根を食わせたという記録もある。太く白いのが特色なので、太い足を大根足といったりする。大根役者というのは、大根の白いように白人（しろうと＝素人）だということで芸の拙劣な役者を嘲っていったのである。古名のオオネ（大根）を音読したのがダイコンである。

ダイズ【大豆】

中国北部原産のダイズが古代に日本に渡ってきたといわれる。また、日本と中国に自生していたツルマメが原種であろうともいう。日本列島に原住した民族はコメを食べる前にダイズを主食としていたという。大正一〇年（一九二一）日本のダイズはアメリカの約七倍、中国のダイズは日本の約八倍を生産した。ペリー提督が日本から二種類のダイズを持ち帰ったのでジャパン・ビーンといった。五〇年ほどたつとアメリカは世界のダイズの七割以上を産するようになった。現在日本のダイズのほとんどは輸入で、自給するのは枝豆だけである。ダイズの品種ははなはだ多いが、平豆と丸豆との二種に大別される。日本列島に太古からダイズのあった証拠としては、秋田県小森山遺跡・山口県安田岡遺跡・静岡県伊場遺跡などから出土し、弥生後期には栽培されていたことがわかる。マメといえばダイズのことである。菽《しゅく》はマメとよむ。ダイズである。マメのマは丸いことで、メは実が転じたものである。マメはオオマメ（大豆）ともよばれ、それを音読したのがダイズである。大豆とは小豆にたいする呼称である。

ダイダイ【橙】

インド・ヒマラヤ原産で、日本へは中国を経て渡来した。『日本釈名』には「橙、ほぞに台二つかさなるゆゑに名づく、ほぞに台かさならざるをかぶすと云ふ」とある。『倭訓栞』には「その実あからみて後も落ちず、来年実る時まで青し、よって回青橙の名あり、四五年も落ちざるあり、されば代々といへる義なるべし」とある。

ダイダイは、一度結実すると七年は落果しないといわれたもので、冬には黄熟するが、夏になると緑果となって次年度の新果と見分けがつかなくなる。このように何代ものダイダイが一本の木に着果するさまを、長寿の家族に見立てて、「代々」の字にあて、目出度いとして正月の輪飾りの中央に置かれた。ダイダイの汁をしぼったものがポン酢である。ダイダイの古名をアベタチバナといい、『万葉集』巻一一にこれを詠んだ歌「吾妹子に逢はず久しもうましもの、阿倍橙のこけむすまでに」があるが、このアベタチバナは九年母《くねんぼ》だという説もある。また、ユズ類の中ではことに大きい実だから、大大という意でダイダイといったという説もある。しかしこれはやはり何代もの果実が一つの木につくことからできた名とするのがよかろう。

だいふくもち【大福餅】

鶉餅《うずらもち》ともいう。丸くふっくらして、餅皮が薄く、中の餡《あん》は赤小豆に塩を入れただけの形の大きいものがあった。丸くふっくらしている様子がウズラに似てるから鶉餅とよばれたのであるが、ウズラの腹がふくれていること、あるいは餅が大きくて食べると腹がふくれるので、「はらぶと餅」ともいった。後にこのはらぶと餅の形を小づくりにして、餡の中に砂糖を加えたものを、明和八年（一七七一）に江戸小石川箪笥町に住むお玉という後家が考え出した。腹太餅《はらぶともち》という名前を大腹餅《だいふくもち》と書き変え、よみ方も変えたが、腹が大きくなるから大腹よりも、大福のほうが縁起が良いとしたのが大福餅の誕生である。寛政（一七八九―一八〇一）ころには夜になると大福餅を売り歩くことが流行し、籠の中に火鉢を置き、焼き鍋をかけて、その上に大福餅を並べて焼いたので、冬の夜の寒いときなど、あったかい大福餅が大いに喜ばれた。鉄板の上で両面を焼いた焼大福や、賀寿の餅として大福餅の表にその賀寿の当人が「寿」という一字を紅で書いて親戚知己に配ったりもした。

タイラギ【玉珧】

ハボウキガイ科の大形の二枚貝で、タイラギ貝とか平貝《たいらがい》とよばれる。東京湾以南の浅海の泥または砂地にすむ。烏帽子《えぼし》形をしているので、エボシ貝ともいう。ホタテ貝と同じように肉柱《はしら》が大きく肉厚でしまっている。泥の海にすんでいるとき、尖ったほうに近いところから、足糸を出して、泥の中に逆立ちして群生する。産卵期が五月から九月で、それが終わった一〇月から翌年三月ころまでが漁期である。高級料理として珍重され、刺身・照焼・甘煮・フライなどに用い、鮨種《すしだね》にもなる。乾燥したものは中国料理の材料として輸出されており、立貝《たてがい》ともいう。古名はヒロウガイ。タイラゲというよび方もしているが、タイラギの変化したものである。平らな貝であるところからタイラガイとよばれたが、これがタイラギと約されたものである。

たきがわどうふ【滝川豆腐】
豆乳に寒天・ゼラチンを入れてさまし、凝固させてから切ってトコロテン突きに入れて押し出すか、庖丁で千切りにしたもの。冷やしたつゆをかけ、上に青柚子《ゆず》のおろしをそえる夏向きの料理。この料理を器に盛ったところが、滝川のように見えるところからこの名がある。

たくあんづけ【沢庵漬】
「たくあん」とも「たくわん」ともいう。なかば乾燥させた大根を糠《ぬか》と塩で漬けたもの。京都では辛漬《からづけ》、九州では百本漬《ひゃっぽんづけ》とよばれる。保存漬であるから「貯え漬け」といったものが音転して沢庵漬となったという説があるが、賛成できない。江戸品川の東海寺の沢庵和尚がこの漬物を創案したからこの名があるという説、また、東海寺にある沢庵の無縫塔は、丸い石を置いただけで、大根漬のおしに丸い石を置いたものとよく似ているので沢庵漬とよぶようになったという説もある。しかし、この漬物は沢庵（一五七三−一六四五）が生まれる以前からあったもので、沢庵が発明したというのは間違いである。塩糠で乾大根を漬けたものを京坂では「香《こう》の物《もの》」とか「香《こう》々」とのみいい、それを江戸で沢庵漬といった。要するに沢庵漬というよび名は関東だけで他国には通じなかった。沢庵の「沢」は、うるおう、めぐみ、まじりけなし、つやつや、などの意味があり、「たく」とか「じゃく」とよむ。「庵」は、

たくあんの漬け込み
「尾張名所図会」1844 年

こじんまりと閉じこもることで、「いおる」（庵る）という。「いおり」には、落ちつく、沈む、耽るという意味がある。九州では、味噌や漬物は、かやぶきの庵《いおり》に貯えて、塩むしろをかぶせて大切に保存していた。「じゃくあん」（沢庵）というのは、大根に限らず、すべて糠と塩で漬け込んだものをいい、「じゃかん」ともいった。京都の辛漬、九州の百本漬は沢庵《じゃくあん》ともよばれ、それが、「じゃかん」となり沢庵という文字の読み方から「たくあん」となり「たくわん」ともよばれたのである。

タケノコ【筍】

竹子とか笋また筠と書く。古語では、「からたま」「たかむな」「たかんな」、漢名には竹前《ちくぜん》・牙筍《がじゅん》・竹芽《ちくが》・籜《たく》龍《りゅう》・竹笋《ちくいん》・妬母草《とぼそう》・猫頭《びょうとう》などがある。江戸では「目黒の筍」が有名であるが、寛政元年（一七八九）五月に山路次郎兵衛勝孝《かつたか》という武士が、所用で薩摩におもむき、孟宗竹を見てこれを愛し、江戸に持ち帰って目黒の自邸に植えたのが始まりである。勝孝は世に竹翁また筍翁といわれた。新井白石の『東雅』には、『万葉集抄』にタとは高いことだとあって、ケとは古語に木をケというようであり、タケとは、生じて高くなる木という意味でつけられた名である、と説いている。タカムナという筍の異名からタカムは高くなることで、ナは「菜」で、たべものを意味するという説もある。モウソウという竹は、元文年間（一七三六―四一）徳川八代将軍吉宗のとき、琉球から薩摩に二本移植されたのが始まりである。これは中国中部の江南竹《こうなんちく》で、雪竹ともいう。日本で孟宗竹とよんだのは、中国の筍の産地として有名な西湖近くの法華山一帯から出るものを毛笋（モウシュン）とよんでいるから、これが訛ってモウソウとなり、孟宗とあて字したものである。中国から日本に移植された竹は、マダケ（漢名、苦竹。ニガタケともよぶ）・ハチク（漢名、淡竹。苦味がうすいからである。クレタケ、カラダケともいう）・布袋竹（ホテイチク。短い節間がふくれていて、ほていさんの腹を連想させるところからの名）・鼓山竹（ゴザンチクともいう。漢名、多般竹）である。日本原産の竹は、中部山岳地帯東北地方にあるスズタケ（篶竹。スズ・ミスズともいう。スズは篠〔シノ〕と同じ意）である。筍という字は、「旬内に竹の子となり旬外に竹となる」ということからつくられた。旬は一〇日である。一〇日のうちに竹の子はできて、一〇日すぎると竹になってしまうというわけである。タケノコは筠《いん》とも書くが、匀は均の原字である。均というのは、平均などといって、全部を平らにならすことである。タケノコがその周囲を竹の皮でとり巻かれている姿をいったのが筍（タケノコ）である。笋は筍（シュン、慣用音がジュンである）に同じ文字である。藤堂明保著『漢字語源辞典』では、筍は「竹の胎なり」とあって、筍・笋・筠の三字をたけのことよんでいる。服部・小柳共著『詳解漢和大字典』によると、筠は、「たけ。竹の青い皮」となっている。

タコ【蛸】

海蛸子が漢名であるが、これは海の中にいるアシダカグモに似たものというので名づけられ、これを略して「蛸」一字でタコとよんだ。蠨蛸がアシダカグモの漢名である。蛸はソウとかショウとよみ、国訓がタコである。章魚と書くのは、蛸魚が、蛸と章と音が通ずるからであろう。アシダカグモは、体長約三センチで、足をはると一三センチにもなる日本では最大のクモである。網は張らずに夜になると歩きまわってゴキブリなどを捕まえて食べる。全世界の暖地に生息しているが、日本では神奈川県以南に多くいる。アシナガグモともいう。タコが虫偏ではおかしいというので「鮹」という文字も生まれ、また章魚を一字にして鱆という新しい字もできた。タコという名は、タルコとよんだものが、ルを略してタコになったという説がある。タルのタは、足をさし、タルは「足る」で、満ち足りる、たび（足袋）という名のタが足をさしているのと同じだという。タコのコは、そのさまを固定する意味で、つまり、タコは、その足に特徴があるので、タコはすべてこれ足だという意からできた名であるという説である。また、一説にはタは手であり、コは海鼠（ナマコをコという）で、手（足）の多いナマコのようなものというのがタコとなったという。また、テナガというのが転じてタコになったという説もある。タコにはコブがたくさんあるからテコブ（手瘤）がタコになったという説や、タコの手は物に凝りつくからタコ（手凝）になったという説、鱗のない魚であるからハタコ（膚魚）がタコとなったという説、また、足が多いものだからタコ（多股）の意だとの説などもある。多くの説があるが、タコのタはテ（手）の転で、コは、「ここら」という語から来たと考えられる。「ここら」とは、程度の甚だしいさまをいう語で、大層という意であり、数量の多いことをいう。タコの手（足）が多いことをコで示したのである。

たたき【叩】

敲とも書く。「たたく」という動詞を名詞化したもの。食べる材料を庖丁で細かく叩いた料理。すりこぎとか庖丁で静かに叩いた料理では、たたきあわび（叩鮑）・たたきいか（叩烏賊）・たたき牛蒡（叩牛蒡）・たたき豆腐・たたきどり（叩鳥）・たたきあげ（叩揚。魚鳥の肉を細かに叩いて丸めて油で揚げた料理）・たたきな（叩菜）・たたきなっとう（叩納豆）・たたきびしお（敲醢。たたきつぶしてひしおにしたもの）・たたきなます（叩鱠。これをたたきとよぶ）・たたきはしら（叩柱。貝の柱をたたく）・たたきにく（敲肉）・たたきみ（敲身）などがある。土佐料理で「たたき」とよぶものはかつおたたき・さばたたき、と「たたき」をあとにつけてよぶのが習慣である。タタキはタタク（叩）であるが、叩くときの音が、トントンとかタンタンと鳴ることからという説、タカタカク（高々来。タカは手をあげることをいう）だとの説、タタク（手々転）だという説もある。また、タは手で、タタは手々、クはするどいさまを表わしたという説、タは手、タクは手クで手を十分に働かせる意だとの説、テアテク（手当来）であるとの説もあるが、タタクは打々来を語源としたい。

たたみいわし【畳鰯】

カタクチイワシの稚魚を淡水でよく洗ってから海苔をすくように簀子《すのこ》に並べ、強い天日で乾燥したものである。江戸で「しらすぼし」といった。たたみいわしを「帖鰯」と書いた本もある。平安時代には、主としてうすべり（ふちをとったござ）の類を「たたみ」とよんだ。むしろ・ござ・菰・皮畳・絹畳などの敷物の総称が「たたみ」である。小さいイワシをタタミのような形にしたものが「畳鰯」である。「たたみ」は、積み重なっているもの、重ねられたものという意味もある。タタムというのは折って「重ねる」ことである。タタミコモとかタタミムシロが略されてタタミとなったのである。タタムから、タタカサミネルということでタタミとなったとの説、また、不用のときにはタタミ置くところからタタミといわれたとの説、菰を折りたたみて造るところから、タミタミの急呼がタタミとなったとの説、テアミ（手編）の約がタミとなりタタミとなるとの説などもある。

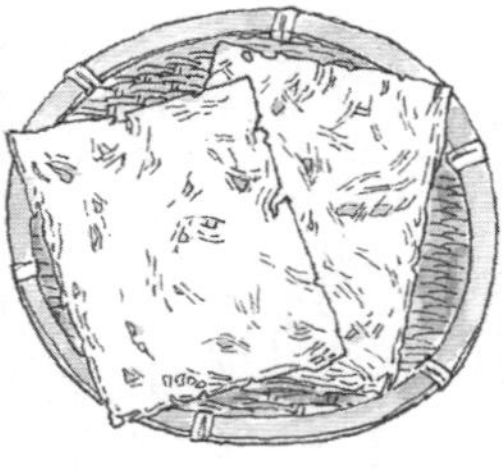

タチウオ【太刀魚】

タチイオ・タチノウオ・タチともよばれる。刀のように細身で、全身が銀色に輝いているが、この銀白色の粉状物質はグアニンで、構造真珠の光沢をつけるのに用いられる。鱭（さい）という字は、タチウオである。魤・鰶・鰽・鮤いずれもタチウオとよむ。俗にナガダチともいい、夏から秋にかけて産卵期になると浅い所に集まるので、よく獲れる。近海物の 旬《しゅん》 は夏というが四、五月が美味である。五月節句には、太刀という名前が勇ましいので料理によく使われる。皮つきのまま細づくりにした刺身をわさび醤油か生姜酢で食べる。太刀のようであるところから太刀魚とよばれた。

タチバナ【橘】

タチバナの古伝説というのがある。垂仁天皇の四〇年春二月天皇が病気になられて時ならぬ果物を求められたので田道間守《たじまもり》を常世《とこよ》の国につかわした。田道間守は一〇年を費して果物を持ち帰って来たが、天皇はその前年に崩御されてしまった。田道間守は菅原伏見、山陵《みささぎ》に詣でて帰国の遅れたことを詫び、その果実の半分を陵前に供え、残る半分を食べてその場を去らず絶食して亡くなったという話である。しかし、田道間守の求めてきた「非時香菓《ときじくのかぐのこのみ》」が、現在のタチバナかどうかは不明である。柑子《こうじ》・小蜜柑、またダイダイだともいわれる。タチバナは、わが国に野生する唯一の柑橘類で、鹿児島・宮崎・高知・和歌山各県の暖地林に自生する。高知県室戸市の野生林は、天然記念物に指定された。その果実は直径三センチほどの扁球形で、果皮の皺があらく、果肉は酸味が強く食用に耐えない。庭などに栽培し、正月の蓬萊飾に用いる。タチバナは、葉が常に立って青く、枯れることのない神木であるところからその名は生まれたという説、香りの高い花、香りの立つ花ということで名づけたという説、民家にはない花で館の花（タチノハナ）である、これがタチバナとなったとの説、また厳寒に立って色象を発するところからタチハナ（立花）といったとの説、タマツリハナナカ（玉釣花中）の転訛であるという説などがあるが、田道間守が常世の国から求めてきた花であるところからタヂマバナとよび、マが略されヂをチとよんでタチバナとよぶようになったのである。

たつたあげ【龍田揚】

立田揚とも書く。魚とか、肉類を甘味のある醤油につけ、片栗粉をつけて揚げる方法である。片栗粉のままつける方法と、水どきしてからつける方法と二通りある。甘味だが、味醂《みりん》と醤油を同率にしたものは、味としては良いのだが、揚げると、味醂がこげて黒くなる。そこで酒と醤油と砂糖を混ぜ合わせるとよい。この名称は、百人一首の中にある在原業平朝臣の「ちはやふる神代もきかず龍田川からくれなゐに水くくるとは」からとったものである。この歌の意味は「この龍田川に、一面に紅葉が流れているのを見ると、まるで、水を紅いくくり染にしたように見える。このようなことは、ふしぎなことの多い神代にも聞いたことがない」と珍しい景色をたたえたものであるが、この龍田川に流れる紅葉のさまを思って、龍田揚とした。紅葉の流れる龍田川を考えての名称なのである。紅葉の葉に水がからんでいる。「水くくるとは」という、くくり染にしたように見える。くくり染とは絞り染のことである。そこで、醤油につけて赤っぽい色を出すだけでなく片栗粉をつける。火が通ると片栗粉は白くなる。赤い色のところに、点々と白いものが見える。紅葉の流れる龍田川の景を思わせる揚げ方につけた名称である。

タデ【蓼】

野生の紅タデがもっとも辛く、栽培種の青タデは辛さが少ない。ヤナギタデ、一名マタデ、ホンタデという。辛味がなくて食用にならぬタデをイヌタデという。東京付近で子供がアカノマンマとよんでいるのがイヌタデである。播州は赤タデの名産地であった。赤穂という地名は、タデの赤い穂から出たという説もある。武士はその宅にタデを多く植えてもっぱら飯の菜《さい》にした。松平伊豆守信綱も武士の宅にはタデを多く植えるべきだと訓《おし》えている。カシコグサ（蓼草）ともいう。石龍・苦菜・辛菜・葒草・紅草・天蓼などと書く。茎葉ともに赤色を帯び、葉の形が丸いものは、柔らかで辛味が強く、葉の厚いものは辛味が少ない。タデは、二葉のときから辛味をもって出るところから、タテ（持出）という意で名がついたという説、シタアジアレ（舌味荒）という意からタデとなったという説、トカタケ（咎闌）の転訛という説、葉の色がホテル（火照）からタテとなったという説、また、病を絶つところの草というのでタデとなったとの説などある。「タデ食う虫も好き好き」ということわざがあるように、これを噛むと口中がタダレルほど辛いというタダレ（爛）がタデとなったというのが良い。

だてまき【伊達巻】

といた卵に白身魚のすり身を加えて甘味と塩で味つけして卵焼き鍋で厚焼にしてから巻き簀でうず巻状に巻いたもの。伊達巻玉子ともよぶ。祝いごとの料理や正月料理のいろどりに用いる。伊達は人目をひくはでなこと、粋《いき》であること、外見を飾ることといった意味をもっている。伊達巻は料理としてこの伊達の要素を兼ね備えている。しかも、厚焼玉子をうず巻状に巻くこの動作は、婦人が用いる伊達巻という幅の狭い帯を締めることにも似ている。それで、伊達巻という名がついた。

タナゴ【鱮】

青森から九州に分布するコイやフナに似た五～六センチの小さい青味がかった淡水魚。ヤリタナゴ・ゼニタナゴ・バラタナゴと種類が多いが、いずれも菱形でかなり平たい魚である。京でタビラ、琵琶湖沿岸でボテ、筑紫でシブナ、関西・九州でニガブナ、広島県でアキブナという。時代物の映画で、大名旗本などが屋形舟で釣をしているのは、タナゴ釣りであった。江戸時代は米の中にいる虫を餌としてタナゴを釣り、タナゴ釣の釣道具に贅をつくした。カワタナゴはコイ科の魚だが、別に海にいるウミタナゴ科のウミタナゴがある。東京では九月が美味で照焼き・煮付け、上等のカマボコの材料にした。体長約二〇センチ。二〇匹以上も子を腹に宿し胎児が約五センチになるまで母魚の体内にいて産み出されるとすぐ泳ぎまわる。海浜ではタナゴといってウミタナゴとはいわないが、東京付近では川にタナゴがいるので学者が区別するためにウミタナゴと命名した。鹿児島でセマッタイ、越後でベニッケという。体色は青みの強いのが普通だが、時には著しく黄色のものがいる。マタナゴとアカタナゴの二型にわけ、北海道の南部以南から日本全体の海岸にいる。三月がうまいといわれる。京では、シロタビラ・アカタビラ・アキタビラ・クロタビラ・キタビラなどという。近江でシロタイとよぶが、円形でタイに似ている。カワタナゴの名は、水田にいるので田から産まれると考え田児（タナゴ）であるとの説がある。タイラナゴ（平魚子）であるともいうが、平たい魚は他にも多くタナゴの特徴としては面白くない。タイに似てタイより小さい魚であるというのでタイノコ（鯛の

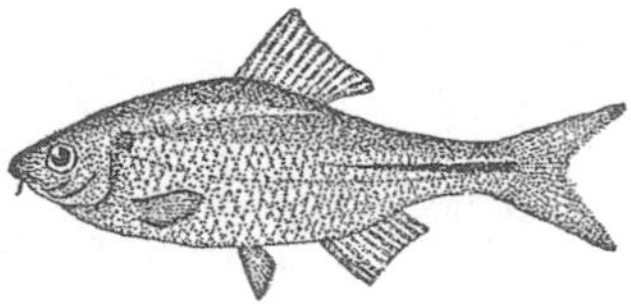

子）とよんだことからタナゴとなったのであろう。

タニシ【田螺】

土佐ではタカイ（田貝）、能登でタツブ、北陸・千葉・静岡・神奈川・伊勢などでタツボ、新潟でツブ、鹿児島でタミナ。古名はタツビ（田中螺）。タニシがころころからからと鳴くといい、俳諧の季語では春の部にある。タニシのタは田で、ニシは螺、巻貝のことで、田にすむ巻貝という意である。ニシのニは丹で殻の赤いことをいい、シは白で身の白いことをいうとする説、ニシン（丹肉）の約だという説もある。また、殻が赤いから丹（ニ）で、シは助辞であるという説もある。さらに、ニシム（丹染）からニシになったという説もある。

たぬきじる【狸汁】

古くはタヌキの肉を大根・牛蒡などといっしょに味噌で煮た汁だが、タヌキの肉のかわりにコンニャクを油でいためて、牛蒡・大根などを混ぜて煮た汁を狸汁と江戸時代からいっている。また、サツマイモを生でおろして、小さく摘みとって油で揚げて、ささがき牛蒡を加えて赤味噌汁で仕立てたものも狸汁といった。また、凍コンニャクをむしって胡麻油で揚げたものを実とした豆腐かす（おから）の味噌汁も狸汁とよばれた。タヌキという名は、タヌキの皮を手や腕をおおう腕ぬき、つまり手貫（たぬき）とよぶものに用いるので、タヌキとなったという説、タノキミ（田君）とよんだのがタヌキとなったという説、タノケ（田之怪）とかタネコ（田猫）からタヌキになったという説などがある。また、中国の田ノ狗ということばからタヌキとなったという説、死んだように見せかけて人をイダシヌクからタヌキだという説もある。人の魂を抜き取るからタマヌキ（魂抜）の略であるともいう。思いもよらぬ味をタヌキが人をばかすことにかけた名ともいう。

タビラコ【田平子】

本州・四国・九州に分布するキク科の植物。別名ホトケノザ（仏の座）で、鶏腸草とも書き、カワラケナともいう。春の七草の一つ。葉を湯びいて水でさらしてから、細かくきざんで、飯に炊き込むか、または葉を茹でて浸物にする。その葉が地面にぴったりとついて、円く広がった形が、座ぶとんの丸いのを敷いたようであるところから「仏の座」といった。カワラケナというのは、柔らかい葉にほとんど毛がないので「無毛の菜」という意味である。タビラコという名は、田の地面に平たくぴったりとついた葉の様子からついたものである。また、葉の形からタタキヒラク（叩開）がタビラコとなったという説もあるが良くない。漢名、稲槎菜。食用にするのは厳寒から早春にかけての若菜で七草粥《ななくさがゆ》に入れられる。『大和本草』に黄瓜菜（タビラコ）とあるのは間違いである。黄瓜菜はニガナの漢名である。『日本植物名彙』に「タビラコ・カワラケナ・附地菜」とある。また、魚のタナゴの異名もタビラコである。

たまご【卵】

たまご（玉子）のことを略して「たま」ともいう。商売人は、玉子の玉を音読みしてギョクとよんだりする。タマ（玉・珠・球）のタは、「妙えなる」とか「たかまる」といった価値の高いものを表わしている。マは「まる」である。丸いこと、価値高く丸いものがタマである。タマゴのゴは、コ（子・児）である。コというのは愛称を表わすもので、タマに愛称のコを添えたのが、タマゴである。「卵」の字はカエルの卵をかたどった象形文字である。

タマナ【玉菜】

球菜とも書く。ハボタン（甘藍）の一種で嫩葉が球形になっている。ボタンナ（牡丹菜）ともいう。洋名のキャベジを訛ってキャベツとよぶ。一二世紀ころに結球型のタマナがヨーロッパ諸国に現われ、以来各国で品種改良が行なわれ、一六世紀には世界に普及していた。日本へは、宝永・正徳（一七〇四―一六）のころオランダ人によって長崎に伝わったが、観賞用とされた。貝原益軒の『大和本草』（宝永五年〔一七〇八〕巻五に「紅夷菘」（オランダな）とあるのがタマナである。地中海沿岸から小アジアが原産でヨーロッパの北西部でよく栽培された。明治五、六年（一八七二、七三）ころ勧業寮および開拓使が種子を輸入して食用として栽培した。新キャベツは明治三〇年代から東京の精農家中野藤助がイギリスから取寄せたキャベツを苦心して栽培改良して大正五年（一九一六）に結球するようにした。もとは筍形の品種だった。玉になる菜類なのでこの名ができた。

タマネギ【玉葱】

ユリ科の多年草でペルシア原産。別名タマブキ。明治四年（一八七一）ころ、東京勧業寮と北海道札幌に栽培されてから一〇〇年で、現在、アメリカに次いで世界第二の生産国となった。古代エジプトですでに栽培されたというから実に古い食品である。タマネギを生で食べるとやせるといわれ美容食とされた。効能は食欲を増し、血液を清潔にし、発汗を促して風邪を治し、不眠症によく、下痢を止め記憶力を増し、肺病に効があるという。葱《ねぎ》の古名はキである。キは気で、生きてある力である。タマは価値高く円いもの（卵を参照）で、これがタマネギである。効能を見てもその力強いことがわかる。根を食べるものだから根葱《ねぎ》といった。タマネギは、その根が大きい玉をなしているところが特色であるところから玉葱《たまねぎ》という名になった。

たまり【溜】

原料に大豆以外に麦類を加えたものが「醤油」で、大豆だけを原料としたのが「たまり」だという。「たまり」を「溜醤油」ともよんだ。『新撰庖丁梯』に、昔、布袋にいれてしぼることをせず、かごす（籠簀）をたててその中にたまるので、溜り醤油という。また、はたごや（駅亭）で溜というものは麦味噌などの仕こみに豆液（あめ）を多く入れ、ゆるく醸成して、その中にかごすをたてて、その中にたまるものを「たまり」という、とある。味噌づくりのときに桶の中に簀を立てて「たまり」をとることも行なわれた。「たまり」とか「くき」また「豆醤」とよばれるものは、大豆を原料とする一種の醤油で、醤油より濃厚で旨味に富むが、醤油のような芳香はない。愛知・三重・岐阜三県の特産である。タマリとは、タマルという動詞が名詞化したものである。タマルは、タモチウル（保得）であるとか、手の中に集めて丸めたようであるところからタマルとなったとか、タタマル（畳）がタマルとなったのだとか、ツモル（積）ということと同じでタマルとなったというような説がある。一つ所に寄り集まると、そこに集まって多くなる、それがタマルであるから、これは、流動していたものが止まらねば「溜」とはならない。だからトマル（止）ということから生まれてきたものであろう。

タラ【鱈】

大口魚とも書く。鱈という字は、雪・魚を合わせた字で、この魚の肉が雪のように白いからである。大口魚は、口が大きいということからで、口大魚とも書く。『本朝食鑑』には「鱈魚は冬月初雪の後に当て必ず多く之を採る故に字雪に従ふか」とある。タラは寒海魚である。マダラには、磯鱈（根鱈ともいう）と沖鱈（通り鱈ともいう）の二種がある。磯鱈は岩礁に定着する。沖鱈は回遊している。頭部が磯鱈より小さくて味は磯鱈よりすぐれている。鮮度が落ちれば魚はまずくなるものだが、マダラだけはおいしくなる。タラの肉は、脂肪が少ないから塩物にしても胸やけがしない。そこで開きタラとか、棒ダラにする。タラを煮るのに小豆を入れていっしょに煮ると、骨まで柔らかになるといわれる。とれてから時間がたつと、特有のタラの臭いが出るから、漁場でとれたタラを食べるのが最もうまい。乾燥したタラ肉はばらばらになりやすいので、室町時代から「ふくめ鱈」とか「鱈ぼんぼり」につくられた。徳川時代、津軽家では、一二月、一月に塩鱈を将軍家に献上した。「献上の鱈は江戸までうつつ責め」という川柳があるが、菰に巻かれて塩鱈が運ばれたことがわかる。武士は、タラが死んだと思ってもまた生きかえる強さにひかれて、この魚を喜んで食べた。タラは、切っても身が白くて血の足らぬところからタラとよばれるとか、タル（足）という意かとか、フトハラ（太腹）からかという説もあるが、この魚の皮が少しまだらであることからマダラのマが略されタラになったものである。

タラノキ【楤木】

ウコギ科。タランボ・タロノキ・マンシュウダラ・オニダラ・ウドモドキなどとよぶ。幹に棘が多くあるので「鳥止らず」などの名もある。春、幹の上部に若芽が出る。フキの薹《とう》のように、取って付焼きや揚げ物にする。浸しもの・和えものにもなる。味はウドに似て美味。ウドメ（吻頭）などの名もある。樹皮をとって乾燥したものを煎じて糖尿病・腎臓病の薬に使う。根は煎じて飲むと胃を強健にし、胃ガンにも薬効があるという。タラは梵語貝多羅《ばいたら》の略である。古くインドで経文を彫りつけたものがタラジュの葉で、これを貝多羅葉《よう》といい、略して貝多羅といった。この葉を紙に代えて針で経文を刻みつけた。天竺（インド）のタラ樹は、棕梠《しゅろ》のような木で高さ二五メートルくらいに達する。葉は棕梠に似て長さ一・二～一・五メートル・幅一五～一八センチ、固くて厚い。二つに折れて、万年青《おもと》の葉のように淡褐色で光っている。葉の背の中心に一条の堅筋があって、方形である。タラノキは一幹が直立して枝がない。大きなものは三メートルもある。このさまが、天竺（インド）のタラ樹に似ているというのでタラノキとよんだのである。

だるまかくし【達磨隠】

ミカンの一種の九年母《くねんぼ》の皮を縦に短冊に切って、白身魚のすり身にだしを加えたもので細長く包み、熱湯に落として一つずつゆでてから、かるく火であぶったもの。九年母はミカン科の木で、タイ・インドシナ原産といわれる。高さ三メートルくらいになって葉はミカンに似ている。果実は秋熟してユズに似て皮が厚い。香橘《こうきつ》ともよぶ。だるまかくしというのは、だるまがかくしてあるという意である。達磨は九年間壁に向かって坐禅をしていたという故事から、九年母という名を連想させたのである。つまり九年母がかくしてある料理につけた名称である。

だんご【団子】

団（だん）は音よみであるが子（ご）は訓よみである。陸奥では団子を「だんす」といった。文政一三年刊の『嬉遊笑覧』に「団喜は俗にだんごといふものの形にて餡を包めるなり」とある。団喜（だんき）は支那から遣唐使が正式に持ち帰った八種の唐菓子の一つで餡入り餅のことであった。だんごは、この団喜から始まるといわれる。室町時代には、竹の串にさした団子がすでにみられ、金蓮寺の『浄阿上人絵伝』には二個ずつさしてある。『筠《いん》庭雑考《ていざっこう》』（喜多村信節著）巻四には両国橋で団子を売る絵があり、万治・寛文（一六五八－七三）ころ餅も団子も立て焼いた、とあって、団子は串に五つさしてある。『宗長手記』の大永四年（一五二四）六月一六日のところに、駿河宇津の山名物十だんごのことが出ており、必ず十ずつ杓子にすくわせる、とあって串ざしではない。それが後に麻の緒に一〇粒をつないだものになる。四月一六日、三井寺にせんだん講があり、俗に千団子といって団子一千をつくってもって行く、と『東海道名所記』（寛文年間〔一六六一－七三〕・浅井了意著）にある。米の粒のまま蒸して搗いたものをモチ（餅）とよび、粉をこねて丸めたものをダンゴ（団子）と

月見の団子　『守貞漫稿』1853年

いった。団粉（だんご）とも書くが、この字のほうが意味をなしている。団はあつめるという意で、粉をあつめてつくるから団粉といった。団喜（ダンキ）の転という説もあるが、団子となったのは、団粉とあるべきものが、子という愛称を用いるようになったものであろう。形が丸いところからダンゴというとの説は良くない。江戸時代には団子が大いに用いられた。享保一二年（一七二七）の『槐記』に青串に団子を黄白赤と三つさしてある。明和（一七六四―七二）には、お亀団子とか、みたらし団子、安永六年（一七七七）には日本一黍団子が浅草門跡前の家号むかしや桃太郎から発売されたと蜀山人著『半日閑話』にある。また安永には茶つき団子、天明（一七八一―八九）には、米つき団子・笹団子・さらしな団子・吉野団子・難波団子（加賀国八重湊）・しの原団子・さねもり団子・景勝団子・大和団子などが見え、天明三年（一七八三）柴又の草団子、文化（一八〇四―一八）にはおかめ団子、文政（一八一八―三〇）には喜八団子などがある。文政二年ころ根岸の里芋坂で売られた団子は後に羽二重団子の名でよばれ、今につながる名物となった。

ち

ちくしぐり【竹紙栗】
しみのない良い栗をえらび、渋皮をむいて一度水につけて、洗ってから布巾でふいて、二時間ほど風にあてておく。薄いかんな（鉋）を置いて、少し斜めに栗を突くと、下に紙のようにちぢれてまとまって落ちる。これは、厚くても薄くても良くない。まとまって落ちるのが良い。白い布巾を敷いた上にのせてさっと蒸す。蒸したところに焼塩を、茶こしのようなものでふりかけておく。お椀に竹紙栗を入れ、熱い汁をはって、水からしを落とす。竹紙というのは、竹の幹の中にある薄い紙のような皮である。この竹紙に似たようにつくるところからの名称。

ちくぜんに【筑前煮】
魚鳥肉と野菜との炒め煮である。植物油で材料を炒めてから煮るということがこの料理の特色である。博多の名物料理であるが、「筑前」は現在の福岡県北部の旧国名。

「筑前」という名前が史料に現われるのは文武天皇二年（六九八）である。最初の筑前守は山上憶良《やまのうえのおくら》である。大宰府が筑前国に置かれた。筑前煮は「がめ煮」ともよばれる。文禄元年（一五九二）秀吉が朝鮮出兵の際に、その大軍が博多に宿営したが、博多の入江や沢にスッポンが多くいたので、これを捕まえて野菜といっしょに煮て食べた。スッポンを川亀またはドロガメともよんだので、これを「がめ煮」といった。後にスッポンのかわりに鶏肉を使うようになり、人参や牛蒡やコンニャクや筍などを鶏肉といっしょに甘煮（うまに）にするようになった。一般の甘煮と違って、材料を油炒めしてから煮るのが筑前煮の特徴である。筑前煮を「ちくぜんだき」ともよんだ。

ちくわ【竹輪】

竹輪蒲鉾《かまぼこ》を略して竹輪という。蒲鉾は、古くは蒲穂子と書かれていた。カマホコと、ホを清音でいったものが、ボと濁音に訛った。蒲《がま》の穂に似ているから蒲穂子とよんだもので、蒲の穂が鉾《ほこ》にも似ているので、蒲鉾とよんだ。また蒲はガマとよむべきものが、濁音が清音に訛った。蒲穂子の「子」は、意味なく物につける語である。

親指の太さくらいの丸竹のまわりに、魚肉のすり身を厚さ四分（一・二センチ）ばかりに丸くつけ、竹とともに湯煮して、揚げ、竹を抜いて用いた。また、焼いてもよい。この竹輪蒲鉾とほとんど同時に板付蒲鉾もつくられるようになった。板付蒲鉾が蒲鉾になると、竹輪蒲鉾が、竹輪という別な食品になってしまったが、もとは、いずれも蒲鉾であった。竹輪という名称は、中央にさした丸竹を抜いて、切った切口が竹の輪に似ているので「竹輪」とよばれたのである。『宗五大雙紙』に「かまぼこハ、なまづ、本也。蒲ノほヲ似セタル物也」とある。竹輪蒲鉾のできたのは、室町時代である。竹輪蒲鉾を後に縦二つに切って平らにしたものを「半片」（ハンペン）とよんだ。竹輪にしても半片にしても、蒲鉾から始まったもので、材料は、蒲鉾肉と同じものであった。それが、竹輪とか半片という独立した製品となると、大衆化されて、その材料も蒲鉾肉とは違ったものになっていった。

チサ【萵苣】

チシャ・チサナともいう。キク科。ヨーロッパ原産。葉を食用とするが、葉を次々にかきとって食べるのでカキジサともよぶ。日本料理では、チサは、早春に葉をとって、膾・芥子和・味噌和・味噌汁などに調理した。つかうには、出はじめと一、二月のころが良い。青いものだから、時期的に珍らしく思われる。洋名はレタスである。青いものだから、古来歯の薬といわれたが、たべものの消化を助ける特効がある。ほとんど年中、葉をとって生食し、一般にサラダ菜ともいっている。茎葉を切ると乳汁のようなものが出るところからチサというとの説がある、また、チヂミサワル（縮碍）ということからチサとなったとの説、チハ（縮葉）とかチヂミハ（縮葉）ということからチサとなったという説などがあるが、この草の葉が上にいくほどどこまでも小さくなってゆくところからチサという名がつけられたとしたい。

ちまき【粽】

茅巻とも書く。古く茅《ちがや》の葉で巻いたところからいう。餅団子《もちだんご》を茅の葉で巻いたものである。糉も「ちまき」とよむ。糉は龍の形に巻いた。蘆竹葉・菰《こも》の葉で米を包んで、灰汁《あく》で煮た。ちまきの形が蛇に似ているところから、これを食べると毒虫の難を避け、また毒虫を殺すこともできるといった。これは中国の屈原《くつげん》の故事からきたもので、中国では五月五日のちまきを節物として親戚や知己の間に配った。この習いが日本に伝わって端午の節句にちまきを食べることになった。安倍晴明は、ちまきは悪鬼をかたどったものであるから、これをねぢ切って食べれば鬼神を降伏させることになると説明している。日本のちまきは、出雲から山陰を経て大和三輪と、出雲文化に関係の深いところに行なわれている。『古今要覧稿』に、ちまきは和名で漢名を糉あるいは角黍、とある。『類聚名義抄』『新撰字鏡』『和名類聚鈔』

江戸時代のちまき屋
『人倫訓蒙図彙』1690 年

などにもあり、千有余年の昔から五月五日に、ちまきを用いたが供御には供しなかったようだ、とある。盛岡・金沢や京都府北部などでちまきは「まき」とよばれ、愛知県知多郡では「よしまき」という。山口県萩では端午の節句のちまきを「ささまき」とよんでいる。

チャ【茶】

ツバキ科の常緑低木で中国南部（四川・雲南・貴州）の霧の多い山岳地方の原産というが、日本にも原生していた。聖武天皇の天平元年（七二九）に一〇〇人の僧を内裏に召して般若経を講ぜしめた折、行茶《ぎょうちゃ》と称して茶をたまわったとあるが、このときの茶は支那茶であろう。桓武天皇の延暦二四年（八〇五）僧最澄《さいちょう》（天台宗の開祖・伝教大師）が唐から帰朝したとき、茶の種子を持って来た。大同元年（八〇六）僧空海（真言宗開祖・弘法大師）が帰朝の折も茶種を持って来た。嵯峨天皇の弘仁六年（八一五）畿内・近江・丹波・播磨等に茶を植えさせたと『日本後紀』にある。弘仁六年近江国御幸の折、崇福《そうふく》寺の大僧都永忠《えいちゅう》が茶を煎じて天皇に奉った、と『類聚国史』にある。弘仁年間に撰された『文華秀麗集』には「錦部彦公光上人山院《にしきぶのひこぎみこうしょうにんのさんいん》ニ題スル詩」があるが、それに「緑茗《りょくめい》を酌《く》む」とあり、この時代すでに喫茶が行なわれていたことがわかる。後白河法皇の仁安三年（一一六八）に僧栄西（えいさい・ようさい）が宋に赴き、建久二年（一一九一）帰朝するとき茶の種を持ち帰り筑前国背振山《せぶりやま》に植えたものが岩上茶といわれ、上京して明恵《みょうえ》上人にも与えたものを山城国栂尾《とがのお》に植えた。京の建仁寺の栄西は『喫茶養生記』を著わして茶の効能を説き、栄西禅師と明恵上人は後世茶祖といわれる。源実朝が宿酔《ふつかよい》で頭痛のひどかったとき栄西が茶を煎じて奉ると治ったという。喜撰法師が宇治山に茶を植え、挽茶・煎茶を製して名茶を出したので茶を「喜せん」ともよぶ。色が黄なので山吹ともいい、江州信楽一森村などに名茶が出た。それを一森という。『雍州府志』には宇治の茶は将軍足利義満が大内氏に命じて植えさせたのに始まる、とある。宇治茶が盛んになったのは足利義政が茶事にふけり宇治に茶園を設け、「宇治の七園」と称したころからである。唐茶という中国のお茶は、煎っ

てもんで陰乾しにしたもので、沸湯の中に少し入れてそのまま服した。日本茶は、葉を煮て焙籠《あぶりこ》であぶり、日に干した。煮て焙籠で焙ったものは青く、蒸して焙ったものは青黄になる。チャは、ソウジンボク・ソウニンボク・メザマシグサなどの別名があり、漢名は、茗（ベイ、ミョウであるが、慣用音がメイなので、茗香はメイコウとよみ、茶の香りである。茗荷はミョウガである）。茶は、新茶で、茗はとくに晩《おそ》く採取した茶である。天平時代に中国から日本に渡ってきた茶は、磚茶（たんちゃとよむが、だんちゃとよばれる）で磚（たん）という中国の煉瓦のような形をしていて、削って用いた。現在は台湾に産するが、中国東北部・モンゴルに飲用される下等の茶である。蒙古茶ともいう。抹茶《まっちゃ》は茶の新芽を臼で碾《ひ》いて粉末にしたもの。茶の湯に用いる茶で碾茶また挽茶とも書く。碾いて粉にした茶を散茶《さんちゃ》ともいい、「粉茶」また「ちらし」ともいう。煎茶《せんちゃ》は茶の葉を湯で煎じて出すものである。番茶は、一回つんだ残りの葉を小枝とともに刈り取って蒸して日に干して製したものである。茶は、タまたサといい、慣用音がチャである。茶が正字で茶は俗字である。古音はトまたサともいう。正字の茶は、くさ冠の下に苦いの意の余（ト）と書き、苦味のある植物の意を表わしたものである。

ちゃせんなす【茶筅茄子】

「ちゃせんなすび」ともいう。丸茄子に縦に切り目を入れて煮たもので、形が茶筅のようであるから、この名がある。抹茶を点《た》てるとき用いるささら（筅）を茶筅といい、短い竹筒の下半分以上を細く割りさいて穂につくって、その先を内側に丸くまげてある。茄子に切り目を入れるとこれに似ている。料理の盛付には、茄子を押しつけるようにして、少しひねって、切り目が現われるようにしている。茄子ばかりでなく、茶筅葱《ねぎ》・茶筅蕗《ぶき》と、葱や蕗も、短く切って縦に庖丁目を入れて茶筅の形にする。いずれも、汁の実にしている。茶筅茄子は、味噌煮にしたり、味醂醤油で甘辛く煮たりする。

ちゃめし【茶飯】

淡く醤油·酒などを加えて炊いた飯で、きがらちゃ（黄枯茶）色をしているので黄枯茶飯といい、これを略して茶飯とよび、桜茶飯ともいう。茶を煎じた湯に塩を少し加えて炊いた飯。この飯に大豆・小豆・栗などを加えたのを奈良茶飯といった。これは、茶飯に豆腐汁・煮染・

煮豆を副えたもので、明暦の大火（一六五七）後、江戸では浅草金龍山門前にできて流行した。天和（一六八一―八四）のころには浅草並木町にもでき、いずれも料理茶屋のはじめとなった。それから諸所にできたが、川崎大師前の亀屋・万年屋などが有名であった。奈良茶飯は、奈良の東大寺・興福寺などで始めたものである。江戸時代、夜一〇時過ぎに茶飯と餡掛豆腐を売る茶飯売が出たが、京坂にはこれはなかった。現在は、おでん茶飯と、おでんに茶飯がつきものになった。一説に、煎茶を煎じて茶がらを漉して塩味を少しつける。別に、大豆か黒大豆を水につけておいて、皮をとって米といっしょに煎じ、漉した茶で柔らかに炊きあげる。ときにはアズキ・クリ・煎茶の葉を混ぜることもある。昔、東大寺の僧が考案して食べていたもので、次第に一般に伝わり、後には江戸あたりでも食べる人が多かったといわれる。奈良市と天理市の東南の都介野《つげの》高原の茶が古くから知られている奈良茶である。この奈良茶を使う。茶飯には、塩を加えて茶の煎じ汁で炊いた飯、塩と酒を入れて炊いた飯に粉にした煎茶を混ぜたもの、茶の入らない醤油味の飯、普通の飯に熱い吸地（煮出汁と醤油と塩）をかけたもの、飯に吸地をかけ、挽茶を軽くふり込んだもの、とつくり方はいくつかあるが、本来の名称の起こりは、黄枯茶色《きがらちゃ》をした飯ということであった。

ちゃわんむし【茶碗蒸】

魚肉・鳥肉・野菜などを適宜に取合わせて茶碗に盛り、味醂《みりん》・醤油・煮出汁などで味つけしたとき玉子のつゆ（茶碗蒸の地という）を張って蒸籠に入れて蒸したもの。「むし」ともいい、「茶碗焼」ともよぶ。卵を用いずに、生ゆばと山芋をすりおろして葛粉を水どきして加えて地をつくるもの、また、栗または銀杏をすり、豆腐と山芋を加えた地、また、豆乳とか、くみ豆腐を地にする茶碗蒸もあったが、現在は、茶碗蒸といえば、卵を使ったものになっている。茶碗という瀬戸物の器を用いた蒸物であるから、茶碗蒸という。『江戸料理集』（延宝二年（一六七四））には「玉子貝焼」という料理があり、『料理山海郷』（寛延二年（一七四九））には、玉子を用いないでハモのすり身を薄めて使った茶碗蒸が出ている。そして現在のような茶碗蒸は『料理珍味集』（明和元年（一七六四））に出てくる。

チョロギ【草石蚕】

正月料理の黒豆の中に入っているので知られる。シソ科の多年草で、高さ三〇～六〇センチで茎や葉にあらい毛があり、シソに似た淡紫の花を開く。冬になると根の下に、蚕に似た塊茎ができ、これがチョロギである。中国原産で朝鮮を経て日本に渡来した。元禄八年（一六九五）の『本朝食鑑』にあって、そのころ到来したと書かれている。別名、チョウロギ・チョウロク・チョナ・ジイナモ。漢名は甘露子・土蛹・摘露・地瓜児・玉環菜・朝露葱とも書く。チョロギを、さっと湯煮してから、三杯酢か、梅酢に漬けこむ。また、チョロギを串にさして、山椒味噌・唐辛子味噌などで、田楽にしたり、胡椒・山椒・唐辛子などの醬油で、付焼きにする。また、醬油に少し味噌を混ぜるのもよい。チョロギを吸物のあしらい、塩煮、てんぷらなどにもする。朝鮮語のミミズ（ヂロンイ）の転化したものという説もあるが、別名に朝露葱とあるように、このチョロギが、そのままチョロギとよばれたものである。

ちんぴ【陳皮】

ミカンの熟皮を乾燥したもの。芳香性で苦味がある。健胃・鎮咳・発汗・祛痰剤として用いる。料理では香辛料として用いられ、粉末にして、七色唐辛子にも入れられる。陳皮を香料としてつくった酒を、ちんぴ酒という。ヘスペリヂンと精油を含む。別称、蜜柑皮・陳橘皮。古くは柑子（こうじ）の皮をいった。柑子の熟して黄色くなった皮を乾して薬料としたが、今は多く蜜柑の皮に代えて用いる。陳は、ふるし・久の意で、すなわち陳久なるを良しとするので、陳皮とよぶ。

つ

ツクシ【土筆】

トクサ科のスギナ（杉菜）は、地下茎から栄養茎と胞子茎の二型の地上茎を出すが、その胞子茎をツクシとよぶ。スギナは、その形が杉に似ているからである。胞子茎は、葉緑素がなく淡褐色をして、節に黒褐色の鞘《さや》があり、はかまという。茎の頂に筆の穂先に似た子嚢《しのう》穂をつける。筆に似ているところから土筆と書いた。土の筆としたのは、栄養茎に先だって、土を突いて出るところから、筆頭菜とも書く。ツクシはスギナの繁殖器である。

スギナも若いうちは食べられる。ツクシをツクシンボとかツクヅクシ（またツクツクシ）・ツクヅクシバナ（土筆花）とよぶ。古名フデツバナ（筆茅花・ヒツチカ）。ツクシは、ミオツクシ（澪標）のツクシからで、突き立った柱のようだからとの説があるが、初めツクツクシとよばれたことを考えると、ミオツクシのツクシというのは文学的ではあるが良くない。ツクツクシは突之串であるという説、ツクシの節がトクサに似ているところから、トクサフシの転という説、ツキツクシキ（突々如）がツクツクシとなるという説、ツクシがかわいらしい姿をしているからウツクシキモノ（愛らしき物）とよんだが、ウを落としてツクシンボーと転音し、さらに下部を略してツクシになったもので、ツクシの重言がツクヅクシであるという説などがあるが、いずれも無理である。ツクシンボーは法師で、ツクシ（土筆）を筆と見ないで法師頭と見たところからの名である。また、ツクシが生まれてから、それを重ねていってツクヅクシとよぶというのも逆行している。ツクヅクシが簡単になってツクシとなるのが自然であり、歴史的に見ても関東では江戸時代前にツクツクシとよばれていた。京坂では、文化・文政（一八〇四—三〇）ころになって、やっとツクシというよび方が始まる。さて、ツクヅクシだが、ツクは、「突く」である。ヅクも突くで、突くを重ねていった。つまり、つくづくと重なって出るからツクヅクシといったのである。また、突き出るの意という説もあるが、日本名の土筆と考えると、突き出る説も良いが、ツクヅクシは、ツクツクと重ねたところに重きをおくほうが良いと考えられる。ツクツクシと最後にシをつけたのも、重なって突き出てくる状態をいったものである。

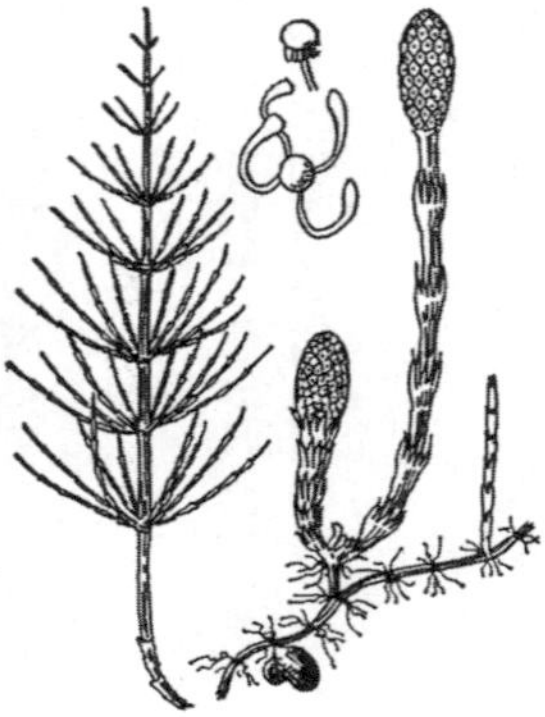

つくだに【佃煮】

徳川家康が江戸に入来したとき、江戸城の魚をまかなうために、連れてきた漁師たちに与えられた天領が佃島である。当時は無名の小さい離れ島であったが、名主孫右衛門以下一族たちの出身地摂津国（現在の大阪府）佃村をしのんでその名がつけられた。佃という字は「作田」

の約で耕作する田のことである。家康は、佃島でとれるシラウオを賞味した。このシラウオは伊勢湾から品川沖へ移したもので、この漁業権を与えた。毎年暮れから春先へかけて佃島沖でシラウオがとれ、さらに二月ころになると隅田川へ上ってきた。佃島の漁師は家康のお蔭で白魚漁ができるというので家康の命日の一月一七日には「おみき流」をした。この行事をするとベラという魚が白魚に変わるといった。そしてその魚の頭には家康の紋である葵《あおい》がついていると言い伝えたものである。佃の漁師は、大きい魚は将軍家をはじめ諸大名に納めたが、自家用に小雑魚を醤油で煮つめることを考えついた。値段も安いし保存もきくので近隣にも売り始め、江戸から国に帰る大名が江戸土産として持ち帰るようにもなった。それで全国的に知られた。また一説には、江戸城龍の口、銭亀橋の下に、佃島の漁船が一隻ずつ繋留したが、夜中には篝《かご》を置いて網をおろした。これを捨篝《すてかご》といった。とった小魚を呉服橋の稲荷新道にいた青柳才助という者が、安政五年（一八五八）の春ころから煮込んで小商《こあきない》売を始め、これを佃煮とよんだ。これが佃煮の始まりといわれる。佃煮も、初めは漁師の常備食であり保存食となっていたもので、雑魚や貝類を塩で煮つけたものであった。

それが醤油煮に変わり江戸名物といわれるころには、佃煮の専門店もできて、その煮汁は黄ざらめと赤ざらめに味醂を加えて特有の照りを出すといったことにもなった。材料も、江戸前のアサリ・シラウオ・ハゼ・ノリ・ワカサギ・アミなどを中心とした。佃島に渡るには「佃の渡し」があった。この渡しは約三〇〇年の歴史をもっていたが佃大橋ができ、この渡し船は現在愛知県の明治村の池に移されている。また、日本橋坂本町薬師堂の表門の向かい家、伊勢屋太兵衛が「伊勢太」という料理茶屋を始め、佃煮を売り始めたともいう。また、佃島の住吉神社の祭典には雑魚《ざこ》を塩煮にして佃煮と名づけ、これを神前に供する慣例があった。これが佃煮という名称の始まりであるともいう。佃煮の煮方は、小エビ・ハゼなどの小魚や貝・海草を、上等の醤油に味醂・砂糖を混ぜて三〇分ほど煮て、材料を煮籠に盛って釜に入れ、約一時間煮て煮籠とともに取出す。うちわ（団扇）であおいで、急に冷ますと、照りが出て黒光りする。この佃煮のうち蛤を材料にして生姜を加えたものが時雨煮《しぐれに》である。佃島の人々によって始められた煮物ということで、佃煮の名が起こった。

つくねあげ【捏揚】

つくねを油で揚げた料理である。つくねとは、手でこねてまとめることである。団子は、丸い形があるが、つくねは、きまった形がない。どんな大きさでも、どんな形でも、好みの形にしてよい。つくねあげは、それを揚げたものである。つくねは、束（つか）ぬの訛かとの説があるが、「捏《つく》ねる（手でこねて丸くする）」ということからの名称である。つくね料理にはつくね揚の他につくね焼もある。

ツグミ【鶫】

鶻鵃・反古鳥・百舌鳥などとも書く。シナイドリともよばれ、女性語でツモジ（ツグミの頭文字をとったよび方）、方言ではツグメ・チョウマ（鳥焉）・ツムギなどと称される。昔の料理書で、鳥とあればキジのことであり、小鳥とだけ書かれたらツグミのことだといわれるほど、ツグミは古くから食用にされ、味の良さから乱獲された。ツグミはシベリア方面で繁殖し一〇月下旬ころ大挙して日本に飛来してくる。日本海を横断して北陸の海岸に渡り、それから各方面に飛散する。石川・富山・栃木・岐阜の諸県が産地となった。一〇月から三月ころまでが時季で、昔、一二月大晦日《おおつごもり》に上下の人々がツグミを焼いて食べた。身を継《つ》ぐという意味にとって祝食とした。岐阜県恵那から産するツグミの麹漬は、古くから名物になっていた。ツグミ粕漬・ツグミ塩辛・ツグミ玉子・ツグミ鋤焼《すきやき》・ツグミだるま焼・ツグミ付焼・ツグミ南蛮・ツグミほろ味噌・ツグミ蒸焼・ツグミよせなどの料理がある。ツグミは、ツグム（噤）で閉じる、黙ること。この鳥は夏至《げし》（六月二〇日ころ）以後は鳴かない（ツグム）からこの名がついたという。その他の説には、ツチムグリスミ（土潜棲）ということからツグミとなるとか、その形状からセクグミ（背勾）の転でスクミの義といったとかの説があるが、感心しない。

つけもの【漬物】

塩が海水からつくり出されると、塩を利用した保存法として漬物は始まった。塩漬から始まった漬物は、多種多様な発展をとげ、室町時代には漬物を「香《こう》のもの」と称するようになった。「香のもの」という名称は、古くは大根を香料に用いたものであるが、いつしかこれが漬物に転化したところから「香のもの」というとの説がある。また、香聞といって各種の香をたいて嗅ぎわける遊戯が昔盛んに行なわれたが、その折、嗅覚の疲れを癒すのに漬大根が用いられたので、これを「香のもの」といったという説、古くは味噌を香といったから、味噌に漬けた野菜類を「香のもの」と唱えたが、いつしか味噌漬以外の漬物も「香のもの」とよぶようになったという説などがある。いずれにしても、漬物は、古くから発達した。『東大寺正倉院文書』や『延喜式』に漬物に関する記録があることによって平安朝にすでにあったことがわかる。宮中では、漬物を「くもじ」とよんでいる。香々というのは香物の重言である。京坂では漬物売を茎屋《くきや》といった。昔は大根などの茎漬を売ったからである。漬物とは、塩・味噌・醤油、あるいは麹・粕・砂糖等で漬けたものである。広義の漬物は、肉・魚・貝などの食品を漬けたものをもいうが、一般には、野菜を漬けたものをいい、味噌漬・粕漬・糠漬・麹漬・塩漬などにした野菜類の総称として「漬物」の名が用いられる。

つとどうふ【苞豆腐】

豆腐を竹のスダレで巻いて、それを固く絞ったもので、「こも（菰）豆腐」とか「しの豆腐」ともいう。豆腐の水をよく絞ってから、甘酒をすり混ぜて棒のようにして竹簀で巻いたものを蒸器に入れて、蒸し、これを小口切にして用いる。または、豆腐一丁に、つくね芋を一かぶ卸《おろ》して、豆腐の水気をよく絞ったものとすり混ぜる。小麦粉を少し加えて、藁に巻き、湯煮してから煮染め、いろいろに切って用いる。または、豆腐を絞って、葛粉を入れてすり鉢ですって、布に包んで苞に包み、蒸してから苞をとって生醤油で煮る。これを油で揚げても使う。福島県の栃木県寄りの山間部で冠婚葬祭に用いられる苞豆腐は、豆腐を手でくずし、納豆苞の中に詰めて藁できっちり結び、塩を加えた湯の中でよく煮る。さめたところで取出して小口切りにする。それを出し・砂糖・醤油で煮ふくめ、これを煮汁の中に加える。苞（つと）とか苞苴と書き、ツトは藁で包んだものをいう。蒿などを束ねて、その中に魚・果実などの食品を包んだものをワラヅトとかアラマキまたスボ・ツトという。スボというのは、スボミたる形からよばれた。旅から持ち帰る土産をツトというが、これは、歩いて持ってくるのに便宜が良いように包んで持ってきたことからいわれたのである。アラマキは、草で巻いたから荒巻とよんだのである。ツトはツツム（包）と同語源である。ツツ（包）が転じてツトになったとか、ツツムが転訛してツトになったと考えられる。他に、ツトはツトフ（集）のフが略されたという説、ツツツノ（筒角）の反であるとか、ツはツミ（積）、ツツミ（包）の語幹、トは物の意の接尾語との説、ツトが土産として用いられる場合、このツはツツム（土産）という意であるとも説かれる。苞豆腐は、ツトで巻いた豆腐という意である。

つばきもち【椿餅】

「つばいもち」ともいう。ツバキの葉二枚で包んだ餅で、餅は道明寺糒を用いて中に餡《あん》を入れる。大きさはツバキの実くらいにつくって、よく蒸籠で蒸してツバキの葉を表を外にして上下にあてる。餅菓子屋の店頭に現われるのは晩春である。椿餅は、日本で最初の餅菓子といわれ、『延喜式』に「つばい餅」とある。その製法は上古は砂糖がなかったから米の粉をこねて桂枝（けいし）を細かにしたものを少し入れ、甘茶の煎汁でよく練って丸め、ツバキの葉を両方から合わせて包み込んで蒸しあげたもの。奈良・平安期に中国から輸入された唐菓子に暗示されてできた菓子である。『源氏物語』（一〇〇五）の若菜の巻に「椿餅、梨、柑子（こうじ）やらの物ども、さまぐ〜に、はこのふたどもにとり雑（まぜ）てあるを、わかき人々そば（戯）へ取り食ふ」とある。『宇津保物語』（九八〇ころ）国譲《くにゆずり》上には、「大との御かたより檜破子みき椿もちひなどたてまつりたまへり」とあり、貴人の間で饗応に「つばいもちひ」が用いられていたことがわかる。この「つばいもちひ」は、殿上人が弥生のころ蹴鞠《けまり》の節会《せちえ》などの折に、鞠場の饗応に出す例であったようである。これが現今の椿餅の源流にたつ菓子である。ツバキは、アツバキ（厚葉木）のアが略されたものとの説、葉につやがあるのでツヤキとよばれたものが転じてツバキとなったとの説などある。ツバキの葉に餅をはさむということが、古くから考えつかれていた。ツバキは、ツヤバキ（艶葉木）のツヤ（葉の光沢）のうちヤを略してツバキとなった。ツバキの音便訛がヅバイである。椿餅を「づばいもち」ともよぶようになった。

つま【妻】

褄とも書く。料理にあしらいとして添える物のこと。

刺身のあしらいを「つま」とよぶが、さらに分類すると、けん・つま・辛味の三種となる。「けん」は「間」か「景」の訛かともいわれるが確かでない。「けん」は「しきづま」ともよばれるもので、白髪大根・胡瓜・ウドの千切り、オゴノリなどである。「つま」は芽ジソ・穂ジソ・防風など前盛りとしてあしらうもので、辛味は、ワサビ・ショウガなどである。江戸時代の料理書に、「つま」として用いられる文字は、交・妻・具などで、具（つま）には、大具（おおつま）と小具（こつま）があった。交（つま）というと、取合わせ・あしらい物のことである、配色《つま》とも書く。妻は、「その時の景物よし」ともいい、ヤマノイモ・ノリ・青麦などをよんでいる。ツマとは、添え加える物の意であり、料理に添えて出す少量の海草や野菜であって、味を添えるためにつけ足したものである。ツは連（ツラ）・番（ツガフ）などのツで、マは身（ミ）の転。連身（ツレミ）の略転である。その他に、ツは粘着のことでマはミ（身）の転という説もある。また、ツヅキマトハルがツマとなったとの説、ツレマツハルの略とか、ツラナリマトフの略、ツキマトフの義とか、ムツマジの略とか、ヲトメの転とか、新たに設けられたツマヤに住む人妻のもとに夫が通う風習からツマとなったなどの説がある。

つみいれ【摘入】

練り製品の一種。「つみれ」ともいう。魚肉のすり身に澱粉・調味料を混ぜてひと口大にまとめ、湯煮したものである。高級品は、スズキ・キスを原料とし、一般にはサバ・アジ・イワシを用いる。八十九翁の撰する『飛鳥川』（文化七年〈一八一〇〉）の続編に筋違外の大丸という料理屋で大つみ入の汁を始めたとある。天保八年（一八三七）以来の見聞を書いたという『守貞漫稿』（『近世風俗志』）によると、「つみいれ」は京坂にはなかった。昔は「うけいれ」といい、鯛肉をすって小梅実の大きさにつくり、冬は味噌汁にこれを入れて、みぞれの吸物といった、とある。また、江戸では半片と同じ品の魚肉で、四季ともに味噌汁にこれを用い、粗製の膳に用いたものである、と書いてある。つみいれは、魚肉をたたいて、これに味醂の煮切を少しと塩を加え、裏漉しして、金杓

子で小さくちぎり取り、煮湯の中へ落とし入れてゆでる、といったつくり方をする。桃色のものは、食用紅で色をつけ、主に白味噌汁の実とした。「つみいれ」を「つみいれはんぺん」ともいった。「抓入」とも書く。ツミイレのツミは、つむこと、つまむこと、つまみとることである。イレは、入れること、すりつぶした魚肉をつまみとって鍋に入れるという動作をそのまま名称としたものである。それが略されて「つみれ」ともよばれる。

つるべずし【釣瓶鮨】

吉野鮨ともいう。奈良県の郷土料理で、吉野川のアユを鮨につくり、手を藤でつくった曲物《まげもの》に入れたが、その形が釣瓶《つるべ》に似ているところから、釣瓶鮨といった。この名は室町時代から日記類に散見される。安土時代の『石山本願寺日記』に大坂の下市別院からの到来が記してある。吉野の釣瓶鮨が日本中に有名になったのは、竹田出雲（二世）の歌舞伎狂言「義経千本桜」（延享三年〔一七四六〕）以来のことである。三段目、俗称すしやに登場する釣瓶鮨屋弥左衛門のところに平維盛が世を忍んで弥助《やすけ》という変名で雇人になっている。鮎鮨をつくっていたので、これを「弥助鮨」とよぶようになった。吉野川のアユは、吉野山の桜の花びらを食べて育つといわれ、香り・味とともに有名で、別名「桜鮎」ともいわれた。狂言の大当り以来、花柳界では、鮨のことを「弥助」とよぶようになった。

て

ていかに【定家煮】

鯛などの淡白な魚を塩と酒（または焼酎）で煮るのを定家煮といった。『江戸流行料理通大全』に「焼酎と焼塩で味をつけ煮るを定家煮といふなり」とある。定家というのは藤原定家のことで、『新古今和歌集』の代表的な歌人で、晩年には『新勅撰和歌集』をつくったりした。鎌倉時代に活躍した人で、たいへん人気があった。能楽に「定家」というのがあるが、定家が式子内親王を恋して葛になって内親王の石塔にまつわりつく筋で、歌人でありながら人間味の強いところがあるとされた。だから大衆に愛好されたので、植物にも定家葛という名がある。

また定家袋・定家文箱といったものから、定家流という書道の流儀もある。百人一首というのは定家の撰したものである。こんな人気者であるから、定家が好んだとか、または好みそうだというものまで定家の名がつくのである。だから、定家煮は定家が発明したと考えるのは間違いで、利久煮と同じように「定家好み」ということから名がついたのである。それは鎌倉時代の定家の名が、江戸時代に流行した料理に初めて出てくることによってもうなずける。

てっかみそ【鉄火味噌】

胡麻油を熱して最初に大豆を煎って、次に牛蒡、蓮根をこまかに刻んで入れ、するめをこまかに刻んで、煎った麻の実、こまかくした唐辛子をいっしょに打ち込み、よく煎って、赤味噌を砂糖・酒で調味して加え、練って混ぜ、手早く煮あげたなめ物である。略製のものは、大豆と牛蒡・唐辛子の三品を味噌に混ぜて煮あげる。嘗《なめ》味噌の一種。鉄火者《てっかもの》というと心の凶悪無残な者、粗暴なる者、乱暴者。鉄火肌の者をいった。「鉄火飯《めし》」は醤油を加えて炊いた飯で、あぶらげ飯を鉄火飯とよんでいる所もある。「鉄火鮨《ずし》」は、芝海老の身をそぼろにして鮨飯の上にかけたもの。「鉄火丼《どんぶり》」は、鮨飯に、おろしたワサビとマグロの切り身をのせて、焼きのりをちらした丼飯である。「鉄火巻《まき》」はマグロの切り身とおろしたワサビを芯《しん》にして巻いた海苔巻きである。「鉄火飯」は、鉄火場（ばくちをする所）で食べた飯ということだろうか、鉄火鮨とか鉄火丼を見ると、芝海老をくずしたもの、マグロを小さく切ったものをのせる。鉄火巻はマグロをぶつ切りにして巻くとか、鉄火者的なところがある。身をもちくずしたヤクザの鉄火としゃれている。鉄火味噌というのは、大豆・牛蒡・蓮根・するめ・麻の実といった材料を味噌に打ち入れ、すべてのものを火にかけて練るという「鉄火」なところがある。鉄火味噌は、こんな心から命名された。

てっぽうやき【鉄砲焼】

魚・鳥の肉に唐辛子《とうがらし》味噌を塗って焼いたものである。土蔵焼《どぞうやき》というのは、アユやフナ・ハヤなどを丸のまま山椒味噌を塗って焼いたもので、魚の上に塗るので土蔵焼といった。鉄砲焼のつくり方は土蔵焼と同じだが、唐辛子味噌にするだけが違っている。鉄砲和《あえ》という料理法は、ぶつ切りにしてゆでたネギと、魚・貝などを辛子酢味噌《からしすみそ》であえたものである。ピリッと辛子がきくので鉄砲といった。また、食べるとネギの芯《しん》がぽんと抜けるのが鉄砲に似ているからだともいう。とにかく、唐辛子がきくとか、辛子がきくということで、「鉄砲」の名をつけたのである。『料理談合集』の焼物の部に、精進の鉄砲焼というのは、筍を皮のまま生で根を切りはなし、内のふしを抜いて、酒とたまり醤油をつぎ込んで、切口を大根でふさいで、藁灰の中に入れて焼く。焼けたところを出して皮をむいて切る。内につぎ込んだ醤油がよくしみ込んで香味が良くなる、と説明されている。この精進の鉄砲焼は、その形が鉄砲に似ているからである。

てらなっとう【寺納豆】

昔、寺院などで納豆を仕込んで、歳暮の贈物に檀家などへ配ったので、この名がある。この納豆の名称は、「納所豆」が納豆になったという説がある。納所《なつしょ》というのは、寺院の給食関係まで含めた事務を執る部署で、この納所で給食用に製造した大豆加工食品が、納所豆といわれ、それが納豆になったというのである。また、桶やかめに貯えられた豆といった意味で「納め豆」といったものが納豆となったという説、これを製造する工程中に廃物になるものがなく全部完全に製品に「納まる豆」だから納豆というとの説もある。『正倉院文書』や平安初期の『延喜式』などに「鼓《し》」和名「くき」が記載されているが、これは、遣隋使・遣唐使また留学生・留学僧などによって中国からもたらされたものであろう。寺院や宮廷貴族の間で珍重され、当時の国分寺などでもつくられたので、鎌倉・室町時代には、広く用いられ、大徳寺の大徳寺納豆や静岡県浜松市の名産になっている「浜納豆」が、その名残りである。徳川時代には、「江戸納豆」「一夜納豆」「苞納豆」「藁納豆」「唐納豆」などが愛好されている。つまり、納豆には、塩納豆（浜納豆）とよぶ中国伝来のもので麴菌を利用してつくるものと、糸引き納豆とよぶ納豆菌を利用してつくったもの（普通の納豆）の二種がある。中国から豉（し）が渡来して、貴族から一般の人々へと普及されているうちに、日本独特の納豆が偶然発見され、これが手軽につくられると日本人の多くが納豆を愛好するようになった。

てりやき【照焼】

魚介類を味醂醤油で光沢（つや）の出るように焼いたものである。『東京新繁昌記』には、「光沢焼」と書いて

「てりやき」とよませている。割合に脂《あぶら》が多くて身が厚い魚や鶏を、一度焼いてから味のついているかけ醤油をかけながら照《てり》を出していく焼物である。照焼に向くものは、サワラ・ブリ・アマダイ・アイナメ・アナゴ・ハモ・ムツ・アラ・ボラ・アワビ・ヒガイ・イボダイ・エビ・アイガモ・トリ・ウズラなど。焼き方は、魚を八分通り素焼《すやき》にしてから、かけ醤油をたっぷりかけ、普通三回くらいかけてはあぶり、かけてはあぶって照りを出す。焦がすと苦みが出るので中火であぶる。かけ醤油は、醤油・味醂・酒を同割合にして、さっと煮たもの。焼きあげて串を抜くとき、串先についているかけ醤油のこびりつきを拭ってから抜かないと、魚の身をこわしてしまうから注意を要する。テリ（照・てる・てり）は、足（タル）ものには余光があるからだという説や、また、ツラツラしたものに光が映じて起こることでツラツラがテラテラとなるとの説などがある。光沢焼と書いて「てりやき」とよませたように光沢（つや）の出ている焼物が、照焼である。

でんがく【田楽】
「田楽焼」または「田楽豆腐」の略である。豆腐を串に刺して味噌を塗って焼いたもの。魚類に味噌を塗って焼いたものには「魚田《ぎょでん》」という名称がある。田楽法師が七尺（二・一メートル）ばかりの棒に下から四寸（一二センチ）のところに小さいぬき（貫）をつけたものに乗って踊るさまが、豆腐を串で貫いたように見えるところから、「田楽豆腐」また「豆腐田楽」とよんだ。また、鷺《さぎ》足《あし》という具に乗る田楽法師は、白袴《しろばかま》に色のある衣を着ているところが、豆腐に味噌を塗ったのと似ているからであるともいう。「田楽」という名称は、もと南都興福寺と東大寺両寺の僧語であるともいう。『宗長手記』上巻に「田楽」が出る。同書下巻（大永六年〈一五二六〉）一二月の条にも「田楽たうふ」とある。「田楽」そのものは、平安朝時代から民間に行なわれた楽舞である。田楽というたべものは、初めは寒夜の腹しのぎに食べたり、ただ茶うけに食べたりしていたが、寛永（一六二四―四四）のころには、腰掛茶屋で売る菜飯につきもののようになった。徳川幕府では、田楽豆腐を「短冊豆腐」とか「田楽焼」といった。冬のたべものだった田楽が、木の芽を使うようになると初夏の名物の一つとなった。京都の四季という唄に「二本差しても柔らかい祇園豆腐の二軒茶屋」とあるが、上方の田楽は串を二本刺してあった。江戸では串は一本であった。しかも京坂の串は股のあるもので、白味噌に山椒の若芽をすりこんだが、江戸で股のない串を通して赤味噌を塗って木の芽をのせた。真崎稲荷社前の茶屋で焼いた名物田楽というのは、宝暦（一七五一―六四）のころ、吉原山屋の豆腐を用いて甲子屋が焼いたものがその元祖であるといわれる。田楽はもともと豆腐が本格だが、イモ・コンニャク・ナスなどもあり、魚類も使った。「おでん」という名称は、田楽の女房ことばであるが、現在のおでんの方式は、江戸初期にあった「あつめ汁」とか「むしつ汁」から変化したものである。「田楽」は、田植のときの楽であるところからの名であるとか、田舎の猿楽《さるがく》という意だとか、田野の楽という意だとかいう。また、申楽《さるがく》の申が田の字に転じたものであるとかいわれるが、田はいやしい意で、正しく風雅な楽でないという意味である。この田楽を舞う法師姿から田楽豆腐の名はつけられたものである。

江戸時代の田楽豆腐売り
『豆腐百珍』1782年

てんしん【點心】

点心。「てんじん」ともいう。一時の空腹をいやすための少量の食事のことである。『輟畊録《てっこうろく》』には、早飯前と飯後・午前・午後に食べる小食のことを点心という、とある。『貞丈雑記』には、「朝夕の飯の間にうんどん又は餅などを食ふをいにしへは点心と云今は中食（ちうじき）又むねやすめなどといふ」とある。『類聚名物考』には、点心は、俗にいう茶子《ちゃのこ》である。飯粥の類ではない。菓子の類で心を点改する故に点心という。禅家のことばとのみ思ってはいけない。唐のときにすでにあったことである、とある。『嬉遊笑覧』には、点心は、食後の小食である。蒸菓子の類を点心とする、とある。『七十一番職人尽歌』には、饅頭を点心とよんでいる、とある。「点心」ということばは、中国から渡ってきたものであるが、日本では、「間食」の意に用いられる語となった。「点心」

という字義は、胸に点ずるという意味で、僅かなものをすすめるということで、茶のこ・茶うけなどといい、小食をとることと同じ意味である。『庖丁聞書』『禅林小歌』などを見ると、点心とは、腹心に点加する意であり、禅家では、昼食の意に用いるようになる。『浮世草子』に「侍は中食といひ、町人は昼食といひ、寺がたには点心と云、道中はたご屋にては昼息といひ」とある。

でんぶ【田麩】

「でんぶ」ともよむ。タイ・ヒラメ・カレイなどの白身の魚や、またカツオでもつくる。タイのでんぶをつくるには、蒸籠で蒸してから、水を入れた桶の中に取りあげ、骨皮などを取り除いて、精肉だけを他の器にうつし、両手でもんで、布袋に入れて水をしぼり、日に乾かす。これを「もみだい」という。これに味醂・醤油を加えて煮あげ、火の上で乾かす。『料理綱目調味抄』に、「都春錦（としゅんきん）はでんぶなり」とある。つくり方を書いて、「世にいふ田夫（でんぶ）は、この略なり」とあるから、「都春錦」は田夫の高級品であった。「見渡せば柳桜をこき混ぜて都ぞ春の錦なりけり」の古歌にちなんで命名されたものである。江戸で考案され、上方やその周辺にまでも普及したものであるが、『大根料理秘伝抄』（天明五年〈一七八五〉）『献上料理集』（天明六年〈一七八六〉）ころを最後として都春錦の名は消えてしまい、田麩だけが今日まで残っている。田麩のつくり方は、いろいろと変わって、色彩をほどこして料理の飾りにもなった。田麩煮という煮方がある。古くは「田夫煮物」のことをいい、汁気のないように煎りつけたものである。古法は煎酒だけで煮たものであるが、つぎに砂糖を加えて、醤油・酒などで煮るようになった。その切り方が、材料を大小不ぞろいで、わざと、めった切りにして、不手ぎわに見えるように仕かけて用いるので田夫といったのである。田麩も、「でんぶ」というよみがあるように、田夫（でんぷ）の意である。田夫（でんぶ・でんぷ）は農夫また田舎者のことである。そして、田舎くさいこと、洗練されていないこと、やぼであること、粗野、不風流といった意味にもなる。魚を、ばらばらにしてしまう、これが不風流だということで、田夫と称したのである。その製品の本質から「田麩」という字があてられたのは、見事である。

てんぷら【天麩羅】

徳川家康が鯛のてんぷらを食べて下痢で亡くなったという話は有名である。家康は、元和二年（一六一六）四月一七日午前一〇時半前後に七五年の生涯の幕を閉じた。京都の豪商茶屋四郎次郎が駿府の家康に年賀の挨拶にきたとき、京・大坂で今流行しているたべものは、カヤの油で魚を揚げて食べることだと話した。正月二一日、家康は駿府城の近くの田中に鷹狩に行った。その日、某という神官が鯛を献上した。この鯛を油で揚げて食べたところ、その夜にわかに発病した。医師片山宗哲の投薬で、まもなく快方に向かったが、二月になると病状は一進一退する。三月に宗哲は家康が良くならないというので罰せられ、信濃の高島に配流されてしまった。三月二一日家康は太政大臣に任ぜられ、二七日に勅使が来ると病床で感激したが、四月になると重体に陥った。一一日からいっさい食事をとらなくなり一七日に亡くなる。家康が鯛を油で揚げたものを食べて下痢をしたことは確からしいが、そのとき、「鯛の天ぷら」という記述はない。寛文一二年（一六七二）家康の死後五六年後の『料理献立集』の「いり鳥之取合」のところに、「きじ、てんぷらり」と出ており、「てんぷら」に「り」がついた名称がまず現われる。寛延元年（一七四八）『歌仙の組糸』には、「長皿、きくの葉てんぷら、結びそうめん、油あげ」「茶碗、鯛切身てんぷら、かけしほ、とうからし」一〇月の献立の終わりに「てんぷらは何魚にても、うどんの粉まぶして油にて揚るなり」とあり「菊の葉てんぷら又牛蒡蓮根長いも其外何にてもてんぷらにせん時は、うどんの粉を水醤油ときぬりつけて揚るなり」とある。山東京伝は、この本が出てから一三年後（一七六一）に生まれる。ゆえに、京伝の生まれる前に「てんぷら」はすでにあった。ただ、この魚のてんぷらは、粉をまぶして揚げるとあるから、今日の「空揚げ」である。野菜のほうは小麦粉を水と醤油でといた衣をつけて揚げている。「天ぷらの始まり」ということで、天明（一七八一―八九）の初めころに、京伝のところに出入りしていた利介という男が「大坂にてつけあげといふ物、江戸にては胡麻揚とて辻うりあれど、いまだ魚肉あげ物は見えず」としゃべったとあり、「これを夜見世に売らんに、そのあんどんに、魚の胡麻揚としるすは、なにとやらん物遠し。語声もあしく、先生名をつけてたまはれ」というと京伝が「天麩羅」と書いてやったというのである。「てんぷら」ということばは、すでに世に行なわれていたので、京伝が考えたのは、「てんぷら」を「天麩羅」とあて字した面白さである。テンプラは、天上の日の意のスペイン語・イタリア語（Tempora）からで、この日には獣鳥肉は食べないで、魚肉鶏卵を食したところから、この日には魚料理の名となったものであるという説がある。油を天（あ）麩（ぶ）羅（ら）と書いて音読したものという説、また、調理という意味のポルトガル語（Tempero）であるという説もある。イタリア人画家の使用した絵具に英語でテンペラというものがあるが、それはスペイン語でテンプラといって、ラテン語の混合物、あるいは撹拌するという意である。昔、スペイン人が日本人のカキアゲという調理を見て、うどん粉に魚類を混合するもの、撹拌する、かき混ぜて揚げる物ということで、これをテンプラといったのであるとの説もある。テンプラの語源は、テンプラリの略称であると思われるが、この語源は南蛮語であろうが、不明である。

でんぽうやき【伝法焼】

転法焼とも書く。現在あまり行なわれていないが、少し古い料理本にはかならず出ている。伝法焼という一種の陶器があって、この陶器で焼いた料理を伝法焼といった。後に、土器《かわらけ》で料理したものを一般に伝法焼といった。土器焼というのは、伝法焼のことで、伝法土器という土器があったのだが、いつのころか、天保焼とも書いた。『料理談合集』という本には「伝法焼とは、ごとうかわらけに、ねぎの白根をせんに切って敷いて、これを火にかけて少し焼いてから、カツオ・マグロなどをさしみのように切って、その上にならべて焼く。色が変わったら返して、下地をこしらえておいてかける」とある。伝法《でんぽう》といえば、無頼漢とか、ならず者のことをいうが、伝法焼の語源ではない。

と

トウガン【冬瓜】

トウグワが訛ったもの。トウグワンともトウガウともいう。平安時代にはカモウリとよんだ。冬瓜（かもうり）と『倭名鈔』にある。毛が多いので氈《かも》のような瓜というわけである。原産地はインドで東南アジアをはじめ温帯地方に広く分布し、日本には古く渡来した。果肉は厚く

水気が多く、味は淡白なのが特徴である。鴨長明の長明忌には、汁の実にカモ瓜を使う。カモは毛氈《もうせん》の和名である。トウガンの若いときは外皮に毛が密生しているのでカモ瓜とよんだ。訛ってカモフリとよぶ地方もある。シブイ・スシブ・スブリ・ドビンともいう。江戸瓜とも江戸冬瓜ともいわれる。古名はカオウリ（顔瓜）である。冬瓜とは、霜がおりて冬にわたって熟するのを良しとするところからだという。また、熟すると皮の上に白粉《おしろい》を塗ったようになる。この粉を雪や霜と見て冬の瓜として冬瓜といったとの説もある。カモウリの名も新井白石は『東雅』に「カモは殕（カヒ）也、皮の上白を生じて殕の如くなるを云ひしなり」と書いている。

とうふ【豆腐】

白壁に似ているので、「おかべ」という。豆腐をつくるときの皮は、老婆のしわに似ているから「うば」といい、転じてゆば（湯婆）という。豆腐は中国名を日本よみにしたもの。豆腐の粕を、「きらず」というのは、庖丁を用いなくても、刻んだようだからである、と古書にある。「おから」である。豆腐は、漢の武帝のとき（紀元前二世紀）淮南王劉安という人が発明したといわれる。この人は、学者文人を集めて著書を編集させているが、その中に『淮南王万畢術』という本がある。この本に豆腐の製法が述べられていたのだろうというが、この本が現存していないから、はっきりしない。日本に伝わってきたのは、おそらく鎌倉・室町時代に中国に留学した僧侶が、製法を伝えたのであろう。室町中期、文安元年（一四四四）の『下学集』に豆腐という語が載っている。

京坂と江戸で異なる豆腐売り
『守貞漫稿』1853 年

豆腐の代表的料理といえば、田楽と湯豆腐である。京都祇園二軒茶屋の「祇園豆腐」というのは、慶安三年（一六五〇）ころ「ゆる〳〵と祇園の前にやすらひて、にたりやきたり豆腐をぞくふ」とうたわれているほど古い歴史をもっている。明治の中ころにはすたれたが、後、祇園の中村屋が復興した。これは竹串に豆腐を刺して焼いて味をつけたもので、味のつけ方は、時代によって変わったらしい。これは田楽豆腐である。湯豆腐のほうは、万治年間（一六五八〜六一）大坂の高津神社の石段下に湯豆腐屋が創業されている。これが有名な高津豆腐である。うまい豆腐というのは、良い大豆と良い水がなければできないが、もう一つ大事なことは、豆をすりつぶす石臼の石質が良くないといけない。石臼の良いのがある地方の豆腐はうまいといわれる。

どうみょうじ【道明寺】

道明寺は、大阪府河内郡北部にある寺で、糒《ほしいい》（飯を日に干したもの。乾飯《ほしいい》の略）を産して名高い寺である。尼寺で尼さんが糒をつくりだした。それを道明寺糒といったが、有名になって、道明寺といえば、糒のことになってしまった。昔、この寺は、道明寺村にあり、真言宗の寺で、菅原道真が左遷されたとき、ここに一泊したという。この寺の尼さんの仕事としていつか糒をつくるようになった。道明寺揚は、煎った道明寺糒を卵白で魚などにつけて油で揚げたものである。道明寺お萩といえば、道明寺粉でつくったおはぎである。道明寺粉というのは、道明寺糒を碾いて粉にしたもの。道明寺糒のことを道明寺種《だね》ともいう。

トウモロコシ【玉蜀黍】

トウモロコシキビ（唐黍）・タマキビ（玉黍）・ナンバンキビ（南蛮黍）・コウライキビ（高麗黍）・トウキビ（蜀黍。略してトキビともいう）などといった。原産地はメキシコ高原だといわれる。一五世紀の末にコロンブスがアメリカ大陸発見のとき種子を持ち帰って、ヨーロッパに広まった。日本には天正七年（一五七九）にポルトガル人が長崎に伝えた。南蛮人が伝えたというので南蛮黍とよんだ。トウモロコシキビの名は、モロコシという植物によく似ているキビということでつけられた。トウモロコシは、タマモロコシから転じたという説があるが、これは玉蜀黍という文字を見て玉をタマとよんだもので、間違いである。モロコシをトウキビとよんでいた地方では、ナンバントウ（南蛮唐）という名をつけ、それがナンバンキビになり、略してナンバキビともよんだ。コウライキビは、韓国から種子が渡ったと考えての名前である。日本のたべもの名には、新しいものが入ってくると唐という字をつける慣例がある。たとえば、唐茄子とか唐芥子である。

モロコシキビを知ってから後に新しい種子が入ってくると、これに唐をつけてトウモロコシキビと称した。ところが、モロコシキビに唐黍の字を用いていたので、唐唐黍というのではおかしい。トウキビに蜀黍の字を用いていたのは、モロコシキビに唐黍の字をすでに用いていたからである。蜀も唐も中国の国名であり、国名を二つ重ねることはおかしいので、形からタマキビの玉をとって玉蜀黍としたのである。トウモロコシキビが略されてトウモロコシとなった。

トコブシ【常節】

アワビとは種類が違う。トコブシの孔はどんなに小さいものでも一一前後あり、アワビはどんな大きな貝でも八つ前後しかない。貝の孔を見ればアワビとの違いがはっきりする。殻が薄く低く楕円形で小形であり、成長しても大きくはならない。常節という字はあて字で、床伏とも書き、小蚫・鰒魚もトコブシとよむ。土佐でナガレコとよぶ。アワビほど肉が硬くないので老人に喜ばれる。ナガレコ（流子）という名は、親のアワビにはぐれて海底をさまよう子にみたてたものである。また、運動が活発なので流れ子とよんだとの説もある。アワビの一種と考えたのであろう。また、豊前などでセンネン（千年貝）とよぶが、この貝が何年たっても大きくならないことを知ってアワビとは違うことに気がついたのであろう。万年鮑《まんねんあわび》ともいう。めでたいときの料理に用いられるが、アワビのように生《なま》では用いない。甲府の名物「煮貝」は駿府のトコブシを運んで醤油煮にしたものである。雌雄同体で夏が旬《しゅん》である。アワビよりやや早く秋が産卵期になる。トコブシのトコは、海中の瀬にいるから床《とこ》とよんだものである。つまり浅い海にいるという意味からトコといった。フシは伏しで、海の浅いところに伏した小さい貝なので、この名ができた。

トコロ【野老】

ヤマイモに似た植物で、畑につくると色が黄で味が良い。また山野に自生するところから、「野」と書き、その根にヒゲが多く老人の黄鬚を見るようであるというので「老」と書いた。エビに長いヒゲがあるので海老としたのと同じ考え方である。古名はトコロヅラ。ノノオキナとよぶところから、野老と書くともいう。寛延・宝暦（一七四八―六四）のころには江戸に野老売《ところうり》がいた。トコロに「荖」の字を書くには家の近くに植えたからである。苦味があるのでヤマイモのように生では食べない。関東の山中に産するものが良い品で、大和・紀伊・伊予・安芸地方からも多く出た。新年の飾りに野老があったので野老売がいたわけである。茶菓子として客人にも出し、土産物としても用いられた。トコロの語源は、トケオ（解麻）の義であるとか、トロリとこ（凝）った汁になってコロコロとしているところからだとの説、あるいは、根にかたまりができるところからトコリ（凝）がトコロになったという説もある。

ところてん【心天】

和名で「凝海藻（こるもは）」といい、また、「こごろも」ともいう。これを煮るとこごる（凝）からである。コゴロモをココロブトと訛って、俗に心太の二字を用いた。室町時代にはココロブトを訛ってココロテイ、それをさらに訛ってココロテン、これがまたさらに訛って、江戸時代にはトコロテンとなった。

トサカノリ【鶏冠菜】

古名はトリサカノリである。トサカのことをトリサカ（鳥毛冠）といったのである。『延喜式』に「鳥坂苔」とあるから実に古くから用いられた海藻である。鳥坂苔はあて字で、紅菜とか赤菜とも書く。紅色藻でその形がとさかに似て海中の石などに付着する。伊豆七島や九州方面に多く産する。とさかは「とつさか」ともいうのでトツサカノリともよんだ。刺身のつまとしたり、汁・吸物のいろどりにも用いられる。塩蔵品が多い。トサカノリを食べると眼病に効き、便通を良くする。鶏のトサカに形が似ているのでこの名がある。

ドジョウ【泥鰌】

石川県河北地方でウナマ、鹿児島県でジックリまたは、ドジュクリ、和歌山県でトドヨ、滋賀県でドロンボ、山形県村山地方・福島県北部でドンキ、鳥取県・岡山県・広島県でドンキュー、石川県鹿島地方でノロマとかノロ、青森県でメロという。寺院の隠語でオドリコ（踊子）は、はねるところからの名である。ドジョウは夏の暑い日には昼寝をする。冬は冬眠をするが、空気穴を土の上まであけてある。雌と雄がからみあって、キスをして生殖する。大桶に水をはってドジョウを入れておくと、底にもぐったかと思うと水面に口をつき出しにくる。上がったり下がったりするのは腸呼吸をするため、空気を吸いに来るのである。その薬効は古くから知られている。胃潰瘍を治し、胃腸内のはれや、ただれ・痛みをとる効果があり、貧血症や衰弱した人にも良い。リューマチや神経痛で痛むところには、ドジョウをさいて皮を貼りつけると良く、スタミナをつけるのにこれを食べるということも信じられている。田植が終わったころから旬《しゅん》に入る。ドジョウは酒の気をさますから、ドジョウ鍋で酒を飲めば悪酔いしないという。江戸でドジョウ汁を始めたのは文政年間（一八一八―三〇）で南伝馬町三丁目店に住む万屋某がドジョウをさいて骨首・わたを取り去って鍋煮にして売った。その後天保（一八三〇―四四）の初めころ横山同朋町に「柳川《やながわ》」という屋号で、ドジョウ鍋を売る店ができ、各地にこの商売が始まるが、やがてドジョウ鍋を柳川鍋とよぶようになる。『慶安太平記』の丸橋忠弥のセリフに「けさ家を出るときに向い酒で三合呑み、それから角《かど》のどぜう屋で」とある。「角のどぜう屋」は浅草駒形の越後屋で、文化元年（一八〇四）一〇月、初代渡辺助七が開業したといい、現在も「駒形どぜう」で知られている。ドジョウの成長は雌が早く、その数も雌は雄よりも多い。満二年で成魚となる。柳川鍋の土鍋は、京坂では伊賀焼、江戸では今戸焼を用いた。ドジョウの名前は、ドロセウ（泥髭）の義であるとか、髭《ひげ》のある魚だから土尉、または泥尉、また、土長、さらに、ドロスミウオ（泥棲魚）からドジョウとなる、などといい、泥生とか土生の意ともいわれている。いろいろな説がある中で、ドロツオ（泥津魚）、泥の中にいることからドジョウとなったとするのが良いと思われる。

とそ【屠蘇】

正月に屠蘇を飲む習慣は、中国から日本に伝えられた。唐の『広韻』に屠蘇は草庵なりとある。屠蘇に酒を用いることを始めたのは、唐の孫思邈（孫真人）で『屠蘇飲論』に八品の薬をあげて「八神散」とよんだ。大黄・蜀椒（さんしょう）・桔梗・桂心（にっけい）・防風各半両（五匁）、白朮（おけら）・虎杖（いたどり）各一分、烏頭半分、とある。後に、イタドリの代わりに、茱萸（かわはじかみ）になり、さんしょうが胡椒になっており、さらに変わったものも現われる。とにかく、屠蘇酒を飲むことは、唐代になって初めて起こった風習である。孫思邈という仙人が、紅い袋にいろいろの薬を入れて、除夜の暮がた井戸の中に吊るしておき、正月元旦にこれを出して袋のまま酒の中にひたし、しばらくたってその酒を飲むとき、「一人これを飲めば一家族なく、一家これを飲めば一里（近所中）病なし」と祈った。そして、年少者から先に飲んで年長者をあとにし、飲むとき東のほうに向かって飲んだという。日本ではこのような中国の話から、屠蘇を飲むようになった。その仙人の庵を屠蘇庵といったので、「とそ」という名ができた。

トビウオ【飛魚】

トビ・トビオ・ツバクロウオとかミチョウチョウ・ツバメウオなどともよばれる。トビウオの大きいものをカクトビ、小さいものをセミトビ、またアンコという。古名はヒイゴである。江戸でトビノウオ、中国と九州でアゴ、富山でエベヨ、山口県でトンビース、静岡県でマイオ。普通は水面上を二メートルほどの高度で飛ぶが、最高六メートルくらいで、最長は四〇〇メートルも飛んだことがあるといい、四二秒間も飛行した記録もある。トビウオのうろこは、イワシのように、さわるとすぐとれる。特徴は、胸ビレの大きいことである。昔の本に、この魚は生で食べてはうまくないとある。刺身が駄目で煮物にしてもうまい味が出ないから味の点で騒がれないが、干物にするとぐんと味が良くなる。有明湾のトビの干物、鳥取の名産にはアゴ竹輪、出雲に野焼きかまぼこがある。三宅島・新島ではクサヤの材料にムロアジの他にトビも使っている。トビウオは五、六月ころ近海に来て月夜か早朝に岸近くの海藻の繁茂している場所に産卵して深海に帰る。卵は一週間で孵化して稚魚は九月ごろ三センチばかりに生育して外洋に出る。魚なのに空を飛ぶというところからトビウオがその名となった。

どぶろく【濁醪】

濁酒の滓《かす》を漉《こ》さないもの。濁醪（だくろう）の転じたものが「どぶろく」だという。「どびろく」ともいう。黄色を酴醾醁（どびろく）というからその転が「どぶろく」だともいう。「濁醪」は、『和名鈔』に「もろみ」とある。『下学集』には「濁醪」（ダクラウ）とあり、『節用集大全』には「濁醪白酒也」とある。『物類称呼』に「松岡氏どぶろくは濁醪の転語からといへり。文選に濁醪にごりざけと訓ず、関西にてどびろくと云ふ。関東にてはどぶろくとも、濁り酒ともいふ。松岡氏の説によるべきか」とある（松岡恕庵『詹々言《せんせんげん》』にドブロクは濁醪の訓なりとある）。「どぶろく」を「もろみざけ」「もろみ」「にごりざけ」「どびろく」などとよぶ。どぶろくは酒の醗酵したままのもので、その色が酴醾（どび）に似ているので酴醾漉（どびろく）といい、清酒に対しての名である。「どびろく」も「どぶろく」も同じものである。どぶろくを北海道・伊豆大島で「ごんく」、宮城県で「ごんどかぶり」、岩手県・宮城県・埼玉県などで「しろうま」という。『唐詩選』の春思に「金花臘酒解ニ酴醾一」とあるが、これをあげて『類聚名物考』では、「酴醾録」（どぶろく）とよんでいる。「どぶろく」を「どぶ」また「どび」とも略してよぶ。天明七年（一七八七）『狂歌才蔵集』には「濁りなくすみわたりたる月のよにせめて呑ほすどびろくもがな婆阿」という歌が載せられており、ここでは「どぶろく」を「どびろく」とよんでいる。

トマト

赤茄子《あかなす》・唐柿《とうがき》・六月柿・西洋茄子《せいようなすび》・さんごじゅなすびなどとも称する。南アメリカのアンデス山脈のやや高地に野生していた一年草である。インディアンの移住とともに中部アメリカやメキシコに伝えられた。メキシコ・インディアンはトマトルとよんでいたが、スペインやポルトガルではトマーテとよばれ、一七世紀に英語でトマートといわれた。日本へは宝永五年（一七〇八）に伝来した。宝永六年刊の貝原益軒の『大和本草』の巻九の雑草類に「唐ガキ」は「又珊瑚茄（さんごなす）ト云俗名ナリ」とあり、「実はホウヅキより大にして」とあるから、今日のような大きな実ではなかったらしい。漢名は小金瓜・蕃茄（あかなす）。明治五年（一八七二）八月『新聞雑誌』は東京府下でトマト栽培をした者のあることを報じている。大正四年（一九一五）ころ横浜在の田舎では農家がつくっているトマトを砂糖をたっぷりつけてやっと食べた者もある。ソース用トマトで、一般の人はまだトマトを食べなかった。周防大島でアメリカナスビ、青森県上北地方でベチョナスとよんだ。古くは、「赤茄子」とよばれたものが英語のトマートからトマトと称するようになった。

どらやき【銅羅焼】

文治三年（一一八七）源九郎義経が奥州に逃れたとき、武蔵坊弁慶は手傷を負って、武蔵野の一民家で療養していたが、出立のさい銅羅と手紙を残して行った。その銅羅で焼いたのが、「どら焼」の伝説的起源だという。江戸時代の初期、寛永年間（一六二四―四四）に江戸麹町三丁目に「助物焼」が始まる。助惣の元祖は大木元佐治兵衛といい、餅にも屋号にも「助惣」の名をつけたという。この助惣の「どら焼」は、麩の焼を丸く紙のように薄く焼き、餡をまん中に入れ四角にたたんだものであった。『嬉遊笑覧』には「雍州府志ニ、焼餅ハ米ノ粉ニ煉餡ヲ包ミ、ヤキ鍋ニテ焼タル、其形ヲモテ銀鐔（ぎんつば）ト云ト有リ、今ノどら焼ハ、又、金鐔ヤキトモ云フ、コレ麩ノ焼ト銀鐔ト取マゼテ作リタルモノナリ、どら焼トハ形、金鼓（こんぐ）ニ似タル故、鉦（どら）と名ヅケシハ、形ノ大キナルヲ云ヒシが、今ハ形、小クナリテ金鐔ト呼ナリ」とある。「助惣焼」というのが「麩の焼」また「銅羅焼」である。助惣のどら焼は四角であったが、明治初年、日本橋大伝馬町の梅花亭の森田清が丸型の新どら焼をつくった。銅羅の形をした菓子で、餡に天ぷらの衣をつけるようにして皮を焼いた。現在のどら焼は「編笠《あみがさ》焼《やき》」という焼菓子で、上野黒門町に大正三年（一九一四）に開店した「うさぎや」が始祖である。どら焼は、形が銅羅に似ているところから出た名である。

トリガイ【鳥貝】

貝殻は、ハマグリのような二枚貝で、その中の身は足である。この形が鳥のくちばしのように紫がかった黒色をしているのでトリガイの名がついた。内海や湾内の砂泥の中におり、あたたかい海水を好む。瀬戸内海各地、ことに広島・山口あたりの沿岸で多くとれ、山口県佐波地方の名物である。トリガイの干したものもある。一一月から晩春にかけて出回るが、三、四月ころが旬《しゅん》である。足の部分が美味で、すし種や酢の物などに用いられる。この足の部分が「く」の字形に曲がって鳥の足に似ているからトリガイの名がついたともいう。また、その味が鶏肉に似ているからだともいわれる。昔は、この貝には毒があるといって食べなかった。その後も貴人の膳にはのせなかった。関西では早くから食べられていたから『東海道中膝栗毛』でも弥次喜多が、そのうまさに感心している。

とりのこもち【鳥子餅】

「鶴の子餅」とも書く。糯《もち》米を洗って、水に半日ほどつけてから、ざるにあげて水気をきり、蒸籠で蒸す。臼に入れて搗きつぶし、柔らかにして粉の上にあげ、鶏卵状に餅をまるめてとり、粉を敷いた板の上で、さまして固める。餅は紅白の二色とし、祝儀のときには白餅を下に、紅餅を上にして重に詰める。紅のほうは、糯米を蒸して臼に移すとき、食紅を加えるだけで普通の餅と同じに搗く。粉は、糝粉《しんこ》でよいが、とくに餅肌を美しくするためには糯米粉を用いる。また、もとは小餅につくって重詰にするときに限り、少量の砂糖を混ぜたものだが、近ごろは大小ともに甘味料を加えるのが普通となった。蒸し加減は、杓子で糯米をすくいあげて、指の先でもんでみて、つぶれるくらいに柔らかになるくらいが良い。粉は片栗粉を用いてもつくる。「卵重」(とりのこがさね)ともいう。古くは、トリノコモチヒといい、略してトリノコともいう。「鳥の子」とは、鶏卵のことで、鳥子餅は、鶏卵の形につくった平たい餅のことである。

とろろじる【薯蕷汁】

ヤマノイモやヤマトイモをおろし金ですりおろし、すり鉢に入れてすって、清汁《すましじる》か味噌汁を加えて、すりのばし、この中に卵を割り入れる。出すときに、きざみ葱・青海苔などを薬味にする。松の内にとろろを食べれば中風にかからないとの俗信がある。小丼にとろろを入れ、中央に卵黄を落とし、卸山葵《おろしわさび》と青海苔をあしらったものを「月見薯」という。また、マグロのぶつ切りなどの魚に、とろろをかけて山葵醤油を添えたものを「山かけ」という。麦飯にとろろをかけて食べるのを「麦とろ」といい、これは屋号にもなっている。「梅若菜まりこの宿のとろろ汁」は芭蕉が江戸に下る弟子の乙州《おとくに》に与えた句である。鞠子《まりこ》の宿のとろろ汁は、参勤交代の大名たちに気に入られたので有名になった。静岡県榛原《はいばら》郡川根町付近で自然薯がつくられた。ヤマノイモは日本列島原産のイモである。とろろの粘質物は、グロブリンに似たタンパク質とマンナン(糖類の一種)が結合したものである。デンプン分解酵素を多く含むから消化が良い。「とろろ汁」を千葉県香取地方では「とろみ」とよんでいる。トロロとは、トロトロの略である。「とろろ」は「とろ」ともよばれる。『秋斎間語』に「とろろの事、奥州とろろ山より出づるいも、とろろによし、ゆゑにとろろの名あり」とあるが、これは昔から間違いといわれる。

どんぶり【丼】

元禄時代の二〇年ほど前、寛文(一六六一—七三)ころ江戸に、けんどん屋という名称で、盛切りのめし・そば切・うどんなどを売る店ができ、繁昌した。当時の流行歌に「八文もりのけんどんや」（見頓屋）というような文句がみえる。けんどん屋という名称は、盛切り一杯のたべものを出すことが、客に対して、突けんどん（慳貪）だということから、名づけられた。けんどん屋が盛切り一杯にした器、つまり鉢《はち》を「けんどん振りの鉢」とよんだ。鉢は、皿よりも深くて、すぼんでおり、瓶よりも口の開いた器の名称である。けんどんぶりの鉢が、どんぶり鉢とよばれ、鉢を略して、どんぶりとなった。丼という字は、中国文字であるが、井戸の中に小石を一つ落すとドンブリと音がするということから、この字をどんぶりとよんだ。天保（一八三〇―四四）ころには、「けんどん」というたべものはなくなっていたが、天明（一七八一―八九）のころには、鼻紙袋という携帯用の入物《いれもの》の名称としてどんぶりという名が用いられた。さらに、銅巻とか腰掛けについているかくしも、どんぶりとよばれるようになった。安房では、居風呂のことを「どんぶり」というし、越中地方では財布のことをどんぶりといい、中国地方では、一三〇〜四〇石積の商人船をどんぶりとよんでいたが、いずれも、いれもの（容器）に関係がある。どんぶり鉢は、口が広くて、何でも入るから、袋とか財布の名になり、居風呂は、どぶんと入る音のほうからついた名称だろう。商人船も、入れるという連想からであろう。丼は、やがてこの器に入れた食品ができて、丼物と称せられ、親子丼・天丼・カツ丼等が、その食品をさすことになった。

な

ナガイモ【長芋】

長薯とも書く。中国原産で、古く中国から伝来して畑で栽培された。葉腋にこいも状の「むかご」を生じる。雄花の花序は立ち、雌花の花序はたれ下がる。雌雄異株である。夏、葉腋に三〜五個の穂状花序を出して乳白色の小さい単性花をつける。ナガイモは、肉質根が長いところからこの名がある。ヤマノイモは、日本原産のもので、山野に自然にあったというので自然生《じねんじょう》といった。自然薯とも書く。ナガイモの、一年で巨大な根塊となる一種を、一年薯とかラクダイモまたツクネイモ（仏掌薯）と称する。栽培変形種であるが、このツクネイモは大和

（奈良県）の産を良しとしたので、大和芋とよぶようになった。ナガイモの一品種である。掌形のものだが、とくに扇面のようなものを地紙《じがみ》芋とか、その小さいものを銀杏《いちょう》芋といった。中国原産のナガイモは日本原産のヤマノイモなどよりも粘《ねば》り気が少ないが、各種の精進料理に用いられ、また、むき物の材料にも用いられる。ナガイモの成分は、ムチン・アラントイン・アルギニン・コリンなどで、また一種のジアスターゼも含有している。漢方では、もっぱら滋養強壮剤として虚弱症に用い、また祛痰の効があるという。

ナシ【梨】

登呂遺跡からナシの種子が出土しているから弥生後期には、わが国で食用とされていたことがわかる。持統天皇七年（六九三）三月丙午の詔に「梨」が出てくる。『万葉集』には、梨の歌が四種ある。「妻梨の木」と書いたもの二首、梨・棗とあるもの一首、梨という名は出ないが梨の黄葉をうたったもの一種である。清少納言の『枕草子』三四段「木の花は」に、中国では詩文につくって楊貴妃が泣いた顔に梨の花が雨にぬれたようだといっている、とあり、宮中の庭に梨の木が植えてあった。白楽天の長恨歌に「梨花一枝春雨帯」とあるが、中国では、梨の花が清白だから雪にたとえられ、一転して美人の形容となった。中国梨は、日本梨と同種である。ナシの語源は、木ではなくその果実のことをナシ（奈子）といったのだという。奈の字は「柰」と書くのが正しく、この字がナシの果実のことだとの説がある。ナシの実は、その中心が白いということでナカシロ（中白）、この略がナシになったとの説、また、風があると実らないところから、風ナシということでナシといったとの説、その実の中心が酸っぱいのでナス（中酸）といい、これが転じてナシとなるとの説、またつぎの年まで色が変わらないところからナマシキの略がナシとなったという説もある。また、ネシロミ（性白実）ということからナシとなったという説、実がアマシ（甘）ということからナシとなったという説もある。日本梨の早生種は七月中旬からとれ、夏の実（ナツミ）という名がつけられたものがいくつかある。たとえば、ナツミからナスビがナス（茄子）となる。そしてナツミからナシになった。ナシは、どの果物にくらべても果汁の多い点では負けない。牛乳の水分は八八パーセントだが、ナシは八九パーセントもある。水菓子という名にふさわしい果実は梨である。ナシは「無し」に通ずるというので、忌みことばとして、アリノミ（有の実）とよんだが、この起源は相当に古く、平安朝時代の女房ことばにアリノミがある。

ナス【茄子】

茄もナスとよむ。古くはナスビ、近くはナスとよばれる。茄子・七斑・紫瓜・落酥・草鼈甲、いずれもナスのことである。江戸時代本郷駒込の名産が茄子（ナスビ）だった。駒込茄子として賞された。インド原産といわれ、熱帯から温帯に広く栽培される。中国から八世紀ころ日本に渡った。正倉院の古文書にも出ている。「一富士、二鷹、三茄子」と夢占《ゆめうら》の大吉に茄子がある。駿河から四月に初茄子を家康に献上したのが、後、初茄子の将軍献上の例になる。駿河富士・鷹狩・茄子、いずれも家康が愛好したものである。また、高いものの象徴だともいう。富士・鷹いずれも高い、初茄子も値が高かった。山形県村山地方でキサナス、滋賀県栗太地方でクロトリとよぶ。『夫木集』に「秋茄子わささのかすにつけまぜてよめにはくれじ棚に置くとも」とあり、秋茄子は嫁に喰わすなという俗諺はこの歌からだといわれる。二宮尊徳が、初夏に茄子を食べて秋茄子の味がしたというのでヒエを蒔かせて凶作に備えた話、河村瑞軒が盂蘭盆《うらぼん》に川や海に流す瓜や茄子を拾い集めて漬物にして儲けた話、平賀源内が、雨続きで茄子が不作のとき、白茄子がたくさんとれて人が食べないところに目をつけ安く求めて味噌漬にして売って儲けた話、英一蝶が、二人の大名が買おうとした石燈籠を買って庭に立て、それを眺めながら初茄子を食べたという話など茄子にまつわる話は多い。ナスビは、中渋実からの名だとか、ナスミ（生実）がナスビとなったとの説、煮弥子の義だとの説、ナカスミ（中酸実）の略という説などがあるが、夏とれる野菜、ナツミ（夏の実）からナスミとなりナスビとなったのであろう。

ナズナ【薺】

春の七草の一つである。オババキンチャク・ガラガラ・ガランガラン・カンザシグサ・コモソグサ・メナズナといった名がつけられている。ペンペングサというのは、果実の形が三味線のバチに似ているからである。また、この草の茎を口にくわえて引っ張って弾くと三味線の音がし、三味線草ともよぶ。「薺は生ゆること済々たり故に之を薺と謂ふ」と『本艸』にある。ナズナを行燈《あんどん》につり置くと虫よけとなるという。ナズナの根は眼疾に効き、その根をこすりしぼって眼を洗うと痛みがとれて良くなる。俗に卯月（陰暦四月）八日ナズナをとって常に用いれば瞳子が良くなる、茎葉を煎じて飲むと腰痛、下痢を止める、などという。葉を摘んで細かく刻んで七種粥《ななくさがゆ》に入れた。ナヅ（ズ）ナは、菜が美味なところから、撫でて愛でる菜の意の「なで菜」からである。ナヅナは秋から春にあって夏にはない。だからナツナキ（夏無き）の略であるとの説や、夏に枯れるところからナツナ（夏無）の義であるとの説、また、ノツラナ（野面菜）がナヅナとなったとの説などある。

ナタマメ【刀豆】

鉈豆とも書く。ナタマメの花は、まず本《もと》のほうから末に向かって咲いて、つぎに、ふたたび末から本へと咲き下がってくる。「もとに還《かえ》る」という意味で、旅行・出立の祝いの膳にナタマメをつけるところがあった。また、ナタマメ二個をお守りとして持っていれば、無事に戻ることができるというので、四国巡礼の人々がこれを持ち歩いたものである。白ナタマメは、ナンテンの葉と同じように解毒に効き、のどがはれてつまったとき、ナタマメを粉末にして服用すると治る。また、避妊・堕胎流産に効くともされた。福神漬の中にナタマメの未熟なサヤを薄く小口切りにしたものが入っている。切ったものも剣に似ているが、サヤ全体の形が、刀に似ているから刀豆と書き、また、幅広く厚みがありナタに似ているからナタマメといった。タテハキ・タチハキ（太刀佩）ともいわれ、漢名は関刀豆・龍爪豆・水流豆・刀鞘豆・挾剣豆である。

なっとう【納豆】

納所《なっしょ》の僧の豆といわれるが、これは、豆腐と同じように、中国から製法が伝わったものである。中国では、納豆を「豉《し》」といった。これは後漢時代（一～二世紀）の文献に現われている。日本に伝わったのは古く平安朝の『和名鈔』に和名クキとしてある。豉をクキとよんだ。中国の豉には、淡豉と塩豉がある。淡豉が、日本の苞納豆（糸引き納豆）にあたり、塩豉が日本の浜名納豆・寺納豆・大徳寺納豆の類である。われわれが通常食している納豆は、淡豉を簡単につくったもので、この簡略な製法は、日本の発明である。利休が馬屋の藁の中に落ちていた味噌豆にかびが生えているのを見て発明したとか、八幡太郎義家が東北地方の征伐に出陣したとき、その家来が偶然、豆が糸を引くことを発見して納豆を発明したとか、神棚に供えておいた豆が納豆に変化したのを見てその製法を考えたとか、諸説いわれるが、納豆は、東北に古くからあり、九州地方にもあった。これは東北の発明を九州にもって行ったからだという。寺納豆といって、ほうぼうの寺でこしらえた納豆が有名で、これは、歳暮にお寺が檀家につくって配ったことが起こりで、大きい寺は、その寺の納豆製法に独特のものをもっていて自慢したものである。

ナツメ【棗】

中国では、紀元前から重要な果樹として栽培された。日本へも古く渡来し、大和地方の古代住居跡からナツメの核が出土した。クロウメモドキ科。ヨーロッパ南東部からアジア東部原産で、マルナツメ・クリナツメ・チョウセンナツメなどがある。人家に植えられ、高さ六メートルくらいになり、幹にはまばらにとげがある。五月初め、初夏に入って新芽を出すのでナツメ（夏芽）といったのである。夏、葉腋に黄白色の花をつけるので夏の梅、ナツウメ（夏梅）がナツメになったとの説もある。中国では、棗の乾果の砂糖漬を高級の菓子として賞味する。漢方では、果実を解熱・強壮剤に用いる。せきにはこの乾果がよく効くという。ナツメの巨木は、材が堅いので中国では、板木に用いた。

ななくさがゆ【七種粥】

正月七日の朝、七種（草）粥を祝う。中国には『荊楚歳時記』（六世紀初め、揚子江中流の湖北・湖南地方の歳時記）に「正月七日を人日となす、七種の菜をもって羹《あつもの》をつくる」とある。日本で七種を決め、「せり・なずな・ごぎょう・はこべら・ほとけのざ・すずな・すずしろ、これぞ七草」とされた。七種の若菜を初めて禁裏に参らせたのが寛平年中（八八九—八九八）である（七種粥の起こりを宇多天皇寛平二年戊年正月七日とする）。

七種を羹として食べたが、まず産土神《うぶすながみ》や祖霊《それい》に供えた。これを食べるとその人に万病なく、年中の邪気を除くものと考えられた。後

に、おかゆに炊いて食べるようになる。七種粥は、足利氏の家風に始まるとの説と、足利時代から自然にお粥になったとの説とがある。ホトケノザ（仏座）は、土器菜《かわらけな》とも、タビロク・タビラコ（田平子）ともいい、七種の場合に限り、「ほとけ」の語を憚《はばか》って田平子とよんだ。なぜ、この七種が選ばれたか、その理由は、はっきりしていない。また、この七種を揃えることも困難で、手に入るものをいくつか白粥・雑炊に入れることが行なわれてきた。七種粥とは、正月七日の七種の菜を入れた汁粥と、正月一五日の七種の物を入れて炊いた固粥とがある。米・粟・黍子・稗子・葟子《みの》（かずのこぐさの異名）・胡麻子・小豆あるいは小豆・大角豆・黍・粟・薯蕷・米、その他、これに類したもの七種を入れたが、後には、赤小豆粥となった。七種の歌には、前記のほかに「芹・五行・なづな・はこべら・仏座・すずな・みみなし・是れや七種」などがある。中国の年中行事の一つが真似られたもので、七の字を縁起よしとする思想でもある。

ナノハナ【菜花】

アブラナ（油菜）・ナタネナ（菜種菜）・ハナナ（花菜）とよぶ。十字花科植物の花のことである。また春の畑に花を開くダイコン・カブ・コマツナ・ハクサイ・カラシナなどの花もいう。ナタネの花の実から菜種油をとったり、食用にしたりして、この植物は、生活に大切なものであった。三月の節供に菱餅を飾るが、この形は、「なたねの花」の形で、お祭に菜の花を神に供える。ナノハナを食べるのは、この花の花粉を食べることであった。天然のビタミンA・B1・B2・C・D・Eが豊富な健康によい野菜である。油菜・菜種菜・花菜とよぶ名称を略して、菜《な》とよんだ。その花がナノハナ（菜花）である。

ナマコ【海鼠】

タワラゴ（俵子）・タワラなどともいい、上方ではトラゴといった。沙噀・土肉・沙蒜・塗笱など、それぞれナマコの漢名である。六月ころに産卵する。産卵がすむと深海に移動して定着して絶食休息する。ナマコは冬に活動して夏眠する。卵からかえった稚子は初めは無色透明で海藻の中などにもぐっているが、二年後には一人前のナマコになる。アオナマコとアカナマコとに分け、アカナマコをシマナマコともよぶ。一二月から二月が美味で、冬至ナマコといってこのころが旬《しゅん》である。ゆでて火力乾燥したものをイリコ（煎海鼠）とよび、海参とも書く。一般に乾燥品をホシコ（干海鼠）と称した。串に刺して乾燥した製品をクシコ（串海鼠）という。ナマコの腸《わた》の塩辛をコノワタ（海鼠腸）といい、ナマコの卵巣の塩辛をコノコ（海鼠子）またはクチコといった。金華山の海辺でとれる金色を帯びたナマコをキンコ（金海鼠）という。生だからナマコだという説は、間違っている。生きていることが特色ではない。名称は、それ自体の特色を見てつけるもので、ヌラヌラしたなめらかなもの、ナメリコ（滑りこ）が略されてナマコになったのである。その姿を見ると、海の中の鼠に似ているので海鼠と書いた。ナマコをさらに略してコともよぶ。コが、ナマコの名称として多く用いられ、コでその本体が知られると、煮たコをイリコとよび、生のコをナマコとよんだ。この二つが混同した名称が、現在のナマコである。

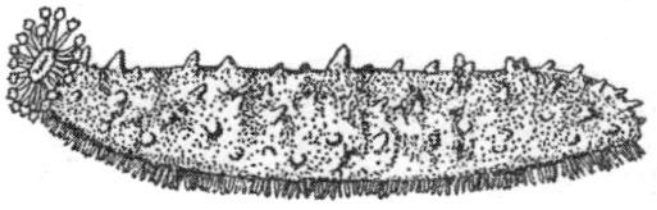

なます【膾】

膾とも書く。魚貝や獣などの生肉を細かく切ったもの。『日本書紀』の景行天皇の条に白蛤（うむぎ）の膾をつくることが出ていて、「膾」という字が用いられている。やがて魚のなますが多くつくられるようになって、鱠という字を使うようになる。鱠が多く用いられる時代になると、精進のなますのとき、「膾」を用いるようになった。肉は「しし」とよむ。生肉を細かに切ったものが、なますなので、ナマシシとよんだ。生肉をナマシシ（生宍、宍《しし》は肉の古字）ともいった。このナマシシがナマスになった。なますに、酢を用いるようになるのは、室町時代である。鱠は平安時代から盛んに用いられていたもので、酢を用いるからナマス（生酢）であるという説は間違っている。山野で狩りをしたイノシシやシカの肉を切って生で食べる。やがて焼くことを知って焼肉にする。魚肉を食べるのはそのつぎであった。室町時代になると魚食が盛んであるから、『下学集』には、「膾」は、魚を調することと書いてあり、「なます」は魚だということになる。そこから「鱠」という字ができることになった。

ナマズ【鯰】

鯰公《ねんこう》・鮎鯰《でんねん》・慈魚《じぎょ》・鮰魚《かいぎょ》・偃額魚《いんがくぎょ》・水底羊《すいていよう》、いずれもナマズのことである。「なまだ」「にぜんぎょう」（二漸経）、東京で「ちんころ」、異名は「じょうげんぼう」。

中国の鮎（なまず）を「あゆ」とよんでしまったので、「なまず」という漢字がなくなったため、「鯰」という国字をつくって「なまず」にした。梅雨のころが産卵期だが、「梅雨《つゆ》鯰《なまず》」といって旬《しゅん》になっている。梅雨で増水した濁り水が水田や小溝にあふれるとき、ナマズが産卵にやってくるのを捕え、これを「ごみ鯰」とよんだ。吉宗将軍の享保一三年（一七二八）の秋、東国に洪水があった。そのとき手賀沼から隅田川に、また、井の頭の池から神田川にナマズが流れ出した。これでナマズが江戸にいるようになって、鯰料理が始まったという。琵琶湖のナマズは、竹生島弁財天の使者（つかわしめ）であるという。この湖のオオナマズは全長一メートルにもなる。英語では、catfish（猫魚）である。ヒゲがあり、夜目が見えるからそうよんだのであろう。夜行性なので、夜釣りでとる。ナマズは蒲焼にするとうまい。スッポン煮・天ぷらにもする。沼に棲むから、ヌマスミ（沼すみ）がヌマズとなりナマズになったという説は感心しない。鱗がなくて滑らかなので、「なまる」「なめらか」「ねばる」といった意からナマヅ・ナマズと名づけられたのである。

なまりぶし【生節】

関西では、「なまぶし」という。「なまり」ともよばれる。生鰹節とか未成脯とも書く。鰹節の製造過程での半製品。カツオを蒸して生干しにしたもの。生干しの鰹節である。寛永（一六二四―四四）の『料理物語』には「生干」とのみある。延宝（一六七三―八一）の『江戸料理集』には、「なまりぶし」とある。ナマブシ（生節）が訛ってナマリブシとなったという説、また、ナマイリボシ（生煎乾）が転じてナマリブシとなったという説がある。しかしこれは、川柳に「生節をなまりぶしとは江戸なまり」とあるように江戸ことばである。カツオの鰹節にならないもので、その皮の色が、鉛のように見えるところから江戸の人々が、ナマリブシ（鉛節）とよんだものである。

ナメコ【滑茸】

ナメタケともいうが、ナメコとよませるには、無理がある。そこで滑子とも書かれる。一名ナメスギタケ・ナメラコ・ナメススキともいう。ナメコは、モエギタケ科だが、エノキタケは、シメジタケ科である。ナメコは肉の厚い多肉のキノコだが、エノキタケは肉が薄い。ナメコとエノキタケとは、まったく違うキノコなのだが、エノキタケのことをナメコとよんでいる地方もある。ナメコは学名もナメコ（Pholiota Nameko）という。傘の開かないナメコを上物とする。ナメコの表面はゼラチンを流したような厚い粘液の層をかぶっており、中央の肉が厚くて黄色味をおびている。傘の色は赤土褐色で、まわりは黄褐色で古くなると色が薄くなる。秋にブナ林の中の倒木や枯れた幹によく群がって生えるが、ブナ以外の広葉樹にも出る。ナメコの主産地は東北地方で、山形・福島がとくに多く、つぎが秋田・新潟である。一〇月中・下旬ころから降雪初期にかけてたくさん発生する。現在は人工栽培が盛んである。クキナメコといって傘から切った軸だけも売っている。この茸の表面が粘液ですべるところからナメラといい、ナメラキノコとよんだ。キノコを略してコとよんだのは、カイコ（蚕）をコとよぶのと同じである。ナメラコのラを略してナメコと称したのである。

ならづけ【奈良漬】

粕漬《かすづけ》の一種である。漬物の中でも高級なもので、一貫目（三・七五キログラム）の酒糟《さけかす》に瓜を二本という割合に漬けるのが良いといわれるほど贅沢なものである。大坂の淀屋辰五郎が四斗樽（約七二リットル）一挺の糟に瓜二本ずつを漬けて得意がったという話があるが、とにかく糟の多いほどうまいものができる。室町時代の山科言継の日記に、「かう（こう・香）の物奈良漬一鉢」とある。また『醒睡笑』（一六二三年ころ）に「うりの糟漬を奈良漬というのは、かす（糟）がの（春日野）があればよいといふ縁なり」という笑話があり、江戸の初めはすでにあった。奈良漬の代表は、越瓜《しろうり》である。奈良地方には古くから酒造が盛んで、酒の名家があり、糟漬の香の物を製造して、将軍家へも献じた。これを奈良漬とよんだのが始まりといわれ、奈良で始められたのでその名がある。

なんぜんじあげ【南禅寺揚】

豆腐をくだいて、少量の小麦粉に卵黄・酒・塩・煮出汁などを加えた衣をつくって、魚とか魚菜を揚げたものをいう。南禅寺豆腐というのは、京都東山名物の豆腐で、豆腐を小判形に切って、両面を油で狐色に焼いたものをいう。南禅寺という寺の名前のついた料理は他にもある。これは、臨済宗南禅寺派総本山のことで、京都市左京区南禅寺福地町にある寺で、室町時代から有名な寺であるから、その名が料理についたのである。

なんばん【南蛮】

南蛮焼きとか、南蛮煮という名称がある。南蛮と書いて、これを「なんば」とよむこともあるが、「なんばん」とよむのが普通である。南蛮といえば、南方の「えびす」というわけで、室町時代の末期以後に、フィリピン・シャム・ポルトガル・スペインなどのことをいった。だから、この地方から渡ってきたと思われるものに南蛮という名がつけられた。南蛮といって、それが、唐辛子《とうがらし》のこともある。南蛮がらしは唐辛子であり、南蛮胡椒といっても唐辛子のことである。また、南蛮とは、トウモロコシ（玉蜀黍）のことでもある。南蛮黍《きび》を略して南蛮とよんだのである（トウモロコシの項参照）。また、南蛮餅《なんばもち》というのがある。これは、南蛮煮の雑煮餅というわけなのだが、上方の方言でこうよんでいる。『膝栗毛』にこのことが書かれていて、「上方にてするなんばもちとて、ねぎを入れたるざうに餅なり」と説明されている。これは、なかなか生きている説明で、「ねぎを入れたる」というところが大事である。現在、南蛮煮とか、南蛮焼というのは、みんな日本ネギを使ったものにつけている。そば屋の「かも南蛮」というのも、カモではなく鳥肉が入って、あとは、日本ネギである。ネギを南蛮とよぶのは、日本に永住している南蛮人が、健康保持のために、毎日ネギを食べていたので、南蛮とよんだのである。難波餅《なんばもち》というのは、切り餅にネギ・鶏肉・竹輪などを入れてなべ焼きにした雑煮餅である。「なんばんもち」といえば、糯《もち》米《ごめ》を蒸してクルミを混ぜて搗き、砂糖を入れて丸めてから水飴を塗って青豌豆の煮たのをつけた餅のことになる。難波《なんば》漬というのは、長めに切ったネギと魚を白焼きにして、だしで薄めた合わせ酢に漬けたものである。難波煮・難波餅・難波漬と、どれを見ても、日本ネギが用いられている。

なんばんに【南蛮煮】

鰡《ぼら》その他の生魚のこけらをとって、下洗いし、丸焼にして、油で揚げ、ネギの五分切りを入れて、煮出汁と醤油とで煮たものをいう。また、すべて煮汁に唐辛子を加えて用いるものにもいう。前者の南蛮煮は、日本ネギを加えているので南蛮煮とよばれ、現在そば屋で、鴨南蛮という品も、日本ネギを用いている。この南蛮煮は、難《なん》波煮《ばに》のことである。ナンバは、ナニワ（難波）の変化した語である。南蛮煮が、難波煮である場合は、日本ネギを用いているところからついた名称である。南蛮煮が、唐辛子を加えたときにもよばれることがあるが、これは、南蛮辛子《なんばんがらし》または、南蛮胡椒《なんばんこしょう》を南蛮《なんばん》と略称して、南蛮煮といったのである。

に

にきり【煮切】

味醂《みりん》を鍋に入れて火にかけ、煮立たせてアルコール分を蒸発させることをいう。ニキリ（煮切）のキリは、「終り」の意である。味醂をそのまま用いるのにくらべて、たいへん味が良くなる。煮物でも、焼物でも、きわめて美しい光沢が出る。家庭などでは、味醂が煮立って、あぶくが立ってきたところに火をつけて燃焼させる。アルコールが燃え切ったらそれでよい。また、別法では、鍋に入れた味醂五合（〇・九リットル）が三合五勺（〇・六三リットル）になるまで煮つめて、アルコール分を蒸発させる。また、味醂一合五勺（〇・二七リットル）を約一合（〇・一八リットル）に煮つめたものを煮切味醂といった。味醂は、鍋にこげつきやすいので、鍋に小皿をふせて入れて煮る。

にこごり【煮凝】

「にこり」ともよんだ。煮凍とも書く。魚などを切って煮たものが冷えて固まることをコゴリ（氷凝）といい、煮たものがこごったものを、「煮《に》こごり」とよんだのである。「こごおり」とか「こごり」ともいった。愛知県・岐阜県では煮こごりとなることをトゴルといった。カレイ・ヒラメ・舌ビラメ・コチ・メゴチ・ハゼなどのゼラチン分を含んだものがよくこごった。とくにサメの皮を用いたにこごりが多く用いられた。冬季に煮魚を冷却して煮汁とともににこごらせたが、煮汁のまだ温かいうちに水どきした葛粉（または片栗粉）か寒天を少量加えると一層よくこごらせることができる。

にしめ【煮染】

古くは「にじめ」ともいう。煮染肴の略である。転じて惣菜料理の煮物類をいう用語となる。煮染海老・煮染田楽・煮染麸といった風に用いられる。室町時代には、煮染は精進料理であったが、魚貝の煮染もあった。魚菜の煮染を売る店を煮染屋とよび、多くは屋台店であった。後に、正月の重詰に煮染のことを「おせち」とよんだ。節（せち）のたべものは、その季節の野菜をいうので、野菜を煮染めたものが「おせち」であった。ところが、現在は、新年料理を指しても「おせち」とよぶようになった。室町時代に醤油ができると、醤油で煮染めた物を煮染とよぶようになった。からりと色よく揚げたものを「うま煮」、たっぷり汁を含ませたのが「ふくめ煮」、煮あがりに照《てり》のつかないのを「煮しめ」とよんだ。うま煮とふくめ煮との中間にある煮方が煮染である。「煮しめ」のシメは染まることをいう。色がつくことをソメルという。物を煮ると醤油の色がついたから、ニソメ（煮染）といい、ニソメがニシメになった。

ニシン【鰊】

イワシ科の魚。鰊という字は、東の魚ということでできたが、これが鰊になった。鯡とも書く。春告魚《はるつげうお》ともいった。カド・カドイワシ・コウライ（高麗）イワシ・セガイ・バカイワシなどと異称される。漢名は青魚だが、鯖という字になるとサバである。現在ニシンは、ロシア・カナダ・中国から塩漬を輸入して、北海道・青森で加工される。春ニシンは遠海性であるが、五～六月に北海道・樺太・朝鮮半島沿岸各地に来遊して産卵する。魚体は大きくて、二一～三三センチのものが多く、体は肥満して脂肪に富んでいる。波の静かな日の日没から夜明けにかけて、浅海のホンダワラなどの海藻に濁性粘着卵を産む。

夏ニシンは五～八月に北海道太平洋側・オホーツク海・樺太東海岸に来遊するもので、体長一二～一八センチの二～三年魚で餌を追って回遊してくる。冬ニシンは冬に北海道太平洋沿岸と樺太の沿岸に時々来遊することがある。大小定まりなく、体はやせて脂肪も少なく、数量も極めて少ない。最長一三年くらいまで生きるが、七年以後は非常に少なくなる。大坂の人は夏の大掃除のお惣菜にかならず「鰊昆布巻」を食べた。天保（一八三〇―四四）～嘉永（一八四八―五四）ころに江戸ではニシンを食べなかったが、京坂では自家で煮たり昆布巻にしたりした。そのころ

から鰊昆布巻売りが街を振売りしていた。松前ではニシンは魚ではなく米だというところから「魚に非ず」を字にして鯡（にしん）とよんだ。親に供える餅をニシンモチとよんだように両親のそろっている者はかならず食べねばならぬ魚というのでニシン（二親）といったという説があるが間違いである。ニシブ（煮渋。煮ても渋味がある）からニシンだとか、ニゲヒソミウオ（逃潜煮）がニシンだとかいうが、いずれも面白くない。北海道地方では、現地人のよび名を訛ってカドとよんだものであるが、この魚の内臓を取り去って二本に割《さ》いて干した。腹部のほうの一本は肥料に供し、背肉の一本をミガキ（身欠）と称して食用に供した。身を二つに割くという意からニシン（二身）とよんだのである。

にはちそば【二八蕎麦】

そば粉八分、小麦粉二分（つなぎ）の配分で打った蕎麦のことである。この配合を逆にしたものが、俗にいう「逆二八」で、蕎麦の形をした饂飩のようなもの。蕎麦はすぐ切れてしまうというので、顔つなぎには嫌われていたが、二八蕎麦ができて長く切れなくなったので「おそば（側・蕎麦）に末長く、ほそくながくおつき合いを」といった縁起から珍重されるようになり、「引越しそば」を家主・差配《さはい》・向こう三軒両隣りに配って挨拶する風習もできた。それまでは引越しの際、小豆粥《あずきがゆ》を重箱に入れて近所に配った。これを「家移りの粥」といった。一茶の句「蓮咲くや八文茶漬二八そば」が『七番日記』にある。『嬉遊笑覧』に「享保半（一七三五）頃神田辺にて、二八即座けんどんといふ看板を出す、二八そばといふこと、此時始なるべし」とある。蕎麦の値段は、寛文四年（一六六四）に、玉売りが始まったころは八文、その後、七文、六文もあった。寛政年間（一七八九―一八〇一）には一四文、文化・文政（一八〇四―三〇）になって一六文、天保年間（一八三〇―四四）には一六文が通り相場となった。二八蕎麦がそば粉と小麦粉の混合率であるという説を唱えたのは、嘉永・慶応（一八四八―六八）になってからである。「二八うどん」（江戸中期以降の一杯一六文のすうどん）という名称もあるから、混合率説では、この説明がつかなくなる。それに、一八とか二六とか三四そばという呼称もあるが、これも混合率で説明できない。一八とは一杯八文、二六そば・三四そばは一杯一二文ということであった。二八も一六文という意を表わしたこともあったと考えられる。二八蕎麦がそばの品質をいったことから、二八蕎麦とよべば大衆的な蕎麦ということになって、もっと上等の蕎麦には「手打ち蕎麦」とか「御膳生蕎麦」という名称が使われた。「手打ち蕎麦」は明治二〇年代に麺類製造機が普及してからの話である。それ以前の蕎麦は、すべて手打ちであったから「手打ち」とはいわない。「二八のぶっかけ」「二八蕎麦切」「二八の蕎麦」など、いずれも二八蕎麦のことである。「二八そば」とは駄そばのことであった。

ニラ【韮】

韮も「にら」とよむ。古名は、カミラ・コミラ。ミラが転じてニラとなった。豊本・豆実・白薙・懶人菜・起陽草・鐘草乳、いずれもニラのことである。ナメミラ・ククミラともいう。また異名はフタモジ。沖縄でチルビラといい、島尻でキリビラ、また首里でチリビラという。中国原産で、ユリ科の多年草。この花にも栄養があって風味も良いので摘みとって熱い味噌汁に入れたり、ざっと湯がいて酢の物・酢味噌にする。ニラのニは「似」で髪に似ているから、ラはカシラのラだという説があるが、おかしい。ネメヒラ（根芽平）がニラとなるというのも良くない。細くのびた形をしているところからノヒラカの略がニラだというのも、いただけない。ニラのニは、ニオイ（匂）の略である。ラは、キラウ（嫌）の略である。その臭気を嫌った名であるという。ナメミラは嘗韮であり、ククミラは茎韮である。古名のカミラは香韮である。コミラは小韮でオオミラ（大韮）に対してのよび名である。オオミラはラッキョウである。また、ミラは美良である。ニラには、においがあるからカミラ（香韮・臭韮）とよんだもので、カミラがコミラともよばれたのである。コミラの意も香韮と同じことである。ミは、「満《みつ》る」とか「みづみづし」と、美しいもの立派なものを指していうもので、ミラは、良いもの、美しいものである。ニラが生えているさまが美しかったから、ミラという古名が生まれ、転じてニラとなったのである。香りが高いからカミラともよんだ。嫌っての名ではない。

ニワトリ【鶏】

キジ科の鳥で、古くから世界各地で広く飼育されていた。原種は、現在東南アジアに分布する赤色野鶏《せきしょくやけい》とされる。古名は、「かけ」また「くたかけ」という。異名は、「ながなきどり」「ときつげどり」「あけつげどり」「ゆふつげどり」「うすべどり」「ねざめどり」「はたたとり」などがある。江戸期のニワトリは、羽毛が枯葉色のカシワで、在来種である。中国から渡来したトウマル（唐丸）とシャム（タイ）から来たシャム（今は訛ってシャモという）は、闘鶏が主目的である。食用に賞されたウコッケイ（烏骨鶏）は、骨までどす黒い。日本には世界的に変わった品種が養成されている。土佐のナガオドリ（長尾鶏）は、尾が最長八メートルという記録もある。トウテンコウ（東天紅）は長鳴鶏《ながなきどり》ともいわれ、二〇秒も鳴くのがいる。京都や伊勢に飼われているショコク（小国）は、尾も長く声も美しい。チャボ（矮鶏）はベトナム系の小型種をさらに小さくしたものであるが、今は少なくなった。仏教が伝来すると、ニワトリを食べることも禁じられてしまった。後に南蛮人が渡来してその影響で、はじめ卵を食べ、次第に親鳥も食べるようになった。漢名は、非常に多いが、家鶏《かけい》・暁鶏《ぎょうけい》・朱公《しゅこう》・鶏公《けいこう》・金禽《きん》・巽羽《せんう》・丹頸《たんけい》・朱々《すす》・酉禽《ゆうきん》・花冠《かかん》・秋候子《しゅうこうし》・会稽公《かいけいこう》・戴冠郎《たいかんろう》・酉日将軍《ゆうじつしょうぐん》などがある。古名「かけ」は、この鳥が「かけろ」と鳴いたので、これを略していった。漢名の「鶏《けい》」も、その鳴き声からきた名である。「くたかけ」というのは、「百済鶏《くだらかけ》」の略であろうとの説もあるが、クタはクタス（悪く言う）である、といわれる。『伊勢物語』に「夜もあけばきつにはめなんくだかけの、まだきになきてせなをやりつる」とある。ニワトリは、「庭つ鳥、鶏（かけ）」という掛の枕詞がその名となったものである。鶏の本来の名は、カケであったが、「庭つ鳥」からニワトリとよぶようになった。

ニンジン【人参】

せり科の越年生草本。セリニンジン・ナニンジン・ハタニンジン・八百屋ニンジンなどと称される。ニンジンはヨーロッパが原産地で、元代に胡（西域の国）を通じて中国に伝えられ、胡蘿蔔と称した。中国から日本に伝えられたのが一六世紀で、寛永年間の『清良記』（一六二八年）・『多識篇』（一六三一年）にセリニンジンの名がある。根の形が従来から薬用としてある朝鮮ニンジン（ウコギ科）と似ており、芹《せり》に形が似ているところからセリ（芹）ニンジンと称したのである。初めは葉も食べられていた。ハニンジン（葉胡蘿蔔）といって秋食べていたものである。また、根の色の白い白色ニンジンもあったが、味も劣っていたのでつくらないようになった。朝鮮ニンジンの名が生まれたのは、その根に、頭とか足や手と、まるで人のような形のあるものを最上としたので「人参」という名ができた。現在でも人のような形のものほど高価である。朝鮮ニンジンの古名はカノニケグサという。ニンジンを沖縄国頭《くにがみ》でアカデークニ（赤大根の意）、また沖縄には、キダイコネ（黄大根）とよぶものもある。ニンジンを八百屋ニンジンと称したのは、朝鮮ニンジンが薬用ニンジンであるから、このニンジンは惣菜用として八百屋で売るニンジンであるということである。訛ってネンジンともいう。

ニンニク【大蒜】

古名はオオビルで、大形のネギ類という意である。ユリ科。西アジア原産。漢名は葫《こ》・蒜《さん》・葷菜《ぐんさい》・麝香草《じゃこうそう》・葷蒿菜《くんこうさい》。日本名のニンニク（忍辱）は僧が仏教でこれを食することを禁じられていたので隠して忍び食ったところからの称である。隠語が「忍辱《にんじゅく》」で、音からニンニクと称せられたとの説がある。日本には太古から自生した。『日本書紀』の日本武尊の条に「一箇蒜」とあるのは仁肉（にんにく）である。「ひる」「ににく」ともいった。紀元前三二〇〇—二七八〇年には、エジプトの第一・第二王朝の時代から玉葱《たまねぎ》とともにニンニクが食用とされていたことが、墳墓の壁画から知られる。モーゼに導かれてエジプトを後にしたイスラエル人が「憶ひ出るに我等エジプトにありし時は、魚、黄瓜（きうり）、水瓜、韮（リーキ）、青蒜（にんにく）などを心のままに食へり」と、旧約聖書（民数紀略一一・五）にある。東洋では紀元一世紀ころ、漢の張騫《ちょうけん》が胡地から持ち帰ったといわれるが、東普の張華による『博物志』の記載が初出だとの説もある。ニンニクのニはニホヒ（匂）で、ニクは、ニクム（嫌）の略、ニニクをニンニクと称した。応神天皇のときニンニクを奈良・伊勢地方で好物としていた。ニンニクを奈良・伊勢地方でトチとよび、関東・九州・愛知・鹿児島でヒル、関西でロクトーという。

ぬ

ヌカゴ【零餘子】

ムカゴともいう。ナガイモの子でツルになる実である。ヤマノイモ・ツクネイモなどの葉腋にできる小形の肉芽である。ムカゴは、左右に向かって実るから「向子」といったのである。『物類称呼』に、ヌカゴは、相州でク

ロメ、常陸ではイモシガコ、肥前唐津ではハンゴとある。イモシガコのシは助辞で、イモガコ（芋ガ子）である。イモガコは、イモの子である。ヌカゴ（糠子）は小さいことをいったとの説がある。ナガイモ（長芋）は、中国から伝来した芋であるが、ヤマノイモ（山の芋）は、日本列島原産のものであるから、これは、太古から食べられていた。薯蕷は長芋の漢名なので、山の芋を薯蕷といってはならないという学者もある。ヌカゴは、串に刺して焼いて食べたりしたので、鯉料理の一種に「ぬかご焼」という名称がある。古くからヌカゴを食べていたからこのような料理名ができたのである。米を精白する方法が行なわれなければ糠《ぬか》はできない。ヌカゴは、太古からあったものであるから、糠を発見する以前に食べられていた。ヤマノイモの本体からぬけ出していくもので、ヌケゴ（脱子）とよんだものがヌカゴになり、訛ってムカゴともよぶようになったものである。

ぬかみそづけ【糠味噌漬】

「ぬかづけ」とか「どぶづけ」（溝漬）ともよばれ、糠漬のことを関東で糠味噌漬とよんだ。糠に塩を混ぜ、麹《こうじ》などを加えたりして、桶に貯えておき、これに蔬菜などを漬けて香《こう》の物《もの》にするのが糠漬である。糠漬を「糠味噌」とよんだのは、古くは味噌としてつくったものだからである。「糂粏《じんだ》味噌」「じんだ」「ささじん」（酒糂）などといい、糠味噌を汁にして食べたものである。食品になると「糠味噌」とよんだが、後には、糠漬のことを糠味噌というようになった。糂粏《じんだ》の「糂」はサン、慣用音がジンである。糂は糝と同じである。糝《こなかき》は羹《あつもの》に米の粉を混ぜて煮立てたものである。糂粏・糂汰・糝汰とも書く。いずれも「ぬかみそ」のことである。漬物の材料は、ダイコン・カブ・ウリ・ナスの類や、ショウガ・ミョウガの類が最も好適である。ダイコンは、日に少し干して、いくぶん皺のよったものを漬けると風味が良く、またナスは塩を塗り、漬ける糠味噌に塩をふって漬けると、良い色になる。糠味噌漬は、糠味噌の宿《やど》をつくらねばならない。最初に糠を煎って冷まし、水・塩・昆布などを加えてかきまわし、約二週間で野菜類を漬け始める。毎日かき混ぜて、糠を補充し、笊で水をすくいとって、また魚の骨などを焼いて、酒の燗ざましなどを加えると美味となる。食べない「糠漬」になっても、食べた時代の「糠味噌」という名称がそのまま用いられているのである。

ぬた【沼田】

饅とも書く。「ぬた」は泥濘の義だという。ヌタアへ（沼田和）を略してヌタという。ヌタアへはヌタアへナマスともいい、またヌタナマスともいわれる。魚肉・野菜などを酢味噌で和えたもので、味噌のどろりとした感じが沼田に似ているというのでついた名である。ヌト（泥所）の意かという説もあるが、沼田のほうがよい。『万葉集』に「醤酢（ひしおす）に蒜（ひる）つきかてて」という歌があるが、醤酢は酢味噌のことで、鯛の刺身と蒜を和え混ぜるから今日の「ぬたあえ」であるが、まだ「ぬた」とはよんでいなかった。福岡県に「ぬたえ」という料理があるが、「ぬたあえ」の訛ったもので、秋祭りの放生《ほうじょう》会《え》の御馳走にかならず現われる。

ね

ネギ【葱】

葱《き》が本来の名である。一音であるところから「ひともじ」（一文字）の異名がある。根を賞味するものであるからネギ（根葱）とよぶようになった。また、土中に深くある根を食べるところから、ネブカ（根深）ともいった。葱《そう》という字は、草木の青々と茂っているさまをいう字で、地上のネギが緑濃いところからの名である。この葉色に基づいて浅葱色《あさぎいろ》の名が出る。葱のあさき色のことで浅黄ではない。原産地はシベリア地方といわれる。中国西部に葱嶺《そうれい》という山脈があり、中央アジアのパミール高原が中国ネギの原産地かともいわれている。葱嶺という山でお釈迦さまが行をされたが、そこには野生のネギがたくさんあったので、この名があるといい、仏教のことを葱嶺教ともよんだ。日本にネギの入ったのは実に古い。神武・応神・仁徳という初期の天皇の御歌にネギが出てくる。人々が大いに食べたことも記録でわかる。日本でも中国でも、ネギは吉例に用いられた。ユリ科の植物で、晩春、葉に似た花軸をつき出して、たくさんの白色の花の集まった球をつけるが、これをネギ坊主といい、その形から葱帽子《ぎぼし》といった。『延喜式』に葱花形とある。橋の欄干についている擬宝珠は、この葱帽子に形が似ているからついた名であって、擬宝珠と書く字はあて字である。あさつき（胡葱）というのは、葱を根深といったのに対して浅葱としたもので、アサツキのツは助辞である。わけぎ（分葱）というのは、分かちとったネギという名で、実を結ばないうちから苗を分けて植えるものである。かりつき（刈葱）は刈りとったネギという名で、根をとらずに刈るところからついた名である。なつねぎ（夏葱）は小葱《こねぎ》ともいい、古名は「かれぎ」で葉の細かいネギの一種である。冬のころに繁るネギを冬葱《ふゆき》というが、これが分葱（一名「ちもと」という）である。ネギの漢名は、青葱《せいそう》・慈葱《じそう》・菜白《さいはく》・葱頭《さいとう》・鹿胎《かたい》・和事草《わじそう》・羊角葱《ようかくそう》・大管葱《だいかんそう》・莙蕽菜《くんこうさい》。古名では、うつぼ（空）・うつぼぐさ（空草）とよんでいる。ネギの名は、ナキ（和葱）の義であるとか、キはキタナシ（汚）の略とか、ネグキ（根茎）の義であるとか、あるいはキは根を植えるところから出ているなどと諸説あるが、いずれも適当ではない。玉葱に対してその形から「ながねぎ」ともよんでいる。筑前で「おーねぎ」、京都府相楽地方で「かいぶ」、長野県上水内地方で「かんぬし」、奈良県吉野地方で「くさみ」、長野県下水内地方では「ごぶ」、沖縄で「じーびら」あるいは「しびら」、宮古島で「すむな」、愛媛県旧新居郡氷見地方で「ちりちり」、大阪・奈良で「なんば」、「なんばん」（なんばんの頁参照）、石川県鹿島地方で「ぬくば」、長野・岐阜・石川・福井各県の一部では「ねくば」、大分県速見地方で「ねじろ」、沖縄の国頭で「びら」、岩手県気仙地方・宮城で「ひる」、宮城県登米地方で「ひるこ」という。

の

のっぺい【濃餅】

能平とも書き、「のっぺ」ともいった。鶏肉と豆腐・ニンジン・ダイコンなどの野菜を刻んで煮て、葛粉や片栗粉を加えてとろみをつけた料理。初めは小麦粉を用い

てとろみをつけた。汁を残さずに食べる目的で葛を使ったものと思われるが、中国料理が多くこれを用いていたので、中国伝来の料理法とも考えられる。汁がねばって餅のようであるから濃餅と書いたが、能平とあて字するように、濃餅も、よび名に字をあてたものである。ぬらりとしている意の「ぬっぺい」が訛って「のっぺい」となった。汁は「のっぺい汁」とか「のっぺい湯《とう》」とよんだ。本来鶏肉料理であったものが、野菜だけ用いる料理にもその名が用いられるようになった。全国各地にあるが、島根県津和野地方が最も有名である。奈良県・新潟県などに共通することは里芋を多く用いることである。宴会料理・祝儀料理、また新年会料理となっている。

ノビル【野蒜】

ヌビルともいう。漢名、山蒜・沢蒜。山野の路傍などに自生するユリ科の多年生草本である。ニラやネギに似た臭気があるが、春若葉を摘んで食べる。古名はヒルまた根ビルともいった。ヒルは五辛（ニンニク・ヒル・ラッキョウ・ネギ・ニラ）に通ずる名称で、噛むとヒリヒリと口を刺激するところから生じた名である。ノビルは野に生ずるヒルという意である。成長すると高さ六〇センチに達し、初夏のころ淡い薄紫の花をつけるが、食用にするのは花の咲く前である。春の遅い北国では、残雪の中に萌え出る新葉を最も珍重する。秋田名物の「しょっつる」に用いるサシビルもこの種である。『古事記』の応神天皇の歌に、「いざ子供のびる摘みにひるつみに……」というのがあり、『万葉集』には「醤酢《ひしほす》にひる搗《つ》き合《か》てて鯛願ふ、吾にな見せそなぎのあつもの」とあり、古くからノビルを食べていたことがわかる。ノビルはせいぜい二〇センチまでが良い。浸し物・酢味噌和えにする。山口県では、ホイトネギ（乞食葱）とよぶが、これはどこにでも出るという意味であろう。金沢あたりではネンブリという。各地でネビロとかノンビルなどともよぶ。これを煎じて服用すると、血を増やし、睡眠をよくする。中国でも、早春に白根を掘りとって粥に入れて食べる。食すとスタミナがつくという。漢方では、大・小腸、生殖器など下腹部の内臓が痛む病気に煎じて用いる。

ノリ【海苔】

漢名で紫菜《しさい》という。水苔《すいたい》・海菜《かいさい》・石衣《せきい》・苔哺《たいほ》・石髪《せきはつ》などともいう。紫海苔を浅草海苔というが、品川大森辺でとった海苔を浅草で製造して売ったのでこの名がある。昔、隅田川から海苔がとれたともいわれる。ノリは北海道から九州あたり、朝鮮で産する。ノリといえばアマノリを指すことが多い。浅草ノリ・スサビノリなどである。広義にノリとは、アマノリ・アオノリ・カワノリなど、藻類をとってすき、食用・糊料などにするものを総称する。『延喜式』に志摩・出雲・石見・隠岐・土佐などから産出したことがみえる。種類も多く、古くから賞味されていた。『耽奇漫録』にいろいろの海苔の図が載っている。疎朶《そだ》（海苔をつけるための樹の枝）を立てて浅草海苔をとり始めたのは元禄年間（一六八八—一七〇四）が最初で、幕府はこれを奨励した。ノリは糊《のり》と同じ意味で、「ねばったさま」をいったものである。ヌルヌルした状態からノリとなった。青森・秋田では訛ってヌリとよぶが、これが語源に近い。ほかに、潮に乗った物であるところからノリ（乗）というとか、ネメコリ（滑凝）の義であるとか、あるいは、ナノリソモ（莫告藻）からノリになったとか、水の底では布のように見えるからヌノウミの略であるとか、煮るとノリ（糊）のようになるからだとか、ノリ（黏）の義であるなどと諸説あるが、いずれも感心できない。

は

バイ【海蠃】

「つび」また「つぶ」ともよぶ腹足類の海産巻き貝。湾内の砂泥地に棲み、殻が厚い。殻の頭部を切り捨てて「ばいごま」をつくり、ベエゴマとよんだ。この卵嚢は、玩具のホオズキとして愛用される。肉は美味で、紀州熊野の産を最上とする。春と夏に最も多く産するが、とくに新年の嘉祝として喜ばれる。エラのわきにある検嗅器が非常に発達しているから、これを利用して、籠の中に魚の切り身を入れて海

底におろすと、この貝が入ってくる。大阪湾から和歌山県で最も多くとれるが、富山湾でとれるものは、北陸地方で「越中バイ」とよばれる殻の白っぽい貝で、バイの中では一番おいしいといわれる。殻の黒いものは、身が固く、酢の物や、あえものに向いている。白いほうは柔らかいので、串焼きにしたり、酒と醤油で煮しめると良い。おいしいのは冬から春にかけてである。バイはカイともよばれ、「貝」の字をあて、これを音読して、バイとよぶようになったのである。

はかたやき【博多焼】

博多という名称のついた料理は、その時代によって、名をつけた理由が違ってくる。古い時代には、博多という九州の地名に関係があって、その土地でつくっていた料理とか、流行した料理ということから、名がつけられている。ところが、近来の博多焼という料理になると、博多織に似た博多模様ということから名がつき、重ねて焼いたものを博多焼ということになる。最近は材料を重ねると、何でも博多というのだと考えて、博多とつける傾向がある。

はぎのもち【萩餅】

糯米《もち》に粳米《うるち》を混ぜて炊き、軽く搗いて丸め、餡《あん》または黄粉などをつけたもの。「おはぎ」「かいもち」「はぎもち」「ぼたもち」「萩の花」ともいう。また、「きたまど」(北窓)「よふね」(夜船)「となりしらず」(隣不知)「ほうがちょう」(奉加帳)といったりする。夜船とは、いつの間にツク(着)、北窓はツキ(月)知らずと、いずれも「搗」にかけた洒落である。隣不知は音がしないから隣でも知らないの意で、奉加帳とは、寄付をもとめる奉加帳はツク(付)家もありツカぬ家もあるという意。煮た小豆を粒のまま散らしつけたものが萩の花の咲き乱れているようだというので「萩の花」といい、「萩餅」といった。「おはぎ」は女房ことばである。「ぼたもち」は牡丹の花に似ているからである。「かいもち」はカイモチヒ(掻餅)の音便で、掻煉《かいねり》の餅の義である。また、餅のうちでことに柔らかなのでカユモチ(粥餅)が訛ってカイモチとなったともいう。女房ことばで萩餅を「やわやわ」というのは一見柔らかであるから、「やわ」をかさねことばにしたのである。萩餅とか牡丹餅を、萩の花とか牡丹の花と考えることは間違いで、ハギとかボタというのは、「米・飯」を意味することばではないか、という説がある。正しくは餅といえないものであるから、ハギとかボタとつけたというのである。「ハギの餅」も「ボタ餅」も「飯・餅」の意だともいう。蒙古語・満州語や台湾のツァリセン族やパイワン族の語、インドのボンベイ地方の語、マルワラ語などで、ボタに似た語が「飯」を意味するからだというのである。ハギに似た語で「米」を意味するものが台湾のプレガワン語・ブーヴァン語、またマレー語などにあるというが、外国語が、ボタ餅やおハギに使われたというのも実に面白い発想である。また、ぼた餅は豚の肉を使ったのが餡に代わったものだという説や、「うはぎもち」（嫁菜をまぶすか、つき入れたもの）が訛って「おはぎ」となったという説もある。ボタモチのボタは、ボタ山のボタと同じく、「かす」の意ととり、秋に落穂を拾って、それでつくったのがボタ餅であるともいう。おはぎやぼたもちが、元禄ころ（一六九五年前後）の書には「民家の食にして貴人の食するは稀なり。杉折には詰め難く晴《はれ》なる客へは出し難し」とある。もとは下品なものであったとすると、「うはぎもち」や「落穂」説も考えられる。おはぎが上品なものになったのは幕末ころからである。

ハクサイ【白菜】

アブラナ科の一～二年生草本である。原産は中国。唐《とう》菜《な》の異名がある。日本に渡来したのは明治八年（一八七五）清《しん》（中国）から東京博物館に三株出品されたのが始まりである。一般に普及したのは、日清・日露戦争後で、中国白菜の味を知った人々が種子を持ち帰って栽培した。栽培品種は結球性・半結球性・不結球性に大別されるが、日本では結球性の品種が多く、結球白菜と総称されている。東京の青果市場に入荷する野菜の中で入荷量の第一位とされた。産地は茨城が第一で、千葉・栃木・埼玉など、一一月～一二月が出盛り期である。早生《わせ》は九～一〇月に、貯蔵したものは一～三月に出荷される。長野・群馬・山梨などの高冷地のものが七～八月に出回ってくる。韓国のキムチ（朝鮮漬）は白菜の漬物として日本でも愛好されている。これは塩漬白菜に粉唐辛子、アミの塩辛、大根の千切り、ニンニクのすりおろしなどを加えて漬けたものである。白菜漬をおいしく食べるには、胡麻油をフライパンで熱くして、これに赤唐辛子を三本ほど丸のまま入れる。真っ黒になるまで火にかけておき、黒い唐辛子はとり出して捨てる。その熱い油を白菜をかける。油が自然に冷めるまでそのままにしておき、後は、普通の白菜のように醤油をかけて食べるとよい。中国語のパイツァイ（白菜）をそのまま日本よみにしたのがハクサイである。

はくせつこう【白雪糕】

米・糯米《もちごめ》に白砂糖・山の芋や蓮の実の粉末（「蓮肉」とは蓮の実のことである）などを混ぜ、蒸してつくった白い乾菓子で、落雁《らくがん》の一種である。色が白いところが特色であるから白雪と名づけたのである。「さぎもち」ともよぶが、これも白鷺の白いことから名づけられたものである。また、「さんぎがし」とよぶ所があるが、これは算木（占いに用いる）の形に似ている菓子ということからきている。元禄年間（一六八八―一七〇四）に清（中国）の商人陳芝香が長崎の女性に唐菓子を教えてつくらせた口沙糖《こうさとう》が長崎名物になったが、これが白雪糕の先駆をなすものであろう。宝暦・明和（一七五一―七二）ころ名古屋と越後高田でつくられたものがある。高田では「越の雪」と名づけた。精製された粉が細かいので口の中に入れると雪のごとく消えるところからこの名がある。これも白雪糕の一種である。江戸では安永年間（一七七二―八一）に神田豊島町の米屋吉兵衛が「仙錦糕《せんきんこう》」を売出したが、唐菓子の原名をそのまま用いたものであった。宮城県の「しおがま」など各地にあり、米産県の富山のものがすぐれているといわれるが、これも白雪糕の系列である。

ハス【蓮】

蓮という字は、その花と実が相連なって出るところからできた字である。蓮は、ハスの実である。根は藕と書く。蓮根《れんこん》という熟語は、日本でつくったものである。ハスの実の入っている花托には孔がたくさんあって、そこに実がおさまっているのだが、その形が蜂の巣によく似ている。そこで、ハスの古名はハチス（蜂巣）といった。ハチスがつまって、ハスとなったのである。ハスはその部分の名称がそれぞれついているが、その総名は「荷」である。芙蓉《ふよう》・水華《すいか》・渓客《けいきゃく》・君子花《くんしか》・水宮仙子《すいきゅうせんし》などともよばれる。草芙蓉《くさふよう》・露堪草《つゆたえぐさ》・ツマナシグサ・ツレナシグサ・ミズタエグサ（水堪草）などの名があり、古名にはミズノハナ・イケミグサ（池見草）などもある。ハスの化石は日本の洪積層や、古い第三期層からも発見されている。万葉時代には、ハスは珍しいものであったと思われる。「はちす葉はかくこそ有るもの意吉麻呂《おきまろ》が家なるものは芋《うも》の葉にあらし」という歌がある。『延喜式』

に蓮の根が出てくる。ハスの花は紅と白がある。紅白の蓮根は俗に「みはす」といい、大きいが粘りが少ない。白花の蓮根は通常「もちはす」と称して、小さいが粘りが多くおいしい。関東地方のハスは品質がすぐれている。九州地方は大きいものを産するが、味はやや劣る。そこでその大きな穴に芥子《からし》をつめた「芥子蓮根」などが創作された。ハスを切ったとき出る白い汁は澱粉である。中国ではハスの澱粉を藕粉という名で食料品店で売っている。切ったハスが空気にふれて黒くなるのは、鉄分とタンニンによるのだが、このタンニンが止血作用をもっている。このしぼり汁には咳止めの効果もある。鉄分は貧血の人に良く、しぼり汁はカリウムが多いから血圧の上昇を予防する。食塩などナトリウムの多い物をとったとき、カリウムがその排泄を促すことになる。ビタミンCが多いことも高血圧の予防にも役立つ。便秘がちの人は、ハスを食べると繊維が多いので便通が良くなる。

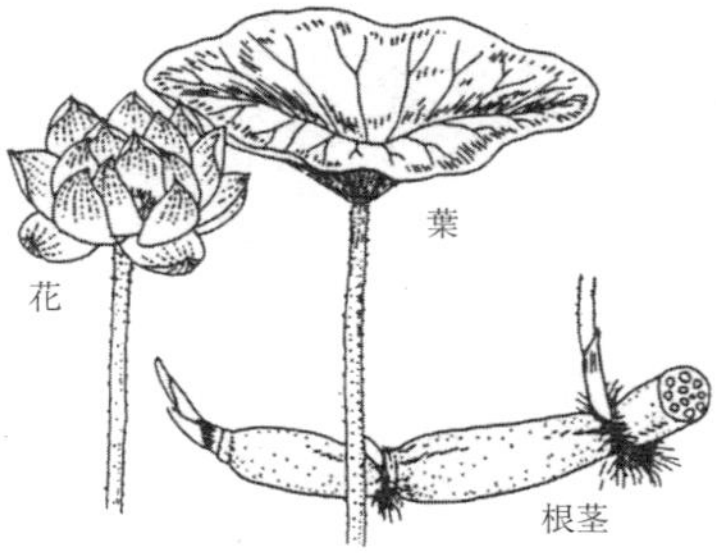

ハゼ【沙魚】

出雲では中海《なかうみ》と宍道湖《しんじこ》でとれるハゼをゴズとよんでいる。見た目がごつい感じがすることと、ずる賢い動作をすることにかけていったのであろう。北海道・福井でカワギス、宮城でカヂカ、石川県邑知潟でグス、長崎県大村湾でクソハゼ、秋田でグンスという。寒ハゼは黒っぽいといわれるが、生殖時期に入ると頭部下面と腹鰭に黒色素が現われてくるのである。東京名物のハゼの佃煮は、トウガラシハゼという小さいハゼを用いている。水底に吸いつくため左右の腹鰭に合わさって猪口《ちょこ》のような形をしている。それで東北地方でハゼ類をチョコカジカともいった。ハゼは北海道南部から九州までの沿岸にいるが、九州の有明湾だけにはマハゼがいない。ここに

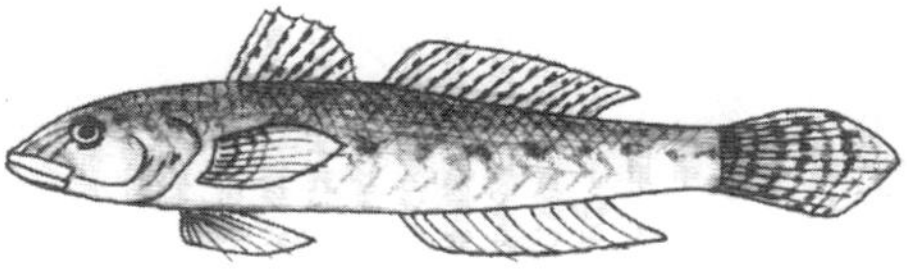

マハゼ

いるのはハゼグチという大形のハゼである。マハゼは場所によって違いがあるが、四〜五月には産卵を終わる。卵は貝殻や岩石や海草などに産みつけられるが、トビハゼ・ムツゴロウ・ハゼグチなどは地中に穴を掘って産卵室をつくり卵を産む。ハゼ類は日本に百数十種もいるそうである。水温が下がるとマハゼは、驚きやすくなって、アナジャコの抜け穴などにもぐりこむ。マハゼは物かげにかくれる性質があり、成魚は嫌光性が強い。幼魚のときはこの性質はない。一〇月ごろ口のまわりからあごにかけて黒い色素が増すと俗に「おはぐろをつける」といった。マハゼは生後満一年で生殖を終えて大部分は死ぬ。わずかな数のものが三年から四年生きる。海釣りはハゼから始める。ハゼは一度や二度釣り落とされても餌に飛びついてくる。針が餌から見えていても食いつく。上下の両顎に小さいヤスリのような歯が帯状に生えているので、餌は鵜のみにする。だからハゼの引きは弱い。ハゼの名は、ヒラクチサケ（平口裂）の義や、ハジケ（弾）の義だというが、感心しない。すばやく水中を駆ける魚であるから、ハセ（馳）がハゼとなったのである。

ハタ【羽太】

スズキ科のうちのハタ類の総称である。マハタ・アカハタ・ホウセキハタ・ルリハタのほかにクエ・ノミノクチなど種類は多い。全長三〇センチ前後のものが多い。本州中部以南の暖海の岩礁域に分布している。肉は白く堅くしまって美味である。ハタ（鰭）は魚のヒレの古語である。このハタは、背ビレ・胸ビレ・尾ビレ・腹ビレ・尻ビレと、どのヒレも、実に立派である。それでヒレのハタがその名となったのである。

ハタハタ【鱩】

鰰とも書く。カミナリウオとよばれ、雷魚とも書く。冬期雷鳴がすると水上に浮かんでくるといわれ、雷魚と名づけられた。時化《しけ》たときに漁獲が多い魚である。漢名は燭魚。一一月末、秋田沖にハタハタが押し寄せると男鹿半島の港は活気づく。「しょっつる」（塩汁）に使われる魚で味は淡白だが、肉量は少ない。この卵巣をブリコという。鱗の中に富士山のような模様があるのでめでたい魚として祝儀に用いられる。昔、藩主の佐竹侯が、水戸の領主であったころ、ブリの料理で正月を迎える習わしであったところ、秋田へお国替えとなってブリが手に入らなくなったので、ハタハタを代用とし、その卵をブリコと名づけたという。「塩につけたブリコはむらさきの玉のようである。歯にあてて食べると、ほろほろと音がするので『かみなり』といった。この魚はじめて出るとき、海のそこ神のなるようである故にはたはたといった」と津村正恭の『雪のふる道』にある。雷のことをハタタカミとよんだ。雷鳴をハタタクといい、物を叩くに似ているというのである。雷鳴のときにとれる魚というのでハタハタと名づけられた。神鳴と考えてハタハタ（鰰）の名がついたとの説もある。

はちみつ【蜂蜜】

古くはミチ（蜜）といった。山中の木石の間にあるものを山蜜また石蜜といい、養蜂してとったものを家蜜または飼蜜といった。蜂糖《ほうとう》・石飴《せきい》・華英《かえい》・衆口芝《しゅうこうし》・百花《ひゃくか》醴《れい》などいずれも蜂蜜のことである。生の蜂蜜を「たらしみつ」などとよんだ。『日本書紀』に皇極天皇二年（六四三）に百済の太子余豊が蜂蜜の四枝（家族）を大和の三輪山に放ったけれどついに繁殖せず、とある。養蜂の技術がまだ未熟だったのである。これが、記録としては、最も古い。『空穂物語』に「春宮にさぶらひ給中納言のいもうとのもとよりも、一斗ばかりのかねのかめふたつに、ひとつにはみち（蜂蜜）、ひとつにはあまづらいれて、きばみたるしきしおほひて」とある。洞穴に住んでいた時代から人類は蜂蜜を使った痕跡がある。純粋の蜂蜜は、さまざまな病原菌を数時間のうちに、あるいは長くとも二、三日のうちに殺してしまう力があるという。蜂蜜の効果は、広く知られたが、これにビタミンやミネラルが含まれているのは、蜜の中に花粉が混入しているからで、蜂蜜の効力は花粉によるものだといえる。蜂蜜は人間が知っている甘味の中では最高無比のものである。ハチ（蜂）の名は、ハチ（羽霊）の意で、毒をもっていることがおそれられていた名であり、ミツ（蜜）は梵語（Madhu）の転かといわれるが、ミはチ（霊）の転で、モチ（持）を約したもので、ツはツ（唾）で、つばき、口中の液をさしたのである。口中にもっている液をミツと称した。「蜜」一字で、蜂の口中にある液を表わしている。

ハッカ【薄荷】

シソ科の植物。猫がハッカを食べると酔うといわれる。ハッカの種類は多いが、通常、香草（ハーブ）として用いられるのは、ペパーミント（セイヨウハッカ）とスペアミント（ミドリハッカ）である。全欧に野生しており、主にドイツ・フランス・イギリス・アメリカで栽培される。イギリスはペパーミントの本場で最高級品を産する。ペパーミントはリキュール酒の香料である。黒種と白種とがある。黒種はハッカ油量は多いが香味が劣る。花の満開時に刈りとって乾燥させるが、香味は少しも消失しない。日本種（ニホンハッカ）はハッカ油とハッカ脳の収量が多いので世界的に有名で、特殊輸出品の一つである。ハッカ油は口中に冷涼感覚を起こさせ、緩かな防腐性・刺激性・芳香性がある。腸内ガスの排泄に効果がある。和名をメグサというが、鹿児島でも同様によばれる。西国ではメハリグサ、佐渡ではミズタバコという。日本の古い諺に「薄荷歯に毒、目に薬」という。疲れ目などにこすりつけていた。興奮剤であるから多く食べると毒だということを教えたのであろう。この目に良いということからメハリグサとかメグサの名がつけられた。山形県置賜北村山地方はハッカの産地として著名である。ハッカはハカともよばれた。漢名では、夜息花・蕃荷菜というが、日本に渡来したとき「蕃荷」を「薄荷」と書き間違えたのではないかという説がある。

はっすん【八寸】

八寸角の折敷《おしき》（へぎ製の角盆）のことであったが、それに盛られる取肴《とりざかな》のことにもなり、後には、料理献立の一つの名称になった。今日では、献立の名称として多く用いられている。八寸角というのは、一辺の長さが八寸（約二四センチ）。この大きさの折敷には、四方に折りまわした縁がついていて、四角い形から隅切《すみきり》の形のもの（角切折敷）もある。また、足のない盆であったが、これに足をつけた足打折敷もできた。大きな盆であったから、この上には一種類を多量に、あるいは

何種類かの料理を盛ることができる。懐石料理（茶料理）で主客が盃のやりとりをするとき、木地の八寸四方の片《へ》木《ぎ》盆に取肴を盛って出したので、「八寸」という器に盛る肴が、決まった。明治の献立中の「八寸」は、八寸四方の片木盆に盛るといった八寸ではなく、八寸という献立の中の一つの名称であって、その料理は、煮物でも焼物でも何でもよい。つまり、焼物といえば、魚鳥肉を焼いたものといった風に、その料理法は決まっているが、八寸と称したとき、その料理法に決まりはなく、何か一つの料理を出すための看板として八寸という名称が用いられるようになったといえよう。その器も、八寸四方の片木盆などの昔のことはまったく忘れられて、八寸皿とよぶ器に盛られるようになった。しかし八寸四方の片木盆だったということを残して、一辺が八寸はないけれども四角形の皿が用いられている。大形のものであったので、後には、献立名に「小八寸」などと書き、小振りの角皿や長皿を用いて料理を出す者もあった。小八寸は珍しいもの一品を盛るときに便利であった。八寸は、茶料理にあるもので、儀式料理などには、用いられない。

ハツタケ【初茸】

樵《きこり》などが江戸の街にやってきた「ハツタケ売り」は、京坂にはなかった、と喜田川守貞の『近世風俗志』にある。ハツタケの出る期間は実に短かい。食用キノコのうちで秋早く出始めるのでハツタケ（初茸）という名がついたものである。アオハッタケともよび、尾州（愛知県）では俗にアオハチとよぶ。ハツタケと同じ時期に松林にアカハツというキノコが発生し、アカハツタケともいう。ハツタケにくらべて全体がややオレンジ色をおびて、傷をつけると、そこから少量のオレンジ色の液を分泌する。ハツタケは傷をつけると赤色か暗紅色の液がにじみ出て空気にふれるとすぐ藍色に変わり、緑青《ろくしょう》がついたようになる。ハツタケの仲間には、他にキハツタケ・アカモミタケ・チチタケ・ヒロハチチタケなどがある。いずれも傷がつくと赤色か暗紅色の液や白色の乳液が出るのが特徴である。この仲間のキノコはぼりぼりしてこわれやすいが、いずれも食用になる。ハツタケは日本特産のキノコで、七月ころの梅雨どきにも生えることがある。チチタケは八月の中旬ころ、松林や雑木林内の地上に生えるキノコで、大きさはハツタケくらいで、茎が多少長い。カサの色は淡いレンガ色で、ひだは初め白色だが、あとで黄色になる。傷をつけると、真っ白な乳液が激しく出てくるところからチチタケの名がついた。食べ方は、キノコを二、三切に割って塩水にしばらく浸し、乳が抜けたところを煮つけにするとおいしい。青森県では至る所の雑木林内に見られる。ハツタケには、消化を助ける働きがある。美味だが、非常に腐りやすく、少しの傷でもその部分から青く変化する。とったらなるべく早く料理せねばならない。この藍緑色に変色する特質から中国地方ではアイタケとよんでいる。ハツタケは担子菌類ベニタケ科のキノコである。異名を、アオズリ・アオハゲ・アオハツなどという。漢名は、青頭菌・糖蕈。アイヅル（伊勢）・アイヅリ・アヤヅリ（近江）・マツナバ（中国・九州）・ウルミ（千葉県印旛地方）・マツキノコ（千葉県香取地方）・マツミミ（富山・石川）・マンジョ（富山県入善）ともいう。ハツタケのタケという名称は、キノコの古いよび方である。タケはタケリ（牡陰）の略で、男性のシンボルに似ているところからこの名がついたとの説があるが、この説は感心しない。タケとは、タケル（猛）のことで、キノコが成長する勢いの盛んなことをタケとよんだ。生命力・成長力のすさまじさに感服して、タケというのである。

ハトムギ【鳩麦】

イネ科の一年草。熱帯アジアの原産。薏苡《よくい》はハトムギのことである。南アジアの諸国では一番古い穀物である。古代インドのバラモンの聖典『ベーダ』にはハトムギが出ている。中国の古い『神農本草経』には生命延長の上薬とある。ヨーロッパでは古代ローマの博物学者プリニウスが、ハトムギの野生種ジュズダマをあげている。ローマ帝国の一部ではドイツ麦よりも先にハトムギを栽培した。ジュズダマは多年生で水辺を好む。野生種は二種あって、オニジュズダマとジュズダマで、ウルチ性であるが、ハトムギはモチ性である。食用種のハトムギも二種あり、シコクムギ（清国麦が訛ったものである）またはトウムギ（唐麦）とよばれる種とチョウセンムギがある。シコクムギまたはトウムギは享保年間（一七一六〜三六）に中国から日本に渡来したもので、チョウセンムギは加藤清正が朝鮮から持ち帰ったものらしい。ジュズダマは有史以前から日本に野生していたもので、オニジュズダマは中国か朝鮮からいつのこ

ろか日本に渡来したものである。室町末期（明応五年（一四九六）ころ）の『林逸節用集』に「薏苡・ズズダマ・ツシダマ」とある。ジュズダマの古名はツスまたはツシタマといわれた。薏苡はズズダマではなくハトムギである。ジュズダマは川穀《せんこく》という。越谷吾山の『物類称呼』に上総の方言でハチコクという、とあるが、五穀にまさるから八穀といったか、多収するので八石といったのであろう。松岡玄達（一六六八－一七四六）の『用薬須知』に和名唐麦（トウムギ）と出てくる。トウムギとチョウセンムギをひっくるめて、近代にハトムギといったのである。ハットムギ（八斗麦）がハトムギとなった。世界の屋根ビルマの中央部、マンダレーの西南方アラカン山脈寄りのパコック地方ではハトムギが主食である。中南米ではハトムギが「熱帯の小麦」として栽培されている。ハトムギの効用は、イボトリと、色白く肌滑らかになる、スタミナがつく、利尿・健胃・便秘防止、太らない・強精の効があることなどが挙げられている。また、コメにくらべ反当たりの収穫が三倍以上というので飢饉のたべものとして重要視される。コメよりもタンパク質が多く糖質は少ないので糖尿病患者には好適である。太らないとか美容に良いというのもこの点にある。ハトムギをニワトリの飼料にすると産卵成績がぐんと良くなり、ブタの飼育にも良い成績を示しているという。ハトムギの有効微量成分は、土中から希元素を吸いあげるからで、荒地に植えても良く成長することなどからも強い植物とされている。漢方では薏苡仁《よくいにん》とよんで薬用にしている。わが国の文献の最も古いものは『古語拾遺』で大同二年（八〇七）が初見である。漢名は、薏苡・回々米・艸珠児・起実である。

はながつお【花鰹】

削り節の一種で、鰹節の血合《ちあい》（肉の黒ずんだところ）の部分を削り去ってから細く糸がきにしたもの。茶碗の破片で削ってすぐに用い、浸し物・和物《あえもの》などに天盛りにする。味を良くする目的もあるが、見るからに立派な料理にすることが主なので花鰹とよんだ。

はぶたえもち【羽二重餅】

文化年間（一八〇四－一八）の滑稽本『浮世床』に「紅毛やうかん、本やうかん、最中まんぢゅに、羽二重もち」とあるが、この「羽二重餅」は、外皮が羽二重のように滑らかできめ細かく搗《つ》いてある餅のことである。また、菓子に「羽二重餅」があるが、これは福井市の名物、松岡軒の特製品である。糯米粉《もちごめ》と砂糖と水飴とで柔らかく求肥《ぎゅうひ》に練り上げたものを取粉引きの厚い箱に、厚さ三ミリくらいに流し込み、冷やしてから包丁で長さ六センチくらいの短冊型に切る。家元の松岡軒は明治三〇年（一八九七）ころまで羽二重の機械販売業であったが、製菓業に転じ、求肥飴の大成に専念して現在のものを創造した。祖先の業を考え、名称を「羽二重餅」として、製品を入れる箱も羽二重をはさむ綿板（しめいた）に模した。餅の肌も羽二重のように滑らかであり容器も軽便で、菓子と調和し、名品となった。藤沢市の名物に辰巳屋の羽二重餅がある。この羽二重餅は、上質の白玉粉を主原料にして、よく煮上げた餡とゆるやかな求肥で包みあげた上菓子で、包むのに漉《す》き込んだ和紙を使っている。ハブタエとは、ハクウタへ（白羽布）の義であるとか、ハブタエ（羽振妙）という義とか、普通の絹を二重に合わせたような絹であるからだとか、下総国埴生郡で初めて製造したものであるからハブタへ（埴生帛）とよんだものであるといった諸説がある。

ハマグリ【蛤】

マルスダレガイ科の二枚貝。北海道南部以南の沿岸に生息している。中国の『礼記』に「爵大水に入り蛤となる」とあるが、爵は雀のことで、雀が海に入ってハマグリになったという話は中国からきたものである。初午《はつうま》にハマグリを食べると鬼気に犯されないといい、伏見稲荷で食べたのは、摂州住吉の洲埼がその名産地で、小さなハマグリのむき身を酢にした酢ハマグリだった。伊勢・桑名のハマグリは貝が厚くこわれないから「貝合わせ」（また「貝おおい」という）の貝にした。一つの貝殻は他の貝殻とは合わないので平安朝時代から遊びに用いられ、『源氏物語』にも載っている。後にこれを割符《わりふ》にもしたことがある。これが二夫にまみえずという一夫一婦の教えともなって、結婚式の献立にハマグリの吸物が用いられた。「蛤は吸うばかりだと母教へ」の川柳があるように、この吸物は、つゆを吸うだけでよいといわれたが、婚礼に用いることをすすめたのは徳川八代将軍吉宗であった。ハマグリは貧富の差なく食べられ愛好され、その貝を二つ合わせて摺ると鉄瓶の湯のたぎる音がするなどともいわれた。また女陰の異称ともなり、三月三日の雛祭りにもハマグリを供した。時雨《しぐれ》蛤《はまぐり》は、尾張から桑名城下に移った水谷喜兵衛という者が関ヶ原合戦のとき、大垣城で徳川家康に献上したのが始まりだとの説がある。また、元和二年（一六一六）に烏丸大納言光広が東へ下る途中、桑名で食べた焼き蛤を愛《め》でて、街道の松原に落ちる時雨を見て、「神無月ふりみ降らずみ定めなきしぐれは冬の初めなりけり」の古歌にちなんで「時雨」と名づけたのが起こりだともいう。縄文時代の貝塚からハマグリの貝はたくさん出てくるので、日本人は古くから食べていたことがわかる。宮崎県の伊勢ガ浜は大ハマグリの産地として有名だが、これは貝殻を利用して碁の白石になると「日向碁石」の高級品として珍重された。ハマグリの古名はウムキ、方言では宮古島でシナ、上総・千葉県山武郡でゼンナ、東京で婦人がオハマとよんだものである。ハマグリをグレハマと昔いったことがある。ハマグリを逆にしたグリハマが訛ってグレハマになった。話が食い違ったとか、話のわからぬ者のことをグレハマといったのである。近ごろチョウセンハマグリという大型のものが出回っている。ハマグリが内湾性なのに対してチョウセンハマグリは外洋性である。ハマグリの貝殻の開く二枚の線は丸みがある。ところがチョウセンハマグリは直線的である。それに単色で模様が少ない。チョウセンハマグリはハマグリ独特のヌルが少なくて味がちょっと劣る。ハマグリの語源は、アハセメアツクアリ（合目厚在）の義との説、さらにハマは浜、クリは石の義、石が地中にあるのに似ているところからとの説がある。これらの説の中では、ハマグリ（浜栗）の義、浜にある栗に似たものであるからハマグリといったとの説が良かろう。ハマグリはヨーロッパではあまり食べないが、アメリカではクラム・チャウダーやクリーム煮にしてよく食べている。

ハマチ【魬】

鰤とも書く。ブリの稚魚で関東ではイナダという。ハマチは関西でのよび名である。ブリ（鰤）は生長にしたがって名称を異にするが、関西で、ツバスが体長五センチから一五センチくらいまでのもの。旬《しゅん》は五月末から六月初めころで、関東ではワカシという。つぎがハマチで体長三〇センチくらいのもの、旬は七月以降から。関東ではイナダ、北陸ではフクラギという。そのつぎがメジロで体長六〇センチくらいのもの。旬は秋。関東・北陸でワラサとか小ブリという。ブリというのは八〇センチ以上のもので旬は冬である。市場では産地によって八キログラム以上のものをブリといい、ハマチは六キロ前後のものをよんでいる。ハマチはブリより身は柔らかいが、結構脂ものって、ブリ同様の調理で利用される。ブリは暖かくなるとまずくなるが、ハマチは夏が美味である。ハマチの料理には、鮊酢煎・鮊杉板焼・鮊鋤焼・鮊鉄砲和・鮊田楽などがある。また、ハマチをほどよく切って蒸し、葛溜り・ワサビ・ショウガの類で出す。また、小角に切って、蒸して、葛溜り・味噌かけにする。ハマチはハリマチの略かといわれる。

ハモ【鱧】

「祭《まつり》ハモ」といわれるように大阪では夏祭りにはかならずハモとタコを食べた。京都の祇園祭りにはハモ料理はなくてはならぬものである。ハモは小骨が多いので骨切りをしてから料理する。関西の調理士はお祭りのときに大量のハモの骨切りをさせられるから、ハモの骨切り(三センチに二四の刃が入ったら名人だといわれる)が上手になる。関東ではあまりハモを食べなかったのは、この骨切り(三センチに庖丁目を一〇~一五本入れると骨が舌に当たらない)がうまくできなかったからである。ハモの名は海鰻の唐音からという説もあるが、日本では海鰻はアナゴともよむ。アナゴとハモの違いはハモは口が大きく眼の後方まで裂けていることである。古名はハムだが、ハム(食む)は口に入れてのどに下すこと、歯を用いることである。それで、ハモチ(歯持)からハモの名は生まれるという説もあり、仲間の小魚をハム(食む)ところからの名であるともいう。面白いのは、口をハッと張ってモガクところからハモとなったなどという説である。しかし、どれも、歯とか食とか口に関係したものからハモの名はできたと説いている。ハモの体を見ると、その口の大きいとか歯が鋭いことが特色である。古名のハムも、口で食むことから名づけられたもので、ハムがハモになったものである。宮中大膳職の御料魚としてもハモは用いられていた。その形がハミ(蝮蛇)に似ているからハモになったともいうが、ハミを蝮と考えるよりも、ハミは食と解すべきで、ハミ・ハム・ハモとなったとするほうが良い。文魚・狗魚・海鱣・海鰻鱺などと書き、ヘンピとかウミウナギなどともよぶ。干した小さいハモをゴンキリ(五寸切)とかヒハモ(干鱧)という。ハモキュウというハモの皮を細かく刻んで胡瓜《きうり》もみに混ぜる。皮なますは、大阪の惣菜料理である。大阪ではハモの肉で焼蒲鉾をつくるから皮が残るので薄口醤油をつけて焼いて売っている。ハモチリを関西で「落とし」ともいうが、湯に落として冷水にさらすからであろうか。牡丹ハモはつゆの身になっている。骨切りしたハモに葛粉をまぶして熱湯に落とし入れたものである。はぜたところが牡丹の花を思わせるからの名である。

ハララゴ【鮞】

サケ（鮭）の卵である。サケの卵巣の中にあるときは卵粒が個々に分離しないので、これを塩漬にすると「すじこ」（筋子）と称する。「すじこ」を「すずこ」とも「あまご」（甘子）ともいう。すじこは胞に包まれているが、この胞を割いて粒々に離したものを、「はららご」といい、「いくら」ともよんでいる。女房ことばではららごを「はらら」というが、ちりぢりにあるさまを表わすもので、バラバラという意で、散（はらら）子である。ハララゴはハラアリノママゴ（腹在儘子）という義であるという説はおかしい。母子の義というのも良くない。ハラアカコ（腹赤子）の義というのもいただけない。江戸初期の『料理物語』に「はらら汁」とあるのは、鮞を味噌仕立てにしたつゆものである。なます・汁・煮物などに用いられている。米のとぎ汁で湯煮すると、少しふくろ子でも、はらはらになる。「南天の雪はらら子のきらず汁」と『柳樽』にある。

はんぺん【半片】

元禄（一六八八―一七〇四）のころ日本橋室町の「神茂」の祖先である神崎屋茂三郎が苦心して「はんぺん」を創製したのに始まるといった説を書いた本がある。もちろん、「神茂のはんぺん」が元祖だろうが、「はんぺん」は、それ以前からあった。菊岡沾涼の『本朝世事談綺』（享保一九年〔一七三四〕刊）には、はんぺんは慶長（一五九六―一六一五）のころ駿府の膳夫半平という者が初めてつくったとある。半平《はんぺい》がつくったので「はんぺい」とよんだものが訛って「はんぺん」となったというが、これは家康が駿府にいたので、その料理人半平に手柄を与えようというつくり話らしい。宗及の天正三年（一五七五）七月二六日の手記に「仕立うるミ折敷、かまほこのはんへん」と「はんぺん」が出てくる。この時代すでに「はんぺん」があったことがわかるので、半平説は無理になる。安政三年（一八五六）の『蒹葭堂雑録』（暁鐘成編）には、もと竹輪を二つに割って板につけたものを半片といったが、後にこれを蒲鉾《かまぼこ》といいならわすようになり、浪花で「すりみ」と称するものを、今は半平といっている、とある。江戸の半片には、円形中高のものと方形の二種があった。お椀の蓋ではかって形を整えたものが中高でふくらみのある半片であるが、現在はこの形はない。そこで「はんぺん」はホウヘン（方片）の訛ったものであるという説は、「はんぺん」は四角いものと決めている点で古い時代の「はんぺん」を知らなかったのである。ハモの肉でつくるところからハモヘイ（海鰻餅）が訛ってハンペンとなったと『嬉遊笑覧』にはある。椀の蓋にすり身を詰めてつくったものが半円形であるところから「はんぺん」というと『守貞漫稿』にはあるが、四角い「はんぺん」もあったのでこれも良くない。ハンペイ（半餅）がハンペンになったとか、中国語の方餅（ファムビェム）からきているといった説などもある。これは、すりつぶした白身の魚肉に山の芋をすりおろしたものを加え混ぜたものをゆでるか蒸すかしてつくったものである。「はんぺん」の名は、魚肉のみでなく半分は芋が混じったものという製品の質を表わす意味で「半」といったものであろう。

ひ

ヒエ【稗】

穇子、また、稗子とも書く。縄文時代晩期の遺跡から出土するから稲作以前に栽培されていたと考えられ、その名は『日本書紀』に初見する。冷害・旱魃《かんばつ》に強く、肥料もあまり必要としないので、高冷地向きの作物、救荒作物とされた。タビエ（田稗）とハタビエ（畑稗）の二種があり、一〇年以上もの貯蔵に耐える。ヒエは、インドが原産地といわれる。天明（一七八一―八九）から天保（一八三〇―四四）にわたる奥羽の飢饉に、二宮尊徳はその配下の農民にヒエをつくらせて災厄を免れさせた。ヒエは稲の中に混じって生えていても引き抜きうるものであるところからこの名を得たという説、またヒナヨネ（鄙米）ということだとの説、穂の実が小さくやせているところからホミヤセの略であるとの説、風にあたるとこぼれやすいところからフリエ（振荏）がヒエになったとの説などがある。また、寒地の物であるところからヒエ（冷）とよんだとの説、いやしい穀物であるからイヤシといい、この略転がヒエとなったとの説、ヒエは日毎《ごと》に盛んに茂るので日得（ヒエ）とよんだとの説もある。また、ヒエは稗（ヒ）という字音から出た語で、エはヒを伸ばして補った音であるという説、ヒエはエゴマに似て、しかも風に穂を振り、こぼれやすいから振り荏（エ）というわけであるとの説もある。貝原益軒は『日本釈名』で、漢字のつくりイヤシ（卑）のイヤがイエに変わり、さらにヒエに転じたものか、あるいは、ヒは接頭語で、鳥の餌の意である、と説いている。また、食べられるエ（荏）であるところからイイエ（飯荏）がヒエと転化したとの説、ヒエを朝鮮語でPhiというので、それがヒエになったとの説などがある。ヒエのヒはヨシという意の古語で、エは荏である。荏（マメ）に似たもので炊いて食べられるよろしいものという意の名である。ヒエは搗き方が不充分だと、あらくて堅いので口に適さないが、よく搗きあげれば、その味は米に次ぐものである。岩手県九戸地方では、ケシネとよんでいる。福岡県・熊本県では、米麦をついて精《しら》げることをケシネという。また、越後高田在をはじめ秋田・福島・茨城・栃木・長野・新潟・大分などの地方では、飯米のことをケシネとよんでいる。また、福島県岩瀬地方では、穀物野菜などをケシネ米とかケシネ芋とよんでいる。また米以外の穀物、雑穀のことをケシネと東国西国でよんでいることを考え合わせると、ヒエは米に次ぐ穀物と考えられていたことがわかる。

ひがし【干菓子】

乾菓子とも書く。昔は、モモ・カキ・ミカン類の実が菓子であったが、やがて砂糖を用いた菓子が現われると、これらは水菓子とよばれた。干菓子は、白雪糕で製するもので、中古はアルヘイ糖・コンペイ糖の類をいった、と菊岡沾涼の『本朝世事談綺』にある。本来、菓子というのは木の実のことであった。室町時代でも果実を木菓子とか時菓子といった。『厨事類記』に、「干菓子《からくだもの》。松実・柏実・柘榴・干棗」とある。今日の菓子らしきもののつくられるのは砂糖が出回ってきた宝暦（一七五一〜六四）以後からのことである。餅菓子・蒸菓子と対称された干菓子という名称は宝暦以後

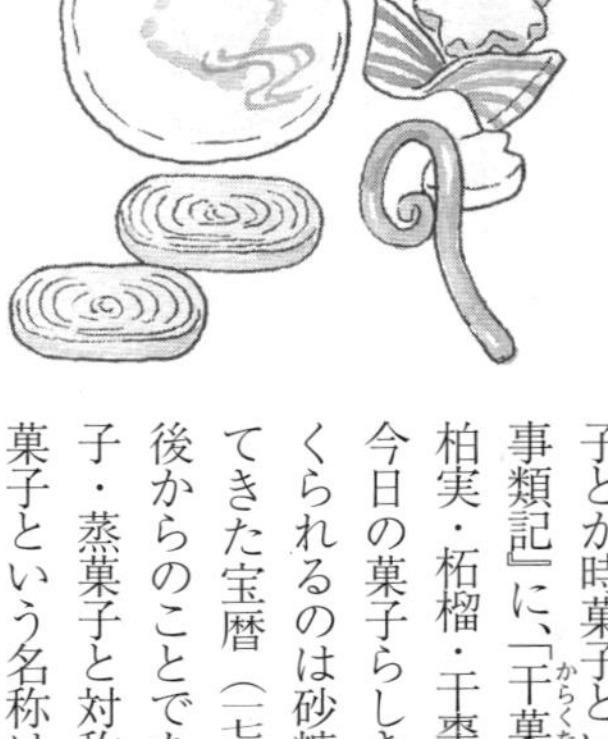

からであろうといわれる。越智為久の『反故染』に「干菓子・せんべい・松風・ぽうろ・霜柱の類、上々の菓子にて、本菓子屋もの成しが、宝暦の頃より辻売の十枚六文に位を落す」とある。今日の干菓子は、和菓子の中で水分をほとんど含まない乾燥度の強い菓子のことである。落雁《らくがん》・塩がまの類・おこしや五家宝の類、煎餅や瓦煎餅、松風の類、金米糖や花林糖や豆ねじのような駄菓子類が干菓子である。京都の吉田源助が文化五年（一八〇八）に中国の雲片からヒントを得て干菓子をつくったのが始まりと伝えられる。干菓子は乾製の菓子の総称である。煎餅・有平糖・琥珀糖・金華糖・金米糖・筏糖・達磨糖・軽めいら・みどり・松風・霜柱・ぼうる・楽雁・源氏胡桃・砂糖豆・犬皮焼・浜千鳥・春霞・玉簾・軽焼などが知られる。

ひきがし【引菓子】

祝い事や仏事のときなどに、参会者に引物《ひきもの》として出す菓子。台引物の菓子、台引菓子、引物菓子ともいう。引くということには配るという意味がある。白木でつくった縁高・角切・折などに、三個、五個、七個のような数で美しく装飾した蒸菓子・干菓子を並べて入れたものが台引菓子であり、この略称が引菓子である。近ごろは社交的な普通の宴会にも「みやげ菓子」の一種として用いられる。紅白の色彩を加えた生菓子または打物《うちもの》（干菓子）などを紙に包んで配る。江戸時代には、酒宴・酒盛・宴会に引出物としての菓子を引菓子といった。

ひきもの【引物】

引出物の転かという説がある。引出物は、招待した客に主人から贈る物品のことである。平安朝のころに、馬を庭に引き出して贈ったことから引出物という名はできた。後代には、馬ではなく馬代（うましろ）として金品を贈った。現在では、酒宴の膳に添える物品をさし、さらに、招待客へのみやげ物をさすようになった。ヒキイデモノ→ヒキデ→ヒキモノとなった。客に膳を出すとき、本膳、二の膳、三の膳から焼物膳のつぎに引物を勧めた。焼物膳は本膳と二の膳の間の向こう右に、引物台は本膳と三の膳の向こう左に置いた。下げるときは、台もいっしょに引くので「台引」ともいう。ほとんど、客はこれに箸をつけず、みやげ料理になった。また、引出物とは引添える物という説で、客の膳部に別に添える菓子などの類をいう。料理書に出る例として「。御引物―焼物・鳴、酢うなぎ、蒸貝、焼鮎、伊勢海老、蒲鉾、煮蒲鉾、いり鳥、やき鳥、つぐみ、干甘鯛」などがあり、これらは三〇〇余年前から引物として用いられた。

ひしお【醤】

嘗味噌《なめみそ》のことを醤と書く。豆と塩を合わせたもので、穀醤である。肉を塩漬にしたヒシオは醢と書く。肉醤《ししびしお》で、塩辛のことである。塩と野菜を合わせたものは草醤で漬物である。秋田のショッツル（ヒシオ汁の転化）や香川のイカナゴ醤油は魚醤である。ヒシオは古くはヒシオス（醤酢）といった。茨城県新治地方ではオマジリといい、茨城県稲敷地方ではオマワリがヒシオのことである。ヒシオの語源は、シシシホ（肉塩）だという説、またホシシホ（干塩）だという説、ヒタシシホ（浸塩とか漬塩《ひたししお》の略）だという説がある。またヒは日で、日温で促成したところからヒシオといったとの説、長く日数を経て味の出る物であるところからヒシオといったとの説、またミソの転だという説もあるが、ヒは隔てるという意であって、醸造して長時間たつと塩と隔つということでヒシオというとの説が良かろう。

ヒジキ【鹿尾菜】

鹿角菜・羊栖菜・六味菜・鹿尾草とか手栖菜とも書き、アラメイモウト（荒布妹）ともよばれる。古名はヒジキモ・ヒジキモノ・ヒズキモで、ホンダワラ科の褐藻。雌雄異株で、海中の岩石に付着して生じ、長さ六～九センチくらい。形は丸細く、色は蒼く、煮ると黒くなる。日本近海（とくに太平洋側と壱岐対馬付近）の潮の干満差の多い地方でとれ、三～四月ころ鎌で刈りとる。製法には、日干し後、水につけて塩分をとり、水分をきって二～三日蒸し干す法、熱湯でよく煮て、三～四日日干しにした煮干し法、採取したままを日干しした塩干し法の三種がある。もどして、あえもの・煮ものなどにする。普通に市販されているものには、粉ヒジキと、対馬名産の長ヒジキがある。「粉」とはよんでも細沫ではなく、短小に仕上げた若ヒジキである。伊勢近海に産するものが最も美味である。ヨードと灰分を豊富に含むので、動

脈硬化を防ぎ、歯を丈夫にして髪のつやが良くなるから、美容食として喜ばれ、妊婦が食べればその胎児の骨を強くすると

いう。『伊勢物語』に「昔男有りけり、けさうしける女のもとに、ひじきもといふ物をやるとて、思ひあらばむぐらのやどにねもしなんひじきものには袖をしつつも」とある。在原業平の歌である。ヒジキは春発芽し翌年の夏に至って枯死する。紀州串本あたりではヒジキは春のなかばにとる。その採取始めをヒジキの口明けという。ヒズキモとは干杉藻で、ヒジキの干した様子が杉の枝のようだからである。伊勢から出るヒジキを鹿角菜（つのまた）というのは、股があって牡鹿の角のようだからである。西海からとれるヒジキは鹿尾菜と書くが、その形がワラビのように長く、シカの尾の毛に似ているからである。ヒジキの語源は、その茎が分散して生えているところからヒマスキモ（隙透藻）と称したものがヒジキになったという説、また、シツキ（尻付）の義であるという説、ヒモシキモ（紐茹藻）がヒジキになったとの説がある。古名ヒズキモの転略がヒジキとなったとしたい。

ヒシコ【鯷】

鯷魚。ヒシコイワシを略していい、東京では略訛してシコという。背は黒く腹は白い。干して「田づくり」とした。ゴマメともいう。相模と西国で、カタクチイワシといい、またカタクチ（片口）ともいう。駿河でクダイワシ、庄内・上総でコイワシというが、イワシの子という意味ではない。ヒシコとは小サイイワシノゴトシという意である。下総・常陸・和歌山ではセグロ、九州でハダラという。樺太から九州までヒシコを産する。口が甚だ大きく、眼の後方まで裂けていて、上顎は下顎よりも前に突出している。背面は藍色、腹面は銀色で、体側に銀白色の縦帯が走っている。この幼魚を干したものをゴマメという。ヒシコを干してタタミイワシ・チリメンジャコ（ザコ）にする。ヒシコという名は、ウヒシコイワシ（初如子鰯）という義だとの説があるが、面白くない。ホシコ（干魚）に適した魚であるので、ホシコが転音したものであり、ヒシコイワシを略したものである。

ひしもち【菱餅】

「ひしがたもち」ともいう。雛祭りに飾る菱形の重ね餅である。白・赤・緑の三色を用いるが、白は普通に搗《つ》いた餅を切り、紅は、しょうえんじ（生臙脂）か食紅で、緑は餅草の汁で、色を染めて搗く。やや柔らかく搗きあげた餅を、菱型に詰めて形状を整え、粉を敷いた板の上

でさまし、餅の間を水でしめして三枚か五枚に重ね合わせる。後、庖丁に水をつけ、菱台に合うように、そのまわりを断ち落とす。餅は白色のほか、青・紅・黄や、もちぐさなどで色づけをする。正月の御供餅の上に重ねることもしたが、このときは、餅の周囲を切り落とさなくてもよい。宮中では、菱餅のことをオヒシとかヒシガチンといい、ヒシハナビラを「御焼ガチン」とよぶ。餅をオカチンというのでヒシハナビラは焼いた餅であることを示している。菱餅は、菱形にした餅ということで名づけられた。この菱形は、小笠原流の礼式に起こったもので、小笠原氏の家の紋、三蓋菱によったものであるとの説があるが、間違いで、菱形は、桃の葉をかたどったものである。足利時代の記録「年中定例記」を『群書類従』巻四〇七、武家部で見ると、「おもてむき御対面過て。内々の御祝まいる。次にあかきもちゐ白きひしの餅をやがてかさねて。ちぎりて。角之折敷にすへ。ちいさき土器にあめを入てそへて。御四方にすハりて参候。此もちゐ御老女うやかれ候」とある。このころ、すでに菱餅が御対面などに用いられていたことがわかる。雛祭りのとき雛壇に供えるのは江戸後期以後のことである。

ひず【氷頭】

サケ・クジラ・サメ・アカエイなどの軟骨は食用にされるが、サケの頭を二つに切り割くと頭の背のほうに、すきみというすきとおった部分がある。この白色半透明の部分を氷頭という。サケ・クジラなどの頭蓋の軟骨が、氷のように透明なので氷頭とよんだのである。古く『延喜式』に信濃、越中などの諸国からサケの氷頭を貢したことが見えている。氷頭を薄く切って酢の物にしたのを氷頭膾といい、新潟県の郷土料理に「ひづなます」がある。信濃川でとれるサケの頭（氷頭）を薄く切り、塩をまぶして一時間くらいおき、酢に漬ける。ダイコンおろしを甘酢と合わせ、ひづの酢をきって混ぜ合わせる。スジコをさっと湯に通したものと、ユズの千切りを上にちらして出す、という。いつごろからつくり始めたかわからないが、正月には欠かせない料理であった。スジコは湯に通さないでそのままちらしてもよい。氷頭は甘味が強く、そのままでは使えないので一度水洗いして、良いところを選ぶ。鯨の頭の軟骨、すなわち氷頭をカブラボネ（蕪骨）という。

ひやしる【冷汁】

寒汁とも書き、女房ことばで「つめたおしる」という。室町時代から「あつしる」と「ひやしる」があった。「ひやしつゆ」ともよぶ。冷汁は夏だけのたべもののようであるが、冬でも用いた。米沢上杉藩の武士が登城したときや出陣の折などに、この料理で酒を汲んだり、食事のおかずにしたりした。一度にたくさんつくっておき、大きなかめに入れて保存し、冷たいまま食べるので調法であった。すまし冷汁・山椒冷汁・たで冷汁・胡椒冷汁・蕎麦冷汁・葱冷汁・にんにく冷汁・浅葱冷汁・わけぎ冷汁などの名が古料理書に出ている。冷汁のつくり方は、煮たれを煎じ、すましておき、四時間ほど前に、いろいろの具をこのすましに入れて、吸い合わせる。大味ならば、花かつおを入れて、しんみりうまくして、塩あんばいをととのえて、酒を少しさし、錫の入物などに七分めほど入れて、冷水にひたして、できるだけ冷たくして出す。明治・大正時代の冷汁には、味噌三〇匁（一一二・五グラム）を焼いて、ネギその他、いろいろのものを加えてすり混ぜ、裏漉して、煮出汁五合（〇・九リットル）を加えて煮たて、びんなどに入れ、井戸の中に沈めるか、氷で冷して出した。冷たく冷した汁であるからヒヤシルと称したのである。喉を通るときのたべものの温度は、体温三五度六分に、二五度を加えるか引くかした温度が良いとされる。冷汁は一〇度六分、温汁は六〇度六分くらいが適温ということになる。飲みごろ、飲み加減である。

ヒラタケ【平茸】

アワビタケまたカキタケともいう。担子菌類キシメジ科のキノコで、全国的に分布している。春から秋にかけて広葉樹の枯れ木に重なり合って発生する。カサは直径五～一五センチの半円形、灰色またはネズミ色で片側に柄がある。このカサの色や形は、発生する場所で異なる。肉は白く柔らかく、汁・煮物、焼いて田楽、あえ物・油炒めなどにする。毒菌であるツキヨタケに外見がよく似ている。ツキヨタケは、ひだと柄の境がはっきりしており、ひだは柄に垂生せず（稀に垂生することもある）一種の臭気があり、柄の基部の肉は常に暗紫色である。新鮮なツキヨタケはひだが全面にわたって発光するから夜間に白く発光するものはこの茸と気がつく。ヒラタケは、人工栽培もされ、若いうちはシメジに似た形をしているのでシメジと称して販売される。ヒラタケは、マツタケに似てやせて、カサが薄く平たいので、この名がついた。熊本県ではクロキノコ、青森県上北・秋田県鹿角・岩手県釜石ではムキダケとよばれる。

ヒラメ【鮃】

平目・比目魚・平魚・王餘魚とも書く高級魚である。小さいのをソゲという。ヒラメとカレイはよく似ている。「左ヒラメ右カレイ」といって、黒いほうを上にし、腹を手前に置いて目が左にくればヒラメ、反対に右ならカレイである。ところが干ガレイ（デビラとかコノハガレイともいう）やカワガレイは目が左にある。ヒラメとカレイは稚魚のころは、目は左右についている。海底生活をするようになって砂に接する側（裏）が白くなり反対の表のほうが黒っぽくなる。目の左・右ではカレイとヒラメの区別はむずかしい。むしろ、口の大きさでヒラメが大きくカレイは小さいというほうがよい。春夏にうまいのがカレイで、ヒラメは秋冬がうまい。寒ビラメといって冬が旬《しゅん》である。三月になると「三月ヒラメはイヌも食わぬ」というほどまずくなる。

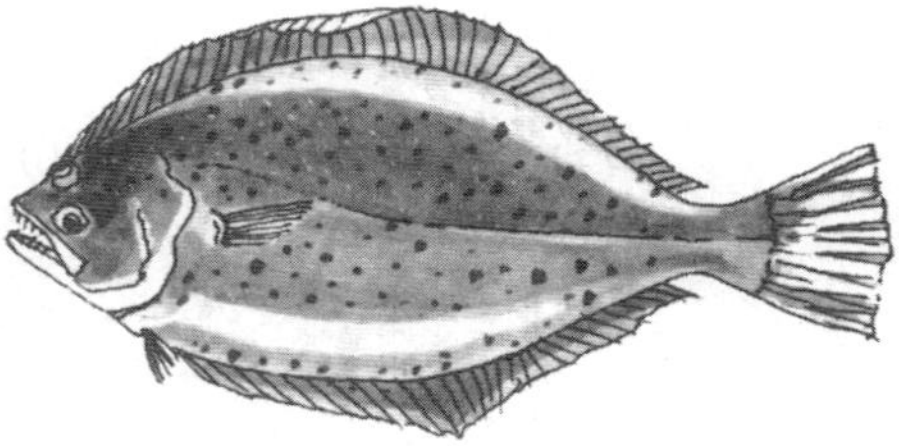

ヒラメは日本各地に広く分布していて、長崎・福岡・千葉が主産地である。生後一カ年で九センチ、二カ年で一五〜一八センチ、三カ年で三六〜三九センチに成熟し、四、五年で約六〇センチに生長する。平たく薄い魚だから平魚と書いたものを、特殊な目の付きかたによって平目魚からヒラメになったという説、また、ヒラミエ（平見え）魚がヒラメになったという説、カタヒラ（半片）に目があるからとの説、ヒラ（左片）に両目があるからとの説などがある。鮃という中国の字は平たい魚の意である。比目魚は目がならんでいる魚ということである。魚の名称は、その魚の特徴をつけるものなので平たくて目が片側にあるというカタヒラメを略してヒラメというとしたい。

ひりゅうず【飛龍頭】

飛龍子とも書く。ポルトガル語 Filhos の音に漢字をあてたもので、安土桃山時代に伝えられた。『紅毛雑話』に「此邦にて云、油揚の飛龍頭は＜ポルトガル＞の食物なり、其製左の如し、ひりうづは彼国の語のよしなり、粳米粉、糯米粉各七合右水にて煉合せゆで上て、油揚にしたる物なり」とある。元禄二年（一六八九）の『合類日用料理指南抄』には「ひりやうす」のつくり方があるが、麦の粉か米の粉を湯で練り、玉子の黄身を粉一升に玉子七つ入れすり鉢でよくすり、これを油で揚げてから氷砂糖の煎じた液にひたしておく、とあって、これは菓子である。ところが、元禄一〇年（一六九七）に『和漢精進料理抄』には「豆腐巻」（テウフケン）は、「牛蒡、木耳をはりにきり、油にていりつけ、豆腐に葛粉を少し混ぜて、すり鉢ですって麻の実をいれてよくにぎり混ぜ、卵のごとくにまるめて油にあげたものを、醤油をよく煮た中に入れ少し煮る」とある。これが、飛龍頭といわれるようになった。享保一五年（一七三〇）刊の『料理綱目調味抄』には、「飛龍子、うどんの粉に、豆腐かおろしのいもをすり合せ、平めて針牛蒡木耳を包んでくるみの大きさにして油で揚げる。いり酒・わさび・白酢・田楽にして青みそ・からしみそ・清汁（具《つま》、かぶ）・笋羹に取合す」とある。元禄（一六八八―一七〇四）のころに「飛龍頭」は、いくつかの製法ができていた。その一つは、粳米粉七合（七五六グラム）と、糯米粉三合（三二四グラム）を混ぜて水でこねて、ゆでて、卵の黄身五、六個を加えてつき混ぜて少しずつ丸くとって、油で揚げる。その二は、鱧（はも）その他、魚のすり身百匁（三七五グラム）に卵、二、三個を加えてすって、赤貝千切り、牛蒡千切り、木耳千切りを少しずつ混ぜてから、好みの大きさにとって、油で揚げる。卓袱《しっぽく》料理の一種。その三は、豆腐二丁をしぼって塩小匙半杯で味をつけて、山椒粉、葛粉を少しずつ入れてすった中へ、笹がき牛蒡、麻の実を少し混ぜて、長めの四角にとって、串にさして、下をあぶって、上に黒胡麻味噌を塗る。『守貞漫稿』（一八三七―五三の記）には「京坂にてヒリヤウズ江戸にてガンモドキと云う」とあり、飛龍頭は別名ガンモドキともいわれたことがわかる。飛龍頭という名称は、字のごとく竜頭が飛んでいる形を示したもので、水どきした粉を熱い油の中に入れたときできる姿のことであるという。どろりとしたといた粉を熱い油の中に落とすと、粉が油の中ではね、龍の角のようになるのでこの字をあてたのである。

ビワ【枇杷】

古名コフクベ。俗にビヤ、またミワともいう。「葉の形琵琶に似たり故にビワと名づく」と史書に書かれているが、ビワの葉の形は、少しも琵琶に似ていない。これは、実の形が琵琶に似ているというのである。ビワは、実を蒔《ま》くと、そのところに生長するので喜ばれた。中国江南地方の原産で、わが国には平安朝にすでに渡来していた。大和国十市郡池上郷におかれた東大寺管下の布施《ふせ》屋《や》（宿泊所）の後園に植えられた雑木八三根の中に枇杷があった記録が宝亀二年（七七一）二月二三日付であり、枇杷の出てくる文献の最古のものであろう。『正倉院文書』にもある。『延喜式』巻三三、大膳下には、五月五日節句料として枇杷を用いた、とある。この時代、ビワはクリ・モモ・カキ・スモモとならんで珍重された季節の果物であった。ビワの花が多くつく年は、その年の麦作はかならず豊熟だといわれた。冬の初めから寒中に花を開くが、寒中花の盛んな樹はビワのみである。ビワの葉には薬効があると昔からいわれ、天明（一八七一－八九）のころには京都烏丸枇杷葉湯と称して大路を売り歩いた。「枇杷葉湯冷たくなして飲みにけり」とあるが、幕末には、街の薬店で門に釜を出して、枇杷葉湯を飲ませたり、夏の暑い日は冷やしても飲ませていた。枇杷葉湯は利尿の効果があり、止渇薬になり、風呂の湯に入れてアセモ治しになった。枇杷葉湯は、ほとんど無臭で味はわずかに苦い。漢方では、健胃薬をはじめ、さまざまな薬効に利用された。ビワの名は、葉の形が琵琶に似ているところからという説もあるが、ハチフサの略、蜂が総生りになった姿に似ているところからとの説、また、ヒロハ（広葉）の義という説などがあるが、いずれも正しくない。琵琶という楽器は、もと西アジアの楽器で西方騎馬民族が、馬上でも弾いたものであった。この名は、梵語からという説もあるが、その、楽器の音、ビンバンとかピンパンという音からビワになったと考えられる。そして琵琶という楽器の形が植物のビワの実の形と似ているところから、ビワとよぶようになったものである。

ふ

ふ【麩】

小麦中にある植物性の蛋白質（グルテン）でつくったもの。昔のつくり方は、小麦粉のフスマと分離しない粗い粉を桶に入れて水でこねる。足で踏んでねばり気が出てから桶の下にざるを置いて、その上でこね粉をとり入れて、水をかけながらもむと、澱粉はほとんど洗い流されて、ざるの目から桶の底に沈む。これが「しょう麩」になり、ざるの中に残ったねばったものが「なま麩」になる。麩の原料となる小麦粉は、メリケン粉より内地産のものが良い。麩質は主に外皮の内面にある。麩と分離せぬ粗粉を用いる。麩は、フスマともよんだ。小麦をひいて粉にしたときにできる皮の屑で、洗粉に用いるものである。コガスともよんだが、小麦のかすというわけである。それをモミジともいった。麩という字は、麦でつくるということで、その音を夫で表わしたのである。麩は、中国から伝来したものであるが、仏教の伝来で僧院がこれを用いたので、在家《ざいけ》では、精進のたべものと考え、仏事・法要以外には常用しなかった。だが次第に、貯蔵食品として年中のたべもので、「乾物の四天王」といえば、麩・湯葉・凍豆腐・椎茸となった。それで麩には、さまざまな種類ができた。生麩《なまぶ》（俗に蒸麩《むしふ》ともいう）には、竹輪形にした竹輪麩、すだれでおしつけた形のある簾麩《すだれふ》、すだれふに似て厚いもの相良麩《さがらぶ》、また御所麩とよばれるものもある。焼麩《やきふ》には、四角の板形のもの板麩また角麩《かくふ》、渦をまいた黄渦麩《うづぶ》、菊の花形をした菊麩、切った切麩、主に金魚の餌になる金魚麩、車の輪形につくった車麩、丸形にして中に筋模様のある観世《かんぜ》麩、小形の罌粟麩《けしぶ》、七色の色別になった七色麩、牡丹の花形をした牡丹麩、紅葉の形をした楓麩《もみぢぶ》がある、その他麩の名称には、安平麩《あんぺいふ》・高野麩・占治麩《しめぢふ》・白玉麩・地紙麩・丁字麩・大角麩《おおすみぶ》・丸山麩など、また庄内麩のようにその地名をつけたものもある。現在、京生麩といって料理屋で用いられる麩には、あわ麩・よもぎ麩（ヨモギが入る）・つと麩・笹巻麩（柚味噌麩が入ったもの）・紅葉麩など、細工麩といって注文に応じていろいろなものを拵えた。麩の料理には、焼麩清汁・あんかけ麩・三杯酢・生麩の煮付などがある。京都には麩屋町という地名があるが、胡麻入りの建仁寺麩・大徳寺麩・黄檗麩と巨刹の名をつけたものがある。京都の麩がうまいとされるが、これらを丸山麩とよんだのである。中国語で麩 fū はフスマで小麦粉をとった屑皮の部分をいう。中国から僧侶が麩を伝えてきたとき、その名も音もそのまま日本のものとしたのであろう。

フカ【鱶】

サメの中で大形のものをフカという。東京でサメというものを関西では一般にフカという。東京・三崎でホンザメが大阪・高知ではホンブカとかマブカ、三崎のドチザメを大阪でネコブカ、東京のヨシキリザメが大阪のミズブカとなる。その肉を刺身・田楽・こくしょう・粕漬などにして用いる。あんこうもどきの汁が第一である。蕎麦といっしょに食べるなといわれるが、理由は不明。タヒチ島の古い言い伝えには、この島はもとはサメ（フカ）であった、という。日本が蜻蜓《あきつ》（トンボの古名）の形だというのに似ている。タヒチ島のダッア・マットは、海の大神で、アオザメ（青鮫）を使ったので、この神の信者を鮫は食わない。それでサメを舟行の神として社を建てた。諸魚が島にくるとその初物をとって鮫神に献じた。決まった季節に鮫がいろいろの魚を追って島にきたので、神魚が人を利すというので神としたのであろう。フカは、ハムキハの略という説もあるが、海の深い所にいることからフカ（深）とよばれた。漢名で黄魚と書くのは、この魚の身が黄色を帯びているからである。青森ではカドザメ、沖縄・八重山島ではサバ、またユービノツクワ、播州ではノソ、淡路島ではフカの幼魚をノソという。香川の漁民、また沖縄ことばではオーウオとよばれる。

ふかがわめし【深川飯】

アサリ飯ともいう。アサリのむき身とネギとを味噌で煮た汁を飯の上からかけたもの。一膳飯で庶民的なたべものである。深川あたりがアサリの本場だったから、アサリを深川ともよんだ。深川には遊里があり、深川八満宮があって、深川八景という名所を唄った荻江節などが明治五、六年（一八七二―七三）ころにできている。深川という名は東京の人々には親しみ深いものである。明治四〇年（一九〇七）ころ安食堂で食べると、この丼飯が一杯二銭から三銭五厘であった。現在も深川丼として地元を代表する名物となっている。

フキ【蕗】

茎また款冬《かんとう》と書く。款はたたくで、寒い冬に凍った氷を叩き割って出てくるという意である。こんな強い植物であるから薬になる。昔の人は、葉・花・根を煎じて、その汁を飲んで健胃剤とし、解熱剤・下虫剤にもなった。葉をもんで傷口につけると早く治る。葉のしぼり汁は血止めになり、根のしぼり汁も傷を治す。毒虫に刺されたときは、葉をもんでつける。日陰乾しにして、これを一日約一〇グラムずつ煎じて飲むと、鎮咳・祛痰・喘息・肺疾の薬になった。フキの原産地は樺太・千島で、早くから日本にも伝播した。秋田蕗は実に大きく、馬に乗った人に下からさしかける傘にもできる。きゃらぶきという料理があるが、茎を醤油でキャラ色になるまで煮しめたものである。キャラは梵語で、香木の名、キャラ色とは濃い茶色である。フキは、ハヒロクキ（葉広茎）・ヒロハグキ（広葉茎）という義でフキとなるという説、また、古名フフキが省呼されてフキとなったとの説、フユキ（冬黄）の中略、冬に黄色の花が咲くところからの説などがあるが、古名のフフキからフキになったのは間違いないので、フフキの語源をさがさねばならない。フユフキ（冬吹き）草とよばれたものがフフキとなったという説があるが、フフキ以前にフユフキグサという称があったかどうか疑問である。フキは、大きな葉の植物なので、風に吹かれるとその葉が揺れる。風は見えないが葉が揺れる。その見えないものを植物に感じて、その植物と風とからフキフキとよんだ。そのキが省略されてフフキとなったのであろう。

フキノトウ【蕗薹】

春の初めフキの葉に先立って出る若い花軸をいう。雌雄異株でオスの花は淡黄色、メスのは白色。雄の茎の肉は厚くおいしいが、メスのは茎も薄くまずいといわれる。だが、鱗状の苞に包まれている間は区別なく、いずれも食用となる。フキノシュウトメともよばれるが、俗に「麦と姑《しゅうとめ》は踏むが良い」といわれ、寒冷国では、土を割るころに踏みつけると良いのが出るといった。シュウトメのメは芽の意味も含んでいる。フキノシュウトメは、蕗の薹が老いたものをさしている。これは、食べると苦味があるところから、姑は嫁に対して苦いものだという意でよんだのである。フキノトともいうが、薹はタイとよむので、その字音が転じてトウになったという説がある。野菜類の花茎の立ち出たものをトウというのであるが、苞に包まれたところ、その相重なるさまをいうとの説が良い。また、蕗の頭《とう》という意味であるとの説とか、蕗の塔という意だという説では、その形が塔の九輪に似ているからである。薹という字は、あて字であるというが、感心しない。九州（筑紫方言）・島根県鹿足地方・山口などではカンドー、広島県向島ではカンドーまたはカンロ、信州上田付近ではフキノネブカ、越後秋山でサミシ、奈良県吉野地方ではシュートメバナ、北海道（『松前方言考』）・青森・秋田・岩手・宮城県登米地方でバッカイ、庄内（『浜荻』）・南部・岩手県九戸地方・秋田県由利地方でバンカイという。和歌山県日高地方ではフキノシュートといって、メをつけない。千葉県印旛地方ではフキノメ、岡山県北木島ではフキノミ、長野県南佐久地方の一部、岐阜でフキボボ、岐阜県吉城地方でフクダツ、その他、フーキノトント・フキノオバサン・フイノオジゴ・フキノジイなどともよばれる。蕗の薹の効用は、苦味が健胃に効き、痰を消し咳を治すという。苦いものは、油で揚げると、苦味がとれる。

ふきまめ【富貴豆】

フツキマメともいう。乾燥したソラマメ（空豆）を一昼夜水に漬けて鍋に入れ、重曹を加えた湯をかぶるくらいに入れ、ゆでて皮をとり、砂糖と塩少々で甘く煮る。重曹の湯で煮たものは皮だけ柔らかになるから、すり鉢に入れ、かきまわして皮をむき、よく洗ってから砂糖と塩で煮ればよい。豆の黄色を黄金になぞらえて、フウキマメ（富貴豆）とよんだのである。

フグ【河豚】

東京では、九月から三月ころまでフグ料理がある。九州では、夏もフグを食べる。夏フグもうまい。だが、「雪の河豚豈《あに》一命を惜しまんや」と川柳にあるように、雪がチラチラ降ってくると、フグの味を知っている人は、我慢できなくなる。こんな日の魚市場のフグの値は、金《きん》にも負けないほどにはねあがって高価になる。フグは、平安朝ころフク（布久）とよばれ、またフクベ（布久閉）

ともいわれていた。鎌倉・室町時代にも、みなこのよび方をしている。クが濁ってフグとなったのは、江戸時代になってからである。しかも、関東でフグとよんだのであって、関西では古来からのフクというよび方を用いている。芭蕉の句などには、フクト汁とある。フクト、またフクトウ（西国）ともいう。この魚は海底にいるとき、砂の表面をあの小さいとがった口で吹きつける。砂泥が爆発するように上がるが、その中にゴカイ（沙蚕）などの小動物が舞っていて、フグはこれを拾って食べる。底には直径一五センチくらいの穴ができるという。フグの口が喇叭《らっぱ》の形になっているのも、吹くのによく、また、空気を溜めるには腹がふくらまねばならないからである。吹くばかりでなく、ふくらませるからフクとなったとも考えられる。また、ふくらんだフクから、ふくべ（瓢箪）のようだからフクべの名がついたともいう。フクルルトト（脹るる魚）がフクトになり、フク・フグとなったというのは、面白くない。フクトは、中国の『本草』に、フクの異名吹肚魚《すいとぎょ》とあるからであろう。フグと濁ったのは、江戸の間違ったよび方であったが、今や全国的にフグで通用するようになってしまった。水中で敵に出会うとプーッと腹をふくらませて「ブーブー」と鳴いて威嚇するのが、豚に似ており、河豚とした。「豚はその美味をいう」と『釈名』にある。中国では、揚子江や黄河にフグがいたから、江豚また豚魚とも書く。海豚はイルカともよまれる。隋の時代（五八一―六一八）の医学書に「河豚」の字がある。日本では七〇一年の『大宝律令』に「鰒《ふぐ》の鮓《すし》」が出る。奈良県の遺跡から大量のフグの骨が出土したが、これは大和時代のものと鑑定された。「河豚は食いたし命は惜しし」という諺が正保二年（一六四五）の『毛吹草』にある。フグが一般に食べられるようになったのは、江戸時代に入ってからである。江戸の町人たちはフグ汁を盛んに食べていたが、侍には禁じられていた。武士がフグを食べて万一、中毒死した場合、家禄没収の罰則を受けるのが各地諸藩命であった。厳罰で臨まねば、フグを食べて死ぬ家来がいたということである。侍あがりの芭蕉翁も、初めはフグを食べることを禁じた。「ふく汁や鯛《たい》もあるのに無分別」ところが、「ふく汁やあほうになりとならばなれ」といい、そして「あら何ともなやきのふは過てふくと汁」。これらの句でわかるように、芭蕉翁もついにフグを食べてしまった。蕪村もフグが好きで、「雪のふく鮟鱇《あんこう》の上にたたんとす」と、アンコウよりもうまいと喜んでいた。フグに関する句は実に多い。

鬼貫や一茶も大のフグ礼讃者であった。フグは種類が多い。日本では約二五種だが、料理用には、トラフグ・マフグ（ナメラフグ）・ショウサイフグ・ゴマフグ・ギンフグ・サバフグなどである。フグの漢名は、鰒・魨・鯆・魺・鮐・鮭（サケはわが国のあて字。サケは鮏）・鯑・鯸・鯢・鯛などである。中国では豚は猪のことで、猪の小さいものは、よく怒る。河にいるフグという魚もよく怒るので、河豚としたともいう。毒あるフグは、投げ出すとかならず北向きになるというので「北向フグ」とよばれる。フグは体磁線の強い魚で、舟板の上に置くとピンピンはねてから静かになった姿は南北を向く。死者を北枕にするということなどから毒あるフグを恐れてつけられたものであろう。フグ毒には、他の生きものはみんなやられるが、ミミズのようなものは、フグ毒を食っても死なない。フグは、腹が減ると仲間同士が共食いを始めてしまう。生きたフグをいけすに何匹か入れるときは、フグの口に縦に安全ピンを刺し、仲間を食わないようにしておかねばならない。大きな歯が四つあり、この四つ（テトロ）が学名テトロドロンになる。フグの毒をテトロドトキシンという。フグのシラコ（精巣）は、実においしいもので、無毒である。これを中国で「西施乳《せいしにゅう》」と称した。西施は、春秋時代（前七〇一―前四〇三年）の越《えつ》の美女で、越王勾践《こうせん》が呉に敗れて後、呉王夫差《ふさ》のもとに送られたが、後に夫差も西施の色香に溺れて国を傾けてしまった。この傾城の美女の乳房だという。白子は、それほどの味の良いものである。トラフグ（ホンフグ）が、最もうまいフグであるが、このフグに似て腹ビレが黒いのをガータロ（黒フク・カラスフク）またガトラという。肉質もトラフグより落ちるが、最近は、同格に扱われている。トラフグの名は、白黒まだらの模様からトラ（虎）とよばれたのである。フグをテツまたテッポーとよぶのは、鉄砲の玉にあたれば死ぬ（毒にあたれば死ぬ）ことからの異名である。トミという名も、富籤《とみくじ》にあたるということから、たまには毒にあたるという意である。フグの肉の特色は、一般の魚は鮮度の良いものがうまいとされるが、これは魚肉と獣肉の中間と考えられる。下関で水洗いしたフグが東京に送られて料理店に出されたころ、つまり殺してから冷蔵して二四時間くらいたったものが一番の食べどき。

ふくじんづけ【福神漬】
酒悦《しゅえつ》の初代野田清右衛門が創製した漬物である。清右衛門は伊勢山田の出身で延宝三年（一六七五）に江戸に出て山田屋を名乗り、東海方面から乾物を引いて業とし、初めは本郷元町に店を構えたが、後、上野に移った。その店は香煎《こうせん》屋といわれた。江戸末期の大名・旗本屋敷などでは縁起をかついで茶を用いない風習があったが、町家の人々もこれにかぶれて婚礼などの祝儀には茶は仏事のものとして嫌がった。今日でも結婚式に桜湯を飲んでいるのはその名残りである。香煎屋は、神仏両用のものを売るが、一般に茶の代用品としては山椒や紫蘇の実などの塩漬に白湯《さゆ》をさして飲んでいた。山田屋は東叡山輪王寺の御門跡の宮様に出入りしていたので、「酒悦」の屋号を賜って江戸名店の一つになった。そして清右衛門は、茄子・蕪・大根・なた豆・紫蘇の実・うど・筍・蓮などを細かく刻んで、味醂醤油で下漬をしてから、水飴などを加えて再び煮つめた味醂醤油に漬け込んだ新製品をつくり出した。それを小石川指ガ谷町に住む梅亭という趣味人のところに持って行き、試食して貰った。その人が感心して、「酒悦は不忍池の弁財天に近いから七福神に見立てて『福神漬』と命名して、その材料も七種にするとよい」と教え、「この漬物を常用するときは、他に副食はなくても済むから贅沢をせず、知らず知らずに財宝がたまって福が舞込む」と書いてこの引札をつけるとよいとすすめてくれた。これが明治一八年（一八八五）と伝えられる。また一説には、その翌年上野公園に日本水産会の第一回品評会が開かれたとき、会の幹部の者が試食して「これは着想もよし味もよいから」と、会場の売店に出品販売させるとき、初めて命名されたものであるという。水産に直接交渉のない商品がとくに推奨されたというので急に福神漬の声価があがり、全国的に認められるようになった。

ブタ【豚】

豕・家猪とも書く。形は野猪《いのしし》に似て、肥え、尾は短く、鼻が長く出ている家畜。中国から渡来、昔は南蛮料理や卓袱《しっぽく》料理などのほかは用いられなかったが、明治以後、欧風料理の伝来によって家庭に入り、中国料理の進出に伴い一般に使われるようになった。その生肉には恐ろしい回虫線虫などの寄生することが多いので、かならずよく火を通して食べ、生焼などは絶対に食べない。肉の良し悪しは、その味が第一である。牛肉を食べるとき、この肉は柔らかいといってほめるのは、牛肉が硬いものを普通とするからである。その点豚肉には決して硬い肉がない。豚肉は塩を加えるとその味が十倍になるといわれる。生豚よりハム・ベーコンがうまい。四、五千年前にヨーロッパではヨーロッパ野猪、アジアではアジア野猪から家畜化したといわれる。生肉は生後八カ月から一年くらいのものがうまく、雄よりも雌が美味。中国では、猪は豚のことで、イノシシは野猪と書く。猪はイで、シシは肉のこと。イのシシとは猪の肉ということ。猪の肉がうまいので、ついにイノシシがその動物名になったのである。豕《し》は、イノコで豚のことをいった。家猪である。いつごろからブタという名が日本に現われるか、まだ、わからないが、『奥羽永慶軍記』という書の「最上義光、延沢能登守信景の勇力を試みんとて、大刀の士七人を選出す」という条に、一番裸か武太之助という名がある。体が大きく具足がないので裸である。太って豕という獣に似たりというので豕之助と名づけたのを、義光が文字を改めて、武太之助《ぶたのすけ》と戯れたとある。義光は慶長一九年（一六一四）正月、六九歳で死んでいるから、この時代にすでにブタという名があったことがわかる。紀元前にアジア南部からブタが現われてインド・中国を通り、一方はエジプトへ渡った。日本の記録には、『播磨国風土記』賀毛郡山田里に猪飼野は仁徳天皇の御世に猪を放飼した地だとある。安康天皇の御世に山城国に猪飼（豚飼）がいたといわれ、すでにブタが飼われていたということがわかるのである。このブタという名称は、猪の意の蒙古語ボトンと関係あるものかとの説、豚の意の朝鮮語チプトヤチの略転かとの説、また、ミフトリハダ（身肥肌）の義かとの説、フクレタタヘル（胞湛）の義かとの説、また、フトリ（太肥）とかフト（太）からかとの説、ヰブト（猪太）の略転かとの説もある。以上のように諸説があるが、この獣が太って肉がブタブタしているところからブタと称したのであろう。ブタの種類も多いが、代表的なものは、ヨークシャー（白）とバークシャー（黒）で、一八世紀に中国産の両種がイギリスの技術者によって改良されたものといわれる。日本にはヨークシャー種が入って来て、バークシャー種が少ないので、豚は、白いものと思っているが、中国に渡ると黒い豚が多いのに驚く。豚を、沖縄では、ウワー（擬声語）といい、八重山では、オーまたはワー、喜界島では、クルミヂャラ、石川県河北地方では、ボタという。

ふちゃりょうり【普茶料理】

略して、普茶（ふちゃ、ふさ）。中国から伝来し、日本化された料理である。慶長（一五九六―一六一五）ころ、すでに長崎には、唐寺が建立されたので、ここで普茶を饗することが行なわれた。長崎の唐風寺院には、元和元年（一六一五）に興福寺、寛永五年（一六二八）に福済寺、翌六年に崇福寺ができて、これを長崎の三福寺と称した。承応三年（一六五四）七月には中国から名僧隠元禅師（延宝元年四月三日、寂年八二歳）が来日、寛文元年（一六六一）山城宇治に黄檗山万福寺を創立した。普茶料理は、黄檗宗とともに広められたので、一名黄檗料理ともいった。これは、中国風の精進料理である。それで、普茶料理は、長崎料理の精進料理であるといわれる。普茶とは、

茶ぶ台に並んだ普茶料理
『普茶料理抄』1772 年

禅宗で茶礼という儀式を行ない、全山の人が集まってお茶を飲みながら意見の交換をするところから生まれたことばである。普茶とは、広く大衆に茶を饗する、茶を普《あまね》くすることである。長崎料理には、卓袱《しっぽく》料理があるが、これは魚類を使って、常の会席と同じようなものである。普茶料理は精進ですべて油を上手に用いて、下戸《げこ》に好まれるものであった。それで精進の卓袱料理であるという。普茶料理の特色は、多量の油と葛を使うことにある。初め普茶を赴茶とも書いたが、寺院で僧たちが柝《ひょうしぎ》の音を聞いて茶の馳走に赴いたからである。その饗応は、酒を用いずに、茶を酒の代用とすることを普通としたところから、普茶の名は生まれた。明和（一七六四―七二）ころに『卓袱会席趣向帳』『普茶料理抄』などの出版が行なわれた。これらの本の絵図を見ると、一皿一皿に四人分の料理が盛ってあるのを取りまわして、一つの卓に四人が向かい合って座っている。この食事法は、新しい型として日本に伝わると食卓ができて、それを「茶ぶ台」とよんだ。この名は普茶をひっくり返しに洒落た語である。がんもどきや精進揚が家庭料理として普及したのも、普茶料理の影響が大きかったと思われる。初めの普茶料理は簡素なものであったが、今、普茶料理として八品定められて

いるのは、雲片《うんぺん》（野菜を油でいため葛煮にする）・油餈《ゆじ》（味つけ精進揚）・澄子《すめ》（薄味のつゆ物）・醃菜《えんつあい》（香物）・笋羹《しゅんかん》（生菜煮菜の盛合せもの）・蔴腐《まふ》（胡麻豆腐）・羹杯《かんぱい》（ひたし物）・味噌煮（味噌汁）である。

ブドウ【葡萄】

漢字を二つ以上使ってその名を表わすものは、中国にはなかったもので、外国から伝来した。中国古代の前漢の武帝が、その臣の張騫《ちょうけん》を西域（西アジア）に遣わしたとき、いろいろな物を中国に持ち帰ったが、ブドウもそのときに中国に伝わった。ギリシア語（botrus）に、葡萄の二字をあてて音訳したものである。中国語ではプータオとよむが、日本では、ブドウと訛った。また、西域から中国に入った梵語（Mrdvika 蔑栗墜漿）を蒲桃と訳したが、蒲桃は大宛国の土語（Bu-daw）を音訳したもので、日本で蒲桃《ほとう》を蒲萄《ほとう》とも書き、葡萄と書くようになったとの説もある。葡萄はエビカツラの実である。葡萄は古くはエビ・エミ・エビカヅラ・オホエビカヅラとよんだ。エビというのは酔えるような実の色をいったのである。食後にブドウを食べると大いに消化を助ける。ヨーロッパには、ブドウ療法というものがあった。ブドウが病気の治療に良いというのは、豊富な糖分の大部分がブドウ糖で、すぐに吸収されるからであろう。また、消化を助ける酒石酸があり、食欲をそそる芳香をもっている。養老二年（七一八）に行基が中国から渡来したブドウの種子を持ってその栽培に良い土地をさがし求め、ついに山梨県の勝沼を見つけた。これが甲州ブドウの誕生であると伝えられる。行基は、その地に大善寺を建立して、自らブドウを右手に持つ薬師如来像（国宝）を刻んだ。この寺はやがて聖武天皇の勅願寺となった。また一説には、甲斐国八代郡祝村の入会山、城ノ平の石尊宮の祭礼に詣でた雨宮勘解由という人が、帰り路で自生していたブドウの変種を見つけ、自分の邸内に移植し培養したのがその起源であるという。その石尊宮の祭日は、文治二年（一一八六）三月二七日と伝えられる。また、勘解由が中国を経て今日の甲州ヴィニフェラ種を移入したものともいう。ブドウの棚づくりを案出したのは、甲斐の徳本という老医者で、元和（一六一五―二四）ころに祝村に教えたので、この栽培法によって急に良品の量産をすることができた。村では、その功績を讃えて、寛文七年（一六六七）に徳本のために石碑を建立した。

ぶどうしゅ【葡萄酒】

ワインの原意は、ぶどう酒ということである。神の飲物といわれ、『旧約聖書』には五〇〇に及ぶワインの記述がある。神へ捧げる儀式には、かならずワインが用いられている。ノアの方舟《はこぶね》以来ワインはあった。イエス・キリストは、最後の晩餐でテーブルの上のパンを「私のからだ」、ワインを「おまえたちのために流す私の血」といって弟子たちに分け与えた。そこからワインはキリストの血として、教会のミサに欠くことのできないものとなった。ぶどう酒は、有史以前からあった古い酒である。このぶどう酒の発源地はアジアの西部地方らしく、ここから諸方に広がった。ギリシア・イタリア・シシリア・ポルトガル・スペイン・フランス・ドイツの順で、一方、東洋へは、ペルシア・アフガニスタン・インド・チベットを経て中国へ伝わり、唐の太宗のときには全土に広がっていた。西域という地方は酒倉にブドウ酒を貯蔵していて、「夜光の酒」と唱え、その盃を「夜光の盃」と称した。ブドウは野生の植物で太古からあったが、栽培を始めたのは五世紀ころからである。日本にワインが渡来したのは室町時代である。伏見宮貞成親王の書かれた『看聞御記』の永享七年（一四三五）正月二八日の条には、味は砂糖のようで、その色は黒い酒のこと、とある。これは洋酒でワインかリキュールであった。ポルトガルの宣教師フランシスコ・ザビエルが山口の大内義隆を訪ねたとき、時計とブドウ酒を贈っている。永禄六年（一五六三）神父ルイス・フロイスがイエズス会に送った手紙にキリシタン大名大村純忠へ贈物をした船長の記述があるが、その中に、黄金の寝台、緞子《どんす》の寝台掛け、緋色のマント、ビロードの帽子、金の指輪、そしてワインがある。慶長四年（一五九九）二月石田三成が大坂で、宇喜多秀家・伊達政宗・小西行長・神谷宗湛などを招いて茶会を開いたと

江戸時代のぶどうの収穫
『広益国産考』1842 年

き、酒になるとぶどう酒が出されている。当時、外国の商人が大名たちに贈物にした酒、また輸入した酒の主なるものはぶどう酒であった。徳川家康の遺品の中に六貫四〇〇匁のぶどう酒一壺がある。珍陀酒《ちんだしゅ》とあるのは、ぶどう酒のことで、チンダはポルトガル語で「赤い」ということである。寛文八年（一六六八）の『料理塩梅集』に、蒸し糯米と糯米麹とを半々に混合し、それにヤマブドウを交互に仕込んでつくる山ぶどう酒の製法がある。室町時代八代将軍義政のころの『撮壌集《さつじょうしゅう》』（一四五四）に「葡萄酒フタウシュ」とあるのはぶどう酒である。ぶどう酒の古い製法は、ブドウのよく熟したものの皮をとって、汁四杯・氷おろし三盃・りゅうがんにく（竜眼肉）一杯・古酒三杯・焼酎《しょうちゅう》三杯、これを一つに合わせておいて、七日たったら使う。別法としては、ブドウをちぎって、焼酎につけて三日たったら、焼酎を捨てる。皮をとって、竜眼肉の皮と種をとり、ブドウと等分に合わせ、新しい焼酎をひたひたに入れ壺に詰めて、二一日間おく。もう一つの別法は、焼酎二升、白砂糖三升、ブドウの汁三合（ブドウのよく熟したものをしぼって、汁を布でこす）、きざけ（生酒）五升。これを混ぜるものである。葡萄酒は、ブドウのしぼり汁を醗酵させ、醸造したもの。醗酵を起こす理由は、果実の外面に付着している一種の酵母菌醸造によって、速やかに繁殖するからである。ぶどう酒に赤、白の二種があるのは、主に醸造の方法の違いによるもので、原料に二種あるわけではない。しかしブドウの品種によっては、多少の適・不適があり、ある種はもっぱら赤ぶどう酒に、他の種は白ぶどう酒とする。また、甘ぶどう酒・シャンペン酒がある。まるスグリ・赤スグリなどでこれに類似の酒を製する。白ぶどう酒を醸造するには、ブドウをつぶしてしぼり、ぶどう汁を得、また、赤ぶどう酒では、果実の皮中に含有する色素をなるべく溶解させるため、醗酵の終わるのを待って、絞搾する。こうして得たぶどう汁を樽に詰めておけば、酵母菌が繁殖して醗酵する。ただし、一五～二〇度では上部が醗酵して酒精に富み、芳香の乏しいぶどう酒となり、一五度以下だと下部の醗酵を起こし、芳香に富む酒になる。醗酵に必要な期間は、ぶどう汁の性質、気候の冷温などによって一定しないが、だいたい一週間から二週間で、これを本醗酵という。本醗酵が終わったら、貯蔵樽に移し、暗室に置いて三カ月から半年くらい、ゆるやかに醗酵を持続させる。これを後醗酵という。これで新酒は醸成されたわけで、さらに、他の貯蔵樽に移し、三、四年たってから､ガラスびんに詰める。久しく貯蔵すると、芳香は増し、一種の佳味を発生する。ぶどう酒は、地中海沿岸のエジプト・ギリシア・イタリアを経てフランスが本場ということになってから、すでに一〇〇〇年以上たっている。乾燥地帯がブドウの生産に適することは世界共通で、フランスでもブドウの樹が枯死するほどの酷熱にたえた果実が良質とされる。古来上等酒のできた年代を調べると、日陰でも摂氏三五～三六度の高温が数週間も続いた年に多いという。地中海沿岸を除くと大西洋東岸のビスケー湾に面した北緯四七度のキベロンから、東北パリの北を経てドイツのコブレンツ（五三度）に至るまでを「葡萄線」と称し、以北では絶対に良酒はできないものと定めて、フランスのほかイタリア・ポルトガル・スペインに名産地が多く、ドイツもこれに追随した。

シャンパンはぶどう酒を再醗酵させたもので、一六九四年に偶発的に創製されたといわれる。果実から搾取した汁液はビンに詰めて外気から遮断するために、麻糸などを束ねて栓をした上に蝋を塗って貯蔵したものである。たまたまシャンパーニュ州オービレーユ村の寺院にドン・ペリニョンとよぶ酒蔵係の僧がいて、安定性の少ない糸束の代用として便利なコルク栓を創案したのが始まりである。自然発酵から生じた炭酸ガスが酒に混入して勢いよく泡立っているのを試みに飲んでみると従来にない美味であった。そこでずっとコルク栓の使用を寺の秘法として外部へ伝えなかった。甘味のリキュールを加えて二次醗酵させるようになったのは、その後の工夫である。

フナ【鮒】

釣はフナに始まってフナに終わるという。寒ブナとなると川底に沈んでじっと動かなくなるし、餌ぐいも悪いから釣れないが、おいしいから珍重される。フナは、マブナとヒラブナの二種類に大別される。マブナは、その体の色で、キンブナとギンブナの二種がある。東京ではキンブナをキンタロウという。ギンブナは全国にいる。また、体の扁平なものと丸みを帯びたものに分けると、扁平なものが良種である。扁平種は、源五郎ブナなどで、これがヒラブナである。ヒラブナは、マブナにくらべて、大型で体が平たい。訛ってヘラブナになる。フナの種類は、七、八〇種もあるというが、よく知られているものは、マブナ・ヒラブナ・マルブナ・ヒワラである。源五郎鮒はヒラブナの大型のもので、堅田鮒ともいう。大きいものは、長さ六〇センチ、幅一八センチに及ぶ。マルブナを近江ではニゴロとよび、その小さいものをガンゾウ鮒という。琵琶湖に産して、源五郎鮒に次いで大きいものを煮頃鮒《にごろぶな》というが、似五郎鮒とも書かれる。源五郎鮒の名の由来に諸説がある。昔、堅田浦の漁夫に源五郎という者がいて、常に大きい鮒を捕えて安土の城主、また一説には時の天皇に献じたことに因むという説。その源五郎は近江国の生まれで、非常に水に潜ることが上手で、まるで小鮒が水中を泳ぐようであった。時の人が、その者をあだ名して「小鮒の源五郎」と称した。それから、この湖水にいる鮒をも、源五郎鮒というようになったとの説。また、佐々木家が一国の領主であったころ、その家来に錦織源五郎という者がいたが、この人は魚漁のことを司っていて、常に漁獲した鮒の良いのを選んで京都室町将軍家に奉っていたので、いつとはなしに、その人の名を以て鮒をも称するようになったとの説。また、錦織源五郎は、六角の家臣ともいい、この者が初めて網でとったので、これより源五郎鮒と称するに至ったという説。また湖国の鮒は他国よりもその賞味する季節が遅れて夏季に珍重されるところから夏頃鮒《げごろぶな》ともいわれたが、これが源五郎に転訛したとの説。また、この鮒は、湖北・尾上・島津という所でとれるが、その所の長を源五郎といい、この名が鮒にもついたという説。また、源五郎という漁人は、鮒が多くとれると自分の糧の価ほどのものを残して、他の鮒は、みんな湖に放してやったという話が、草紙物に載っている。春の琵琶湖のフナを「丸山」といった。これが源五郎鮒で、そのフナずしは有名である。春早く雷鳴があるときは、フナは少ない。フナが雷を怖れて水底に沈むからという。一般の料理には、マブナが向いている。初春のころにはヒワラがうまい。津村正恭著『譚海』に「冬取った鮒、川魚の類、串にさし焼いたままで、わらづとにさしておく、春になって大根などを加えて醤油にて煮る。鮒の味鰹ぶしの如く風味よろし」とある。フナずしの起源はつまびらかではないが、『延喜式』にも見えている。フナの語源は、フシト（臥魚）の義とか、また、フはアフミ（近江）の上下略、ナはマナ（魚）の上略とかの説、江州の鮒を第一とするところからの説であるが、良くない。また、ヒラオブナリ（平帯形）の意との説、ハルナル（春生）の略、フヌの転との説、また、ホネ（骨）ナシの略ともいう。煮ると骨が柔らかくなるところから、ホネナシ（骨なし）のホとフと通じ、ネを略してフナとなるともいうが、こじつけらしくいただけない。また、伏魚の義、鱮魚《ふな》の義ともいう。鰾は浮袋のことで、腹に大きな鰾があるから、フハフハと脹れる魚という意で、魚はナなのでフナとなるという。また、食用魚というクフナ（食ふ魚）の語の語頭を落としてフナに、語尾を落としてクフが、クがコにフがヒに転訛してコヒ（鯉）となったとの説もある。また、鮒魚という名の鮒は音フとよみ、魚をナと訓よみしたものであるとの説、これが一応無難である。

ブリ【鰤】

俗に出世魚とよばれ、大きくなるに従って名が変わる。東京では、一五～二四センチのものをワカシ、三〇～四〇センチをイナダ、六〇センチになるとワラサ、九〇～一メートルのものをブリといった。関西では、ツバス・ハマチ・メジロ・ブリという。アジ科の魚で、温帯性。北海道、朝鮮から東シナ海に分布する。晩秋から初夏まで約一〇〇メートルの深さの外洋にすみ、夏沿岸に群がり、南から北に向かい、晩秋から南に転じて外海に去る。北上のときは海の上層部を行くが、南下のときは四〇～六〇メートルの深度を保ちながら進み、海底に岩礁がある所では、そこに集まるイワシ・サバ・アジ・イカなどを食する。回遊してくるブリの大群を定置してある網で捕えるが、このとき、音響とか閃光などわずかな異変でも鋭敏に感じて、たちまち方向を反転して外洋に逃げ去ってしまう。網の中に入ったブリは網に沿って巡遊しながら破れ目をさがして、少しでも穴があることを知るとこれを破って逃げる。一匹が抜ければ後から全群が続いて逃げ去ってしまう。また、網に破れ目のないことを知ると、ブリは協力して網にぶつかってゆく。網を破るか倒すかして逃げようと努める。網の中にあっても強く容易に死ぬことはない。この特性を利用して大漁のとき大きい網に何千尾をも入れ、活かしたまま根拠地に運搬する。産卵期は三～五月である。寒ブリは美味であるが、夏は著しく味が落ちる。富山湾の寒ブリは、別名「能登ブリ」とよび、日本一のブリである。寒ブリは、刺身によし、焼き物によし、とくにカマの部分の照焼は珍味である。アラを大根と煮た「アラ煮」もうまい。関西では「歳《とし》とり魚」としてブリに強い愛着をもっている。また、博多では、正月の雑煮にブリがなくてはならぬものである。嫁をもらって初めての正月には、嫁の実家にブリを贈った。これは「嫁ごブリが良い」という意味だった。能登ブリは、信州に運ばれると「飛騨ブリ」とよばれた。

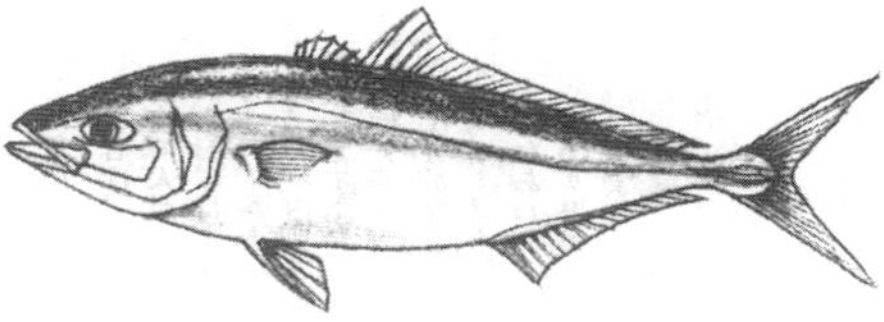

北陸で「一斗ブリ」といい、一匹の値段が精米一斗と考えられたものが、飛騨ブリになると「一俵ブリ」になる。米一俵とブリ一匹（一二キロもの）が同じ値段になる。ブリの稚魚を短期に肥育養殖したものを市場でハマチとよんでよく売られる。産地でブリは八キログラム以上をいい、ハマチは六キログラム前後である。ブリよりは身は柔らかいが、ブリ同様の調理で利用されている。ブリの腸《わた》は有毒である。鰤は、国字である。魚と師を合わせて作字したものと考えるが、魚師は毒魚のことである。ブリとは、年を経《へ》たという意で、フリが濁ってブリになった。九州でブリを大魚というので、鰤という字は、老魚・大魚の意であるというが、面白くない説である。ブリは、師走に最も味が良くなる魚、寒ブリとよばれるゆえんである。その師走の魚という意で、鰤としたとの説が良い。また、ブリはあぶらの多い魚なので、アブラのアを略し、ラとリが通ずるのでブリとなったとの説は良くない。アブリ（炙）の上略という説もいただけない。体が大きいところからフクレリの略であるとか、ミフトリ（身肥太）の義とかの説があるが、いずれも良くない。ブリの古名は、ハリマチである。小さいものをワカナゴとよんだが、これがワカシになった。ハリマチの名は今のハマチ（飯）になった。ブリを鹿児島でウイオ、徳島県海部地方でオイオまたオーイオ、筑後久留米・徳島でオーイオ・オーウオ、島根県八束地方でガンガジ、島根県能義地方でサワジ、またマリゴ。鹿児島ではソージ、ソチ、またハラジロともよぶ。

ふろふきだいこん【風呂吹大根】

今日では湯に入ることを風呂に入るというが、もとは湯屋と風呂とは別のもので風呂といえば蒸気でむされることであった。山東京伝の『骨董集』に「伊勢の風呂吹」がある。それによると、『甲陽軍鑑』の天文一四年（一五四五）の条に、伊勢風呂といって伊勢の国の人たちが熱風呂を好んで、垢をとるため身体に息を吹きかけることが書かれていた。宝永七年（一七一〇）の『自笑内証鑑』には、大坂道頓堀の風呂屋のところで「この風呂へ入相《いりあい》のころより来り吹《ふい》てふかれて、ざっとあがり場に座して……」

とある。宝永のころまで風呂を吹くということがあったのであろう。伊勢の人の物語を聞くと、「風呂を吹くというのは、空風呂《から》になることである。これを伊勢小風呂《こぶろ》という。垢《あか》をかく者が、風呂に入る者の体に息を吹きかけて垢をかく。こうすると息を吹きかけたところにうるおいが出て、垢がよく落ちる。口で拍子をとりながら、息を吹きかけて垢をかくのに上手下手があるのは面白いことである。そこで垢をかく者を風呂吹という。伊勢にはいまもこの風呂吹がいるとのことである」という。以上のような説明だが、この風呂吹というのは、蒸し風呂で体を熱してから、息をかけて垢をするというが、この動作は、湯気の出るような体に息を吹きかけることである。風呂吹大根とは、大根を熱く蒸して、湯気の立つくらいのところを息を吹きかけて食べるさまが、この風呂吹に似ているので、名づけられたのである。蒸して食べる材料は、大根・蕪・冬瓜などを用いる。風呂吹とは、冬季の御馳走で、大根とかカブを湯煮するか蒸して、山椒味噌か柚子味噌をかけて食べる。風呂吹大根を煮るのに、大根を一本か二本すりおろして、そのしぼり汁ばかりで、切った大根を煮ると風味が良いという。風呂吹の料理法は、カブラを柔らかによくゆでて、かけあんに、細く切った豆腐を葛煮にしたのを用い、粉山椒をふりかける。風呂吹大根の料理法は、大根の皮をむき、厚く輪切りにして、塩を少し加えてゆでて、一、二度ほど煮汁を捨て、新たに水をさして煮て辛味をなくし、水でよく洗う。鍋を火にかけて蓋を堅くして柔らかに蒸し、煮出汁を入れてよく煮て、胡麻味噌、唐辛子味噌などをつけて食べる。寒時の料理である。

へ

ヘイケガニ【平家蟹】
甲の長さ約三センチの小さいカニである。その甲に眉目口鼻の模様があり、人面の怒り怨む態に似ている。平家の一門が讃岐の国八嶋の浦で源義経に攻め滅ぼされ、

その怨霊がカニとなったというので平家蟹といった。学名ドリッペ・ヤポニクスは、シーボルトが日本で初めて見てつけた名である。カニ類は内臓の位置・容量に従って、甲の上に高低の線やくぼみができ、これが人の顔に見える。よく見ると腹にもおぼろげにある。この種のカニは瀬戸内海に限らず日本の各地の浅海砂泥の海底にいる。加賀の長田蟹《おさだがに》は、源義朝が敗れて長田忠致の所に落ちたとき、義朝と自分の婿鎌田とを殺して首を平家に献じた。褒賞をねらったのだが、逆にその不道を悪《にく》まれて磔《はりつけ》にされてしまった。それを怨んで蟹になったといわれる。また、豊前長門の清経蟹は、平清経は内大臣重盛の三男、左中将だが、一族没落のとき、女房を都において難を逃れて三年たった。音信のないのは夫が心変わりした印と女房が夫の形見に残していった髪を宇佐の近くまで送り届けた。清経は、それを手にして、都を源氏に落とされ、鎮西を惟義に追われ、細君からは手切れとはと悲観して、海に身を投げた。これぞ平家の憂事《うきこと》の初めだと『源平盛衰記』にある。これが清経蟹になった。兵庫や明石には、武文蟹《たけぶんがに》がいる。このカニは大きさ三〇センチ近くで、はさみが赤く白い紋がある。普通の平家蟹よりずっと大きい。秦《はた》武文のことは悲しい親王御息所の物語として『太平記』にある。また、島村蟹もいる。享禄四年（一五三一）六月四日島村弾正摂州野里川へ飛入り討死した一念の化した蟹という。さらに平家蟹を長門蟹・鬼面蟹・鬼蟹また勢州では治部少輔蟹・備前では夷蟹《えびすがに》という。ヘイケガニは、四脚（二対）が長くて横について、背に短い四脚（二対）がある。横の長い脚は這うばかりだが、背の短い脚は自由自在に物にひっかかることができる。仰けにすれば背の小脚でたちまち身を支え起こす。この小脚で石などを背に負うことができる。水盆の中に石片をたくさん入れて、水盆の半分に板をかぶせて薄暗くしておくと、平家蟹は、小脚で石片を背負って、暗いほうに運んで行き、置くとまた石を運んで、自分が隠れる小屋をつくってしまう。この作業に小さい脚が使われる。

ヘチマ【絲瓜】

漢名、菜瓜・水瓜・布瓜・蠻瓜。イトウリ・トウリ・

アサウリ（麻瓜、浅瓜）などともよばれる。『雍州府志』に「鍋の尻を洗ふによしとて、西土人是を洗鍋羅瓜《へちま》というと」とある。トウリというのは、糸瓜《いとうり》の上略であるが、そのトが、いろはのへの字とチの字の間にあるところから、ヘチの間ということで、ヘチマというとの説もあるが、少々こじつけ臭い。つまらないもの、役にたたないもののたとえに、「ヘチマの皮」とか、「ヘチマの皮のだん袋」などといわれるが、ヘチマの繊維は、垢すりや物を洗うたわしに用いられ、それをとった外の皮は、まったく使いようがない。すぐ破れてしまうので、何の役にもたたずに捨てるだけだからである。ヘチマという名は、へちものということからであろうとの説もある。ヘチは、ヘチマの略か、また、一風変わったことをすること、また、その人ということになる。ヘチについて、『秉穂録』に「俗に、常に異なるわざをするをへちといふ。太閤秀吉公の時に、別寛（ベツは呉音でベチ）といふ者、茶の湯をせしより云初しことなりと、室町殿日記にあり」とある。イトウリが中国から日本に渡来したのは、室町時代で、このころ、ヘチマの蔓を切ってその水をとった「へチマの水」を「美人水」と称して顔を美しくするために用いている。イトウリは、熱帯アジア原産のウリ科の一年生草本で、これが中国に入ったのは明時代であろう。李時珍の『本草綱目』に、イトウリを唐宋以前に聞かない、とある。そして、村人が洗鍋羅瓜とよんでいると記されている。イトウリがヘチマたわしとして民間に用いられるようになったのは徳川時代の初期であろう。ヘチマというのは南蛮語であり、渡来名で、日本名は絲瓜《いとうり》だということになる。布瓜と書かれるのは、絲から布となったものであろう。『譚海』に「へちまの水、痰を治す、夜分痰咳にて寝かぬるとき、へちまの水を茶碗に半分ほどあたゝめて、飲で寝る時は、極てとほざくる也、へちまの水をうるは、八月十五夜をよしとす、へちまを土より一二尺ほど置てきり、切たる小口をも、垣にからみたる小口をも、徳利の口へ指込置時は、暫時に水したたり満る也、徳利をいくつも用意して、とりかへて水をたく

はふべし、十五夜より後廿日比迄は、日々昼より水をとるべし、朝暮ゆだんすべからず」とある。正岡子規は、ヘチマの水を飲んでいたが、明治三五年（一九〇二）九月一九日「痰一斗絲瓜の水も間に合はず」の辞世の句をのこして没し、この忌日を絲瓜忌とよぶようになった。ヘチマの語源説にヘスヂミ（綜筋実）の義というのもあるが感心できない。ヘチマ料理には、古くからいろいろなものがある。糸瓜粕漬《かすづけ》―ヘチマを六センチくらいの長さのころに採って、塩加減した酒粕の中に入れ、押しぶたをしておく。ヘチマから出た水が、押しぶたの上にたまったら、桶をななめにして、水をたびたび捨て、いよいよ水があがらなくなったら貯えて、冬から春にかけて用いる。糸瓜から揚―ヘチマの皮をむいて、二つ割にして種を抜いて、好みに切って、胡麻油かカヤの油でからりと揚げる。おろし大根・粉唐辛子などを薬味にして醤油で食べる。糸瓜葛掛《くずかけ》―ヘチマの皮をむいて二つ割にして、種を抜いてゆで、葛餡をどろりとかけて、上にわさび、生姜などをすっておく。糸瓜田楽―ヘチマの花落ち少しすぎた六センチから一五センチくらいまでのものを、皮をむいて、丸のまま横に串を刺して、胡麻油を塗って強火で焼き、山椒味噌か唐辛子味噌を塗ってまた焼く。また生で二つ割にして種を抜いて串に刺して焼いても使う。糸瓜味噌掛―ヘチマの皮をむいて二つ割にして、種を抜いて二つ三つに切って串に刺して、胡麻油を塗って白焼にして椀に盛り、山椒味噌か木の芽味噌、または唐辛子味噌を上からどろりとかける。糸瓜味噌煮―ヘチマの皮をむいて前後を切って、種を抜いて一・八センチくらいの輪切りにして、鍋に胡麻油を少し塗って煎りつけてから、好みの味噌を入れて煮る。味噌は最初に鍋に水一合（〇・一八リットル）、醤油大匙二杯、砂糖大匙半杯を入れて煮たて、ヘチマを入れてから、味噌を約三〇匁（一一二グラム）に砂糖大匙一杯を加えて煮る。沖縄では、ヘチマ料理が郷土のものとして愛好されている。ヘチマは血の循環を良くし乳汁の出を良くするから、常に婦人の食用とすると良い。ヘチマを滋賀県蒲生地方・京都でアサウリ、信濃でトウリ、薩摩・大分でナガウリ、沖縄八重山でナベラー、佐賀でユテゴイとよぶ。

べったらづけ【――漬】

べったらとは、まわりのものにつくことをいう。べったら漬は、大根をなまぼしにして、薄塩と麹《こうじ》で漬けたものだが、この大根の浅漬をするとき、べったらべったらと手で打ちながら漬けるからであるとの説がある。また、恵比須講の前夜の陰暦一〇月一九日、日本橋・大伝馬町・堀留一帯にべったら市が立つ。この市は元来、翌日の夷《えびす》講の仕度に必要な土製木製の恵比須大黒、打出の小槌、掛鯛《かけだい》、切山椒などを売るのが目的の市で、いつのころからか安くてうまい浅漬大根の店が幅を利かすようになった。この浅漬売というのは、いずれも白シャツ紺の腹掛けに向う鉢巻という威勢のいいいでたちで、町の両側にずらりと店を並べ、粕のべったりついたままの浅漬大根を売った。きれいな着物を着た人たちが、縄でしばった浅漬をぶらさげて帰った。若者はたわむれて、わざと「べったら、べったら」といいながら女の着物につけようとする。売り手も「べったらべったら」とよびながら売った。べったりと麹などが人々につくから、この市をべったら市というようになり、べったら市で売る浅漬だからべったら漬になったとの説もある。この市は、関東の品だけを売る市ではなく、関西の品もきた。ということは関西の文化もやってくることで、浅漬大根を関西地方では、べったら漬といったので、この名称が江戸に入って、浅漬よりもべったら漬という名が広く用いられるようになった、つまり浅漬の関西名がべったら漬であるという説もある。べったら漬とは、太い大根を塩で下漬して、本漬は、花麹に砂糖を加えて二〇日で漬ける。風味は、一〇日ばかりのうちが、最もよく、日がたつと酸味が出てくる。

べんとう【弁当】

外出先で食事するため、器物に入れて持ち歩くたべもの、また、それを入れる器物をいう。行厨《こうちゅう》は、漢語である。平安朝ころは、昼弁当を昼 養《ひるやしない》といった。破子《わりご》という器が用いられる。樏子《わりご》とも書く。たべものを入れる器で、その中にしきりがある。割ってあるから「わりご」とよんだ。今日の折箱のように手軽なものであったから、竹筒《ささえ》（酒・茶・水などを入れるもの）とともに使い捨てにされたものである。この破子に飯・菜を盛って出したのが弁当であるが、この弁当は、織田信長時代にはまだなかったと江村専斎の『老人雑話』にある。が、信長が安土に来て初めて弁当というものができた、ともある。神沢貞幹の『翁草』には、「安土に出来て弁当と云ふ物有り、小さき内に諸道具をさまると云」とある。弁当という器物がこの時代にできて、それに納められるたべものも弁当とよばれるようになった。柳亭種彦は『柳亭記』で、弁当を飯袋の音便という説があるが、貧なることを不弁というので、弁当はこれに反して、弁《そな》へてその用に当てるの意である。だから「弁当の飯」というべきところを飯の字を略したものであるという。また、飯桶のことを面桶《めんつう》というが、桶《つう》は呉音であるから、これを漢音にすると面桶《めんとう》となる。この面桶《めんとう》が転じて弁当となったという説もある。『松屋筆記』には、「宗二が節用集（饅頭屋本節用集、明応五年〔一四九六〕一一代足利利義澄のころ）に弁当あれば室町の代の製にて、信長よりも以前の物也」とある。文安元年（一四四四）の『下学集』には、破籠《わりご》はあるが、弁当はない。弁当の古語は、カレヒ・カレヒケ・カレイヒという。弁当を新潟県中魚沼地方でカルイ、加賀でヒリズトといった。弁当は、小さいものばかりではなく、昔は大きなものもあった。雑人のために拵えたものが弁当庫裏《こり》である。急に二〜三〇〇人の弁当をこしらえるとき、こりに米を一人何合と決め、人数の倍だけはかって入れる。こりを紐でしばってから、火にかけた大釜の中へなげ入れる。火が通ったら引出してそのまま持って行く。目的の場所まで持って行く間に、中の米は飯になって、開いてみると立派な飯ができ上がっていたという。

ほ

ほうしょやき【奉書焼】

奉書という丈夫な和紙で魚などを包んで焼いたものをいう。また、奉書で包んだように見える料理の名称に使われることもある。奉書見立てにしたイカなどを奉書イカとよぶ場合もある。奉書という名の起こりは、朝廷すなわちお上《かみ》の命を奉じて文書を認《したた》める場合に用いた紙であるということから、奉書紙といった。略して奉書とよんだのである。越前がこの紙の名産地である。官庁用として奉書が用いられ始めたのは、足利氏の室町幕府からである。奉書焼というと、島根県松江の郷土料理にスズキの奉書焼がある。松江市の西にある宍道湖《しんじこ》でとれるスズキは、とくに有名。淡水のためだという。この料理は藩政時代に宍道湖畔の漁師たちが、真冬の湖上でとれたばかりのスズキを熱い灰の中に入れて蒸し焼きにして食べていたものを、たまたま時の藩主不昧《ふまい》公（松平治《はる》郷《さと》）がこの荒っぽい丸焼きを賞味してみたいといわれた。

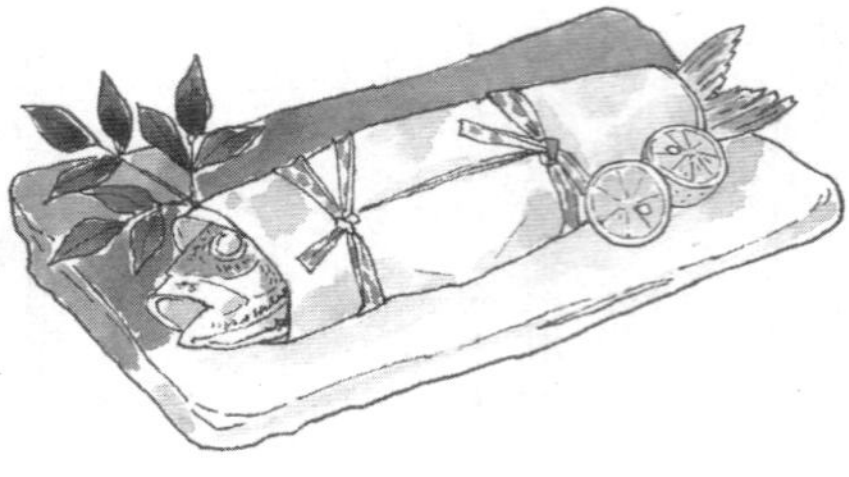

家臣はいくらなんでも灰まみれでは畏《おそ》れ多いと奉書紙に包んで灰に埋めて焼いてさし上げたところ、たいへん喜ばれた。それ以来、この料理は不昧公料理といわれるようになって、維新までは「お止め料理」だった。現在は松江の代表的な料理である。これを家庭で作るには、五〇〇～六〇〇グラムのスズキのウロコ・エラをとって、腸《わた》は胃だけをとり除き、きれいに洗う。奉書紙を二～三枚水でぬらして、スズキを包む。焙烙《ほうろく》（炮烙）か天火に入れて蒸し焼きにする。熱すぎると紙が焦げるし、低すぎると水気が出ておいしくない。煮返し醤油にもみじおろしをつけて、熱いうちに食べる。この調理法にすると、はらわたがとくにうまいので、胃以外はとらないようにして焼く。また、アマダイの奉書焼は、アマダイとマツタケを酒と塩に漬けて、約一時間たったら焼きあげる。奉書紙の四切りに包んで、天火にかけ、弱火にして紙にこげめがつく程度に焼けばよい。柚子醤油は、柚子しぼり汁一、出し汁一、醤油一の割合で合わせる。

ぼうだら【棒鱈】

鱈を三枚におろして、頭・背骨・尾などを取り去って日干しにしたもの。背骨を抜かないものもあるが、これを骨つき棒鱈という。形が木の切はしのよう、つまり棒のようだから棒鱈とよんだ。また、棒のように固く干してあるから棒鱈という、との説もある。また、役に立たない者、でくのぼう、ぼんくら、まぬけの意味に文政・天保（一八一八－四四）ころ流行語として「ぼうだら」が用いられた。これは、干鱈《ひだら》は魚のくせに、鰹節の出し汁を使って煮なければおいしくない。魚なのに魚の出しを加えねばならぬところが、何か抜けている。まぬけだというので、棒鱈とよばれるようになったものだという。まぬけ、ぼんくらを棒鱈ということは、この説明でもわかるが、干鱈《ひだら》を棒鱈といった説明にはならない。やはり、形が棒のようで堅いところから棒鱈と名づけられたものであろう。京都の平野家は、唐の芋一名エビイモと、棒鱈を煮たものを「いもぼう」とよんで名物にしている。固い棒鱈を水に漬けて柔らかくもどす加減がむずかしい。鱈の肉のどの部分も中まで同じように柔らかくなければならないが、夏にはとくに注意を要する。水温が高くなるとよくないので氷を入れて調節する。「うわづかり」といって肉の上面だけが柔らかになってシンが柔らかくもどらないのは駄目である。変な臭みが残ってもいけない。棒鱈は、大きな水槽を何杯も置いて、漬かり加減も見ながら次々と移して漬けていく。うまくもどったものを水からあげ、鰭《ひれ》を切り顎・腹・皮を切り捨て、また水に漬ける。最後に熱湯をかけて水で晒す。冬は七日から一〇日、夏は二日くらいで柔らかくなる。これを芋といっしょにとろ火で煮る。出し汁は昆布と鰹節の濃い汁を用いる。煮ていると泡が出るので、何度も蓋をとって蓋裏についた泡を捨てる。つぎに「古地《ふるぢ》」を入れる。これは次々と日々に補われ使われながら、いつからともなく伝えてきた出し汁のことである。火加減をして砂糖醤油を入れ、味をつける。この料理は、享保年間（一七一六–三六）のころ、平野権太夫という人が、粟田口青蓮院に仕え、御料菊栽培に従事するかたわら野菜をつくっていたが、あるとき宮（院主）が九州から持ってきたトウノイモ（サトイモの一種）を栽培したところ、土が良かったのか良いイモができた。エビの形に似ているのでエビイモと名づけた。京には乾物が多くよく使っているので、棒鱈と炊き合わせて煮たところ実においしいものができた。その後、平野権太夫は賄方にかわり、宮から平野屋の屋号をおくられて今日に至ったという。

ほうちょう【庖丁】

庖丁は『荘子』に出てくる。内篇七、外篇一五、雑篇一一から成り、庖丁は内篇にある。「庖丁文恵君ノ為ニ牛ヲ解ク」と始まる。その牛のさばき方があまりにも見事だったから、梁の恵王がそのコツを尋ねると、彼は刀を釈《す》てて奥儀を語ったという。庖はクリヤ、台所・料理場のことで、庖厨《ほうちょう》とよばれる。丁はテイまたチョウとよみ、ヨボロと訓じた。年ざかりの男を丁男とか壮丁といい、丁女は二、三〇歳の女のことである。また、使丁・仕丁も下部の者のことである。庖厨にあって料理する人が庖丁である。庖丁者・庖丁師・庖丁人などともよばれる。料理人のことである。その料理人が料理をするのに用いた刀が庖丁刀《ほうちょうがたな》である。庖丁刀を庖刀と書く者もあったが、庖丁刀の刀を略して庖丁とよぶようになった。また、『徒然草』に「園別当入道《そののべっとう》は、さらなき庖丁者なり」とある。これを「園別当入道は、無比の料理の達人である」と国文学者が釈している本があるが、この庖丁は、庖丁式という庖丁儀式のことをいっているのである。つまり、庖丁には、庖丁式の式を略したものもある。光孝天皇の御代に山蔭卿（藤原政朝、四條中納言ともいう）が始められた儀式で、お客を招待したとき、これから、こんな材料で料理をさしあげますといった意味で、客の前に大きい俎板を出して、そこに魚とか鳥などを置き、それを、真魚箸《まなばし》と庖丁刀を使って切って見せた。これが庖丁式である。その切り型が決まっていた。園別当入道は、この庖丁式の名人なのである。「みな人、別当入道の庖丁を見ばやと思へど」というのは、この庖丁式を見物したいというのである。庖丁式は四條中納言山蔭卿が始めたというので、後世四條流とよんだ。四條流は四條大草流・四條園流・四條園部流と庖丁式の名人が現われるとその人の流派ができた。だが、いずれも山蔭卿より始まったものなので、四條といった。後には、大草流・園部流というようにもなった。京都の高橋家が天皇の料理長をつとめたので、ここに天皇流というべき庖丁式が伝えられた。江戸の将軍家の料理長は石井家だったが、石井は高橋家に庖丁式を学んだ。そして四條流と称した。天皇の料理長は、臣家の四條というような名を用いた流儀を称することはできない。そこで江戸の石井家が四條家元のような位置に立った。将軍家の料理長であるから全国の大名家の料理長が敬意を表した。そこで自然四條流家元の位が決まった。徳川一五代将軍のときの料理長石井家は八代であった。明治天皇が京都から東京にのぼってこられると、料理長は高橋家に代わって石井家になった。九代目石井泰次郎が病弱だったので料理長職を弟子に譲ったのである。

ホウボウ【魴鮄】

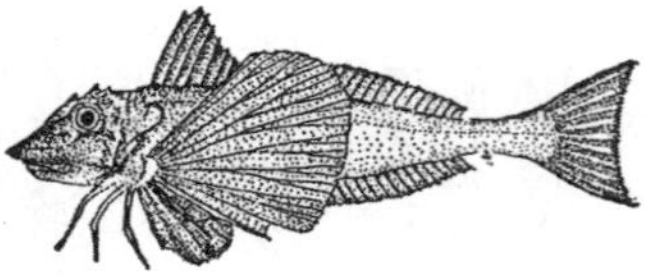

この魚は、カナガシラに似ている。『大言海』は、「形、方頭魚《カナガシラ》ニ髣髴タリ、故ニ字ヲ魴鮄ニ作ルト云フ、イカガ。仮名遣、亦詳カナラズ」という。カナガシラは、ホウボウ科の魚で、味はホウボウより劣る。ホウボウはカナガシラに似ているというので、魴鮄という字をつくったという説は、その文字については、賛成できる。ホウボウの名は、頭が方形である、方はカク、四角だという。カナガシラも頭が四角だということから方頭魚と

書くが、金頭とか金首《かながしら》とも書かれる。ホウボウも四角い頭だというので方頭と書いたものをホウボウと誤音したのであろうという説がある。また、この角の頭は炙《あぶ》って食べると芳香がある。それで芳頭とよんだのを誤ってホウボウといったのであろうという説もある。ホウボウはカナガシラに似ているが、大きな青い胸びれがある点が異なっている。カナガシラの胸びれは体色と同じく紅赤色である。鹿児島・長崎・鳥羽では、ホウボウのことをカナガシラとよんでいる。カナガシラを須崎・九州・明石でカナンド、熊野浦でガランドまたはギスとよび、高知でカナドとかガラという。ホウボウは、富山県でホオホオ、九州でホコノウオ、青森・新潟でキミヨ、越後・佐渡・青森・新潟県中蒲原地方でキミウオ、岩手県九戸でサブローシとよぶ。ホウボウとかホウホウは、浮袋で発音するその音からの名ではないかという。魚が鳴くのは珍しいことなので、この説が良い。とくに雄が大声で鳴くのは有名である。大きい胸びれの下部の三軟条が指状になっていて、これで海底を匍行して食餌をあさることができる。主として貝類などを食べているので淡白で上品な味をもっているから、刺身・吸物・鍋料理・塩焼・煮物に用いられる。調理するとき、ざっと下茹ですると身がしまり、生臭みがなくなる。また、この魚は、頬骨が張っている魚だということでホホホネウオ（頬骨魚）ということからホウボウとなったという説があるが、良くない。

ホウレンソウ【菠薐草】

西域から中国へ入ったといわれる。ネパールの僧が、ペルシア（イラン）から種子を持ってきたのである。原産地のペルシアを漢語風に訛った音がホーレンソウの語源である。頗陵とはペルシアのことだが、これをポーロンとかポーリンといい、菠稜とも書く、初めは波稜と書き、後に菠稜とか菠薐と書くようになった。ポーロンがホウレンと訛ったものである。英語名のスピナッチ（Spinach）とかスピネッジ（Spinage）という語源は子実にトゲがあるところからであるが、この子実は三稜になっていて鏃《やじり》のような形をしている。この特徴をとらえてできた名称である。日本のホウレンソウは、その原産地の地名から生まれたものである。中国福州でポアリンツァオ、また広東でポリンツァオとよぶと『大言海』にあるが、これもペルシアを意味したものである。中国へは唐太宗のときに西域、頗陵国より入り、日本には江戸時代初期に中国から渡来した。林羅山の『多識篇』（寛永七年〔一六三〇〕）には菠薐はカラナのことだとある。寺島良安の『和漢三才図会』（正徳三年〔一七一三〕）自序には、江戸時代の婦人が鉄漿《かね》で歯を黒く染めたが、このお歯《は》黒《ぐろ》をしたばかりのときにホウレンソウを食べると血を吐いて死んでしまうと書いてある。菠薐草《はうれんさう》の唐音はパウリンツァイである。波斯草《ぺるしゃそう》・赤菜《せきさい》・赤根草・菠菜などともいい、ホウレンソウは唐音の訛ったものであるという。赤菜また赤根草は、茎や根が赤いからである。現在、中国で菠菜（ポーツァイ）とよんでいる。ホウレンソウにはビタミンA効果のカロチンとビタミンB1とCはレモンの二倍もある。根元の赤い部分に造血作用のあるマンガンが含まれている。また造血ビタミン葉酸は、ホウレンソウから発見されたのでこの名がついた。だから貧血症にはホウレンソウを食べるとよい。しかし、腎臓結石の原因になる蓚酸《しゅうさん》もあるので、生食してはいけない。ゆでてから食べろといわれる。また、ヒスタミンやプリン体が多く含まれるので、アレルギー体質には発作を起こす場合もある。一〇〇グラムのホウレンソウを食べると一日に必要とする鉄分の三分の一をとることができる。ビタミンAは、一〇〇グラムのホウレンソウで一日の必要量以上がある。Aが不足すると風邪をひきやすくなる。ホウレンソウは、胃腸を整える効果があり、便通を良くするので、痔の薬ともいわれる。解熱の効果もある。

ほうろくむし【炮烙蒸】

焙烙蒸とも書く。京都では文字通りホウラクという。ホウロクとよぶ地方が多い。炮烙の底に塩を敷いて、魚や松茸などを入れ、同形の炮烙を蓋として蒸し焼きにしたもの。炮烙の底に塩と松葉を敷いて京都の松茸と骨切りしたハモを入れて炮烙をかぶせて蒸焼きにし、果実酢をしぼりかけて熱いうちに賞味する。炮烙蒸は、いろいろの魚菜類を用いてつくられるが、讃岐（香川県）には、瀬戸内海のタイ・サワラ・マツタケ・ハマグリ・クルマエビ・タマゴなどを並べ入れて蒸し焼きにした名物料理がある。炮烙という素焼の平たい土鍋を用いて材料を蒸し焼にするから炮烙蒸という。炮烙は、米・豆・塩などを煎《い》るのに用いる。炮烙は焙炉具《ほうろぐ》の字音からであるとの説があるが、面白くない。また、煎り焦がすことをホイロ（火色）をかけるなどというところからであるとの説、ホイロキ（火色器）すなわちホイロをかける器ということであるとの説、また、ホイロをかける道具ということでホイログ（火色具）がホウロクになったとの説などもある。炮は、ヤクとかアブルで、焙もアブルなので、同じに用いられる。烙《らく》はヤクである。火であぶって焼くということで炮烙《あぶりやく》の字音がそのまま名称となったものである。

ホシガレイ【星鰈】

秋に産卵をすませてしまっているから四月の星鰈はうまいが、タイよりも高価である。二キロ内外の星鰈は刺身にすると、最もうまい。死んだ星鰈は、うまみが落ちる。鮮度が急激に落ちる魚だから、生きたものでないと、うまくない。方言でヘエジガレ・ヤマブシガレイ・タカッパ・ヤイトガレイ・アマガレイとよばれる。全長約四〇センチに達する。両眼は体の右側にある。裏側の白い体表と、ヒレの部分に黒の斑紋が散らばっている。白皮に黒点が星のように散らばっているから星鰈という。マツカワというカレイ科の平たい魚をヤマブシという所があるが、星鰈のこともヤマブシという所がある。ヒラメは秋冬がうまいが、カレイは、春夏がうまいといわれる。

ホタテガイ【帆立貝】

イタヤガイ科の二枚貝。漢名を海扇《かいせん》といい、別に扇《おうぎ》貝《がい》とか秋田貝《あきたがい》ともいう。北海道から奥羽地方の寒い海の波の比較的静かな一五〜三〇メートルくらいの深さの砂底に半ば埋もれている。北のほうでとれる貝だが、秋田からとれることが有名なので秋田貝と命名した。海扇といい扇貝というのは、扇を開いたような形をした貝ということである。また、この貝は、貝殻の右がふくらんでいるからこれを舟にして、左の平らなほうを帆にして海上を千里も走ると空想されて、帆立貝と称された。実際は、海中にあって、貝殻を開閉したり、俗に貝の耳とよばれるところにある二つの噴射口から水を吐き出してその反動で動く。一般に五〇〇メートルくらいの移動をするそうである。貝殻の大きなものは二〇センチもあって、しょっつる鍋用の鍋に利用したり、小さいものは貝《かい》杓子《じゃくし》などをつくったりする。また、きれいに洗って、グラタン皿にも使われる。フランス料理でコキーユとよぶ貝殻に材料を詰め、オーブンの上火をきかせて焼いた料理は、コキーユ・サン・ジャック（帆立貝）の殻をいったものである。コキールは英語の発音である。貝を用いないで陶製の器を使ったグラタンはこの料理で、グラタンは焦皮《しょうひ》（上面のこげたところ）料理といった状態からつけた名である。ホタテガイは、他の貝にくらべて身の部分よりも貝柱が非常に大きく、味にくせがなくおいしい。貝柱を塩ゆでして乾燥させた干し貝柱は、乾貝《かんぺい》または瑤貝《ようぺい》といって、中国料理によく用いられている。中国でも、ホタテガイの美味であることを知って、その名に楊妃舌《ようひぜつ》というのがある。楊妃とは楊貴妃のことで、その舌というのであるから実に讃美したものである。

ホヤ【海鞘】

海にいる原索動物でホヤ類に属するものの総称である。保夜・老海鼠・石勃卒・海蛣《かいきつ》・海蛄《かいきょ》・紫蛄《しきょ》・石蚴・石脚・亀脚、いずれもホヤのことである。体表は被嚢とよばれ、単体のものと群棲のものとの二種がある。ホヤは地球上の生物の中では、最も古い生物に属している。単体のものは、球形または卵形である。褐桃黄色をしていて、パイナップルに似た姿のホヤを店頭に見かける。この先端を少し切り落として、指を中に入れてぐるりと殻に沿ってまわしてから、切り口から指で身を取り出す。取り出した身を裏返して、中の汚れを取る。内臓を切り取って。水洗いしてからそぎ切りにする。つまり疣《いぼ》状の外被をはがして、桃色の筋膜を食べるのである。「ホヤ食ったら水飲め」といわれるが、中心に水がある。これを飲むとうまいというので、調理したときこの水を捨てないようにする。「ホヤを食べたら中の汁を飲め」と伊達政宗が家臣に厳命したそうだが、ここに強精の効能があると信じていたといわれる。東北・北海道に産するが、宮城県産のものが最も多く、養殖もしている。藤の花が咲き出すとホヤはうまくなるという。小豆島では、白ホヤのことを海ナスビとよんでいるというが、マボヤ・アカボヤ・スボヤが食べられ、ことにマボヤがうまい。スボヤは、青森湾に最も多く、肉は酸味が強くて食用とはならないので肥料とし、外皮を塩漬、または乾製にして食用にする。青森県ではホヤのことを生ウニともいう。その味はウニとナマコと赤貝のうまさと磯の香を合わせたような風味があるといって、郷土料理にホヤの酢の物がある。幼生はオタマジャクシのように尻尾をもって海中を泳いで、やがて岩礁に根をおろすと、そのまま固着生活を始める。雌雄同体で、殻の中の袋状の柔軟体は、ナマコに似た香気をもっている。そこで老海鼠とも書く。梅干をホヤとよむが、これはホヤに似ているからである。江戸時代の『関祕録』の「梅干の事」のところに、梅が

充分に熟して塩漬梅にするには、熟し過ぎたとき、その種子を去って炎日で干し固める。畿内はじめ諸国でこれをつくったが、いつしかすたれた。だが、上野国吾妻あたりの寺院では、酒の肴などにする。熟梅の干して平たくなって皺のよったのが海中のホヤに似ているので梅干と書いて、ホヤとよむ。三河・遠江あたりでも、この梅干をつくったので、あるとき家康が、家士の米津某の顔を見て、お前は梅干に似ているから梅干之助と仮名をつけて名乗れといったので、それからは孫に至るまで数代梅干之助といった、とある。この名をホヤ之助とよぶのであった。梅干をホヤとよませるほど、ホヤは当時の人々に知られていたことがわかる。梅干とホヤと似ているといわれるように、ホヤは赤い色をしている。そこで炎のように赤いからホヤ（火焼）といったとの説がある。また、フクハ（脹和）という義からホヤになったとの説もあるが、いずれも感心しない。また、保夜と書いたのは、ホヤを食べると強壮の薬となるのでその意味から保夜と称せられたというのも、この字はあとからのあて字であるから、おかしい。『三才図会』によると、ホヤには全体に肬《いぼ》が多くあって、海鼠《なまこ》の肬のようである。香りは海鼠の気に似て透頂草《ういろう》の香味があり、熬酒《いりざけ》で食べる、とある。喜多村信節の『筠庭《いんてい》雑録』には、『土佐日記』の「ほやのつまのいすし」をあげて、これを保夜の交の貽貝鮨と説いている。ホヤは九州に多くあって筑前から例年江戸に献上があった。奥州では春夏これを捕える。西国には秋冬にあり、所によって時節が相違する。播州姫路では、除夜にかならずホヤを食う習慣がある。その形が丸く口二つありというが、これは出水孔（排泄門）と入水孔（口）があって、食物を水とともに吸入して食べているのである。ホヤの味は沙噀《なまこ》に等しい、寄生のホヤというから、これにもその名がついたと思う、ともいっている。古語で寄生することをホヤといったので、この動物が岩についていることを根をはったものとみて名づけられたものである、という。『大言海』もこの説をとりあげている。

ボラ【鰡】

鯔とも書く。鯔《し》はイナともよむ。頭の上面が平たいボラ科の近海魚。淡白でくせがないのでたいていの調理法に合う。寒ボラは刺身、夏のものは洗いに、脂肪が多い秋のボラは塩焼きに良い。秋ごろからうまくなるが、とくに寒中が美味で、寒ボラは頭の骨が柔らかくなる。日本全土の近海魚で秋冬に産卵して、東京付近では稚魚が冬に大群で沿岸に現われる。このごく小さいときはオボコ（鯔と書き、小矛の義であるとの説や、東国で小児をオボコというからとの説もある）・イナッコ・スバシリと大きくなるにつれて名が変わる。早春から河をのぼるが、六～七月には六～九センチ、九～一〇月には二〇～二五センチに発育する。冬は水が冷えるし、餌が乏しくなるので海のやや深い所に落ちて越冬し、翌年また内湾に姿を現わす。こうして三歳まで前と同じ経路をとって往来するが四歳以上になると外洋から帰らなくなる。淡水に入り込んで来るころをイナといい、海に帰って成長したものをボラという。江戸でいう洲走《すばしり》は、六月一五日の山王祭の日から漁獲が解禁になったので、「すばしりは御輿《みこし》の後を追て行き」という川柳がある。大きくなると名が変わるので出世魚とされ、江戸の下町では、七五三の祝いにイナを使った。イナは否《いな》に通じて縁起が悪いので反語の美称ナヨシを用い、正月の祝い物にもした。名吉《なよし》と書き、音よみしてミョウギチともよんだ。ボラの年を経て大きいものを関西ではトドといったので、「トドのつまり」というようなことばができた。鯔魚《しぎょ》・魴鮄《ほうふつ》・竹麦魚《ちくばくぎょ》、いずれもボラのことである。ボラの子をカラスミにするといわれる。これは、ボラ科のメナダという大海魚の卵巣でつくると良い。また学者によってはカラスミをとるボラをカラスミボラと称して別種なものであるともいう。サワラの子でもカラスミをつくる。ボラは海底の餌を泥ごと食べるので胃壁が厚くなって硬い玉のように見える。この胃を臼《うす》といい、そろばん玉ともいい、へそともよび、付焼にして食べるとおいしい。カラスミは江戸時代、長崎野母《のも》産のものが越前のウニ、三河のコノワタとともに天下の三珍としてもてはやされた。長崎県野母地方の伝承によると、天正一六年（一五八八）豊臣秀吉が肥前の名護屋に来たとき、長崎代官鍋島飛騨守信正が野母のカラスミを長崎の名産品として献上した。秀吉がその名を尋ねたので、形が唐の墨に似ているところから「唐墨《からすみ》」と名づけたものといわれる。ボラは音に敏感な魚で、水上に跳躍する習性がある。ローマ時代に生きたボラをガラスの水槽に入れて卓上に置き、その死ぬ前に色が美しく変わるのを眺めて楽しんだといわれる。産卵にあたたかい南の海の深い所に行くが、ウナギと同じように、どこで産むのかまだわからない。イナセな若者とか若衆といわれるイナセは、鯔背《いなせ》であった。江戸時代、日本橋の魚河岸の若い者が考え出した髪型が、髷《まげ》を鯔《いな》の背のようにぺたんとつぶした「鯔背髷《いなせまげ》」であった。鯔背銀杏ともいうが、この髪に結っていた粋で俠気のある若者が、いさみはだともてはやされたから、文化・文政（一八〇四－三〇）ころに流行したのである。『譚海』に、「川にあるときオボコ、川口へ出るときスバシリ、海に入てイナ、生長してナヨシ、秋末にボラ」と相州三浦の人が語った、とある。名の変わるところが簡潔によく書かれている。これにボラが大きくなるとトドまたはシクチというと加えれば良い。マクチ・シュクチなど、みなボラの古名で、上古のクチメといったことばが遺《のこ》ったものである。鯔《し》という字は、同じシという淄《し》と同じ意味で用いられたものである。淄はクロである。ボラは、黒い色をしている。だから鯔がボラとなったのである。そして、鯔《し》という音から子魚がボラの名となった。ボラという名は、江戸で腹太《はらぶと》とよぶことと同じで、太腹《ほはら》とか含腹《ほほはら》からボラになったという説が良かろう。またの説には、鯔は、洞《ほら》の義という。土佐でボラとイナをイキナゴといい、関西・大阪・加賀・伊勢・志摩鳥羽などでイナとボラをイセゴイ、島根県美濃地方でボラとイナをエビナ、鹿児島でボラとイナをギンゴロ、福岡県久留米・熊本でボラとイナをクロメ、秋田県山本地方でイナとボラをスルメ、岡山県児島地方で大きなボラをテッポー、島根県能義地方でイナをハブナガ、長崎でナヨシ、ボラ・イナをマクチ、伊勢尾張でボラとイナをミョーギチという。遠州で洲走をハシリというが、スバシリは簀走だという説と、河と海との潮境《うしおざかい》を往来するころをスバシリという説がある。伊勢と鳥羽の海浜で多くとれるのでボラをイセゴイといったという。オボコを四国でイキナゴ、東北・北陸でチョボ、また、ヤチミコともいった。スバシリを古名でツクラという。鮓魚《しぎょ》・魾魚《はいぎょ》・通応魚《つうおうぎょ》というのは、イナのことで、東海でデコロボ、東北でコツブラ、北陸でイセゴイ、西海でニサイまたエブナ、京阪でクチメ、九州でヂゴイという。子を持たぬボラをスグチ、成長して大きなボラをナヨシ、東北ではツボ、九州でクロメ、東北・北陸でボラといった。川に産するボラの一種で体が丸く色が赤味を帯びたものを川鯔《かわぼら》とよんだ。

ま

マイタケ【舞茸】

日本全土に分布しているキノコ。茎はかなり太くて、これがひんぱんに枝分かれして、その枝の先が扁平なカサになって重なり合う。カサが折り重なってたくさんついて、全体の直径は四〇センチ以上にもなる。カサの色は、淡黒褐色とか、ねずみ色とか茶褐色などで柄に向かって淡い色になる。カサの表面は細かい毛でおおわれて粉をふきかけたような感じである。裏は白くて細かい穴が一面に見える。肉は白く味は実に素晴らしい。しかし、乾くと堅くなり、味も悪くなる。カサの色が白っぽいのは、シロマイタケとよび、これは舞茸より味が劣る。また、カサの色が黄褐色で表がビロウド状に短毛でおおわれているのは、トンビマイタケで、肉は白いが、次第に黒変する。下面は白くて指をふれると暗色に変わる。食べられるが、うまくはない。日本ばかりでなく欧州から北米にもあるといわれる。マイタケは、担子菌類サルノコシカケ科のキノコで、クリ・ナラ・ブナなど広葉樹の根ぎわや枯木に九月から一一月に発生する。マツタケと同じような料理法で食べられる。『現代日本料理法総覧』には、昔からの料理法五種類が載っている。鎌倉時代の『今昔物語』に京の北山でマイタケを食べて心ならずも舞い出したという話があって、食べると中毒して舞い出すから、このキノコを舞茸と名づけたと書いているが、このキノコは舞茸ではなくワライタケとかオドリタケとよぶ別種のキノコであろう。そこで、中毒して舞い出すから舞茸といったという説は間違いである。また、このキノコを発見したとき、その立派さに、おどり上って喜ぶから舞茸とよばれたというのも良くない。このキノコの姿が、袖をひるがえして舞う姿に似ているというところから名づけられたものである。異名マイコダケ、漢名は雞㙡。また、ワライタケの異名としてマイタケの名を用いたと『大辞典』『大言海』には書かれて

いる。

マグロ【鮪】

東京でマグロの子をコメジ、四キロから六キロになるとメジとよび、七・五キロくらいのものを大メジ、一一キロから一八キロをチュボー、三七キロ近くをコマグロ、五六キロ以上をマグロ、もっと大きくなると大マグロという。マグロやカジキ（一一月から三月初めまでがおいしい）の刺身がうまいのは二月である。三月になると、ぐんと味が落ちてくる。そのころはメジの刺身がマグロやカジキよりうまくなる。「ハザマのメジ」とよび、これは一年中うまい。シビマグロが最高にうまいのは一二月から一月一〇日ころまでで、「三月ヒラメは犬も喰わぬ」といわれるころはシビもまずくなる。六月に入ると魚河岸でツルとかコンニャクとよばれ、まずいマグロがシビで、ぐんとうまくなるのがメバチマグロである。バチとよばれる。入梅になると鮨屋で、「バチがうまいよ」というが、場違いのマグロかと思う客もある。メバチマグロを略してよんだもので、目玉の大きい魚である。普通は三七、八キロのもので、大きいものは七五キロにもなる。肉の色が実にきれいで、柔らかく、梅雨時だけ非常にうまい。近海物のメバチでなければならない。七月一〇日ころ梅雨があがると、バチはうまくなくなるが、つぎはチヂレキハダと魚河岸でよぶキハダマグロがうまくなる。背びれ・腹びれがぐんと長く色は黄色である。キハダ（黄色いひれのマグロと英語でも呼ばれる。yellow-fin tuna）は、七月の魚の王座であり、七月の末から八月が最もおいしい。まさに夏の魚である。九月になると名残りのキハダといわれる近海もの、沼津・小田原・房州から生きたものが入荷する。いたみやすいから活きの良いものでないと駄目である。遠方のキハダは一〇月過ぎまで、まったくいけない。ホンマグロとさわぐのがシビマ

江戸時代のまぐろ網漁　『西遊旅譚』1788 年

グロで、これが一番おいしいのは一二月から四〇日間で、冬のものである。トロと称して鮨屋で珍重する部分は、腹側で、バチよりもずっと肉が厚い。きれいな赤い色のマグロはたいていバチである。マグロの肉には水銀が多いので、マグロを何日間も大量に食べ続けてはいけない。時速六〇キロで泳ぐマグロの原動力と水銀が何か関係があるのではないかといわれている。鮨屋で、マグロ鮨をヅケとよぶ。これは醤油漬のヅケを符丁《ふちょう》として用いたもので、明治中期まで、鮨には、醤油漬のマグロを使っていたからである。醤油漬を考えたのは、安政年間（一八五四―六〇）に近海でマグロの大漁があって安値になったとき目先のきく鮨屋が大量に仕入れて醤油漬にしてスシネタにしたことから始まる。『寛保延享江府風俗志』に、「延享（一七四四―四八）の初頃は、さつまいも・かぼちゃ・まぐろは甚下品にて、町人も表店住の者は食する事を恥る躰なり」とある。この時代、江戸でマグロは下品なたべものであった。また、天保二年（一八三一）の『宝暦現来集』（駒込の山田桂翁著）には、文政（一八一八―三〇）ころから天保二年までに流行したものをあげた中に「塩まぐろを止て、すき身が売れる」とある。塩マグロというのは、魚を三枚におろして皮に庖丁を入れ、塩をたっぷりまぶしてすりこんだものである。醤油漬になるマグロの前は、塩マグロであった。塩マグロは最下級魚であった。江戸川柳に「初まぐろ根津へへな〳〵かつぎ込み」というのがあるが、根津は岡場所（私娼地）があったので、そこへ持ち込んだというのは、初鰹とくらべて初鮪を馬鹿にしたわけである。「塩まぐろ取り巻いているかゝア達」と、塩マグロは長屋向きの安魚であった。下賤の食用だが、キハダを上、カジキを中、シビを下としており、今日最高のシビが最下級になっていた。下品な魚だから鮨には使っていなかったが、江戸時代天保のころに、マグロが非常な大漁で江戸市中にだぶついて捨てるような安値であった。そこで夷屋という鮨屋が試みにマグロ鮨を握ってみたところが、珍物好きの江戸っ児の人気に投じて流行した。しかしこのマグロは、赤身である。トロは赤味より安物であった。大正時代になっても、まだ、トロは脂肪が多くて、しつこい下品な味としていた。マグロの刺身が一般家庭に喜ばれるようになったのは、昭和三〇年（一九五五）以後である。この後、マイナス五〇度以下の船内冷凍が行なわれるようになり、急速冷凍が始まって、マグロはうまくなった。昭和三〇年ころの冷凍はマイナス二〇度か三〇度だから解凍すると身が黒ずんでしまうし、解凍したときドリップ現象が起こってうま味が流れ出してしまう。急速冷凍が開発されて、遠洋漁業でもマグロがおいしく食べられるようになったのである。トロがうまいと喜ばれるようになるのは、第二次大戦後で、食生活が脂肪の多いものに変わってから、トロがうまいといわれるようになったのである。三陸沖でとれるマグロは最高級品で、色が濃い赤色で、腹に向かってオレンジ、ピンクと変わっていく。漁獲高がきわめて少ないから普通では口に入らない。マグロの名は、一説には、海で泳いでいるところを見ると、小山のような背が真黒になっている。だから、背黒・セグロがマグロになった、つまり背黒が真黒とよばれた、という。またこの魚の目がくろぐろとしているから目黒といった。メグロがマグロになったという。私は、この説に賛成である。大阪でマグロをメグロとよんでいる。メバチとよぶ種類は、眼《め》撥《ばち》で、目玉の大きいことからの名である。ホンマグロをシビとよぶのは、その肉の味が渋味をもっているからである。キハダは黄肌である。『兎園小説余録』第二に「天保三年壬辰の春二月上旬より三月に至りて、目黒魚《まぐろうお》最下直なり」とある。マグロを目黒と書いている。関東でマグロというのは、黒鮪のことで、京都ではハツノミという。武田信英の『草盧漫筆』に「コレハ大魚ナルユヘ、家ゴトニ一尾ヲ買ヘナケレバ、肉を割テ秤ニカケ、銭ノ多少ニ因テ、其肉ヲ販グ。ハツト名付ルコトハ、昔ハ此魚ノ肉ヲ賞味シテ、僅ニ取初シヲ、人々先ヲアラソヒテ買求ル故、初網ノハシリヲ、初ノ身トイヒシナルベシ」とある。マグロの仲間でビンナガとよばれるものは、全世界の暖海に分布する。日本では九州近海に多く、夏は北上して金華山方面に現われる。肉が柔らかく白色に近い桃色である。主に蒲鉾にする。アメリカに缶詰として輸出するが、肉味が鶏肉に似ているといって喜ばれ、シー・チキンと称される。ビンナガの名称は、胸ビレが非常に長く日本髪を結ったときの鬢《びん》のほつれを思わせる。この鬢《びん》が長いことからであろう。魚河岸でマグロというのは、ホンマグロ・メジ・メバチ・インドマグロ・キハダを指す。昭和三五年ころまでは生マグロが多かったが、それ以後は次第に冷凍鮪が入荷するようになって、最近は冷凍鮪が九〇％以上を占める。マグロを碧魚・金鎗魚また黒鰻魚と書く。異名、ホンマグロ・ゴトウシビ・幼魚をメシ・カキノタネという。徳島でオイウオ、広島県佐木島でクロダイ、畿内・大阪・奈良・淡路島・愛媛県喜多郡大洲・高知でハツ、兵庫県飾磨地方でヒキサゲ、高知県播多地方でヨコ、和歌山県東牟婁地方でヨコッパチなどとよぶ。

マクワウリ【真桑瓜】

ホゾチ（熟瓜）ともいう。漢名、甜瓜・香瓜。別称、アマウリ。またアヂウリともいう。夏、黄花を開いて秋に熟す。長さ一二センチ、径七センチくらい。果皮は黄緑色で縦に淡色の浅いしまがあり、完熟すれば割目ができる。しかしこれは在来品で、現在は果皮が黄色の金マクワを世間ではマクワウリとよぶ。果肉は在来品は緑色だが金マクワは白色で、一種の香気があり、甘い。『御湯殿の上の日記』に天正三年（一五七五）六月二九日信長が美濃の「まくわ」という名所のウリを二籠《こ》献上したとある。美濃（岐阜県）の真桑村の産を上品としたのでマクワウリと名づけた。『嬉遊笑覧』にも「真桑瓜は濃州真桑村の種を京都東寺辺に、栽ゑし故、夫を真桑瓜といひしが、今は一般にしか呼ぶなり」とある。『物類称呼』も「真桑瓜は美濃国真桑村の産を上品とす、故に名づくとぞ」と書いている。別名、フリ・イツツノイロ・ジャコウウリ・ミヤコウリ。江戸には将軍用のマクワウリの菜園がつくられ、真桑村の百姓が毎年よび出されて栽培に従事した。昔、真桑村に蔓草が偶然発生したのを農夫某がこれを愛玩栽培したところ、小形のウリが結実し熟するにしたがって黄金色に変じ、その味が極めて甘かったのでこれを栽培し、地名を冠して真桑瓜と名づけ、年々宮家・幕府等に献じたが、大いに賞味され、栽培地に五位田の名称とその農夫に五位を賜ったという。原産地はエジプトで、一世紀ころ欧州に伝わり、一方には中央アジアからインドに移植され、さらに中国に渡り、日本に入った。登呂遺跡から真桑瓜の種子がかなり多く出土しているから、日本にも古くからあったことがわかる。上古、ウリといえば、マクワウリのことであった。マクワウリの名を蜜瓜の転という説もあるが良くない。「ナシの皮は下司《げす》にむかせろ、瓜の皮は大名にむかせろ」とい

うように、ウリは皮を厚目にむいたのが美味である。また、ウリを六皮半にむくという古い習いもあった。また、土用中は竪《たて》に切り、土用後は横に輪切りにする。「初真桑四つにわらん輪にやせん」という句もある。メロンも甜瓜の一つである。真桑瓜を、宇治山田市でアサギウリ、九州・島根・秋田・新潟・岡山・広島・山口県防府でアジウリ、千葉県山武地方でアネサマウリ、福島・新潟・長野でアマウリ、山形県荘内でウチウリ、佐賀県三養基地方でカシウリ（菓子瓜）、富山でカデウリ、仙台（浜荻）でキスウリ、秋田県鹿角地方・岩手県紫波地方でキンカ（きんまくわ。黄色の甜瓜）、福井でキンカンウリ（キンカともよぶ）、秋田県河辺地方でゴモンカ、長野県上田付近でコロバシウリ、松前および奥州津軽でシマウリ、佐渡でチンミョー、仙台・岩手県胆沢地方・宮城県登米地方・山形県荘内・富山でデウリ、茨城県稲敷地方・下総でデキウリ、会津でトーロクウリ、兵庫県美方郡・広島県芦品地方でナシウリ、高知・沖縄徳之島でマウリ、加賀・石川県鳳至地方でミノウリという。

マス【鱒】

サケ科の魚。マスと名のつく種類のものの俗称。多くはサクラマスをいう。ベニマスとその陸封型のヒメマス・マスノスケ・ビワマス・カワマスなどの略称としても用いられる。背が暗青色で少数の小黒色の点がちらばっている。腹は銀白色である。八月から一〇月の間にサケよりも川の上流にのぼる。産卵をするときは、小石をかきのけて卵を産み、雄魚は精をかけて、それが流れないように小石をかける。この仕事を「堀につく」といっている。六〇日でふ化して、稚魚は満一年から二年間淡水生活をして、四〜五月一七センチか一八センチで海に入る。生後三年で成熟して、ふたたび故郷の河にもどってくる。サケ・マスの帰郷本能という。このマスが地方によって違ったよび名がある。塩釜などでホンマスとかママス。琵琶湖でアマゴ・マメ・アメノウオ・ビワマス・マス（一五センチ内外の幼魚）などという。岐阜でアメマス・アラメ。東京付近や信州でヤマメ。東北地方や北海道・越後などでヤマベ。ヤマベはサクラマスが海に出ないで河川にとどまった（陸封）もので、小型である。体の模様は生涯消えないが、若いマスにある黒い縞は成長すると消える。またマスの雄は生殖期になると色変わりする。サクラマスの名は産卵期に川をのぼるころ体色が美しい桜色になるからだとか、また、そのときが桜の花の咲くころだからといわれる。サケ属であるベニマスはその肉の色が紅のように美しいからベニマスまたはベニザケともよばれ、欧米人はこの魚肉を缶詰にしてレッドとよんで喜ぶ。ニジマス属のニジマスの名は体の色からである。小形北アメリカのカリフォルニアから日本に移された。のマスは産卵期になると体側に虹のように美しい縦の色帯を現わす。それでレインボウトラウト（rainbow trout）とよばれる。これを直訳してニジマスとよんだ。ヒメマスの原種は海から溯上してきたベニマスである。北海道阿寒湖に入って陸封されたものが、日本のヒメマスの原産である。マスには、その一生の大半を海でサケと同じように過ごして産卵期に川をのぼって産卵後死ぬ――マス・ベニマス（レッドサーモン）・カラフトマス・マスノスケ（キングサーモン）・ギンマスなどがある。産まれてから死ぬまで淡水にいて海に入らぬものには――カワマス・ニジマス・ヒメマス・ビワマス（琵琶湖や諏訪湖だけにいる）などと、クニマス・イワナ（マスの仲間のイワナ属）などの二種類がある。マスは生肉がうまい。サケは塩をした肉のほうがうまい。塩サケ・生マスといわれる。マスは刺身がうまいが、寄生虫がいるから美味の第一は焼物とする。富山県の「マスずし」は、享保（一七一六―三六）ころに初めてつくられたというもので有名である。マスの漢名は、鱒魚・赤眼魚。古名ハラカ（腹赤）・ハラアカ。ヨーロッパやアメリカではサケもマスもサーモンと通称した。日本では、景行天皇のとき、肥後宇土郡長浜で漁人が初めて腹赤魚を釣って御厨に奉献したこと、聖武天皇（天平一五年）のころ、太宰府から腹赤魚を献上した記録がある。マスが皇室の式礼に関係のあったことから、腹赤を鮨と書いた。宣下によりこれを奏するという義かといわれる。マスの国字である。魚偏に尊をマスとしたのは、天子に捧げる尊い魚というわけである。眼中に赤い筋があるから目が赤いということでマツホ（目赤）がマスになったとの説、メソホ（目赭、目赤）の義との説、大きいところからマス（増）の義との説などがある。サケよりもその味がまさっているからマスとよぶとの説もある。目が鋭いからメスルドからマスとなったとの説、朝鮮語の松魚からマスノイオといったのでマスとなったとの説など諸説あるが、マスの名は、目が赤いということからマスとなった説をとりたい。マスとサケは、その区別がむずかしいが、マスはサケよりも温暖な水域にも生活できるから九州辺まで分布している。サケよりも溯行期が早い。溯行力が強く、サケではのぼれない高さ三メートルくらいの滝も飛び越える。サケよりもはるかにその肉の味がうまいといった違いがある。

マタタビ【木天蓼】

藤天蓼とも書く。キマタタビともいう。この若葉を食用にするが、タデ（蓼）のように辛い。サルナシ科の蔓性の落葉灌木なので、木天蓼と書いた。雌雄別株で六～七月ころ五弁の白い花が咲き夏になると三センチくらいのナツメのような実がなる。花が梅花に似ているので夏梅とか夏椿とも称する。秋、実は熟すると黄色になり、辛味があるが、熟した実はうまい。「猫にマタタビ、犬に伏苓《ふくりょう》（サルノコシカケ科のキノコ）」とか「猫にマタタビ泣く子にお乳」というが、ネコ科の動物トラ・ヒョウなどが喜ぶのは、茎・葉・実の中にあるマタタビラクトン・アクチニジンという成分が、ネコなどの大脳や延髄を麻痺させるからである。雄猫は非常に喜ぶが、仔猫や雌猫は、雄猫ほどは喜ばない。昔から、強精の効があるというので、幕末に渋沢栄一は塩漬のマタタビを芯にしたおにぎりを持って東奔西走した。マタタビの実二五〇グラムを酒一・八リットルに漬けたマタタビ酒は、女性の冷え症、また神経痛・不眠症などに効き、寝酒に良いといわれる。欧米でマタタビの粉末をキャッツ・パウダー（catpowder）といい、元気のない猫の薬にするが、これを酒に入れて飲むと酔いが早くまわる。漢方薬では実の粉末や汁を内服する。風呂に入れて入浴すると病弱者やリウマチまた中風に効く。古名は蒟醤《わたたび》（きんま）、一名蓽発《ひっはつ》である。木蓼・天蓼・辛椿、いずれもマタタビである。旅に疲れた者がマタタビを食べると元気が出てまた旅ができるからの名であるというのは、落語のネタである。長い実と平たい実と二つなるところから、マタツミといい、マタは二、ツは助辞、ミが転じてマヒというが、この説は間違いである。マタタビの語源は、ワタタビが訛ったものである。ワは、本物でないもの、偽のもの

という意で、タタは蓼、ビはミがビと訛ったものである。女房ことばにタデの辛い葉の汁をタタミジル（蓼水汁）とよんでいる。古くはタデをタタといった。ワタタミ（偽蓼実）がワタタビ・マタタビとなった。

まつかぜ【松風】

松の梢にあたって音をたてさせるように吹く風をいうが、松風という名菓をはじめ、料理にも、松風鶉団子・松風鱚《きす》・松風玉子・松風豆腐・松風長芋・松風麩・松風焼といったように、松風という名称がよく用いられている。菓子の松風は、京都の名物で亀屋陸奥の特製品である。この店は応永二八年（一四二一）の開業で、織田信長が石山本願寺（今の大坂城）の地を手に入れようとして顕如上人に断わられると、六万の大軍で取り囲んだ。この籠城の上人に家臣の大塚治右衛門春近が松風を献じた。一一年にわたって法城を護り、やがて信長と和した上人が、京都六条の下間少進の邸に宿ったとき、邸内の古松「かたろうの松」に吹きわたる松風をきいて、「わすれては波のおとかとおもふなりまくらに近き庭の松風」と詠まれ、籠城のとき食べた菓子に松風という名をつけたという。初めは名もなき菓子であったが、松風という名がつき、次第に改良されて今日の名菓になった。今の「六条松風」と同じものである。また、松風は、岐阜市の名物で長崎屋の特製品である。これは宝暦三年（一七五三）岐阜の郷士牧野右衛門がつくったという。稲葉山の松風から名をつけたというが、これは、在原行平の「立ち別れいなばの山の峯に生《お》ふるまつとしきかば今かへり来《こ》む」の歌にあるいなばの山は、因幡《いなば》（鳥取県）の山だが、同名のいなば山ということからである。菓子では弘前市の名菓として開雲堂が明治三〇年（一八九七）ころに松風をつくっている。この店は明治一五年（一八八二）の創業である。菓子の松風の名は、前に「みどり」という菓子があったが、これよりすぐれた菓子をつくったので、「松風」としたという。「みどり」は若葉のことである。その上のものとして、松のみどりといわれるから、松の上をゆくものは、風だというわけで、松風といったのである。もう一つの説は、田宮仲宣著『東牖子《とうゆうし》』（橘庵随筆前編）に「干菓子の松風は、初京都より制し出し、或御方へ御銘を乞奉りしに御覧有て、まつ風と号《なづけ》給ふ。其心は表に火のつくよくこげあと、泡立し跡、けしをふりなどし、いろ〳〵のあやあれど、うらはぬめりとして模様なし。うらさびしきと義によりて松風とはなづけ給へりとかや」とある。これは、料理の松風などにもいえる。つまり、松風というたべものは、表にケシの実をふるとか、にぎやかに化粧してあるが、裏には何も細工をしない。裏が淋しいを浦《うら》さびしとして、浦とは、海岸・海辺であるから、浦さびしき風情を考えると、松があってそこに風が吹いて、音をたてる。浦のさびしさは、松風によるものと思えば、松風とよんだのは天晴れである。料理や菓子など表側を飾って裏側には手を加えないさびしい感じのするものを松風という。

マツタケ【松茸】

北は北海道から南は九州まで、早い所は三月から、遅い所は一二月中旬ころまで生える日本特産のキノコである。世界の学界に学名が決定したのが一九二五年で、分類学的にはっきりしたのは一九五一年である。マツタケの類似菌は日本各地に四種知られている。マツタケモドキ―マツタケより小形で、往々ささくれ状をしている。肉は初め白色でヒダとともに次第に褐色のシミができる。煮ると黒ずんでくる。マツタケのような芳香がない。秋にマツタケより少し遅れて赤松林に発生する。俗にマツタケノオバサンとかオバマツタケとよばれる。食用になるが、あまりうまくない。バカマツタケ―京都府船井地方でニタリとよび、青森県五所川原付近ではバカマツタケという。広葉樹林（主にコナラ属）に発生し、マツタケと同じく強い香りがするが、いくぶん小形である。ニセマツタケ―椎やコナラなどの広葉樹林に発生する。京都府・高知県・宮崎県・鹿児島県（種子島、奄美諸島の徳之島）などに産し、マツタケより約一カ月早く発生する。京都府を最北として日本南端まで分布する暖帯系のキノコである。マツタケにくらべ全体の色が黄味を帯びている。茎の下部が急に細くなり（この点はマツタケモドキと同じ）、芳香がなく肉が多少柔らかい。サマツ―これは一九〇八年に長野県上諏訪付近のマツ林でとって学名をつけた。大きな形で赤黄褐色、ヤマドリタケによく似ている。茎は太く短く下部が少しふくれて下端は尖っており、もろく裂けやすい。肉白色で空気にふれると淡黄褐色となる。主として夏期に松林に発生し、食用となる。北米にはアメリカマツタケがあるが、幼生は全体が白色である。マツタケは、普通、アカマツの林に秋生えるが、寒地ではツガの天然林、エゾマツ・トドマツの林にも出るし、ときにはクロマツの林にも生える。松の生きた根と関係があって、その根をとりまいて菌糸が伸びて菌根をつくる。この菌根と付近に生長する菌糸を含めてシロとよぶ。このシロからマツタケが出る。「匂い松茸味しめじ」といわれるように、香気が強いが、その成分は、アルコールの一種で、マツタケオールとその異性体イソマツタケオールと桂皮酸メチルの混合物である。マツタケの香気エッセンスは合成されている。香りがマツタケの生命なので、その時期が大切である。京都東山一帯のものが最高といわれ、丹波・摂津・遠州が一等の産地、つぎが江州・播州・美濃の産。早く出るのは長崎とか山口もので、信州ものと同じように「走り」で値は高いが、味の点では劣っている。土の中から頭を出したカサと軸の違いがわからぬ太く短い棒のようなマツタケを俗にコロとよぶ。初々しいが香りはない。少したつとカサがはっきりわかるようになる。このときが味の点では一番良いというが、香りはまだ完全には出ていない。カサが開きかけるときの香りが一番強い。八分通り開いたときが香りは最も高いが、味は下り坂である。味を第一とするならカサが開かぬもの、香りに重きをおくならカサが少し開きかけたものということになる。カサが充分に開いた大きなマツタケは、香りも味も落ちている。マツタケの薄茶色の皮をむきとる人もあるが、これをとり去ると香りは減る。庖丁で切ると味をそこねるので、石付きのところも竹べらで切ったものである。焼いたマツタケは庖丁で切らずに、指先でさいて食べる。茶色の皮をはがさぬために、カサは中央から周りのほうに布巾でたたくように洗い、軸は石付きからカサに向かってたたくように洗う。こすると皮がすぐむけてしまう。水につけて洗ったりすれば味も香りもそこなわれる。よく塩水で洗うが、これは虫を追い出すためで、塩水につけたら味は悪くなる。マツタケは消化が悪いと考える人もあるが、学者の研究によると、消化酵素があるので、胃腸の弱い人にも良いたべものだといい、マツタケの季節は胃腸疾患が少なくなるという。また、産後の腹痛を治す効果もあり、産後に腹痛を覚えたときは、煎じてその汁を飲めば、たちどころに治るといわれた。昔、石突《いしづき》は、安産の妙薬とされ、西鶴の『世間胸算用』に、「石づき」を取寄せた話もあり、元禄時代には、常識のようになっていたと思われる。『万葉集』巻一〇に「高松のこの峯もせに笠立ちてみちさかりたる秋の香のよさ」という歌があるが、高松のこの峯も狭いまでにカサが立っていっぱいに栄えている秋の香の良いことよという意で、「笠立ちて」は、キノコの形状、香気が高いというのは、マツタケだといわれ、万葉時代の人はすでにマツタケを知っていた。キノコという名前は、「気の凝ったもの」といわれる。菌類はカビの仲間だから、人間からは最も遠いものである。たべものは、動物か植物（この中に菌類を入れて考える）で、その他に食べるものは、水と塩である。動物の食べるものは、人間も食べられるが、植物のとるものは人間はとれない。菌のとる栄養となると、いっそう人間にはとることのできないもので、これは菌を食べることで初めて食べられる。キノコは菌類の花である。森や林の木の下に出るから「木の子」といったとも思われるが、このキノコ以前にタケという名称があった。マツタケ・シイタケのタケである。タケは、タケリ（牡陰）の略で、男性のシンボルに似ているからこの名がついたといわれる。マツタケのカサの開かぬものは、確かにその形が男性のものによく似ている。だが、タケはマツタケだけではない。いろいろな形のキノコがある。タケは、元気がいいこと、成長する勢いの良いことを意味したものである。マツタケの名称は、マツから生まれるタケ（茸）のことで、マツの根もと近くから元気よく出てくるものの意でマツタケと称したのである。中国・四国・九州で、キノコをナバとよんでいる。

マテ【蟶】

馬蛤・馬刀・竹蟶などとも書き、ガミ・ガヒ・カミソリガイともいう。潮のひいた砂浜で二枚貝のメという穴を見つけたら、食塩を一つまみ投げ入れると、マテガイがぴょんととび出してくる。この瞬間を逃がさずつかまえる。逃げれば深くもぐってしまって、つかまらない。環境が悪くなるとマテは穴から出て潮汐流にのって位置を変える。大阪・千葉・佐渡・富山などでカミソリ貝ともよぶ。長さ一〇センチにも達する細長い二枚貝で、殻は薄く、淡黄色である。日本全国に分布しているが、瀬戸内海でとれたものが、おいしいといわれる。そのまま生食したり、さっと霜ふりにして酢みそあえにしたり、また煮もの・てんぷら・汁の実・炊き込みご飯にすると美味である。店頭では、むき身ばかりでなく、塩ゆでしたものも売られている。塩ゆでして日干ししたものを中国料理の材料として中国にも輸出する。真帆《まほ》は片帆ではなく二つ揃っている帆をいい、真手《まて》は片手に対して両手をいった。真手は左右のことで、真手結びというのは、左右を結ぶことである。それで、マテとは左右、この貝の口が左右にあるからマテ貝とよばれた。ウマテ（馬手）の義かとか、馬のツメに似ているところからムマツメの略といった説もあるが、いずれも良くない。

マナガツオ【鯧】

鯧魚・真魚鰹。「西海にサケなし、東海にマナガツオなし」などといわれ、この魚は関西の珍味であった。マナガツオは寒いときと梅雨のころにうまい魚で、朝鮮半島ではたくさんとれるが味が落ちる。紀州から土佐・播磨灘でとれるのが一番うまい。この魚の特殊な点は小さすぎる（一・五キロ以下）と味がなく、大きすぎる（三・七五キロ以上）と固くて食べられない。まず中くらい（二・五キロ前後）のものが一番おいしい。付け焼・サンショウ焼などにもするが、味噌漬にされるために生まれてきたといってもよいくらい味噌漬に適している。西京漬の照焼は非常にうまく、高級料理の一品となる。マナとかマナガタともいう。マナといえば真菜（アブラナの異名）・真魚（食膳に用いるサカナ）とも考えられる。マナガツオは魚であるから、その名に魚の意味のマナをつけるのは魚の中でも非常においしいからの意といえる。マナは愛とか真の字を用いて、ほめたたえる気持ちを添えることになる。味が良いサカナであるから親愛の意のマナをつけたとも考えられる。おいしいサカナであるということでマナガツオと命名された。マサカツオ（方堅魚）の義という説もあるが良くない。

まんじゅう【饅頭】

室町時代の『七十一番職人歌合』に「いかにせむこしきにむさる饅頭の思ひふくれて人の恋しき　さたうまんぢう　さいまんぢう　いづれもよくむして候」とある。この当時に砂糖饅頭と菜饅頭という種類があった。菜饅頭というのは、野菜を入れた饅頭であり、砂糖饅頭というのは今日の餡《あん》饅頭のもととなるものである。『大草殿より相伝之聞書』に、「まんじゅう」の食べ方を記しているが、箸をもって食べ、汁を吸っており、食事のお菜として食べていることがわかる。わが国の饅頭の起源は、南北朝時代の初期興国年間（一三四〇―四六）、京都建仁寺の三五世徳見龍山禅師が、留学を終えて元から帰朝するとき、林和靖の末裔林浄因という者を連れて帰国した。この人が日本に帰化して奈良に住み、妻をめとって饅頭屋を開き、初めて奈良饅頭をつくった。浄因五世の孫に饅頭屋宗二（林逸（一四九八―一五八一））という人がいる。『源氏物語林逸抄』、饅頭屋本とよばれる『節用集』はこの人の著作である。宗二の孫紹伴は、菓子の研究に明（中国）に渡り、数年して帰ると、一時、三河国塩瀬村に住んでいたが、京に出て烏丸通で饅頭をつくった。これが塩瀬饅頭である。中国の饅頭はその中に羊や豚の肉を餡として包んだものであるが、日本の饅頭は豆類の餡でつくり始めた。これが日本人の嗜好に適したから、一般に親しまれた。狂言に「饅頭食い」というのがあるが、「洛中に住まい仕者でござる。それがしがまんじゅうを商売仕る」とうたっている。饅頭を立ち売りしたので、そのところが、御所の西の立売《たちうり》という地名になったといわれる。紹伴は時の将軍足利義政に饅頭を献じたところ、将軍から非常に称讃されて、桐の紋章とともに「日本第一饅頭所」の看板を賜わったとされている。このことがあってから饅頭の名は全国に広まり、全国に饅頭屋ができることにもなった。

禁中で饅頭を女房ことばで「まん」とよび、やがて民間でも「おまん」としゃれていうようになる。室町時代の菜饅頭という野菜餡の饅頭は人気が悪く、いつか滅びて、饅頭といえば餡饅頭ということになるが、砂糖があまり用いられなかった時代は、甘茶を用いた餡をつくっていた。『源氏物語』にある椿餅というのは甘茶を用いたものである。甘茶の他に、イチビとか、イタミという植物も用いられた。大阪の饅頭屋は店先に木馬を出した。昭和初期には、まだ見かけられたというが、享保一五年（一七三〇）大坂で板行された絵本『御伽品鏡』に、馬の置物を餅屋の店先に出して看板としている図がある。このような店を「面《めん》の餅屋」とよんだ。『守貞漫稿』によると、その餅屋は饅頭を売るらしく、木馬は「あらうま」の謎、とある。幕末になると、暖簾などに馬を描いた店があった。木馬を出したのは、アラウマで、アラウマイという心である。その馬の頭にお多福の面が冠せてある店もあって、これはアマイウマイマンヂウという洒落であった。柳亭種彦の『用捨箱』には元禄（一六八八―一七〇四）ころまではこの看板があったとある。江戸時代饅頭が出ると、食べ残りの饅頭を紙に包んで帰ったが、これを「料紙を引く」といった。江戸では饅頭を紙袋に入れたが、京坂地方では竹の皮に包んでいた。文政（一八一八―三〇）から天保二年（一八三一）のころの流行を書いたものの中に、法事のとき白強飯をやめて饅頭を配るというのがある。このころから法事に饅頭が用いられるようになったと思われる。明暦・万治（一六五五―六一）のころの饅頭は、今日とほとんど変わらぬものがつくられていた。

饅頭は、北京語ではマントォウ（man-tóu）という。日本のマンヂウのことにもなるが、もう一つの意味では、ハム業者が肉先の一部分をいう専門語であり、中国で饅頭が、肉に関係していることがわかる。また、饅頭で中味のあるものをよぶ北京語にはパオツー（包子 Pao-tzŭ）があり、饅頭類をタオツー（餡子　tāo-tzŭ）ともよぶ。日本では饅頭を饅重ともいい、万頭・蛮頭・曼頭ともいった。中国の饅頭の起源には諸説がある。饅は、小麦餅の類をいい、頭は、頭期（第一期）、頭等（第一等）、頭号（第一号）、頭妻は、初めての妻となるように、最初の意があり、饅頭とは、宴会の最初に出る小麦餅であった。宴会の最初に出るものが主役の料理になっていた中国であるから、饅頭は重要なたべものであったことがわかる。今日では、中国料理で饅頭を最後に出すようになった。饅頭の起源について一般によくいわれるのは『事物起原』にある諸葛孔明の創始である蛮頭説である。孔明が南蛮を征伐しようとして濾川まで行ったが、濾水の風浪が荒く渡ることができない。里人は波を鎮めるには蛮神に人間を供えるのが習慣だという。そこで孔明は、羊と豚の肉を細かに切って麺で包み、その上に人頭をかいて祀った。蛮頭をつくったのでそれが訛って饅頭になったとの説である。孔明のつくったものは肉入蛮頭である。南の野蛮人の頭に似せてつくったものが蛮頭とよばれた。蛮（マン）とは野蛮人という意味もある語であるから、これを食べるものの名とするのは良くない。そこで同じマンの饅の字が用いられたのである。他に、インドにマンターという麦粉を牛乳で練って丸くした菓子があり、それが中国に入ってマントウとなり日本に入ってマンジュウとなるとの説もあるが、これも感心できない。また曼頭と書かれたのは、曼とは皮膚のきめが細かくつやつやしている意であるから用いられたが、食品であるから曼を饅に改めたという説もある。問題は、マントォウがなぜマンヂュウとなったかである。頭は、トウまたヅであって、ヂュウという音はない。国訓では、カミともよんでいる。カシラとよみ、ホトリという意もあって、社頭とか店頭などという熟語がある。一説に、中国の唐時代に頭をヂウとよんだので、ヂウは唐音であるという。現在、中国では頭トォウとよまれている。これは饅頭をマントォウとよみ、また、頭をヅとよんで、マンヅといったものが、日本に入ってから訛って、マンジュウとなったものであろう。

み

ミカン【蜜柑】

漢名は柑、また柑子・柑橘・金嚢・水晶毬・金苞・洞庭子・瑞金奴などの異名がある。温暖の地に栽培するミカン科カンキツ属の常緑樹で、原産はアジア東南部である。梅雨のころ白色の花を開く。古くは柑子《こうじ》・むかしぐさ・とこよもの・ときじくのかぐのこのみ。また禁中の女房ことばでクダモノとは蜜柑のことであった。『日本書紀』には、垂仁天皇が田道間守《たじまもり》を常世の国に遣わして非時香果《ときじくのかぐのこのみ》を求めさせた。間守は往復一〇年を費して帰ってくると天皇はすでにこの世に在さなかった。間守は携え帰った霊果の種を御陵の傍に播き、七日七夜泣き暮らして遂に事切れた。時人がその誠忠に感じて、芽生えた樹に田道間守の名を冠し、タヂの花と称したのがタチバナとなったという。菓子職の人は橘を印とし、菓祖として田道間守を祀った。昔は蜜柑の名はなく、橘と唱えられた。それがいつか蜜柑と変わり、現在では橘といえば原種に近い柑子に限られることになった。蜜柑の文字は鎌倉時代までの文献には見当たらない。永享から寛正五年まで（一四二九―六四）につくられた『尺素往来《せきそおうらい》』一条兼良著と伝えるものに、蜜柑と出るのが初めらしい。よみはミツカンである。ミカンのよび名は『文禄四年御成記』（一五九五）に出る。紀州の有田蜜柑は天正二年（一五七四）に肥後国八代から小木を持ってきたとある。紀州蜜柑が江戸に送られたのは寛永一一年（一六三四）で、滝が原村の藤兵衛という者が、蜜柑四〇〇籠ほどを廻船に積み合わせたところ、一籠半が金子一両の値で売れた。大利を得て帰国したという。紀州蜜柑には、明恵上人の伝記にからむ話がある。上人は、高弁大僧正で栂尾に茶の実を蒔いて茶樹栽培を始めた名僧（一一三二年、六〇歳没）であるが紀州在田（有田）郷の生まれである。上人の両親は熱心な仏教信者であったが、不幸にして子がなかった。それで仏さまに子を授けてほしいと祈っていたが、ある夜の夢に異人が柑子（ミカン）を授けるのを見て程なく上人を生んだという（『元亨釈書』）。これから考えると鎌倉時代以前に紀州にミカンがあったことになる。ミカンは正月の果実としてなくてはならぬものになっている。蜜柑のもとである柑子が中国から日本に渡来したのは『続日本紀』にある聖武天皇の神亀二年（七二五）、播磨の直《あたい》兄弟《きょうだい》が柑子を唐国から持って来て中務少丞佐味虫麿がその種子を植えて子を結んだのが初めである。ミカンの語源は、柑子の甘いものを蜜柑と称し、ミツカンとよんだが、これがミカンとなる。ユカン（柚柑）の訛りかという説は良くない。

みじんこ【微塵粉】

餅をせんべい型に入れて白焼きとするか、または、糯《もち》米《ごめ》を蒸して乾飯《ほしいい》とし、ひいて粉にしたもの。上微塵粉は極めて細かくふるったもの、並微塵粉はやや粗いもの、中微塵粉はその中間のもの、と三種がある。「らくがん」など和菓子の材料にする。関西地方では、上微塵粉のことを「寒梅粉」ともよんでいる。微塵粉は、細かい粉という意でつけられた名である。

みずがし【水菓子】

水分の多い菓子という意で、果物を食用とするときのみずもの・果実・こだね・このみなどが同じ意味に用いられる。蒸菓子・干菓子などの人造菓子に対する、果物を茶うけとして用いる場合に、水菓子といった。狭義には、「くだもの」で、広義には、瓜類を含むと考えられた。昔、菓子とは、今の蒸《む》し菓子・干菓子のことではなく、多くは果物のことであった。桃・柿・梨・栗・橘の類を菓子と称したが、菓実の類を京坂では和訓で「くだもの」といい、江戸では「水がし」といった。源順著『和名類聚鈔』に承平（九三一―三八）年中の菓類（クダモノ）として、「◦石榴ザクロ◦梨子ナシ◦檎子ヤマナシ◦柑子カムシ◦木蓮イタヒ◦獼猴桃シラクチ、コクハ◦榛子ハシバミ◦栗子クリ◦杭子ササクリ◦椎子シヒ◦櫟子イチヒ◦榧子カベ（柏実）◦松子マツノミ◦胡頽子グミ、モロナリ◦鸎実ウクヒスノキノミ◦杏子カラモモ◦㮈子ナイ、カラナシ◦林檎リウコウ◦湯梅ヤマモモ◦桃子モモ◦冬桃俗ニ霜桃トイフ◦李子スモモ◦麦李サモモ◦李桃ツバキモモ◦棗ナツメ◦橘タチバナ◦橙アヘタチバナ◦柚ユ◦櫾椵ユカン◦梅ウメ◦柿カキ◦鹿心柿ヤマカキ◦杼トチ◦枇杷ビワ◦椋子ムク」。これに続けて「蓏類（クサクダモノ）」として「◦瓜◦瓣ウリノサネ◦青瓜アヲウリ◦斑瓜マダラウリ◦白瓜シロウリ◦黄瓜キウリ◦熟瓜ホゾチ◦寒瓜カンウリ◦冬瓜カモウリ◦胡瓜ソバウリ俗ニキウリトイフ。瓞瓜タタフウリ。茄子ナスビ。郁子ムベ。蔔子アケビ。菱子ヒシ。蓮子ハチスノミ。覆盆子イチゴ」とある。一〇〇〇年も前に専用されていた「くだもの」「くさくだもの」の種類が非常に多いことは驚きである。水菓子とは、果実類のことであるから、最上柿・美濃柿・祇園坊柿・小梅・草苺・木苺・枇杷・中梅・豊後梅・山桃・杏・真桑瓜・李《すもも》・林檎・西瓜・葡萄・青梨・古賀梨・丸柿・大和柿・栗・蜜柑・抜柿・串柿・九年母などが古くから用いられ、現今では、バナナ・メロン・水蜜桃・桜桃なども賞味される。水菓子とは、水分の多い菓子という意味でつくられたものであるが、果実を「くだもの」とよび「みずがし」ともよんだのである。

ミズナ【水菜】

京都付近が原産の菜である。千筋菜《せんすじな》（千筋京菜）とも糸菜ともいう。関西では水菜、関東では京都からきたので京菜《きょうな》とよび、京都の水田でつくられたからという。水菜というのは昔は肥料を用いず水のみで栽培したからで、京都九条辺の水田に生じ、畦の間に水を貯えてつくるものを水入菜といった。この辺の水田は冬は温かく夏は冷たく、この水のみで育ったので浮菜とも称した。水田に植えて水に浮かぶからの名である。水灌《かけ》菜ともいうが、水かけ菜は富士山麓、瑞穂・福地・明見の三村が主な産地で八月中旬に播種するものと、一〇月中旬に播種するものとがある。清冽な湧水を菜の六～九センチにのびたころから、寒明け三〇日後まで間断なくかけ流しにかけ続けてつくる。肥料は播種の際一度だけやる。水だけで育つのであるから水入菜ともいい、畠菜《はたけな》ともいう。水菜に似た壬生菜《みぶな》がある。水菜の葉は縁が大きく切れ込んでいるが、壬生菜の葉は円滑で切れ込みはない。壬生屯所のあった壬生村の名産なのでこの名があり、俗に丸葉水菜ともいう。水菜・壬生菜、伊勢に産する伊勢菜、いずれもアブラナ科の一年草である。水菜は、浸しもの・煮物・漬物に適し、消化が良く胃腸を整え、便通を良くする。

みそ【味噌】

初め未醤と書いた。『塵袋《ちりぶくろ》』（鎌倉中期の作、編者不詳）に、味噌という字は正字かあて字か、正字は末醤であり、書きあやまって未醤になった、という。末というのは搗抹することで、末せぬものは常のヒシホで、末したものがミソであると論じているが、この説は誤りであると小山田與清の『松屋筆記』にある。未とすべきを味とし、醤を曽とし味噌となった、というのである。新井白石の『東雅《とうが》』（享保四年（一七一九））は、高麗醤をミソといい、中国の書に醤を蜜祖《みそ》といい、わが国でも醤を弥沙《みそ》という、醤をヒシホというが、ヒがミに転じ、シホはソと転訛したのであるから、ミソである、と説いた。伊勢貞丈の『貞丈雑記』（天保一四年（一八四三））には、女房ことばで味噌をムシというのは、ミとムは通ずるからで、ソをシといいかえたものだ、という。三浦茂信の『慶長見聞集』（慶長一九年（一六一四））には、殿上人がミソをヒクラシというから味噌を虫《むし》というのだと書いてある。古く味噌を香《かう》ともいうが、香の名に「ひぐらし」があるので味噌をヒクラシとよんだ。味噌は天平時代に唐僧鑑真が日本に伝えたもので、鑑真が嘗《な》めて、未曽有と称したので、ミソという名になったというが、もちろんこじつけである。また、文徳天皇のときに唐僧湛誉《たんよ》が来朝して献上したのが始まりといったような説はみな誤りで、天平時代すでに日本において独自の製法が工夫され、日本的に完成されていたのである。古文書に天平二年（七三〇）尾張の醤・未醤を奈良朝廷に納めたという記録がある。味噌《むし》つくり元祖は、熊野奇日命《くまぬくすびのみこと》とその妻神熊野奇日女命《くまぬくすびめのみこと》の二柱で、高天原で天照大神から任命されて天降ったという。味噌は、大豆を煮搗き砕いて麴と塩とを混ぜて桶に蔵めてかもしたものである。味醤《みしょう》・塩酢《えんそ》・豆豉《とうし》・麴豉《きくし》・未醤《みそ》とも書き、古くは香《こう》ともよび、俗にむし（婦女の語）ともいった。このムシは蒸豆の略語である。ミソは韓語すなわち朝鮮語（Miso）から生まれたといい、宋《そう》の孫穆《そんぼく》の『鶏林類事』に、醤を蜜祖という、とあるとの説もある。古代中国（前二〇〇年）にミソの前身があったという説では、豉《くき》をミソの前身として、その発生地は西域であるという。天平勝宝五年（七五三）に律僧鑑真が日本に持って来たのは豉であるという。ミソの語源には、ヒソ（比蘇）がミソとなったという説、前記の鑑真がこれを食べて、未曽有と嘆じたところからミソというとの説、また、未豉を未醤と書き誤ってミソとなったという説もある。また、ウマシホの略転がミソとなったとの説、ミシホ（御塩）の略がミソであるとの説もある。醤の字の音の訛によるとか、漢語によるとの説、韓国語の方言からであるとの説といった諸説がある。日本列島の原住日本人は、海水から塩をとることを発見していたが、この保存に苦しんだ。海水からとった塩は、岩塩と違って、ニガリが多く、空気中の湿気を吸うとすぐとけて液体になり、流れ去ってしまう。この保存法として塩と食物をいっしょにすることを考えついた。ダイズと塩を合わせることは、最も早く行なわれた。ダイズは、日本列島にコメよりも早く栽培されていた。アメリカのダイズは、日本のダイズを持って行ったものである。醤《ひしお》というたべものは塩の保存法として生まれた。完全な醤《ひしお》になる前の状態のもの、未完成のものという意味で未醤《みそ》という名称が生まれた。今日のミソとなるまでには、この穀醤が工夫吟味されるのである。中国から豉《くき》が入り韓国からも醤が入ってくる。これらを参考として日本のミソは生まれたものである。味噌をムシというのは、岡山県・滋賀県神埼地方など。女性語のオムシは、近畿・福井・大垣・岡山県小田地方・四国・伊賀でも用いる。オモシというのは石川・三重県阿山地方である。八丈島で味噌をダシとよぶ。仙台（浜荻）でエンソ・オエンソ、沖縄・石垣でエンショ、佐賀・宮崎でオコー、鹿児島でオコ、新潟県東蒲原地方ではシチという。味噌の忌詞《いみことば》では喜界島にサリムンというのがある。

みたらしだんご【御手洗団子】

竹串に小粒の団子を五つ刺して、醤油でつけ焼にしたものである。昔は、毎年六月一九日または二〇日から晦《みそ》日《か》まで、京都市左京区の賀茂御祖《みおや》神社（下鴨神社）に参詣して境内の御手洗川に足をひたし、無病息災を祈った。これを御手洗参《まい》りとか御手洗会《え》といったが、納涼をかねた遊びであったから糺《ただす》の涼みとも称した。境内には茶店が並んで酒食を供したが、ここで御手洗団子を売っていた。御手洗川というのは、神社の近くに流れている川で、参拝者がここで手を清め口をすすぐのである。とくに、賀茂神社や比叡山のものが有名であった。御手洗《みたらし》とは、神仏を拝む前に、参拝者が手を清め口をすすぐための場所と説明した書がある。ミタライともいうとあるが、このミタライ（ヒ）を御手洗と解して、ミタラシは御手洗はしだと説いたものがある。

ハシ（端）とするならば、場所を意味することになる。ミタラシのシをハシとする説には反対である。シは水《すい》の音の約である。「しづく」とか「したたる」のシと同じで、水の意である。ミタラシの語源説には、ミタラシ（水垂）の義とか、御垂の義かという説があり、また、

ミテアラヒオハシ（真手洗坐）の義かという説などがあるが、いずれも良くない。ミ（御）は、尊称である。タラシはテアラヒシ（手洗水）の約である。御手洗水（ミテアラヒスイ）と御をつけたとき、スイがシとなり、テアがタとなって、ミタラシとヒを略していい、また、ミタラヒとスイを略したようによぶのは、ヒシが一つになって、ヒとかシといわれたものである。御手洗団子を、「鉄砲の玉」とか「数珠の粒」とか「そろばんの玉」といったと『嬉遊笑覧』にあるから、小さい団子であったらしい。細い竹に刺して土塗の爐に立ちならべて五〇串立てた心地がするといったとも寛文（一六六一—七三）の『狂歌咄』をひいているが、現在、下鴨神社の神饌菓子の御手洗団子は、上新粉（白米の粉）でつくった直径二センチほどの白団子を一〇本の細い竹に刺してある。竹は扇の骨のように一〇本にさいてあり、その一本に団子が五つずつ刺してあるから五〇個ある。この五つは、一番先がやや大きくて、二番目との間が少しあいている。この団子は厄よけが目的である。一つ目は頭で、下の四つが手足・体である。人形をかたどった団子を神前に供えてお祈りをし、それを家に持ち帰り醤油をつけ、火にあぶって食べると厄よけになる。これが昔の団子で、堅くなったものを食べたものである。今は、初めから醤油をつけて火にあぶったものを売っている。この団子の起源には、また別の伝説もある。下鴨神社の糺の森に井上の社というお宮があるが、その前に清水が湧き出ている。この手洗の池の水が、まず一つ湧き出て、つぎに四つ続けて出る。このさまをとって、団子を一つと四つに分けてつけたという。団子は、熊笹で包んで扇形にしてあった。古くは北野社頭の茶店でも売っていた。京都の下鴨神社糺の森で売られていた御手洗団子が、岐阜県高山に伝わった団子があるが、濁って「みだらし」といった。料理で、御手洗団子とあるのは、精進料理の台引などに、クワイや山の芋を小さい団子にして一串に五つ刺したものをいい、御手洗団子をまねたものである。

ミツバ【三葉】

三葉芹《ぜり》を常に略してミツバという。セリ科の多年生草本。枝ごとに、三葉があるのでこの名がある。葉は互生して三枚ずつ集まって葉柄の先に逆Y字形についている。三小葉から成る複葉である。茎も葉も香気が強い。昔はこれを食することを知らなかった。『和漢三才図会』では野蜀葵《みつばせり》と書いているが、三葉芹と野蜀葵は別ものであるとの説もある。京都では、ウシノヒタイという。ミツバを鴨児芹・早芹《はたけせり》とも書く。また、マツバゼリともよぶ。切三葉は、モヤシ三葉ともいわれる。一二月から三月ころまで出荷される。根三葉といわれ、根つきのままのものが四月ころに出荷される。これは、四～五月ころに蒔いて育てた根株をそのまま冬越しさせたものを、翌春二月ころから一回九センチずつの厚さに二～三回株の上に盛土をする。四月ころ新葉が盛土の上に出てくるので、これを根付きのまま掘りとって束ねて出すのである。つぎに糸三葉が五月中旬ころから市場に現われ、秋に及ぶ。盛夏に喜ばれるものは、三月中旬ころから七月ころにかけて種子を蒔いて、五、六〇日で九センチから一二センチになったものを根のついたまま束ねて出荷する。根三葉は、モヤシ三葉の二倍以上のビタミンを含んでいる。野草にミツバと同じものがあるが、食べるとまずい。セロリをオランダミツバとよぶ。根三葉の太い根は、金平《きんぴら》のように炒めて食べると香りも良く美味。残りの細い根を箱に栽培するとミツバができる。

ミョウガ【蘘荷】

茗荷はあて字である。蘘荷《じょうか》は、ミョウガのことで、高さは約一メートルになる。全体が薑《しょうが》に似ている。葉の幅がやや広く、根から鱗状の苞のある白花を生ずる。ミョウガ科の多年生草本。日本の原産植物で本州各地方から沖縄にかけて山蔭の腐植質の多い粘質壌土に生育する。花の遅速によって夏ミョウガと秋ミョウガとがある。ともに一種の佳香があるので香辛料に用いる。古名はメカといった。芽香《めか》（芽に良い香りがあるからの名）という説がある。また、メカの音便がメウガで、その音ののびたものがミョウガである。茗荷の字をよく使うのでミョウガとよぶようになった。メカは妹香とも書く。セウガ（薑）のセが男の称なのでメカのメは女だという説もある。『魏志』の倭人伝に「蘘荷」があるので、これが日本のミョウガに関する最古の記載である。『延喜式』には大膳、正月のところに蘘荷漬がある。メウガの字音が冥加に通ずるところから「弓矢の冥加に叶ふ」などの意として紋所にミョウガが用いられた。また、これを食べると、物忘れするといわれた。これは、中国の蘇東坡の『東坡詩林』に「庚申三月十一日薑の粥を食ふに甚だ美なり、歎じて曰く吾が愚をあやしむなかれ、吾れ薑を食うこと多し云々」とある。つまりショウガを多く食べたので愚になったというのである。それがショウガとミョウガを混同してしまって、ミョウガを多く食べると物忘れする、馬鹿になるといい出したものである。ミョウガは、オコリ（間歇熱の一つ。隔日または毎日一定の時間に発熱する病。多くはマラリアを指す）の大妙薬であり、ミョウガの子は咳の薬である。また、口中のただれには、根茎を叩きつぶしてその汁を酒に混ぜて、うがいすると良い。根を煎服すると腎臓病に効き、根茎を砕きつぶして汁を眼にさすと、眼の赤くなったり痛んだりするとき、また、小さい雑物が入ったとき、眼を突いたときなどに効く。また、凍傷（しもやけ）には陰干しにした茎葉を五、六枚熱湯に入れ、患部を湿布すると治るなどともいわれた。「茗荷でも馬鹿にはならぬお家柄」という江戸川柳があるが、肥前の佐賀三五万七〇〇〇石を領した鍋島家の紋は抱茗荷であった。東京に茗荷谷という地名があるが、ミョウガが多くつくられていた。早稲田あたりにも茗荷が多かった。ミョウガを食べると物忘れするという説には、釈迦の弟子で愚鈍第一の周利槃《しゅりはん》特《どく》の塚から生えた草を鈍根草と名づけた。槃特は、自分の名も覚えられないで、その名を書き付けた物を荷《にな》って歩いたというところから、名を荷う、名荷とは鈍根草のことだ、という。鈍根草の話は狂言『鈍根草』にあるが、文安元年（一四四四）の『下学集』に「蘘荷《ミヤウガ》」があって、「蘘ハ或ハ名ノ字ニ作ス也」とあるから、名荷と書いたことがわかる。南方熊楠によると、槃特比丘が性愚鈍だということを書いたものはあるが、名荷の話は日本人の創作である、という。ミョウガを紀州ではオコナといい、熊本県ではコジモトといった。

みりん【味醂】

味淋・味醂《しゅ》酒・味醂酎《ちゅう》・蜜淋酒・蜜淋酎・密林酒《みりんしゅ》・美淋酎・美淋酒・美琳酒などと書く。糖分を多量に含む甘味酒で、正月のお屠蘇《とそ》、三月の白酒にして飲料とするが、普通は甘味の調味料として用いる。白味醂は無色だが、普通のものは、黄色か、褐色の濃厚な液汁で、非常に甘い。下総（千葉県）流山の味醂は有名である。焼酎一斗四升（二五・二リットル）に、蒸し糯米九升（一二・九六キログラム）、麴二升三合とを混ぜ合わせ、一日おきにかき混ぜ、約二日静置して、うわずみの液をとる。これが「みりん」である。あとに残った粕も、漉して味醂が得られるので、結局、計二斗（三六リットル）余となる。甘味があるのは、麴《こうじ》が米の澱粉を糖分に変え、同時に焼酎分が混じって、麴の酒精酵母が発育をさまたげられることによる。天保八年（一八三七）から嘉永六年（一八五三）にわたって喜田川守貞の書いた『近世風俗志』に「美琳酒は多く摂の伝法村で醸した。然し京坂はあまり用いず多くは江戸に送って、たべものを醤油とこれを加えて煮た。京坂では夏月に夏銘酒柳蔭《やなぎかげ》というのを専ら用いた。江戸では本直《ほんなお》しといって美琳と焼酎を半々に合わせたものを用いた。ほんなおし、やなぎかげ、いづれも冷酒で飲んだ」とある。著者不詳の『文政年間漫録』にみりん酒は慶長（一五九六―一六一五）ころに起こったものかと書かれたが、『駒井日記』（文禄二年（一五九三））に「みりん」がある。また、博多の豪商神谷宗湛（一五五一―一六三五）が蜜林酒を黒田如水に贈った神谷文書があるから、博多地方でも古くつくられたことがわかる。江戸時代、「みりん」のしぼり粕を「こぼれ梅」といって、菓子の代用とした。国訓で「さわす」とよんで、柿のしぶをぬくことを意味したり、水に浸してさらすことをいう。美淋酒とか味淋酎と書かれていたが、淋よりも酒であるから醂が良いというので用いられた字である。美淋とか蜜林また蜜淋とも古くあって味淋と味を使ったものは新しい。「みりん」に味の字を用いねばならぬ理由はなかったようである。ミというよみから、たべものだから味の字が良かろうということであろう。ミリンという語に味淋とか味醂という字をあて字したもので、ミとは、果実の実で、リンは林で多いことをいう。果実を多く集めてしぼり出した汁のように甘いものといった意で、ミリンと称したのである。

ミルガイ【海松貝】

水松貝とも書く。別名海松喰ミルクイ。帆立貝を楊妃舌というが、ミルガイを西施舌《せいしぜつ》という。西施は中国春秋時代の越の美女の名で、河豚《ふぐ》を西施乳という。バカガイ科の二枚貝で、淡水の注入が少ない浅海の砂泥の中におり、その長い水管を食用とする。ミルグイともよばれる。

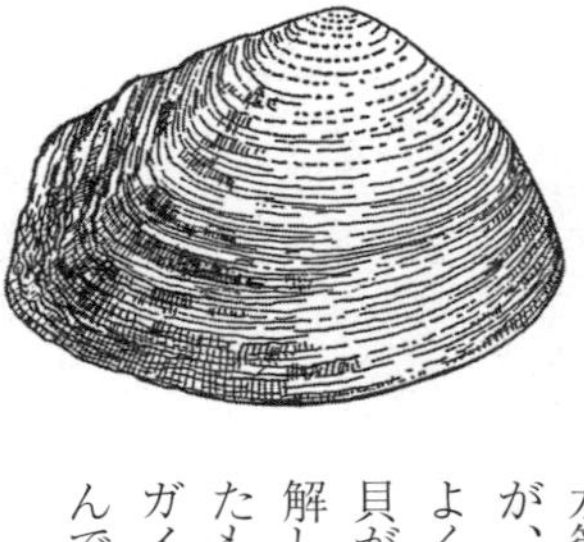

水管は革質の皮に包まれているが、このところに海藻のミルがよく着生している。これをこの貝がミルを食べているものと誤解してミルクイという名をつけたものである。したがってミルガイは海藻のミルの多い所に棲んでいる。

む

ムギ【麦】

麦は米に次ぐ良殻である。『古事記』に保食神《うけもちのかみ》の陰《ほと》に麦が生《な》ったとあるが、米を表とすれば麦は裏といった考えであろう。異名は、コゾグサ（去年草）・トシコエグサ（年越草）・トシコシグサ、また、チャセングサ（茶筅草）という。大麦をカチカタ（搗難）またはフトムギというが、小麦に対してのことばである。コムギの古名はマムギである。麦の字音にバク・ミャク・マク・ムク・マイなどあるのは、有史以前に中国から朝鮮半島を経て渡来したもので、ムギという名称も、中国語・朝鮮語などの影響を考えねばなるまい。オオムギの野生種は、コーカサスの南方、イランの南部、メソポタミア、アラビアの礫地および北アフリカ等に発見されているから、その発生地はアジアの西部イランから小アジアに至る地方である。また、コムギは、欧州ではスイスの石器時代の遺跡から栽培されていたことがわかり、エジプトでは紀元前三〇〇〇年以前に建てられたピラミッドから発見されている。ギリシアではヘロドトスやテオフラストスの書いたものにその名がある。いずれもその起源の極めて古いものであることがわかる。中国では、紀元前二七〇〇年ころ、すでにコムギが栽培されていたという。ムギとは、大麦・小麦の総称であることは、中国・朝鮮・日本でも同様である。ムギの字音は、英語・デンマーク語・アイヌ語・蒙古語・満州語などの麦の名称に似ている。麦の語源をモキ（衣着）の義とか、実木だとか、ムレゲ（群毛）の義とか、ムラゲミ（叢毛実）の義とか、ムは高い意の古語で、キは芒の義とかという。その他、冬、雪中に萌え出すところから、モエキ（萌草）の約、またムレノギ（群芒）の略かとか、ムクカチの略とか、また、秋になると我れ先にと蒔くところから、マクカチ（蒔勝）の略とか、ムキノギの略とか、聚芒《むのき》だとか、他の穀類にくらべて幾度も皮をつき剥ぐところからムキ（剥）の意であるとかの諸説がある。麦は中国語ではマイとよむ。奈良で麦をウラケという。稲のことをホンケとよぶから麦がウラケになったのであろう。

ムツ【鯥】

幼魚は内湾などの浅い所にいる。若魚は黄褐色を帯びてうろこがはがれやすい。成魚は三〇〇～五〇〇メートルの深海に移り住む紫黒色の魚で口中も黒い。身が柔らかく、脂肪が多い。冬が美味。卵巣はムツノコといって高級料理に出される。黒ムツ・ムツメ・ロクノウオ・カラス・メバリ・モツなどの名がある。ムツの名は、ムツルということからで、糸がムツレルのムツ、ムツルが群《む》付《つ》き連《つらな》るといった意味で、ムツムとかムツマジイともいった。鯥という字も睦《むつ》からつくったものである。黒っぽいから黒ムツといわれ、カラスとよばれるのも黒いからである。メバリは眼が体に比して大きいからで、ムツメのメも眼をさしている。モツのよび名はムツの訛ったものである。メフトウオ（目太魚）がムツになるとの説もあるが良くない。仙台でロクノウオというのは伊達侯は陸奥守だったので、遠慮してムツは六だからロクと変えたわけである。この魚は東北地方から九州にわたって生息している。

め

めし【飯】

字音はハン。ごはん・ごぜん・おぜん・ごご・やわら・まま・まんま・いい・ひめいい・おだい（御台）・だいばん・おもの・ぐご（供御）・ごれう（御料）・おほみけ（大御飯）などが飯のことになる。飯は、もと穀類を炊いたものの総称であったが、「めし」といえば米の飯をさすようになった。日本人が米の飯を食べたのは弥生時代からである。米の飯を炊く初めは、此花開耶姫《このはなのさくやひめ》が渟《ぬ》浪田《なだ》（沼田）の稲を用いて飯をつくったということが最も古いことになっている。中国では黄帝が穀を蒸して飯となすとか、穀を烹《に》て粥となすと『周書』にある。飯は、甑《こしき》を用いて蒸してつくった。甑は字から土製が考えられるが、[illegible]・楷とも書かれて、陶製や木製もあった。江戸時代に蒸籠《せいろう》とよばれる道具である。昔、かなえ（鼎）の上に甑をのせて飯をかしいだことが『空穂《うつぼ》物語』にある。室町時代になると、かなえを「かま」とよんだ。飯は、かしぐといい、粥は煮るというが、かしぐとは甑を使うことからであろう。飯は蒸してつくることから始まって釜で炊くようになった。『伊勢物語』に飯をけこ（ざる・かご）の器物に盛って食べるとあるが、蒸した強《こわ》い飯であったことがわかる。飯を固粥《かたかゆ》または粥強《かゆこわ》とよび、今日の粥を汁粥《しるかゆ》といった。また、固粥は姫飯《ひめいい》とも称した。蒸した飯は強飯《こわいい》である。江戸時代には糯米《もちごめ》を蒸したものを強飯《おこわ》といい、赤小豆を混ぜた赤飯《せきはん》もオコワといった。古米、米を蒸す器に木葉や藁を敷いたので、柏などの広葉をカシキバ、藁をコシキワラと称した。米を精米《せいまい》とした古い記録は仁徳天皇の御代に舂米部《しょうまいぶ》を定めたことがある。『日本霊異記』に欽明天皇のとき米を舂《ひ》くことが記されている。めしの語源は、ムシ（蒸）の義とか、ウマシの略転とか、メス（召）の転とか、召しあがるものの意とか、命司《めし》の義だとか、メシモノ（物）の意とか、キコシメスの略転か、また、米食であるという説もある。中国の漢字から考えると、飯とはかならず蒸したものである。今日の粥は水を多く入れて炊いたものでこれは糜《び》という。現在のメシは饘《せん》というもので粥の固いものである。粥は鬻《しゅく》という字が正しい。飯を加賀越中、武蔵の南の海辺でオダイ（女房ことばの飯を台の上にのせて出すこと。お台）、駿河でコー、上州・常陸鹿島辺および下野・群馬県勢多地方でゴゴ、常陸鹿島および下野、茨城・栃木でゴンコ、ゴンゴ、薩摩でダイバン、上総・下総の小児語でパッパ、出羽でヤワラ、高知県幡多郡清水でアンマ、香川県でゴク、沖縄で飯の敬語をウブンという。メシは米のメシということから、広くたべものという意になって、生活という意味にも用いられる。メシの種とかメシの食いあげなどがそれである。中国語でも、飯車《ファンチョ》（食堂車）・飯具《ファンチュイ》（食器）・飯店《ファンテェン》（旅館）というように米のメシではなく、たべものの意である。メシのメという字は、芽・妻・目・群《め》を意味している。また、メは未来の意を表わす助辞でもある。芽はめぐむ、妻《め》は子を孕《はら》むもの、目はめが出る、群《め》は物が聚《あつ》まるという意味。シは、汝《し》・己《し》・其《し》で、汝《なんじ》と己《おのれ》であり、指示するときに出る声である。「めし」という音には未来の喜びを示すものがある。

メバル【眼張】

鮶とも書く。釣りの魚としても知られる。その場所によって黒メバル・赤メバル・金メバルがある。関西の名物タケノコメバルは、筍《たけのこ》の出るころによくとれ、美味であるところからこの名がある。メバルは天候をよく知る魚で、雨になる前、風になる前、カシラ日和《ひより》とかフシ（天候の変わり目）には喰いが悪く、釣れない。メバル凪《なぎ》といって、凪（和《なぎ》）の日を選ぶと釣れ、寒中でも凪の日に寒メバルを狙うとよく釣れる。メバル釣りにはまき餌をする。水面にまく場合と底まき道具を使って海底近くにまく場合とあるが、シラウオを水面からまくと一番よく釣れる。一度シラウオを用いた釣場ではその他の餌ではもうメバルは食わない。そんなことからメバルは味がわかる魚なのかといわれる。メバルはカサゴ科であるが、カサゴのように海底にじっとしていることは少ない。海底から少し離れて岩の間とか崖下などに十数尾群れをつくって、ななめ上を向いた姿勢で静止している。眼が左右に張り出している（眼張る）のでこの名があるともいわれる。愛媛県温泉地方でメバルの幼魚をコビキ、仙台・宮城県登米地方でメバルをズイ、北海道・青森県上北地方でソエ、福井県大飯地方でメバチ、新潟でテンコ、富山でモバチメ、和歌山太地でメマル、鳥羽でワガ、広島でワイナ、広島県西部ではメバルの子をナルコとよぶ。

も

モズク【水雲】

海雲・海蘊とも書く。スノリ（洲苔）・ソウメンノリ・ウゴモ（陸奥）・モゾコ・モロゾコ・モゾク・モクズなどとよぶ。ホソモズクともいう。褐藻色の海草。暗褐色の糸状で、複雑に小枝が分岐した粘りのあるもの。ホンダワラ類などの海草にまつわりついて生育したり、岩礁に着生する。春・初夏に繁茂。沖縄などの暖かな地方から新潟・佐渡あたりまでとれ、南のほうでは一、二月ごろ、北のほうでは六月末まで採取される。生育期間は冬期から初夏までで、細モズク・太モズクの二種がある。水雲・海雲の字をあてるのは、雲気の散するのに似ているからで、蘊《うん》の字を用いるのは音が相通ずるからで、蘊は海藻である。また蘊は、もつれた麻の意もあるので、モズクの状態が似ているからという。水雲《みずくも》の略がモズクとなったという説もあるが、藻について生ずるからモヅクであるという説が良い。藻のくずの意だというのは面白くない。また、モは藻の義で、ツは助辞、クは雲のようである意というのも感心しない。モツカ（藻束）の義とか、モニツグメ（藻次芽）の義という説も良くない。

もち【餅】

餻・餈・餇・餐もモチのことである。天野信景の『塩尻』に「餅は小麦の粉にして作るものなり、餈の字は　糯《もちごめ》を炊き爛してこれを擣《つく》ものなれば今の餅也、餻の字も餅と訓す。此は　粳《うるしね》にて作る物なり」とある（巻二六、巻九二、巻九四）。喜多村信節の『嬉遊笑覧』には「餅は小麦だんごなり。それより転じてつくねたる物を餅といへり。だんごは糕字、もちは餈字なり。漢土にて十五夜に月餅とて小麦にて製することあり、よりて『和訓栞』に餅をもちひと訓は望飯《もちいひ》なりといへるは非なり。『和名鈔』に「糯をもちのよねと云るは米の黏《ねば》る者をいへり、是もちの義なり。故にここには糕にまれ餈にまれもちと云ひ餅字を通はし用ゆ」とある。餈は稲餅、飯餅、餅は小麦だんごだという。中国の餅という字は、小麦粉からつくった食品のことだとわかっていた。日本の糯米《もちごめ》でつくるモチとは違うものだが、借字として餅という字を使った。古くは餅をモチヒとよんだ。モチヒの語源には、三つの説がある。モチイヒ（望飯）の略であるとの説。勝負をあらそう事に勝たず負けぬを持《もち》といい、また物事の中を取持つという意で、その持飯であるという説。もう一つは　糯《もちごめ》の飯というから糯飯《もちいい》だという説。新井白石の『東雅』は「もちひは糯飯《もちひ》なり」といっている。モチヒが室町時代にモチとなったのである。餅は円満の象徴であるという説があり、丸いことが生命を表わしたという。餅の形が満月つまり望月《もちづき》に似ているからモチといったともいう。他に鳥黐《もち》や黐木《もちのき》のモチのように、搗きたての餅が粘着することからモチとなったという説も

江戸時代の餅つき
『吉原青楼絵抄年中行事』1719 年

あるが、良くない。糯米を蒸して製するからムシといい、モチとなるというのも感心しない。また、モチ渡来語説では、台湾で日本の餅を麻糍《もあてい》といい、これが日本に伝来してモチとなったという。女房ことばではカチン・オカチンとよぶが、これは搗飯《かちいい》の音便である。飯を搗《つ》き（搗《か》ちて）餅とするからカチンである。方言で餅をパッポウ（包餔）という。飛騨でアッポ、豊後でアホ。女房ことばのフクダは餅の柔らかなものをフクダミモチイというべきところを略していったものである。月の兎が持っているような竪杵を使って昔は餅を搗いていたが、今でも地方の行事には、この杵を用いるものがある。天和・元禄（一六八一―一七〇四）ごろから現在の横杵を使うようになった。

もなか【最中】

糯米《もちごめ》をこねて薄くのばし、丸く切って焼いた皮を二つ合わせて中に餡を詰めた菓子。真中《まなか》また御中《みなか》と同じ意である。また、陰暦十五夜のこと、また、その夜の月のことをいう。菓子の名では「最中の月」が初めに考えられた。その起源は『後撰和歌集』の中の源順の名歌「池の面に照る月なみを数うれば今宵ぞ秋のもなかなりけり」であると伝えられる。昔、宮中で月見の宴を催したとき、丸い白餅が菓子として出されたのを見ると、それが池の面に浮かぶ仲秋の名月そのままであった。公卿の一人が「菓名はいかに」とたずねると、居並ぶ公卿一同が即座に「もなかの月」と答えたという。「もなかの月」は、仲秋の名月を象徴する丸い菓子なら何でもよいわけである。万治・寛文（一六五八―七三）のころから竹村鷺庵のつくった茶の湯の口取菓子に「最中の月」があったが、これは巻煎餅である。天明七年（一七八七）版『七十五日』に「巻せんべい　最中の月　新よし原　竹むら伊勢」とあるから、鷺庵の子孫が、巻煎餅を最中の月と称して売っていたことがわかる。式亭三馬の『浮世床』（文化八年〈一八一一〉）には、振売りの菓子屋が唄う口上に「最中まんぢう」とある。まん中に餡の入った丸い饅頭であろう。その後「最中月」という名で、餡入りの菓子がつくられた。現在の最中の皮が考案されるのは明治になってからである。最中の皮は焦種《こがしだね》である。東京で最中の老舗は「空也《くうや》もなか」で、上野山下に創業したのが明治一七年（一八八四）である。最中の月は、菓子の名としては巻煎餅の名となる。その後、丸い餡入りの饅頭の名となり、今日の菓子になったとき、最中という名になった。最中は、ミオシナカ（真噫中）の義という説があるが良くない。

真中《まなか》が語源で、菓子の最中は、最中の月のごとく丸い意と、真中に餡を入れたという意から命名されたものである。

モモ【桃】

漢名は、仙果・仙木・仙桃・金桃・仙果花・洞中仙・餅子桃・仙人桃。古名は、三千年草《みちとせぐさ》・三千代草《みちよぐさ》・御酒古《みきふる》草《ぐさ》。また、毛桃《けもも》ともよばれたが、これは果実が大きく毛があったからである。油桃《あぶらもも》というのは赤くて光沢があって皮に毛がない。光桃ともいうが、光って油を塗ったようだというのでこの名がある。これをズバイモモともいう。ツバキの実に似ているのでツバイモモとよんだものが、ツバキモモ→ヅバイモモと転じたのである。これは実が遅く熟し、西欧ではネクタリンとよんだ。モモは、バラ科の落葉喬木である。ヨーロッパ人はペルシア原産といったが、中国黄河上流地域の原産とか、北京付近の原産ともいわれる。弥生時代の遺跡からモモの果核が出土するのでコダイモモ（古代桃）が日本に自生していたという。また、牧野富太郎『新日本植物図鑑』によると「日本では丸くて中のかたいものをモモといい、今日のヤマモモを単にモモといっていたのに対して、大陸から本種が入り、それにとってかわったものであるとの説がもっとも妥当と考えられる」という。『古事記』には、桃の実に対して意富加牟豆美命《おほかむづみのみこと》という名を賜わったことが記されている。人民が苦境に落ちて苦しむとき助けてくれという意である。桃に魔除けの力があるという思想は、中国からきたものであろう。中国では桃を果物の王とした。十二月と二月の八日に枝を切って門戸に立てて「呪」を除ける習慣があって、これを桃符と称した。水戸に韮《にら》と豆腐《とうふ》を串に挟んで門戸に立てる風習があるというが、桃符からきたものである。旧暦三月三日の雛の節句ころに桃の花が咲くので桃の節句とよんだ。江戸時代陰暦六月に湯屋で青葉を風呂に入れて、浴客の皮膚病に効果があるといった。この桃湯の日は、入浴者は銭一二文のおひねりを湯屋に置いて来たという。葉がアセモに効き、蚤が近づかぬといった。葉のタンニンが湯にとけて皮膚に収斂作用を与えるのが良かったのであろう。モモとは、果肉中に核があって、その中に仁のあるものの総称であるとの説があるが、良くない。モモの二つ目のモは実の意だという説も感心しない。モオフ（鬼逐）の義とか、モルモノ（盛物）の義とか、実に毛のあるところからモモ（毛毛）という説もある。カムミ（殕実）の義とか、実が多いところからモモ（百）に通じてよばれたとか、マロマロ（丸丸）の略とか、赤いところからモミヅミ（紅葉実）からとか、実が赤いところからモエミ（燃実）の義とか、マミ（真実）の転か、ともいう。また、カモミ（毛実）の義か、ウマミ（旨実）が語頭を落としてマミとなって、マメ（豆）ともなるが、他方でモモに転音したという説もある。また、舟が舫《もや》ったように実がつくからモモ（舫舫）というとの説など実に多い。外国語からとの説では、朝鮮では、古くから邪気を払う威力は、その毛にあると信じて、桃毛（to-mo）といったので日本のモモは、これではないかという。沖縄の八重山ではトームンとよんでいる。方言では、長野で桃をキドとよぶ。この方言から考えると、スモモをカタチモモ（山口県大島）、カラモモ（長野県）、桑の実をクワノモモ（静岡県）、桜の実をサクラボボ（千葉県）、椿の実をアブラモモ（隠岐）、カタシモモ（島根県）。槇《まき》の実をサルモモ（山口県）。長野県上田地方では、アンズやウメをモモとよんだ。また長野県南安曇《あずみ》地方ではクリをクリモモといった。したがって、モモは、桃ではなく果物の意味に用いられていることがわかる。『万葉集』には、ケモモ（毛桃）の歌が三首ある。「はしきやしわぎへの毛桃本しげく花のみ咲きてならざらめやも」（巻七）、「わが宿の毛桃の下に月夜さししたなやましもうたてての頃」（巻一〇）、「大和の室原《むろふ》の毛桃本繁く言ひてしものをならずば止まじ」（巻一一）などがあり、万葉時代にはケモモが多く植えられていたことがわかる。『和名鈔』にはヤマモモが出てくる。モモという名称がつく果実には、スモモ（別名ソモモ）とかカラモモ（杏）などがある。モモは果実の意であったが、桃（ケモモ）が果実を代表して日本人の生活に密着してくると、昔、鬼の親方が桃の棒でなぐり殺されたので鬼共が桃を恐れるようになったという中国伝説から桃太郎伝説がつくられる。桃が三年にして実をつけるという良さも手伝って、頭が白くとも桃のたねは蒔くべしという中国の諺が、実際に用いられる。陶淵明の『桃花源記』などによる桃源境思想も伝えられる。ケモモがモモとして独立したのは古い。桃をモモとよぶのは日本人のよび方であって渡来語ではない。今日の美味な桃が生まれるのは、明治八年（一八七五）天津桃・上海水蜜桃などが伝わってからのことである。

や

ヤツガシラ【八つ頭】

八頭芋《やつがしらいも》の略である。漢名は九面芋《くめんいも》と書く。親芋は甚だ大きく、子芋は非常に少ない。子芋は繁殖用とし、親芋を食べる。大八つ頭という大型のものと小八つ頭という小型のものと、青八つ頭という地上部が多少青味のあるものの三系統がある。大型と青系のものは、小型のものよりやや品質が劣っている。ただ大型のものは収量が多い。サトイモ（里芋）の一品種であるが、普通のサトイモにくらべてカルシウムが二倍以上、ビタミンB1も二倍近くあり、蛋白質も糖分もB2も多く、イモ類では、最も滋養分に富んでいる。中国の紫芋《とうのいも》の一種である。八つ頭は、その親芋が大きく一つの固まりになって外面に凹凸が多く八方に面があるように見える。そこで八つ頭と称された。イヤツカシライモ（弥個頭芋）が八つ頭になったという説があるが良くない。八つ頭の日本伝来は新しく、おそらく江戸時代寛政（一七八九―一八〇一）ころであろう。

ヤマイモ【山芋】

ヤマノイモと同じである。ヤマノイモ科のつる性多年草。日本特産で、縄文時代にすでにあった。山野に生ずるので自然生《じねんじょう》といった。山の芋という意で、これは里《さと》芋《いも》に対して山地にあるからである。漢名は薯蕷《じょよ》ということになっているが、牧野富太郎はヤマノイモを薯蕷とするのは間違いで、これはナガイモの漢名であるといった。ヤマノイモは山野に自生する芋であるから自然薯《じねんじょ》ともいう。ナガイモ（長芋）は中国から平安朝時代に伝来した芋であって畑に栽培し、家山薬と称した。山に生えるものを野山薬といい、ヤマノイモは野山薬である。中国で初め、薯蕷とよんだが、唐の代宗の諱《いみな》が豫であったから、これをさけて薯薬とした。ところが、宋の英宗の諱が署なので、これもさけて山薬ということになった。薯蕷がナガイモの漢名となると、ヤマノイモには漢名はないことになる。ナガイモの漢名が薯蕷または山薬である。山芋はヤマツイモともよばれ、日本列島に自生していたものであるから山のものという意でヤマノイモまたヤマイモといわれたのである。その形が山の峰のようであるところからとの説は良くない。この芋は「とろろ」にするので、「とろろ薯《いも》」ともいう。この粘りはコンニャクと同じ。マンナンと蛋白質からで、「とろろ」にすると消化が良いというのは、澱粉の消化酵素アミラーゼ（ジアスターゼ）が大根おろしより多く含まれているからである。現在は、ヤマノイモの栽培されたものをナガイモ、大和でマイモといい、変形した仏掌薯《つくねいも》は、コブシイモ・ツクイモ・また、盛岡・仙台・福島などでトイモとかトーイモという。奈良県（大和）の産が優良なのでヤマトイモといい、また、ウダイモという名もある。宇都宮・下総関宿から産した扇面のようなものを地紙《じがみ》イモ、その小さいものをイチョウイモという。上野でミネイモ、仙台でミカワイモとかハダヨシ、土佐でテイモといった。一年イモという一年のうちに成長肥大させる水分の多い芋をラクダイモとよぶ。その形が人形のようになる芋をダイコクイモ、漢名観音薯・人薯という。奈良県十津川でヤマノイモをキンドコロといい、福島県ではトロノイモ、仙台浜荻ではハタヨシイモ、八丈島でツクテモとかツクイモという。

ヤマメ【山女】

山女魚とも書く。ヤマメの名称は地方によって違っている。奈良県吉野でアメまたはアマムシ、奈良県十津川・和歌山・高知・愛媛県松山でアメノウオ、島根県鹿足地方でヒラメ、九州ではエノハ・マダラ、関西方面でアマゴ・アメゴ、関東ではヤマメ・ヤモメ、栃木県下ではヤモ、木曽でタナビラまたはシマメ、飛騨でハエ、富山地方でアマメ、福島から北海道でヤマベという。ヤマベとヤマメとが東北地方と北海道では同じ魚のことになるが、ヤマベはオイカワ（追河）という魚の異名であり、オイカワは、コイ科の淡水魚で北海道にはいない。オイカワは川の中、下流域に多く生息する。全長一〇〜一五センチで、雄の尻びれは大きく発達して生殖期には全身が美しい婚姻色を帯び、口の周囲には白色円錐形の著しい追い星を生ずる。皮に追い星があるからオイカワの名がついた。『大和本草』に「口のはた黒く疣の如くなるもの多し」とある。ハエ・ジンケン・シラハエなどともよばれる。これがヤマベであるから、ヤマメとヤマベは別の魚である。日本ではヤマメに二大生息分布域がある。九州大分県・四国全域、中国の分水嶺を境界線として瀬戸内海側、滋賀県・京都府を含む近畿地方、および伊豆半島を北限として東海道と山梨・長野・岐阜の諸県がビワマス系のヤマメである。北海道を含めて前記地域を除いた日本海側と九州の河川にいるものがサクラマス系のヤマメである。これは大島正満博士の分類である。また、箱根以西のヤマメはアマゴ系で赤い斑点があるが、箱根以北のヤマメにはない。ヤマメの学名はオンコリンカス・マソーといい、サケ科に属し、サクラマスの陸封されたものだといわれる。九個前後の縦に細長い水色の斑点(パーマスク)をもっている。マスの半分ほどの魚体だが、横腹に卵型をした黒い斑点が一列に並んで、その間には小さな丸い斑点が散らばっている。尾びれには赤い線が上下二本現われる。美しいので山女と書き、「溪流の佳人」といわれるほど華やかな色彩を身につけている。二〇度以下一〇度くらいの水温の溪流に棲んでいる。雪解けの水が流れる三月ころのヤマメを雪代山女《ゆきしろやまめ》という。体長は最大四〇センチ、産卵期は一〇月から一一月ころ、上流のヤマメは水温が下がってくると適温の所まで下降し、淵尻の小石のある所で産卵する。ヤマメの寿命は不明だが、四年から五年くらいだろう。県によって違うが、九月から翌年二月末までを禁漁期間とする。ヤマメ釣りの最盛期は五～六月である。五月のヤマメはアユよりもうまいが、秋になると味が落ちる。川の最上流にイワナ、つぎにヤマメ、下流にアユ、さらに下流にハエやウグイがいる。ヤマメとアユは雑居するが、下流にはアユはいるがヤマメはいない。ニジマスと似ているが、ニジマスの背びれには細かい斑点があり、ヤマメにはない。ヤマメは美しい魚だからコサメ女郎の名もある。艶《なま》めかしさを感じさせる魚である。アメノウオとよぶのは天の魚と書き、天女のようだと見たからであろう。ヤマメの名は、山の中の溪流でこの魚にめぐり会ったとき女らしさを感じて山女としたものである。骨もイワナより柔らかく白い腹で、肉色も白く、女を思わせる。

ゆ

ゆうあんやき【祐庵焼】

鮎の祐庵焼という風に用いられる名前である。アマダイ・マナガツオ・イナダなどを使い、酒・醤油を四対六に合わせたものに漬けておく。焼き上がりにタレをもう一度つけて出す。これは、北村祐庵という茶人が拵《こしら》えたので、この名がついた。よく柚庵焼・幽庵焼と書いたりするが、祐庵と正しく書くべきである。柚庵焼と書くのは、ユズを使っているからと考えたのであろうが、間違いである。祐庵は堅田の浦に住んでいたので、堅田祐庵ともよばれる。石をなめても、どこの国の石であるかわかったといわれるほど、味を味わい分けることの達人であった。『新選庖丁梯』に、その小伝が載っている。庭園の作意にも秀で、物の味を知ること海内の一人者で、魚肉・きのこ・野菜はもちろんのこと、木・竹・水・石といえども、なめれば、ただちに、その出所の善悪を分かつこと神のごとし、といわれた。

ユズ【柚子】

柚《ゆ》の木の果実のことである。つまり柚《ゆ》は木の名でヘンルウダ科の常緑灌木。またの名を鬼橘《おにたちばな》という。柚子《ゆず》はその果実のことで、柚の実《み》ともいう。「桃栗三年、柿八年、柚子は九年でなりかかり」ということばがあるが、苗を植えてから九年たたないと実が生《な》らないという。また、実は皮が荒く醜いというので醜婦のことを「柚子」という。和歌山県由良《ゆら》地方では、ユズを家近くに植えることを忌み、その木ですりこぎをつくると化《ば》けるといったそうだが、これは榊《さかき》を人家に植えるのを忌むのと同じことで、凡人には高過ぎた神異の木と尊んで憚《はばか》ったのではなかろうか。「柚子は常に用いて酒の毒を解し胃によく痰を去る」と昔の本にある。江戸で冬至の日、銭湯に柚子を輪切りにして入れて沸かす柚子湯があった。ひび・あかぎれ・感冒などの予防のためという。京坂には柚子湯がなかった。ユズは中国の四川・雲南地方の原産で、我が国に伝わったといわれたが、日本の柚の原生地が中井猛之進博士によって発見された。山口県阿武郡川上村宇遠谷金山の森林地帯で同村大浴《おもえき》の絶壁上に群生しており、これは野生化ではないというので、昭和一六年（一九四一）、天然記念物に指定された。ユズはミカン類の中でカラタチに次いで耐寒性があり、北は福島県相馬地方まで栽培される。庭木に適し、久しく落ちないので常柚《とこゆ》の名がある。芭蕉の元禄四年（一六九一）の『嵯峨日記』に「柚の花やむかしのばん料理の間」とある。柚の花・いずの花・花柚・花柚子などとよんで、花は強い香りがあるので料理に用いられた。酒毒を解き、飲酒した人の口気を治すというので喜ばれた。樹勢が強い木で枝にトゲがあり、初夏のころ、白色五弁の小花を開き香気を放つ。その蕾を香味料とする。初冬に実を結ぶ。初秋にかけて出回る柚子は俗に青柚《あおゆ》といい、一〇月ころになると黄柚子《きゆず》といった。ユズの名は、実のすっぱい酸をユノスとよび、これがつまってユズとなったものである。柚の実だからユズというとか、イヤウルフスミ（弥潤酸実）の義とかヨス（弥酢）の義とかのユズ語源説は面白くない。漢名に柚を用いるのは間違いである。中国では柚は別種の名で、蟹橙・香橙である由だが、日本で漢名に密《みつ》筩《とう》・朱欒《しゅらん》・香欒《こうらん》・密団《みつだん》・壺柑《こかん》・臭橙《しゅうとう》がある。寛政七年（一七九五）の『秉穂録《へいすいろく》』（岡田挺之輯）に「ゆずの緑色なるをへぎて、盃に泛ぶるを、安芸の人、鴨頭とよぶとぞ」とある。中国地方でユズをコウトウというのは、この鴨頭のことである。青い柚子のへぎ切りの浮かんださまが鴨の頭に似ているからで、香頭と書くべきものをしゃれて鴨頭とあてたのである。鴨は正しくはコウとはよまない。鴨緑江のオウである。ユズを出雲でイズ、愛媛・高知・鹿児島でイノス、仙台・宮城県加美地方でキノユ、中国地方でモチユ、中国、広島・山口でコートー、香川県香川地方でスートリダイダイ、阿波でホンユとよぶ。

ゆば【湯葉】

豆乳を煮たてるとその上面に薄皮ができる。この薄皮をすくいとったものが「ゆば」である。生ゆばと乾燥させたゆばがあり、京湯葉と日光湯波が有名である。中国にもゆばがあるが、豆腐皮・腐皮と書かれる。湯波・湯婆とも書き、乳腐・草創刀圭《そうそうとうけい》もゆばのことである。イトヤキ・豆腐皮《とうふかわ》ともいわれる。初め「うば」とよばれ、姥《うば》の字をあてたり、豆腐の皮《うば》とも称した。山東京伝の『骨董集』（文化一二年（一八一五））に「ユバの本名はウバである。その色が黄で皺があるので姥の面皮に似たからの名だというのは漫言《みだりごと》だといって、『異制庭訓往来』に、豆腐上物とあるのが本名だろう。豆腐をつくるとき上に浮かぶ皮であるからいったので、それを略して豆腐のウワといい、音便には文字を濁ってウバといった。ウバとユバとウとユと横にかよへば、甚だしい訛りではない」とある。『大言海』は、ウバ（豆腐皮）が訛ってユバとなったのは、ウダルをユダルといい、ウデルをユデルというのと同じである、と説いたが、豆腐皮をウバとなぜいうのかを説かねばなるまい。その点で、前掲の『骨董集』の豆腐の上物を略してトウフノウハといい、さらに略したものがウバでその転がユバという説が良かろう。その他黄色くて皺があるのでウバ（姥）の面皮に似ているところからウバの訛りであるという説は、京伝の説く通りこれは落語である。また、湯張《ゆはり》の義という説もあるが湯張以前に湯の波のほうが感じられるようである。豆乳を煮たときなぜ湯となったか説明不足である。豆乳を四角い銅鍋で火にかけ湯煎《ゆせん》するとき食用の黄色を少し加えて一時間ほどすると液の表面に薄膜ができる。それを竹のくしですくい上げ、くしごと棚にかける。日光湯波は、細いたなにかけ、二枚に分かれた湯波の裏表をつけて一枚に仕上げる。京湯葉は、くしで上げて棚にかけるとき、幅のある棚に渡して一枚を二枚に分ける。だから、二枚に切ったときトイ（戸樋）の部分ができ、この湯葉のトイを京では売っている。日光には折れ目に残るトイの部分がない。日光湯波は厚みが京湯葉の倍はある。京湯葉は薄く女性的で、日光湯波は男性的といえる。日光湯波は、天平神護二年（七六六）に、日光で輪王寺の前身、四本竜寺を開いた勝道上人以来のもので僧侶の栄養補給食として発達したという。この説は日光湯波の肩をもった説である。家光が僧天海の議によって、天皇に奏請して日光東叡両山の法嗣を京都から迎え、日光山門主《もんしゅ》・輪王寺宮が日光にこられて京のユバを食べたいというので、京からその職人を日光に招いてユバをつくり始めたものが日光湯波である。現在東京で売られる生ユバは、巻ユバ（二七センチで親指大）・タグリユバ（半紙くらいの大きさ）・中揚《なかあげ》ユバ（五〇センチ×二五センチの長方形であぶら紙より厚い）である。江戸時代一一代将軍徳川家斉の天明（一七八一―八九）のころには、巻ユバ・シボリユバ・広ユバ・茶巾ユバ・絲巻ユバ・金糸ユバと各種のユバがつくられている。

ユリ【百合】

ユリ科の草木の名である。ユリの鱗茎を食用として百合根《ゆりね》とよぶが、略してユリという。漢名の百合は、球根の鱗片が数多く重なっている意の名である。『古事記』の神武天皇の条に、ユリの本名は佐韋《さい》草とある。ユリを食用とするのは、日本・中国・蒙古で、西洋では食べない。球根には苦味が強いので、大戦中にこれを黒焼にしてコーヒーの代用品とした。ヤマユリを別名で料理ユリとよぶのは鱗片が大きく苦味が少ないからである。他にオニユリ・コオニユリ・スカシユリ・ハカタユリとその系統のユリが食用として喜ばれる。『現代日本料理法総覧』には百合料理法は約三〇種あり、古くから日本人がユリを広く食べていたことがわかる。またキリストの復活祭、イースター・デーに用いられる白花のテッポウユリの球根の産地として日本は世界的に知られている。このテッポウユリやカノコユリは苦味が強く、食用には不向きである。ユリをすって塩を少し加えてハレモノに貼ると治るという。産後の食としても良いといい、女性のために良いたべものとされた。『三才図会』には百合《ゆり》の他に山丹《ひめゆり》・巻丹《おにゆり》・車山丹《くるまゆり》という表現がある。ユリの異名には、倒仙・中逢・重箱・摩羅・中庭・蒜脳藷《さんのうしょ》、また、サヨリ（小百合）・ササヨリ（笹百合）・ムギクワイ（麦慈姑）などがある。ヒメユリとヤマユリの古名がサヰとよばれていた。またヒメユリをヒカリグサ、ヤマユリをユリビルとか叡山百合・蓬莱寺百合・天香百合などと称した。『日本釈名』によると、百合は、ユスリという意で、スを略したという。茎が高く花が大きくユスレル、つまり動くからの名だという。そこで、ユリとは、花が重く揺々《ゆりゆり》と動くからの名であるという。『万葉集』にユリをよんだ歌が一一首ある。サユリ花とかサユル花とよまれたものは八首、これが早百合花か小百合花か、また、サは単なる接頭語か、またササユリの別名サユリかと万葉学者に論じられる。また『古事記伝』に佐韋草を三枝《さきくさ》とよぶとあって、サキクサのキはイと通ずることを説いている。キとイと通う例は『書紀』の神武の条に、「山城水門亦の名山井水門」とある。他にユリの語源説は、花の傾くところから、ユルミ（緩）の義かという説、ヤヘククリネ（八重括根）の義かとか、姿が玉に似ているところから、イクルリ（生瑠璃）の略かとか、ヨロシキ花が、ロシの縮約でヨリになり、ユリまたユルになったという説、麗しき花がウルハシキのウルの部分がユルになったという説などもある。『万葉集』に「筑波ねのサユルの花の」とあるサユル、これがさらにユリに転音したとの説、また栄《さかゆる》のユルで綺麗な意であるとか、また、新井白石の『東雅』に「百合ト云シコトハ、日本紀ニ見エタル処ニ拠ルニ高麗、百済ノ地方ニ呼ビシ所ト見エタ

ヤマユリ

リ」とあるところから朝鮮語の nari の転じたものとの説もある。八丈島でユリをイネラというが、朝鮮語で一般のユリをカイナリとよんでいる。

よ

ようかん【羊羹】

江戸時代の学者が中国の『金門歳節』という本から引いた「羊肝糕《ようかんこう》は紅豆白糖を以って剤となす。牛皮糖は糯《じゅ》粉糖《ふんとう》を以って漉《こ》して餅となすべし」という一説によって羊羹は中国の羊肝であるという。羊肝は羊の肝《きも》で、糕《こう》は餻《こう》と同字、むしもちの類である。紅豆は赤小豆で白糖とは白砂糖である。これは羊の肝の色をした赤小豆と白砂糖でつくったむしもちのようなものである。唐書に「洛陽の人家、重陽に羊肝餅を作る」とあるから、唐代には九月九日の重陽に羊肝餅を食べたのである。鎌倉・室町時代に、禅宗文化が渡来したとき、この羊肝餅が中国から日本に入った。獣肉食を喜ばない日本では、羊の肝ではいけない。そこで中国にある「羊羹」という料理名を用いた。肝《カン》に近い音である羹《キョウ》またはカウだが、カウがカンと音転する。また、羊肝糕の糕と羹は同音であるから羊羹としたとの説もある。『嬉遊笑覧』に「今の羊羹は昔の法に非ず明人は豆沙糕といふとなり」とあって、宋書にある羊羹は羊肉の「あつもの」で、漢字の羊羹は羊肝糕なりといい、そして、獣を不潔とするので字を書き改めたのであろうが、羊の字を変えなかったのは、どうしてだろうか。また、同書には「羹は糕と同音なる故糕というべきものも誤りて羹とかけり」と説いている。室町時代の北畠玄恵の『庭訓往来』には、「點心」として羊羹・砂糖羊羹・筍羊羹・猪羊羹などの名を挙げている。江戸時代になると一般に普及するが、赤小豆粉・山芋・小麦粉・葛粉・砂糖などを用いてこねて蒸した蒸羊羹が出てくる。京都で煉羊羹ができたのは天正一七年（一五八九）で鶴屋（駿河屋善右衛門）がつくったといわれる。続いて、寛永三年（一六二六）に加賀百万石の城下町金沢で遠州流茶人金物下屋

忠左衛門が初めて煉羊羹をつくった。三代藩主前田利常のときである。それから一〇代藩主重教の江戸出府に従って、本郷の加賀下屋敷赤門に近い日影町に店を構え、「藤むら」の屋号でユリ羊羹など二七種をつくり出すのが、宝暦年間（一七五一―六四）のことである。天保六年（一八三五）刊の『江戸名物詩初篇』には、鈴木越後、金沢丹後の羊羹が載っている。寛政の初めころ（一七九二）に日本橋通一丁目横町字式部小路で売り出された「喜太郎羊羹」は評判になった。『嬉遊笑覧』は「茶の湯の口取に煉羊羹うばたまなどは紅粉や志津磨始て製す寛政の頃よりなり」と書いている。やがて文化の初め（一八〇五年前後）に江戸深川佐賀町に船橋屋織江が煉羊羹を発売した。煉羊羹は、寒天が製造されると、小麦粉の代わりに寒天を加えてねり型に入れて固めたものである。羊羹の数を一棹、二棹と称するのは寒天を加えられたものを船型の箱に流し込んで凝結させ、これを細長く切るからで、江戸でも大坂でもこれを棹物《さおもの》とよんだ。羊羹の語源は、形や色が羊の肝に似ている中国の菓子「羊肝糕」からいった羊肝の字の転である。

ヨモギ【艾】

本州・四国・九州の山野にある多年草で春に新葉をとって草餅の材料とする。モチグサとよぶ。よく乾いた葉をもむと葉肉は粉になって葉の裏の白い綿毛が残るから、これを集めて灸のモグサともする。江州の伊吹山は艾の産地で、短小で香気が高く「伊吹もぐさ」の名があり、最上品とされた。昔は三月三日と五月五日にこの草をとると良いと言い伝えた。モグサはモエグサ（燃草）の略である。サシモグサのサシは灸をすえるの意である。草餅は昔はハハコグサを用いたが、後、ヨモギが用いられるようになった。蓬《よもぎ》は、葉は柳に似て微毛があるのでヤナギヨモギとよばれる。淡黄の小さい花をつけ、後に絮《わた》となって飛ぶ。ウタヨモギともいい、艾《よもぎ》とは違った植物である。蒿《かう》もヨモギで、艾の類、萆《へい》またはビョウとよむが、これもヨモギで、蒿の一種。蕭《しょう》もヨモギで、蒿と同じである。漢名には、蒿艾《かうがい》・蕭艾《しゅうがい》・指艾《しがい》・荻《てき》蒿《こう》・氷台・夏台・福徳草・肚裏屏風などがあり、カクモグサ・モグサグサ・ヨモギグサ・タハレグサ・サシモヤイバグサ・ヤキクサ・ヤイグサなどとよび、古名はサセモグサ・ツクロヒグサ・エモギ・サセモといった。加賀でヨゴミモチグサ、薩摩でフツ、肥前でブツ、神奈川・

長野県伊那地方でクサノハナ、種子島でクツ、新潟県刈羽地方でゴマノキ、沖縄・八重山でヤタフツィとかヤツフチ、静岡県田方地方でクサハナ、千葉県夷隅地方でクサンハナ、愛媛県周桑地方でヤイトグサまたヤイトという。艾は吐血下血を止め、婦人の腰気の薬などにされ、艾餅は下痢を止め、婦人の漏血に良いといわれる。ヨモギは善燃草の義とか、ヨはヨク（良）の義で、モはモユル（燃）の義、キは木の義とか、ヨクモエグサ（佳萠草）の義とかいう。灸に用いるところからヨリモヤシキ（捻燃生）の義、生は草の意であるという説、また、ヨモギ（常世萠）の義とかの説があるが、ヨモギは、加茂百樹著『日本語源』の弥茂《いよも》く生ふる草の意という説が良い。

ら

らくがん【落雁】
炒粉《いりこ》を材料にした干菓子《ひがし》である。糒《ほしいい》を煎って粉にしたものを「落雁粉」とか「イラコ」とよんだ。落雁粉でつくった落雁の普及したのは享保（一七一六―三六）ころであった。『嬉遊笑覧』には、中国菓子に軟落甘《なんらくかん》というものが明朝《みんちょう》にあったと『朱子談綺』にあり、その軟を略して落甘といったものがやがて落雁と書くことになったとある。また、一説に、もと近江八景の平砂の落雁より出た名であり、白い砕き米に黒胡麻を点々とかき入れたのが雁に似ているからであり、形は昔は州浜のさまにしたが種々の形ができたと『類聚名物考』にある。この説は、軟落甘という菓子が日本に渡ると、中国平沙《へいしゃ》の落雁を近江八景の一つ堅田落雁にこじつけて、白い砕き米に黒胡麻の散っているのを、いかにも堅田の浮身堂に向かっての落雁らしく見せ、足利末期の茶道の盛んな時代であったからこれが喜ばれたという。さらに別の説には、

後小松天皇のとき、本願寺の第五祖綽如《とうにょ》上人が北陸巡遊の折、ある人が菓子一折を献じた。それが白い上に黒胡麻が散っているので、雪の上に雁が落ちてくるのに似ているとて落雁と名づけられ、当時上人からこれを天皇に奉ったところ、大変おほめのことばを賜わっ

たということが遠近に伝わり流行菓子になったという。すなわち綽如上人の命名説である。あるいは別の説に、足利時代の文明年間（一四六九―八七）のころ山城国壬生の里に坂口治郎という人がいた。菓子つくりの才があって、時の後土御門天皇に献じてほめられたほどである。その子の二代目は応仁の兵乱を避け、本願寺の蓮如上人に随って北国に下り、福井県吉崎に住んだが、明応年間（一四九二―一五〇一）には富山県砺波郡井波に移り、同地の瑞泉寺の蓮乗師に仕えた。この寺が天正九年（一五八一）佐々成政に没収されたので、それ以来商人となり製菓を業とした。たまたま文禄（一五九二―九六）のころ有栖川宮の命によって後陽成天皇に菓子を献じたところ、非常な御満悦で「白山の雪より高き菓子の名は四方の千里に落つる雁かな」という御歌を賜わった。この菓子はうるち米を熬《い》って砂糖を混ぜ、正方形にして表面に胡麻を散らしたものであった。この御歌から落雁という名ができたというのであるが、このときすでに京都に落雁という菓子があったともいわれる。落雁という菓子は、青森県岩木山神社の神饌にもある。起源はいつごろかわからないが、弘前津軽地方の有名な神饌菓子司大阪屋の創業は寛永七年（一六三〇）である。またの説には、加賀名物御所落雁は茶匠の小堀遠州が意匠したものを後水尾天皇のとき国主の小松中納言利常から献上したところ、長方形の白い地に胡麻が散っているさまを田面に落ちた雁に似ているとて落雁と勅銘を賜わったので、とくに御所の二字を冠して御所落雁と命名したという。別の説では、表面には型模様があるが、裏面は無地なので「裏淋しい」を「浦淋しい」に通わせて、秋の浦辺を連想し、秋の空を飛んでいる雁の淋しげなことを考えて「落雁」と名づけたという。以上、六つの説がある。落雁は、炒種《いりだね》に砂糖・水飴などを加え、各種の形をほりつけた木型を水で濡らして、木べらで型に詰め込み、木型で型の一端をたたいてゆるめる。竹簀の上に型を裏返して移しあけ、ほいろにのせ、徐々に乾かす。炒種には新引種《しんびきだね》という小粒の白炒種、粗《あら》子種《こだね》という新引よりややあらい白炒種、香色種《こうしょくだね》という新引を煎りこがしたたね、興種《おこしだね》という粗子よりもさらに大きい丸粒のたね、上いら種《だね》という蒸糯を原形のまま煎ったたね、粶種《はぜだね》というもみつきの糯を鍋で煎ってはぜふくらましたたねといった種類がある。また原料に挽茶を入れると挽茶雁、胡麻を煎って加えたものは胡麻落雁、梅酢に漬けて干した紫蘇を細末にして混ぜたものは紫蘇落雁という。また、大豆をよく煎って板の上にのせ、桝の底で強く押しつぶすとあらくくだけて皮が落ちる。これを香色種と混ぜてつくった豆落雁があり、敦賀の豆落雁は有名である。また麦こがしでつくった麦落雁もある。足利時代の終わりころから大麦を煎って粉にした炒《はったい》を粉菓子といって珍重していた。麦落雁は香味の良いものとして喜ばれた。鹿児島県谷山では落雁をカタ菓子とよんだ。

ラッカセイ【落花生】

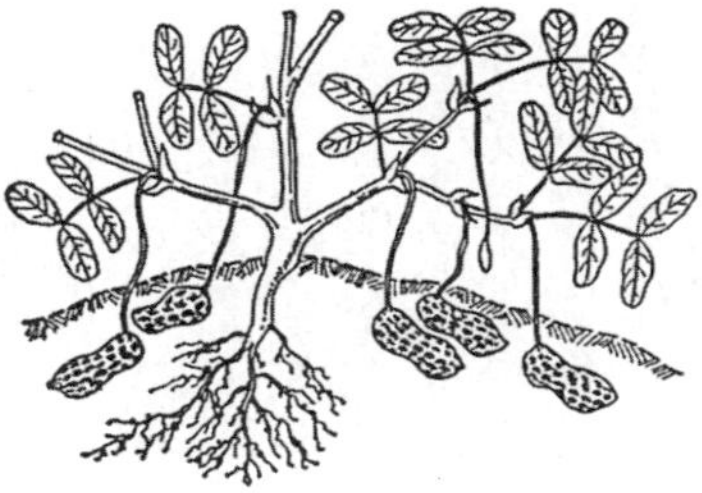

ラッカショウが正しいのだが、一般にラッカセイとよぶ。またオニマメ、南京豆《なんきんまめ》・唐豆・南蛮豆ともいう。宝永年間（一七〇四—一一）に中国南京から渡来したからで、当時、「唐人豆」ともよばれた。長崎に多く植えたが、小粒種で品質が劣っていたから広まらなかった。子房の中の胚珠が受精して花が終わると子房の下の部分が長柄状に伸びて子房を前方に押し、地下にもぐらせ地中で豆果を実らせる。漢名、落花生となる由来である。落花松・落花参・長生果・地豆などの漢名もあるが、松・参・長生は、いずれも栄養価の高いことを示したものである。もし障害のために地中に潜入できないときには凋落して決して結実しない。ブラジルが原産地で、一四九二年コロンブスがアメリカ大陸を発見した折、土着人が盛んにこれを栽培しており、ヨーロッパへはコロンブスによって伝わった。ヨーロッパから西アフリカに伝わり、ポルトガル人によってインド洋諸島その他に伝わった。一説には一二世紀初めころサントドミンゴ（中米ハイチ島の東半）で初めて発見されたともいわれる。日本へは前記の宝永渡来説は『地錦抄附録』などの説があるが他に、元禄（一六八八—一七〇四）の末中国商人が長崎に伝えたが地上で開花して地中で結実する不思議な植物なのであまり広まらなかったという説がある。『近代世事談』はこの説である。黒川道祐の『遠碧軒記』には「落花生と云ものあなたより渡る。松の子の類なり。相云ふ、この花の露が地へ落て、その所へ此実なると云伝ふ。日本にて種もはゆるなり、近来渡る博愛心鑒に有と云」とあるが、この本は延宝三年（一六七五）正月に出ているので、延宝以前の渡来説も考えられる。アメリカでは南北戦争

（一八六一）以前にはヴァージニアとカロライナ州で自家用に少しばかり用いられていたに過ぎなかったが、戦争中に兵士がこのナッツが立派なたべものであることを発見して終戦後数年間に栽培面積が急増した。日本では明治七年（一八七四）勧業寮がアメリカのカリフォルニア州から種子を輸入したものが、現在栽培されているものの起源である。世界の落花生の主な産出国は、アメリカ・アフリカ・スペイン・中国・日本・インドネシアである。落花生は、初秋に黄色無柄の小花をつけ、初冬の一一月葉の落ちたころ掘り起こせば成熟したサヤがとれる。落花生を兵庫県赤穂地方ではオタフクマメ、神奈川県津久井地方ではイジンマメ、岩手県九戸地方・新潟県三島地方・群馬・埼玉・山梨・静岡・三重・奈良などでカラマメ、新潟県でツチマメ、青森・秋田県北部でカントマメ、宮崎県延岡でジゴクマメ、岐阜県稲葉地方・熊本県芦北地方でジダマメまたジダ、愛知県・京都府竹野地方・高知県幡多地方・鹿児島・奄美大島でジマメ、岡山県邑久郡でソコイリマメ、奈良・和歌山・大阪・兵庫県佐用地方・岡山・鳥取・島根県鹿足地方・山口・徳島・高知でソコマメ、山口でタラワマメ、新潟県古志郡でボコマメなどという。長崎ではローハッセン・ロウハッセンとよぶが、中国でローホワションというからこれは中国音から来たものであろう。

ラッキョウ【薤】

中国原産でユリ科の多年生草木である。秋、ニラの花よりは大きい小紫の花がむらがって咲く。タマムラサキ・ヤマムラサキの名は、花の状態からの名である。根はノビルに似ている。別名、オオニラ・オオミラ・サトニラ・タマムラサキ・ヤマムラサキ。辣薤・辣韮・辣韮とも書く。漢名は火葱《かそう》・菜芝《さいし》・白華・守宅・家芝・白薤《はくきょ》・晶草・葷菜《ぐんさい》・鴻薈《こうかい》。五葷というのは、ニンニク・ラッキョウ・ネギ・ヒル・ニラである。ラッキョウは品種が少なく、ラクダと八ツ房の二種が主で、新品種の玉ラッキョウが小粒で品質が良く、花ラッキョウの原料となる。花ラッキョウというのは、ラッキョウの両端（ハナ）を切るからである。水晶葱ともよび、行者ニンニクというともある。ギョウジャニンニクというユリ科の多年生草木は深山に生えるものを修行中の行者が食用にするということで名づけられたが、ラッキョウとは別のもので、漢名は茖葱である。福井県三里浜の砂丘は見渡す限りのラッキョウ畑である。ここの砂質がラッキョウづくりに適しており、九月に植えつけて翌々年の六月一〇日ころから八月中旬に掘る。二年ものだから身がしまり、小粒で繊維が細かく、色白で歯切れが良い。ラッキョウは口の臭気を消す効果があり、すりつぶしてつけると血止めになる。虫さされにも良く、蜂蜜とすり混ぜて塗るとヤケドの薬になり、煮て食べると下痢止めにもなるという。大きなラッキョウは濃い味噌汁で煮るとうまい。ラッキョウを植えるには、樹陰、竹藪の付近が良い。肥料をやらぬほうが良く、やせ地に適する。七月から一〇月ころまでに植える。多年にして大株になると、小さいラッキョウができる。ラッキョウを貯蔵するには、二、三日かげ干しにして、ラッキョウの一割の塩を加え、カメなどに入れる。水をラッキョウが隠れるくらい入れ、冷所に置く。塩漬で保存し、食べるだけ酢漬にする。ラッキョウは辣韮《らっきゅう》がなまってラッキョウとなった。辣はからい、韮はニラ。古く薤をオオニラ、韮をコニラと称したが、オオニラはラッキョウ、コニラはニラである。ラッキョウを岐阜県武儀地方でランキョー、愛知県西春日井地方でギョウジャビリ、愛知県西部・岐阜県稲葉地方でギョウジャといった。三重県・畿内・福岡でランキョウ、熊本・壱岐でダンキュウ、新潟・三重・京都・和歌山・鳥取でラッキョ、愛知県西部・岐阜・島根・大分でランキョ、九州でヒトカワニンニク、富山・三重・鹿児島でダッキョ、富山・三重でダッキョウ、島原方言でダンキュウ・ランキョ、茨城でヤッキョウ・ラッキー、岩手・静岡・島根でラッキュウ、福岡でランキュウ、岐阜・周防大島・対馬でランキョウ、大分でランショなどという。

り

りきゅうに【利休煮】

利休とは千宗易のことで、安土桃山時代の茶人。六四歳のとき居士《こじ》号を利休とした。天正一九年（一五九一）二月二八日に秀吉に切腹を命じられ七〇歳で亡くなる。千家流茶道の祖であり、大衆に人気のあった人である。利休煮・利休蒸・利休焼・利休和《あえ》といった料理法から、利休蒲鉾・利休善哉・利休煎餅・利休醤《びしお》といったたべものまで、利休のつくものは実に多い。これらをいずれも利休が考案したものと解釈してよいだろうか。実は、利休が考え出したものは一つもない。利休の死後、人々がつけた名称である。利休煮は、魚貝を醤油・味醂・砂糖味で煮つめ、白胡麻を煎ったものを振りつけたものである。利休焼・利休和なども胡麻を用いる。料理法で利休と名のつくものは、胡麻を使ったものが多い。それで利休煮は、胡麻を加えたからの名であるともいわれる。つまり、後の世の者が、胡麻を加えて煮たものを、これは、利休好みだろうとか、利休にふさわしかろうということで利休の名をつけたものである。初めは利休なら喜ぶだろうと考えてつけた利休煮が、胡麻を使ったものを利休焼・利休蒲鉾などとよび始めると、利休とは胡麻のことだというようなことになり、胡麻を使えば利休と名づけられるようになった。中には利休善哉・利休豆腐と胡麻を用いないものもあるが、これも利休好みということでの命名である。利休が好みそうだということでつけられた名称であるから、利休煮の「休」という字が面白くないという考えから利久煮と書くこともある。焼物（陶器）でも利休焼という名称は天正年間利休の存命中に盛んに用いられていた。秀吉存命中は遠慮して利休煮というような名称は用いなかったが、秀吉の死後、利休煮という料理名が用いられるようになった。創意を尊重した利休の生き方に、後の人々が思いをはせて、料理の名にも、利休の名を冠したのである。

リンゴ【林檎】

西洋から輸入したものを苹果・平果と書く。中国原産の和林檎とその近似種の総称が林檎である。中国名にピンクオ（平果）がある、バラ科の果樹で原産地はアジアの中西部からインド北部といわれる。ヨーロッパでは紀元前から賞味されていた。我が国には中国から奈良朝時代に渡来した。中国で初め来禽と書いた。これはこの果物がうまいので禽鳥《きんちょう》が来り集まるので来禽とした。『三才図会』に「文林郎果……初め河中より浮き来る。文林改という人あり拾い得て是を種《う》う。因て以て名を文林郎果となす」とある。これがリンゴである。古名、りうごう・かたなし。来禽の禽を木に生ずる果だということで檎とし、中国の黄河を流れてきたのを文林改が初めて種《う》えたということで、「来」を林として林檎になった。これは陳蔵器の『本草』の説である。『本草綱目』には、「この菓味甘く衆禽を林に来たすより林檎の名あり」とある。漢名には、来禽をはじめとして、半紅・沙果・頻婆・文林果・相思果などがある。西洋種の林檎が日本に渡ったのは文久二年（一八六二）ころ越前福井侯松平慶永がアメリカから、その苗木を輸入し、江戸巣鴨の別邸に移植したのが最初であるが、成功しなかった。明治四年（一八七一）に北海道開拓使からアメリカに苗木を注文し、これを北海道に頒布したのが、外国種林檎栽培の始まりである。石川県能美地方・福井県丹生地方・石見などでビンゴナシ、島根県鹿足地方でリンゴナシ、鹿児島県肝属地方ではリンゴミカンとよんでいる。リンゴは、中国から渡来してリウゴウとよばれ、カタナシともいわれていたが、林檎の文字が伝えられると、リンキン・リンキ・リンゴウ・リュウゴウからリンゴになった。

わ

ワカサギ【公魚】

鰙という字は和製漢字である。若鷺がよみやすい字であるが、公魚とよく書かれる。徳川時代宍道湖のアマサギが将軍家の御用魚だったので公魚と書いたからである。宍道湖のアマサギは産卵のため、中海から大橋川をさかのぼる降海型で、他の土地の湖でとれる陸封型よりおいしいと出雲では自慢し、アマサギとワカサギは違うと考えているようであるが、同一魚ともいわれる。若狭・佐渡・富山ではワカサギをアマサギとよぶ。ワカサギ科の魚では霞ヶ浦産が最も有名だが、諏訪湖や山中湖や榛名湖などに移殖された。冬季氷上で氷に穴をあけて釣るのはワカサギ釣である。蚊鈎かサシという蝿の幼虫を餌にする。純淡水型と降海型（一時海にくだる型）との二型がある。ワカサギをチカとよぶ地方もあるが、東北・北海道のチカは別種である。ワカサギ属で、日本にはワカサギとチカの二種がある。常州桜川の桜魚《さくらうお》というのは常陸《ひたち》（茨城県）のワカサギである。また、駿河（静岡県中央部）の雀魚《すずめうお》、伯耆（鳥取県の西部）のシラサギもワカサギである。ワカサギは、背びれの後方に脂《あぶら》びれがあり、産卵期に河川をさかのぼり、稚魚が海で育つことなどサケ・マス類とよく似ているが、胃の構造が甚だしく異なるため、キュウリウオ科としたり、後にはワカサギ科とした。元来北方産の魚で北海道や東北地方に多く産して、南方に至ると少ない。産卵期が一月から三月で風の吹き寄せる岸辺の水草とか波に洗われるアシの根などに粘着性卵を産みつけるが、親魚は卵をまったく保護しない。サクラウオという名は、吉野の桜が落ちて水に入って魚となったからともいわれるが、ワカサギは、古代の記録にはその名が出てこない。信濃川でとれる海産のワカサギはシロイオとよばれるが、古代の記録にシロウオという魚はある。元禄一〇年（一六九七）の平野必大著『本朝食鑑』に鮠《はえ》の「集解」のところに江東に若鷺《わかさぎ》があり、似ているが、ワカサギの一種ではない、とある。サギ科の鳥にアマサギというコサギよりやや小さいのがいる。夏羽が頭頸部と胸と背が鮮やかな橙黄色で、他は白色である。冬羽は体の橙黄色がなくなって全身白色になるので、コサギの全身白色と似てくる。ワカサギという魚の体色は背が黄褐色で腹部が銀白色である。体側に淡黒色の縦帯がある。この魚の体色が、水田・沼沢・湿地などにいるアマサギという夏鳥に似ているのでアマサギとよばれた。島のサギが南方に移動しても常にいる魚なので、ワカサギとよばれるようになった。ワカサギをシラサギとよぶ地方もあるのは、シラサギに似ていると見たからである。また駿河のようにワカサギを雀魚とよぶのは、雀の動作とワカサギの動きが似ているところがあったからであろう。前代の人々は雀が海に入って蛤になるとか、長芋が変じて鰻になるという考えをもっていたから、アマサギやシラサギが冬になっていなくなったとき、それらの鳥のいたところに同じような体色の魚を発見して、これがアマサギだとかシラサギだとかいい、転じてワカサギとよぶようになったものである。

ワカメ【若芽】

古名は和布《にぎめ》である。柔らかい海布で、荒布《あらめ》は固い海布である。『古事記伝』に「海布《め》、メと訓《よ》むべし」とある。昆布・若布・荒布と、布は海布で、海藻のことである。『万葉集』には、「玉藻」という名が出てくるが、玉は美称であって、藻のことである。玉藻をワカメと決めてしまっては間違いである。『万葉集』巻二の「石見《いわみ》の海角《つの》の浦《うら》廻《み》を」という長歌に「か青なる玉藻奥《おき》つ藻」とあるものなどは、まっ青な海藻はアオノリの類で、若布ではない。「玉藻なす寄り宿し妹を」とあるのを見ると糸アオサなどをうたったものであろう。また、巻六の「奥津島荒磯《ありそ》の玉藻潮干満《しほひみ》ちて隠らいゆかば念《おも》ほえむかも」なども潮干が満ちて海水に隠れてしまったらという意で、潮がひいたときは姿が出ている海藻ということである。「やすみししわが大王《おおきみ》の」にある「潮干《ふ》れば玉藻刈りつつ」

と潮がひくと刈れる海藻は若布ではない。若布は、潮がひいても姿が見えるような所にはない。巻一の「うつせみの命を惜しみ浪に濡《ぬ》れ、伊良虞《いらご》の島の玉藻苅《か》り食《は》む」というのは、浪にぬれてあるから、これは深いところの海藻であろう。若布をとっている感じがする。巻二の「夕さらば潮満ち来なむ住吉《すみのえ》の浅鹿《あさか》の浦に玉藻刈りてな」という歌も、潮のひいたとき見えてくる海藻をとることで、若布とは考えられない。玉藻を刈るとは、先方の女性を手に入れる意味が隠されているのだろうから、若布ではなく、青い美しい海藻でなければなるまい。海藻刈《めかり》船が出る万葉歌はワカメとりである。マコンブとワカメと比較すると、マコンブには周囲にさけめはない。ワカメは深い切り込みがあり、まったく違っている。分《わ》けめが甚だしいから、ワカメの名はこのワケメからで、しかも、メと海布の称であるからワカメとなると考えられる。しかしワカメの古名が和布《にぎめ》であることを考えると、昆布や荒布に比してワカメは、柔らかい海藻であることが特徴であった。それで柔らかい海布《め》というのでニギメとなったものである。それが羽状に分裂しているという形の上からワカメとなり、文字はニギメの意から「若」を用いるようになったものである。また、ニギメの若いものを賞味したからワカメともよんだ。『延喜式』に「海藻《にぎめ》・稚海藻《わかめ》また和布《わかめ》・海藻《にぎめ》」とニギメとワカメと別になっている。『和名鈔』には海藻を「俗に和布と書く」とある。昔は、海藻の名称がはっきりしていなかったこともあって、江戸時代の料理書などには、カジメとあるが、ワカメのことだろうと思われるものもある。ワカメの方言には、メノハ・オシキメ・メギ・カタメがあり、山口県萩や阿武地方でアカメとよぶのはワガメと発音されたもので、ワカメである。漢名は裙帯菜・石蓴《かため》・海葱・稚海藻である。和歌山県でワカメをヒトハメ（一葉布《め》）という。島根県出雲地方では、早春の若いものを若布《わかめ》とよび、四月ころの葉の繁ったものをメノハ（布の葉）と区別した。出雲ワカメは葉の広いのを特徴とした。福井県大飯地方でワカメをメー、羽後飛鳥・三重県志摩地方・壱岐でメ、秋田県平鹿地方・岩手県気仙地方でメッパとかメノハ、隠岐・島根県西部・福岡県久留米・佐賀・長崎・五島・壱岐・熊本県天草島でメノハまたメー、久留米ではワカメの成長したものをメノハまたメーとよんだ。謡曲に「和布刈《めかり》」という曲がある。豊前国の早鞆明神の御神事を脚色したものである。和布神社の神事は和銅三年（七一〇）にこの明神に斎《いつ》き祭る神主によって始められたという。

ワサビ【山葵】

山薑とも書く。アブラナ科の多年草で日本原産の隠花植物。山間の渓流に生え、独特の芳香がある。円柱状の根茎には葉痕がまわりに残っている。山間の渓流に自生するものを沢山葵・水山葵とよび、畑に栽培するものを畑山葵・陸《おか》山葵という。漢名、山萮菜《さんとうさい》・沙萮菜《さとうさい》・沙蘿《さら》菔《ふく》。異名、カラキネ・アルクサ・ヤマアオイ。江戸時代安永年間（一七七二―八一）にすでに伊豆天城でワサビの栽培が始められた。その名は古く『延喜式』に見える。フタバアオイは一株にかならず二葉が出るので名づけた。カモアオイは京都加茂神社の祭礼にこのアオイを用いるからついた名で、徳川家の紋章はこれに基づいたものである。ワサビは、加茂葵に葉が似てその根の形と味が生姜に似ているので山葵・山姜（イヌハジカミ）とも称した。葵をワサビとするのは、あて字である。ワサビは直射日光を嫌い、常に流水のある所を好み、水温は一一〜一四度くらいを適温とするなど生育条件がむずかしい。関西では石州山葵が知られている。加賀でワサビの葉をセンナといった。秋田県鹿角地方ではワサビをフスベとよんだ。ワサビの語源は、ワサアフヒ（早葵）の義とか、ハナセメ（鼻迫）の約転がワサビとなったとかいう。ワルシタヒビキ（悪舌響）の義であるとか、ワルサハリヒビク（悪障響）が略されてワサビとなったとかの諸説があるが、いずれも面白くない。ワサビのワサは早いことで、ビはひびくことである。辛さが早くひびくところからワサビとよばれた。

ワラビ【蕨】

調理するとき、アクを抜くのに灰汁を用いたりするが、アザミの葉をワラビ一把《わ》に二、三枚加えて茹でるとアクが抜ける、と出羽山中の伝えにある。乾蕨は奥州出羽の産を上とする、と貝原益軒が『大和本草』に書いている。『和漢三才図会』はワラビの名産地として津軽・南部・秋田をあげ、「庄内の産は肥柔にして味最も良し」という。異名、ムラサキノリ、女房ことばでワラ、紫の塵。古名、ヤマネグサ・イワネグサ・イワシロ・ホドロ。土佐方言でシドケ、伊勢でヨメノサイ、京都府相楽地方でホツ、京都府中地方でホツロ、和歌山県日高地方でホドロ、隠岐・香川県三豊地方・長崎でワラビナ、沖縄でヘゴ。漢名、蕨萁菜・米蕨草・龍頭菜・山菜・烏味《うまい》・月爾《げつじ》・莽《もろ》芽《が》・花藄《かき》・金桜芽《きんおうが》・拳頭菜《けんとうさい》・小児拳・倒掛草《とうけいそう》・拳菜・鼈脚菜。ワラビの語源は、ハルミ（春味）の転か、ワナビ（輪並）の義か、また、形がワラヒ（藁火）に似ているからとかいう。色が焼いた藁に似ているところからワラノヒの略がワラビになったとか、ワラハテフリ（童手振）の義とか、ネネリヤカメグキ（撓々芽茎）の義とかいう説もあるが、どれも良くない。ワラビが早春の山野にその芽出しの早いことをワラヒ（笑）と見て、それを訛ってワラビかという説も良くない。ワラビの芽の部分が三本に分裂して、その一本は茎となって伸びた後、さらに三本の芽に分かれ、再三、分裂を繰り返していくので、ワカレメ（別れ芽）草とよばれていたと推定されるので、ワカの縮約形のワレメは、レの転訛でワラメ、さらにメの転訛でワラミ、ワラビに転訛したとの説もあるが、これもどうであろうか。ワラビをワカレメ草としたところに無理がある。また、ワラビのワラを散《わら》と考えて、ワラビがその芽の散《わら》くるからの名とか、散芽《わらめ》の転とかいわれる。また散風《わらぶる》かという説もあるが、これもどうかと思う。ワラビのワラはカラ（茎）に通ずるのでカラ（茎）メ（芽）から転じたというのも感心しない。ワラビのビは、アケビのビと同じく食用になる実質のある物としてのミ（実）の転訛であるとの説もあるが、ワラをどう説明するかが問題となる。蕨の字と蹶の字の似ていることからワラビの芽生えのときの形が鼈《すっぽん》の足に似ているということを考えての字かとの説もある。ワラビは、あちこちに散らばって出るから散《わら》といい、ビは実《み》であり、ワラミがワラビとなったとしたい。

編者略歴

一九〇七年一〇月、横浜に生まれる。

叔父の四条流家元・石井泰次郎氏のもとで、料理故実を学ぶ。クッキングスクールを経営するかたわら、神奈川県立栄養短期大学の講師をも務める。

TBSラジオ「食べ上手・聞き上手」に一三年間出演、その博学ぶりは多くの人々を魅了した。

一九八〇年一月没。

主な編著書――『現代日本料理法総覧』上・下『日本料理法大全』正続『日本料理献立の作り方・書き方』『味の歳時記』『医薬いらずのヒント三六五日』『みそと梅干』『食通一日一言』など。

たべもの語源辞典　新訂版

二〇一二年九月一八日　初版印刷
二〇一二年九月二八日　初版発行

編　者　清《し》水《みず》桂《けい》一《いち》
発 行 者　皆木和義
印刷・製本　有限会社 章友社

発行所　株式会社 **東京堂出版**
東京都千代田区神田神保町一―一七（〒一〇一―〇〇五一）
電話　〇三―三二三三―三七四一　振替　〇〇一三〇―七―二七〇
http://www.tokyodoshuppan.com

ISBN978-4-490-10822-4 C0577

東京堂出版の本

世界の五大料理基本事典　服部幸應 著　A5　四五六頁　本体　三二〇〇円

おいしさの表現辞典　川端晶子・淵上匠子 編　四六　四二四頁　本体　二八〇〇円

世界の味探究事典　岡田　哲 編　四六　四〇二頁　本体　三二〇〇円

乾物の事典　星名啓治 著　四六　二二四頁　本体　三六〇〇円

日本銘菓事典　山本充侯 編著　四六　二八八頁　本体　三〇〇〇円

食べるくすりの事典〈改訂新版〉　鈴木　昶 編　四六　三五〇頁　本体　一八〇〇円

＊定価は全て本体価格＋消費税です。